应用型本科规划教材

概率论与数理统计

主　编　陆宜清
副主编　林大志　徐香勤
参　编　薛春明　张思胜　王　茜　袁伯园

上海科学技术出版社

内容提要

本书主要介绍概率论与数理统计的基本概念、基本理论与方法. 全书共 10 章,内容包括随机事件与概率、随机变量及其分布、多维随机变量及其分布、随机变量的数字特征、大数定律和中心极限定理、样本及抽样分布、参数估计、假设检验、方差分析与回归分析、Excel 在数理统计中的应用等. 每章均附有习题,附录部分还附有部分历届研究生入学考试概率统计试题.

本书简明易懂,概念引入自然实用,便于学生理解和掌握,适宜作为应用型本科院校理工类和经济类专业学生概率论与数理统计课程的教材,也可作为工程技术人员的参考书.

图书在版编目(CIP)数据

概率论与数理统计 / 陆宜清主编. —上海:上海科学技术出版社,2019.2(2021.6重印)
应用型本科规划教材
ISBN 978 - 7 - 5478 - 4278 - 2

Ⅰ.①概⋯　Ⅱ.①陆⋯　Ⅲ.①概率论－高等学校－教材　②数理统计－高等学校－教材　Ⅳ.①O21

中国版本图书馆 CIP 数据核字(2018)第 299885 号

概率论与数理统计
主编　陆宜清

上海世纪出版(集团)有限公司
上海科学技术出版社　出版、发行
(上海钦州南路 71 号　邮政编码 200235　www.sstp.cn)
上海展强印刷有限公司印刷
开本 787×1092　1/16　印张 19
字数:450 千字
2019 年 2 月第 1 版　2021 年 6 月第 3 次印刷
ISBN 978 - 7 - 5478 - 4278 - 2/O・67
定价:48.00 元

本书如有缺页、错装或坏损等严重质量问题,
请向工厂联系调换　电话:021-66366565

前言 Preface

　　概率论与数理统计是高等院校理工类、经管类的重要课程之一,在考研数学试题中的比例大约占 22%.本书是依据高等学校工科数学课程教学指导委员会修订的《概率论与数理统计课程教学基本要求》,为适应新时代理工科应用型本科人才培养的要求而编写的,教材定位为培养理工科应用型本科人才,以必需且够用为度,兼顾学生考研的需求.全书介绍了概率论与数理统计的基本概念、基本理论与方法,包括随机事件与概率、随机变量及其分布、多维随机变量及其分布、随机变量的数字特征、大数定律和中心极限定理、样本及抽样分布、参数估计、假设检验、方差分析与回归分析、Excel 在数理统计中的应用十章内容.其中,前五章内容属于概率论部分,后五章内容属于数理统计部分.

　　本书具有以下特点:

　　(1) 概念引入自然直观.如在建立概率公理化定义时,以频率为先导,由频率的性质自然引入概率的公理化定义,使学生能较早地、自然地接受公理化的概率定义.

　　(2) 内容组织科学系统.作为一本面向应用型本科的规划教材,本书特别注重内容组织的科学性和系统性.概率论之所以能形成一门科学的理论,其核心就在于它的公理化体系.本书把这一核心安排在引入概率概念的开始,不但使概率论作为一门数学理论科学化、系统化,而且使学生通过对各种具体概率的反复计算而加深对概率公理化体系的理解.也正是由于概率公理化定义的较早建立,避免了各种概率定义的重复出现,实现了所有概率定义的统一化,降低了学生的理解难度,同时也优化了课程体系.

　　(3) 叙述简明易懂,易于教学.作为一本培养应用型本科人才的高等院校规划教材,本书回避了概率空间的抽象概念和某些理论性较强的推导,但这并不影响概率概念的建立和概率理论的系统性,这样处理反而使教师易于教学.又由于理论的减弱和计算的加强,更利于学生学习和动手能力的培养.

　　(4) 注意渗透现代数学的概念和术语,以拓宽学生的知识面和视野.例如,在讲述随机变量的密度概念和大数定律等内容时,顺便引入"几乎处处相等"和"依概率收敛"等概念.这样不但使问题描述更加准确,而且使学生在不增加任何负担的情况下了解更多的现代数学术语.

　　(5) 结合计算机的发展,适当添加与计算机有关的内容.本书在第十章介绍了 Excel 在统计中的一些应用,以使学生的实际动手能力得到锻炼.

(6) 突出工科院校的特点,重视理论和实际的结合,注重学生能力的培养. 本书在选材和叙述上尽量做到突出工科院校的特点,注意选取那些既具有实际意义,又具有启发性和应用性的例子作为例题与习题,使学生通过课程的学习能学到更丰富、更有用的数学知识,能提高运用数学工具的能力. 同时本书涵盖了《全国硕士研究生入学统一考试数学考试大纲》的所有知识点.

(7) 教材与学习指导融为一体,基本要求与拓宽知识相结合. 每一章开始有学习目标,结束有本章小结,还有阅读材料,适应不同要求、不同层次的教学,易于教,便于学.

本书由教学名师陆宜清教授任主编,林大志、徐香勤任副主编. 参加本书编写的还有薛春明、张思胜、王茜、袁伯园. 这些编写者都在应用型本科院校任教多年,有着丰富的教学经验. 全书框架结构安排、统稿、修改和定稿工作由陆宜清教授承担.

本书的组织编写和出版得到了有关学校领导和相关专家的大力支持和帮助,他们为本书的出版付出了辛勤的劳动,在此一并表示诚挚的谢意!

本书篇幅少、内容全,教师可根据不同专业特点进行取舍. 课内教学需48~64学时,建议可在课外再安排8~16学时上机操作. 本书各章配有精选的习题,其数量、难度适中,书后附有习题参考答案.

本书的编排是为了适应新时代理工科应用型本科人才培养的一种改革尝试. 由于编者水平有限,书中一定会有不少的不足和错误,恳请读者批评指正.

编 者

目录 Contents

第一章　随机事件与概率 ··· 1
第一节　随机事件及其运算 ··· 2
第二节　随机事件的概率 ··· 5
第三节　等可能概型 ··· 8
第四节　条件概率及其公式 ··· 13
第五节　事件的独立性 ··· 20

第二章　随机变量及其分布 ··· 31
第一节　随机变量 ··· 32
第二节　离散型随机变量 ··· 33
第三节　随机变量的分布函数 ··· 37
第四节　连续型随机变量 ··· 40
第五节　随机变量函数的分布 ··· 46

第三章　多维随机变量及其分布 ··· 56
第一节　多维随机变量及其分布函数 ··· 57
第二节　二维离散型随机变量 ··· 60
第三节　二维连续型随机变量 ··· 67

第四章　随机变量的数字特征 ··· 83
第一节　数学期望 ··· 84
第二节　方差 ··· 93
第三节　协方差与相关系数 ··· 99
第四节　矩与协方差矩阵 ··· 104

第五章　大数定律和中心极限定理 ··· 113
第一节　大数定律 ··· 114
第二节　中心极限定理 ··· 117

第六章　样本及抽样分布 ··· 126
第一节　总体与样本 ··· 127
第二节　样本分布函数和直方图 ··· 129

第三节　抽样分布 …… 132

第七章　参数估计 …… 143
  第一节　参数的点估计 …… 144
  第二节　估计量的评选标准 …… 151
  第三节　参数的区间估计 …… 155
  第四节　正态总体均值与方差的区间估计 …… 156
  第五节　单侧置信区间 …… 162

第八章　假设检验 …… 169
  第一节　假设检验的概念 …… 170
  第二节　正态总体均值的假设检验 …… 174
  第三节　正态总体方差的假设检验 …… 179
  第四节　置信区间与假设检验之间的关系 …… 182
  第五节　样本容量的选取 …… 184
  第六节　分布拟合检验 …… 189

第九章　方差分析与回归分析 …… 204
  第一节　单因素试验的方差分析 …… 205
  第二节　双因素试验的方差分析 …… 213
  第三节　一元线性回归分析 …… 222
  第四节　一元非线性回归分析 …… 235
  第五节　多元线性回归分析 …… 239

第十章　Excel 在数理统计中的应用 …… 250
  第一节　直方图 …… 251
  第二节　描述统计 …… 252
  第三节　t 检验：双样本等方差假设 …… 253
  第四节　F 检验：双样本方差 …… 254
  第五节　方差分析 …… 255
  第六节　回归分析 …… 256

习题答案与提示 …… 259

附录 …… 267
  附录一　常用概率统计表 …… 267
  附录二　历年硕士研究生入学考试试题及参考答案（概率统计部分） …… 287

参考文献 …… 298

第一章

随机事件与概率

[**学习目标**]

1. 了解随机现象与随机试验的概念.
2. 理解样本空间与事件的含义,熟练掌握事件的关系与运算.
3. 了解频率的概念及性质.
4. 掌握概率的定义,熟练掌握概率的基本性质.
5. 掌握古典概型、几何概型的概率计算公式.
6. 理解条件概率的概念,熟练掌握乘法公式、全概率公式和贝叶斯公式,并能应用这些公式进行概率计算.
7. 理解事件独立性的概念,掌握事件独立性的性质,能应用事件的独立性进行概率计算.

近几十年来随着科技的蓬勃发展,概率论大量应用在国民经济、工农业生产及各学科领域. 许多兴起的应用数学如信息论、对策论、排队论、控制论等都是以概率论作为基础.

概率论和数理统计是一门随机数学分支,它们是密切联系的同类学科. 但是应该指出,概率论、数理统计、统计方法又都各有它们自己所包含的不同内容.

概率论是根据大量同类随机现象的统计规律,对随机现象出现某一结果的可能性做出一种客观的科学判断,对这种出现的可能性大小做出数量上的描述;比较这些可能性的大小、研究它们之间的联系,从而形成一整套数学理论和方法.

在自然界和现实生活中,一些事物都是相互联系和不断发展的. 在它们彼此间的联系和发展中,根据它们是否有必然的因果联系,可以分成截然不同的两大类. 一类是**确定性的现象**. 这类现象是在一定条件下,必定会导致某种确定的结果. 例如,在标准大气压下,水加热到 100 ℃,就必然会沸腾. 事物间的这种联系是属于必然性的. 通常的自然科学就是专门研究和认识这种必然性的,寻求这类必然现象的因果关系,把握它们之间的数量规律. 另一类是**不确定性的现象**. 这类现象是在一定条件下,它的结果是不确定的. 例如,同一个工人在同一台机床上加工同一种零件若干个,它们的尺寸总会有一点差异;又如,在同样条件下进行小麦品种的人工催芽试验,各个种子的发芽情况也不尽相同,有强弱和早晚的分别等. 为什么在相同情况下会出现这种不确定的结果呢? 这是因为这里的"相同条件"是指一些主要条件,除了这些主要条件外,还会有许多次要条件和偶然因素又是人们无法事先一一能够掌握的. 因此在这一类现象中就无法用必然性的因果关系对个别现象的结果事先做出确定的答案. 事物间的这种关系是属于偶然性的,这种现象叫作**偶然现象**,或者叫作**随机现象**.

在自然界、在生产生活中,随机现象十分普遍,也就是说随机现象是大量存在的. 比如每期彩票的中奖号码、同一条生产线上生产的灯泡寿命等都是随机现象. 因此说:随机现象就是在同样条件下,多次进行同一试验或调查同一现象,所得结果不完全一样,而且无法准确地预测下一次所得结果的现象. 随机现象这种结果的不确定性是由于一些次要的、偶然的因素影响所造成的.

随机现象从表面上看似乎是杂乱无章、没有什么规律的现象,但实践证明,如果同类的随机现象大量重复出现,它的总体就呈现出一定的规律性. 大量同类随机现象所呈现的这种规律性,随着观察次数的增多而愈加明显. 比如掷硬币,每一次投掷很难判断是哪一面朝上,但是如果多次重复地投掷这枚硬币,就会越来越清楚地发现它们朝上的次数大体相同.

这种由大量同类随机现象所呈现出来的集体规律性叫作**统计规律性**. 概率论和数理统计就是研究大量同类随机现象的统计规律性的数学学科.

第一节 随机事件及其运算

一、随机试验与样本空间

为了研究随机现象,需要对自然现象或社会现象进行观察或进行科学试验. 把对某种自然现象做一次观察或进行一次科学试验统称为一个试验,这是一个含义广泛的术语.例如,投掷一枚均匀的六面体骰子来观察出现的点数、观察早上 7:00—8:00 通过黄河大桥收费站的车流量、考察某班概率统计课程考试的平均成绩等,这些都是试验.通过仔细分析,可以看到这些试验都有如下特点:

(1) 试验可以在相同条件下重复进行.
(2) 每次试验的可能结果不止一个,而且所有可能结果在试验前就明确知道.
(3) 进行一次试验之前不能确定哪一个结果会出现.

将具有上述三个特点的试验称为**随机试验**,简称**试验**,一般用字母 E 表示.下面是一些试验的例子.

E_1:抛一枚硬币,观察正面、反面出现的情况.
E_2:将一枚硬币连抛两次,观察正面、反面出现的情况.
E_3:将一枚硬币连抛两次,观察正面出现的次数.
E_4:在一批产品中任选一件,检验其是否合格.
E_5:记录一天内进入某超市的顾客人数.
E_6:在一批某种型号电视机中任意抽取一台,测试其寿命.
E_7:观察某地明天的天气是下雨还是晴天.

再仔细分析一下,发现试验 E_7 不具备特点(1),这是因为除非时间倒转,否则都不可能对它进行重复试验.以后把不满足条件(1)的随机试验称为**不可重复的随机试验**,而把同时满足条件(1)、(2)、(3)的随机试验称为**可重复的随机试验**.可重复的随机试验已经得到广泛深入的研究,有一套成熟的理论和方法.但随着社会经济的发展,特别是现代经营管理和决策分析的需要,不可重复的随机试验的研究已引起人们的关注.本书除了个别地方,所讨论的大多是可重复的随机试验.在不引起混淆的情况下,以后把可重复的随机试验也简称为**随机试验**或**试验**.

对于任一个随机试验 E,试验的所有可能结果是已知的.将随机试验 E 的所有可能结果组成的集合称为 E 的**样本空间**,记为 Ω. Ω 中的元素,即 E 中的每个结果,称为**样本点**,用 ω 表示.于是可记 $\Omega = \{\omega\}$.

前面提到的试验 $E_1, E_2, \cdots, E_7$ 所对应的样本空间 $\Omega_1, \Omega_2, \cdots, \Omega_7$ 为

$\Omega_1 = \{H, T\}$; $\quad\quad\quad\quad\quad\quad \Omega_2 = \{HH, HT, TH, TT\}$;
$\Omega_3 = \{0, 1, 2\}$; $\quad\quad\quad\quad\quad\quad \Omega_4 = \{合格, 不合格\}$;
$\Omega_5 = \{0, 1, 2, 3, \cdots\}$; $\quad\quad\quad\quad \Omega_6 = \{t \mid t \geqslant 0\}$;
$\Omega_7 = \{雨天, 晴天\}$.

应该注意的是,试验 E_2, E_3 都是将一枚硬币连抛两次,但由于试验的目的不一样,所以样本空间 Ω_2, Ω_3 截然不同,这说明试验的目的决定试验所对应的样本空间.

二、随机事件

进行随机试验时,人们关心的往往是满足某种条件的样本点所组成的集合.例如,若规定电视机的寿命超过 10 000 h 为合格品,则在试验 E_6 中关心的是电视机的寿命是否大于 10 000 h,满足这一条件的样本点组成 Ω_6 的一个子集 $A = \{t \mid t > 10\,000\}$.称 A 为试验 E_6 的一个随机事件.

一般地，称试验 E 的样本空间 Ω 的子集为 E 的**随机事件**，简称**事件**，用大写字母 A，B，C 等来表示. 事件是概率论中最基本的概念，是随机试验的某些样本点组成的集合，在一次试验中，当且仅当这一子集中的一个样本点出现时称这一事件发生.

由一个样本点组成的单点集称为**基本事件**. 例如，试验 E_1 有两个基本事件 $\{H\}$ 和 $\{T\}$，试验 E_3 有三个基本事件 $\{0\}$，$\{1\}$，$\{2\}$.

样本空间 Ω 有两个特殊子集，一个是 Ω 本身，由于它包含了试验的所有可能结果，所以在每次试验中它总是发生，称为**必然事件**；另一个子集是空集 $\varnothing$，它不包含任何样本点，因此在每次试验中都不发生，称为**不可能事件**.

必然事件和不可能事件是随机事件的特例，尽管它们已无随机性可言，但在概率论中起着重要的作用.

三、事件的关系与运算

在一个样本空间中，可以有许多随机事件，希望通过对简单事件的了解去掌握较复杂的事件，为此需要研究事件间的关系与运算.

事件是一个集合，因此事件间的关系与运算应该按照集合之间的关系与运算来规定. 下面给出这些关系与运算在概率论中的含义.

设试验 E 的样本空间为 Ω，而 A，B，$A_i (i=1, 2, \cdots)$ 是 Ω 的子集.

(1) 若 $A \subset B$，则称事件 B **包含**事件 A，或称事件 A 是事件 B 的**子事件**，这指的是事件 A 发生必导致事件 B 发生.

(2) 若 $A \subset B$ 且 $B \subset A$，则称事件 A 与事件 B **相等**，记为 $A = B$.

(3) 事件 $A \cup B = \{\omega \mid \omega \in A \text{ 或 } \omega \in B\}$ 称为事件 A 与事件 B 的**和事件**. 当且仅当 A，B 中至少有一个发生时，事件 $A \cup B$ 发生. 事件 $A \cup B$ 也是"或仅 A 发生或仅 B 发生或 A 与 B 都发生".

类似地，称 $\bigcup_{i=1}^{n} A_i$ 为 n 个事件 A_1，A_2，$\cdots$，A_n 的和事件，称 $\bigcup_{i=1}^{\infty} A_i$ 为可列个事件 A_1，A_2，$\cdots$，A_n，$\cdots$ 的和事件.

(4) 事件 $A \cap B = \{\omega \mid \omega \in A \text{ 且 } \omega \in B\}$ 称为事件 A 与事件 B 的**积事件**. 当且仅当 A，B 都发生时，事件 $A \cap B$ 发生. 积事件 $A \cap B$ 也可简记为 AB.

类似地，称 $\bigcap_{i=1}^{n} A_i$ 为 n 个事件 A_1，A_2，$\cdots$，A_n 的积事件，称 $\bigcap_{i=1}^{\infty} A_i$ 为可列个事件 A_1，A_2，$\cdots$，A_n，$\cdots$ 的积事件.

(5) 事件 $A - B = \{\omega \mid \omega \in A \text{ 且 } \omega \notin B\}$ 称为事件 A 与事件 B 的**差事件**. 当且仅当 A 发生且 B 不发生时，事件 $A - B$ 发生.

(6) 若 $A \cap B = \varnothing$，则称事件 A 与事件 B 是**互不相容的**，或互斥的. 这指的是事件 A 与事件 B 不能同时发生. 基本事件是两两互不相容的.

(7) 若 $A \cup B = \Omega$ 且 $A \cap B = \varnothing$，则称事件 A 与事件 B 互为**对立事件**，或称事件 A 与事件 B 为**互逆事件**. 这指的是，对每一次试验而言，事件 A，B 中必有一个发生，且仅有一个发生. A 的对立事件记为 $\bar{A}$. $\bar{A} = \Omega - A$，$A \cup \bar{A} = \Omega$，$A \cap \bar{A} = \varnothing$.

下面用图 1-1 来表示上述事件间的关系与运算，长方形表示样本空间，椭圆 A 与 B 分别表示事件 A 与 B，事件 B 包含事件 A.

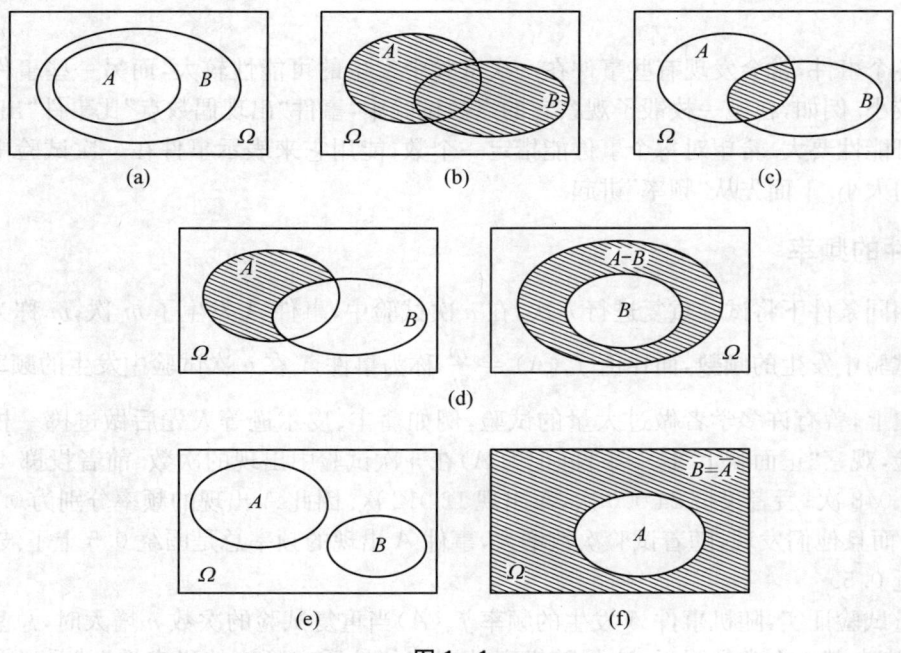

图 1-1

与集合运算一样,事件之间的运算满足下述运算规律:
(1) 交换律: $A \cup B = B \cup A$, $A \cap B = B \cap A$.
(2) 结合律: $A \cup (B \cup C) = (A \cup B) \cup C$, $A \cap (B \cap C) = (A \cap B) \cap C$.
(3) 分配律: $A \cup (B \cap C) = (A \cup B) \cap (A \cup C)$, $A \cap (B \cup C) = (A \cap B) \cup (A \cap C)$.
(4) 对偶律: $\overline{A \cup B} = \overline{A} \cap \overline{B}$, $\overline{A \cap B} = \overline{A} \cup \overline{B}$.

这些运算律可以推广到任意多个事件上去.

例 1.1 设 A, B, C 是随机事件,则事件

"A, B 发生, C 不发生" 可以表示为 $AB\overline{C}$;

"A, B, C 至少有两个发生" 可以表示为 $AB \cup AC \cup BC$;

"A, B, C 恰好有两个发生" 可以表示为 $AB\overline{C} \cup A\overline{B}C \cup \overline{A}BC$;

"A, B, C 中有不多于一个发生" 可以表示为 $\overline{A}\,\overline{B}\,\overline{C} \cup A\overline{B}\,\overline{C} \cup \overline{A}B\overline{C} \cup \overline{A}\,\overline{B}C$.

例 1.2 试验为观察抛一枚骰子出现的点数,样本空间为 $\Omega = \{1, 2, 3, 4, 5, 6\}$. 设事件 $A = \{1, 3, 5\}$, $B = \{4, 6\}$, $C = \{1, 4\}$, 求 $A \cap B$, $B \cup C$, $A \cup (B \cap C)$, $\overline{A \cup B}$, $C - A$.

解 $A \cap B = \{1, 3, 5\} \cap \{4, 6\} = \varnothing$, $B \cup C = \{4, 6\} \cup \{1, 4\} = \{1, 4, 6\}$;

$A \cup (B \cap C) = \{1, 3, 5\} \cup (\{4, 6\} \cap \{1, 4\}) = \{1, 3, 5\} \cup \{4\} = \{1, 3, 4, 5\}$;

$\overline{A \cup B} = \overline{\{1, 3, 5\} \cup \{4, 6\}} = \overline{\{1, 3, 4, 5, 6\}} = \{2\}$;

$C - A = \{1, 4\} - \{1, 3, 5\} = \{4\}$.

第二节 随机事件的概率

在一次试验中,一个事件(除不可能事件与必然事件外)可能发生也可能不发生. 观察试

验中的各个事件,常会发现有些事件在一次试验中发生的可能性较大,而另一些事件发生的可能性较小.例如,在抛一枚骰子观察它的点数试验中,事件"出现偶数点"比事件"出现 1 点"发生的可能性要大.希望对每个事件能指定一个数,能用它来表示事件在一次试验中发生的可能性的大小.下面先从"频率"讲起.

一、事件的频率

在相同条件下将试验重复进行 n 次,在 n 次试验中,事件 A 发生了 m 次,m 称为事件 A 在 n 次试验中发生的**频数**,而比值 $f_n(A) = \dfrac{m}{n}$ 称为事件 A 在 n 次试验中发生的**频率**.

历史上,曾有许多学者做过大量的试验,例如蒲丰、皮尔逊等人先后做过掷一枚均匀的硬币试验,观察"正面朝上"这一事件(记为 A)在 n 次试验中出现的次数.前者投掷 4 040 次,A 出现 2 048 次;后者投掷 24 000 次,A 出现 12 012 次.因此 A 出现的频率分别为 0.506 9 和 0.500 5.而且他们发现,随着试验次数增大,事件 A 出现的频率总是围绕 0.5 上下波动,且越来越接近 0.5.

大量试验证实,随机事件 A 发生的频率 $f_n(A)$ 当重复试验的次数 n 增大时,总呈现出稳定性,稳定在某一个常数附近.这是随机事件固有的性质."频率的稳定性"就是通常所说的**统计规律性**.这也是下面定义事件概率的客观基础.

频率具有以下三条性质:

(1) 非负性: $0 \leqslant f_n(A) \leqslant 1$.

(2) 规范性: $f_n(\Omega) = 1$.

(3) 有限可加性: 若 $A_1, A_2, \cdots, A_k$ 是一组两两互不相容的事件,则 $f_n\left(\bigcup\limits_{i=1}^{k} A_i\right) = \sum\limits_{i=1}^{k} f_n(A_i)$.

二、事件的概率

事件 A 的频率 $f_n(A)$ 表示事件 A 在多次试验中发生的频繁程度.当试验次数 n 增大时,频率稳定于某一个常数.如这个常数较大,就意味着事件 A 在一次试验中发生的可能性较大;这个常数较小,就意味着事件 A 在一次试验中发生的可能性较小.在实际中,常用频率的稳定值来表示事件 A 在一次试验中发生的可能性大小,不可能对每一个事件都做大量的试验,从中得到频率的稳定值.为了理论研究的需要,从频率的稳定性以及频率的性质得到启发,给出以下表示事件 A 在一次试验中发生的可能性大小的概率定义.

设 Ω 是随机试验 E 的样本空间,对 Ω 的每一个事件 A,对应于一个实数 $P(A)$,如果满足下列三个条件:

(1) 非负性: 对任一个事件 A,有 $P(A) \geqslant 0$.

(2) 规范性: 对必然事件 Ω,有 $P(\Omega) = 1$.

(3) 可列可加性: 设 $A_1, A_2, \cdots$ 是两两互不相容的事件,即对于 $i \neq j$,$A_i A_j = \varnothing$,$i, j = 1, 2, \cdots$,有

$$P\left(\bigcup_{i=1}^{\infty} A_i\right) = \sum_{i=1}^{\infty} P(A_i).$$

则称 $P(A)$ 为事件 A 的**概率**.

概率的这个公理化定义是苏联数学家柯尔莫哥夫(Kolmogorov,1903—1987)在 1933 年给出的.

三、概率的性质

由概率的公理化定义,可以得到概率的一些基本性质.

性质 1.1 $P(\varnothing) = 0$.

性质 1.2 (有限可加性)设事件 $A_1, A_2, \cdots, A_n$ 两两互不相容,则

$$P\left(\bigcup_{i=1}^{n} A_i\right) = \sum_{i=1}^{n} P(A_i).$$

性质 1.3 若事件 A, B 满足 $A \subset B$,则有

$$P(B - A) = P(B) - P(A), \quad P(B) \geqslant P(A).$$

性质 1.4 对任一个事件 A,有 $P(\overline{A}) = 1 - P(A)$.

性质 1.5 (加法公式)对任意两个事件 A, B,有 $P(A \cup B) = P(A) + P(B) - P(AB)$.

性质 1.5 可以推广到任意有限多个事件的情形,对于任意多个事件 $A_1, A_2, \cdots, A_n$,有

$$P\left(\bigcup_{i=1}^{n} A_i\right) = \sum_{i=1}^{n} P(A_i) - \sum_{1 \leqslant i < j \leqslant n} P(A_i A_j) + \sum_{1 \leqslant i < j < k \leqslant n} P(A_i A_j A_k) - \cdots + (-1)^{n-1} P\left(\bigcap_{i=1}^{n} A_i\right).$$

特别地,对于三个事件 A_1, A_2, A_3,有

$$P(A_1 \cup A_2 \cup A_3) = P(A_1) + P(A_2) + P(A_3) - P(A_1 A_2) - P(A_1 A_3) - P(A_2 A_3) + P(A_1 A_2 A_3).$$

例 1.3 设 $P(A) = 0.4, P(B) = 0.3, P(A \cup B) = 0.6$,求 $P(A - B)$.

解 因为 $P(A - B) = P(A) - P(AB)$,所以先求 $P(AB)$.

由加法公式得 $P(AB) = P(A) + P(B) - P(A \cup B) = 0.4 + 0.3 - 0.6 = 0.1$,所以 $P(A - B) = P(A) - P(AB) = 0.3$.

例 1.4 设 $P(A) = P(B) = P(C) = 1/4, P(AB) = 0, P(AC) = P(BC) = 1/6$,求 A, B, C 都不出现的概率.

解 A, B, C 都不出现的概率为

$$P(\overline{A}\,\overline{B}\,\overline{C}) = 1 - P(A \cup B \cup C)$$
$$= 1 - P(A) - P(B) - P(C) + P(AB) + P(AC) + P(BC) - P(ABC)$$
$$= 1 - 1/4 - 1/4 - 1/4 + 0 + 1/6 + 1/6 - 0 = 1 - 5/12 = 7/12.$$

例 1.5 (配对问题)在一个有 n 个人参加的晚会上,每个人带了一件礼物,且假定各人带的礼物都不相同. 晚会期间各人从放在一起的 n 件礼物中随机抽取一件,问至少有一个人抽到自己礼物的概率是多少?

解 记事件 $A_i = \{$第 i 个人自己抽到了自己的礼物$\}, i = 1, 2, \cdots, n$,所求概率即为 $P(A_1 \cup A_2 \cup \cdots \cup A_n)$. 因为

$$P(A_1) = P(A_2) = \cdots = P(A_n) = \frac{1}{n};$$

$$P(A_1 A_2) = P(A_1 A_3) = \cdots = P(A_{n-1} A_n) = \frac{1}{n(n-1)};$$

$$P(A_1 A_2 A_3) = P(A_1 A_2 A_4) = \cdots = P(A_{n-2} A_{n-1} A_n) = \frac{1}{n(n-1)(n-2)};$$

……

$$P(A_1 A_2 \cdots A_n) = \frac{1}{n!}.$$

所以由加法公式得

$$P(A_1 \cup A_2 \cup \cdots \cup A_n) = 1 - \frac{1}{2!} + \frac{1}{3!} - \frac{1}{4!} + \cdots + (-1)^{n-1} \frac{1}{n!} = \sum_{i=1}^{n} (-1)^{i-1} \frac{1}{i!}.$$

因 $\lim_{n \to \infty} \sum_{i=1}^{n} (-1)^{i-1} \frac{1}{i!} = -\sum_{i=1}^{\infty} (-1)^i \frac{1}{i!} = -(e^{-1} - 1) = 1 - e^{-1}$,故当 $n \geqslant 10$ 时,此概率近似为 $1 - e^{-1} \approx 0.6321$.

这表明即使参加晚会的人很多(比如 100 人以上),事件"至少有一个人抽到自己礼物"的概率也不是必然事件.

第三节 等可能概型

本节介绍在概率论发展早期受到关注的两类试验模型,其一是古典概型,其二是几何概型.

一、古典概型

在前面所讨论的随机试验的例子中,有一些试验具有如下两个特征:

(1) 试验的样本空间只包含有限个样本点,即 $\Omega = \{\omega_1, \omega_2, \cdots, \omega_n\}$.

(2) 试验中每个基本事件发生的可能性相同,即 $P(\{\omega_1\}) = P(\{\omega_2\}) = \cdots = P(\{\omega_n\})$.

具有以上两个特点的随机试验称为**等可能概型**,也称为**古典概型**. 古典概型由拉普拉斯(Laplace, 1749—1827)首先归纳提出,是概率论发展初期的主要研究对象.

设试验 E 是古典概型,由于基本事件两两互不相容,因此

$$1 = P(\Omega) = P\left(\bigcup_{i=1}^{n} \{\omega_i\}\right) = \sum_{i=1}^{n} P(\{\omega_i\}) = nP(\{\omega_i\}),$$

从而 $P(\{\omega_i\}) = \frac{1}{n}, i = 1, 2, \cdots, n.$

若事件 A 包含 k 个样本点,即 $A = \{\omega_{i_1}, \omega_{i_2}, \cdots, \omega_{i_k}\}$,这里 $i_1, i_2, \cdots, i_k$ 是 $1, 2, \cdots, n$ 中某 k 个不同的数,则有

$$P(A) = P\left(\bigcup_{j=1}^{k} \{\omega_{i_j}\}\right) = \sum_{j=1}^{k} P(\{\omega_{i_j}\}) = \frac{k}{n} = \frac{A \text{ 所包含的基本事件数}}{\Omega \text{ 中基本事件总数}}.$$

上式给出了等可能概型中事件 A 的概率计算公式. 在使用该公式计算概率时,应注意选取适

当的随机试验以及样本空间,使其符合古典概型的两个特点.

例1.6 将一枚硬币抛两次:

(1) 设事件 A_1 为"恰好有一次出现正面",求 $P(A_1)$.

(2) 设事件 A_2 为"至少有一次出现正面",求 $P(A_2)$.

解 (1) 设随机试验 E 为将一枚硬币抛两次,观察正反面出现的情况,则其样本空间为 $\Omega = \{HH, HT, TH, TT\}$. 它包含四个基本事件,且每个基本事件发生的可能性相同,因此为古典概型. 又 $A_1 = \{HT, TH\}$ 包含两个基本事件,故 $P(A_1) = \frac{2}{4} = \frac{1}{2}$.

(2) 因为 $\overline{A_2} = \{TT\}$,于是 $P(A_2) = 1 - P(\overline{A_2}) = 1 - \frac{1}{4} = \frac{3}{4}$.

本题中若试验 E 为将一枚硬币抛两次,观察正反面出现的次数,这时样本空间 $\Omega = \{0, 1, 2\}$ 中的每个基本事件发生的可能性是不一样的,因此就不能用古典概型的概率计算公式来计算 $P(A_1)$,$P(A_2)$.

使用古典概型的概率计算公式来计算概率,涉及计数的运算. 当样本空间中的元素较多而不能一一列出时,只需要根据有关计数的原理和方法(排列组合)计算出 Ω 及 A 中所包含的基本事件的个数,即可求出 A 的概率.

例1.7 某城市电话号码升级后为八位数,且第一位为 6 或 8,求:

(1) 随机抽取的一个电话号码为不重复的八位数的概率.

(2) 随机抽取的电话号码末位数是 8 的概率.

解 (1) 设 A 表示事件"随机抽取的一个电话号码为不重复的八位数",注意到除第一位外,其余位数可取自 0 到 9 这十个数中任意一个,因此有十种可能结果. 又第一位数只能为 6 或 8,因此只有两种可能结果. 样本点总数 $n = 2 \times 10^7$.

事件 A 中的号码要求不重复,因此事件 A 中的样本点数为 $2 \times 9 \times 8 \times 7 \times 6 \times 5 \times 4 \times 3$. 于是 $P(A) = \frac{2 \times 9 \times 8 \times 7 \times 6 \times 5 \times 4 \times 3}{2 \times 10^7} = 0.01814$.

(2) 设 B 表示事件"随机抽取的电话号码末位数是 8",则事件 A 中的样本点数为 2×10^6. 于是 $P(B) = \frac{2 \times 10^6}{2 \times 10^7} = 0.1$.

例1.8 将 n 个球随机地放入 $N(N \geq n)$ 个盒子中去,设盒子的容量不限,试求:

(1) 每个盒子至多有一个球的概率.

(2) n 个盒子中各有一个球的概率.

解 将 n 个球随机地放入 N 个盒子中去,每一种放法是一个基本事件,显然这是古典概型问题. 因每个球都可以放入 N 个盒子中的任一个盒子,每个球有 N 种放法,故 n 球共有 N^n 种不同的放法.

(1) 每个盒子至多有一个球,第一个球有 N 种放法,第二个球有 $N-1$ 种放法(因第一个球已占去一个盒子)……第 n 个球有 $N-(n-1)$ 种放法(因前 $n-1$ 个球已占去 $n-1$ 个盒子),共有 $A_N^n = N(N-1)\cdots[N-(n-1)]$ 种不同的放法,因此所求的概率为

$$p = \frac{A_N^n}{N^n} = \frac{N(N-1)\cdots[N-(n-1)]}{N^n}.$$

(2) n 个盒子可以有 C_N^n 种不同的选法. 对选定的 n 个盒子,每个盒子各有一个球的放法

有 $n!$ 种. 由乘法原理, 共有 $n!\,C_N^n$ 种放法, 因此所求的概率为

$$p = \frac{n!\,C_N^n}{N^n} = \frac{N!}{N^n(N-n)!}.$$

(1) 与 (2) 的结果是一样的, 其实 (1) 与 (2) 中的两个事件是相等的. 由 (1) 的结果可推出: 某个盒子中至少有两个球的概率为 $1 - \frac{A_N^n}{N^n}$; 当 $n = N$ 时, 每个盒子中恰好有一个球的概率为 $\frac{n!}{n^n}$.

此抽象模型对应许多实际问题. 例如, 掷骰子 6 次, 每次出现不同点数的概率为 $\frac{6!}{6^6} = 0.015\,43$, 这意味着若将一枚骰子掷 6 次, 要得到各次出现的点数各不相同是多么不容易. 又如, 设每个人的生日在一年 365 天中的任一天是等可能的, 即都等于 $\frac{1}{365}$, 那么随机选取 $n\,(n \leqslant 365)$ 个人, 他们的生日各不相同的概率为 $\frac{365 \times 364 \times \cdots \times (365-n+1)}{365^n}$, n 个人中至少有两人生日相同的概率为 $p = 1 - \frac{365 \times 364 \times \cdots \times (365-n+1)}{365^n}$. 如果 $n = 50$, 可算出 $p = 0.970$, 即在一个 50 人的班级里, "至少有两人生日相同" 这一事件发生的概率与 1 的差别就不大了; 如果 $n = 100$, 可算出 $p = 0.999\,999\,7$, 这一概率几乎就是 1 了.

例 1.9 袋中有 a 只白球、b 只红球, k 个人依次在袋中取一只球:

(1) 做放回抽样 (即前一人取一只球观察其颜色后放回袋中, 后一人再取一只球).

(2) 做不放回抽样 (即前一人取一只球观察其颜色后不放回袋中, 后一人再取一只球).

求第 $i\,(i = 1, 2, \cdots, k)$ 人取到白球 (记为事件 B) 的概率 (设 $k \leqslant a + b$).

解 本题是古典概型.

(1) 放回抽样的情况. 第 1 人取到白球的概率为 $\frac{a}{a+b}$, 因是放回抽样, 第 2 人、第 3 人……第 i 人取到白球的概率均为 $\frac{a}{a+b}$, 即 $P(B) = \frac{a}{a+b}$.

(2) 不放回抽样的情况. k 个人各取一只球, 每种取法是一个基本事件. 第 1 人有 $a+b$ 种取法, 第 2 人有 $a+b-1$ 种取法 …… 第 k 人有 $a+b-(k-1)$ 种取法, 由乘法原理知 k 个人各取一只球有 $(a+b)(a+b-1)\cdots(a+b-k+1) = A_{a+b}^k$ 种取法. 当事件 B 发生时, 第 i 人取的应是白球, 它可以是 a 只白球中的任一只, 有 a 种取法. 其余被取的 $k-1$ 只球可以是其余 $a+b-1$ 只球中的任意 $k-1$ 只, 共有 $(a+b-1)(a+b-2)\cdots[a+b-1-(k-1)+1] = A_{a+b-1}^{k-1}$ 种取法. 于是事件 B 中包含 aA_{a+b-1}^{k-1} 个基本事件.

故 $P(B) = \frac{aA_{a+b-1}^{k-1}}{A_{a+b}^k} = \frac{a(a+b-1)(a+b-2)\cdots[a+b-1-(k-1)+1]}{(a+b)(a+b-1)\cdots(a+b-k+1)}$

$= \frac{a}{a+b}.$

注意 $P(B)$ 与 i 无关, 即 k 个人取球, 尽管取球的先后次序不同, 各人取到白球的概率是一样的, 大家机会均等 (例如在购买福利彩票时, 各人得奖的机会是一样的). 这正好和我们日常生活经验相符. 比如 10 个人分 7 张电影票, 若采用抓阄决定谁去看电影, 无论先抓还是后抓, 每人得到票的概率相等, 都是 0.7. 另外还要注意的是, 放回抽样的情况与不放回抽样的情况下 $P(B)$ 是一样的.

例 1.10 （彩票问题）一种福利彩票称为"幸福 35 选 7"，即从 01, 02, ⋯, 35 中不重复地开出 7 个基本号码和 1 个特殊号码.中各等奖的规则见表 1-1,求各等奖的中奖概率.

表 1-1

中奖级别	中 奖 规 则
一等奖	7 个基本号码全中
二等奖	中 6 个基本号码及特殊号码
三等奖	中 6 个基本号码
四等奖	中 5 个基本号码及特殊号码
五等奖	中 5 个基本号码
六等奖	中 4 个基本号码及特殊号码
七等奖	中 4 个基本号码,或中 3 个基本号码及特殊号码

解 因为不重复地选号是一种不放回抽样,故样本空间 Ω 含有 $n = C_{35}^7$ 个样本点. 要中奖应把抽取看成是在三种类型中抽取：

第一类号码：7 个基本号码；第二类号码：1 个特殊号码；第三类号码：27 个无用号码.

$$P_1 = \frac{C_7^7 C_1^0 C_{27}^0}{C_{35}^7} = 0.149 \times 10^{-6}; \qquad P_2 = \frac{C_7^6 C_1^1 C_{27}^0}{C_{35}^7} = 1.04 \times 10^{-6};$$

$$P_3 = \frac{C_7^6 C_1^0 C_{27}^1}{C_{35}^7} = 28.106 \times 10^{-6}; \qquad P_4 = \frac{C_7^5 C_1^1 C_{27}^1}{C_{35}^7} = 84.318 \times 10^{-6};$$

$$P_5 = \frac{C_7^5 C_1^0 C_{27}^2}{C_{35}^7} = 1.096 \times 10^{-3}; \qquad P_6 = \frac{C_7^4 C_1^1 C_{27}^2}{C_{35}^7} = 1.827 \times 10^{-3};$$

$$P_7 = \frac{C_7^4 C_1^0 C_{27}^3 + C_7^3 C_1^1 C_{27}^3}{C_{35}^7} = 30.448 \times 10^{-3}.$$

中头奖的概率只有 0.149×10^{-6},即 2 000 万个人中约有 3 个人中头奖,因此购买彩票的中奖率极低.

例 1.11 （女士品茶）一位常饮奶茶的女士称,她能从一杯冲好的奶茶中辨别出该奶茶是先放牛奶还是先放茶冲制而成. 做了 10 次试验,结果她都正确地辨别出来了.问该女士的说法是否可信？

解 假设该女士的说法不可信,即纯粹是靠运气猜对的. 则在假设下,每次试验的两个可能结果为奶+茶或茶+奶,并且它们是等可能的,因此这是一个古典概型问题. 10 次试验一共有 2^{10} 个可能结果. 若记事件 $A =$ {10 次试验中都能分辨出放奶和放茶的先后次序},则在全部 2^{10} 个样本点中 A 只含其中一个,因此 $P(A) = \frac{1}{2^{10}} = 0.000\ 976\ 6$. 这是一个非常小的概率. 人们在日常生活中遵循一个"实际推断原理",即一个小概率事件在一次试验中实际是不会发生的. 依此原理 A 不发生,这与实际试验结果相矛盾,因此开始所做的假设"该女士纯粹是猜测"不成立,有理由断言该女士确有这种分辨能力,即她的说法可信.

上述推断思想在统计学的假设检验问题中十分有用,后面将在统计部分详细展开.

二、几何概型

古典概型是关于试验的结果为有限个且每个结果出现的可能性相同的概率模型. 一个直接的推广:保留等可能性,而允许试验的所有可能结果为直线上的一条线段、平面上的一个区域或空间中的一个立体等具有无限多个结果的情形,称这种试验模型为**几何概型**.

一般地,设有某个空间区域 Ω,试验的结果可用位于 Ω 内的某个随机点 ω 的位置来表示. 假定随机点 ω 落在 Ω 中任意一个位置是等可能的,用事件 A 表示随机点落在 Ω 中的一个子区域 S_A 内,则有 $P(A) = \dfrac{|S_A|}{|\Omega|}$. 其中,当 S_A 为直线上区间时,$|S_A|$ 即为区间长度;当 S_A 为平面区域时,$|S_A|$ 即为该平面区域的面积;当 S_A 为空间区域时,$|S_A|$ 即为该空间区域的体积. $|\Omega|$ 的意义相同. 这是几何概型的概率计算公式,其要点在于找出事件 A 所对应的那个子区域 S_A.

例 1.12 (会面问题)甲、乙两人相约在早上 8 点到 9 点之间在某地会面,先到者等候另一个人一刻钟,过时就离开. 如果每个人可在指定的 1 h 内任意时刻到达,试计算两人能会面的概率.

解 这是一个几何概型问题.

记 8 点为计算时刻的 0 时,以分钟(min)为时间单位,以 x,y 分别表示甲、乙两人到达会面地点的时刻,则样本空间为 $\Omega = \{(x, y) \mid 0 \leqslant x \leqslant 60, 0 \leqslant y \leqslant 60\}$.

以 A 表示事件"两人能会面",由于两人能会面的充要条件是 $|x-y| \leqslant 15$,$(x, y) \in \Omega$,所以 $A = \{(x, y) \mid |x-y| \leqslant 15, (x, y) \in \Omega\}$.

以上讨论的几何表示如图 1-2 所示.

于是 $P(A) = \dfrac{|S_A|}{|\Omega|} = \dfrac{60^2 - 45^2}{60^2} = \dfrac{7}{16}$.

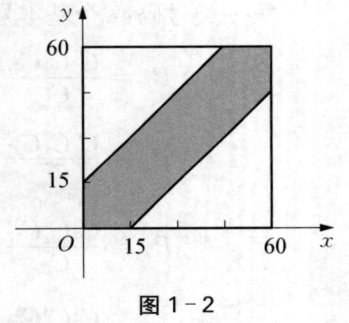

图 1-2

例 1.13 [蒲丰(Buffon)投针问题]平面上画有等距离的平行线,平行线的距离为 $a(a>0)$,向平面投掷一枚长为 $l(l<a)$ 的针,试求针与平行线相交的概率.

解 以 x 表示针的中点与最近一条平行线的距离,以 φ 表示针与直线间的交角,易知有 $\Omega = \{(x, \varphi) \mid 0 \leqslant x \leqslant \dfrac{a}{2}, 0 \leqslant \varphi \leqslant \pi\}$.

令 $A = \{$针与平行线相交$\}$,则有 $A = \{(x, \varphi) \mid 0 \leqslant x \leqslant \dfrac{l}{2}\sin\varphi\}$. Ω 表示的区域是图 1-3 中的矩形,A 表示的区域是图 1-3 中的阴影部分.

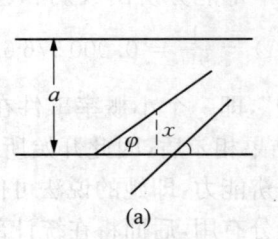
(a)

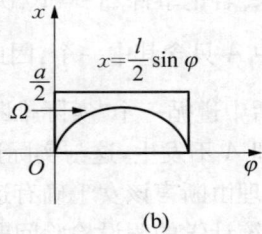
(b)

图 1-3

由等可能性知 $P(A) = \dfrac{|S_A|}{|\Omega|} = \dfrac{\int_0^\pi \dfrac{l}{2}\sin\varphi\,\mathrm{d}\varphi}{\pi\dfrac{a}{2}} = \dfrac{2l}{\pi a}$.

如果 l, a 已知，则以 π 的值代入即可计算概率 $P(A)$ 的值. 反之，如果已知概率 $P(A)$，则可以利用公式去求 π 的值. 由频率在大量试验中的稳定性，在实际计算中可以用频率近似代替概率. 如果投针 N 次，其中针与平行线相交 n 次，则频率为 $\dfrac{n}{N}$，在上式中将 $P(A)$ 换成 $\dfrac{n}{N}$，则可由下式来近似计算 π：$\pi \approx \dfrac{2lN}{an}$.

历史上一些学者通过做蒲丰投针试验，由上式得到了 π 的一些近似值. 表 1-2 记录了他们的试验结果（把平行线间的距离 a 折算成单位 1）.

表 1-2

试验者	年份(年)	投掷次数(次)	相交次数(次)	π 的近似值	针长
Wolf	1850	5 000	2 532	3.159 6	0.8
Fox	1884	1 030	489	3.159 5	0.75
Lazzerini	1901	3 408	1 808	3.141 5	0.83

这是一个颇为奇妙的方法：只要设计一个随机试验，使一个试验的概率与某一未知数有关，然后通过重复试验，以频率近似概率，即可求得未知数的近似值. 随着电子计算机的出现，人们可以利用计算机来模拟所设计的试验，使得这种方法得到了迅速的发展和广泛的应用. 人们称这种方法为**随机模拟法**，也称为**蒙特卡洛(Monte-Carlo)法**.

第四节　条件概率及其公式

一、条件概率

在许多问题中经常会遇到这样的情况：在同一个试验中，在已知事件 B 发生的前提下，计算事件 A 的概率. 因为有了附加条件，故称这种概率为**条件概率**，记为 $P(A|B)$.

引例 1.1　两台车床加工同一种零件，共 100 个，结果见表 1-3.

表 1-3

	合格品数	次品数	总计
第一台车床加工	35	5	40
第二台车床加工	50	10	60
总计	85	15	100

设 $A = \{$从 100 件零件中任取一件是合格品$\}$,$B = \{$从 100 件零件中任取一件是第一台车床加工的$\}$. 求:$P(A)$;$P(B)$;$P(AB)$;$P(A|B)$;$P(B|\overline{A})$.

解 $P(A) = \dfrac{85}{100} = 0.85$,$P(B) = \dfrac{40}{100}$;$P(AB) = \dfrac{35}{100} = 0.35$;$P(A|B) = \dfrac{35}{40} = 0.875$;$P(B|\overline{A}) = \dfrac{5}{15} = 0.33$.

比较 $P(A)$,$P(B)$,$P(A|B)$,$P(B|\overline{A})$ 的结果可知,$P(A|B) > P(A)$,而 $P(B|\overline{A}) < P(B)$,说明条件概率与无条件概率一般是不相等的,且谁大谁小也不一定.

结合此例结果,可验证下式成立:

$$P(A|B) = \frac{P(AB)}{P(B)}. \tag{1.1}$$

式(1.1)的成立非偶然,是普遍规律,下面就古典概型的情形证明之.

设样本空间 $\Omega = \{\omega_1, \omega_2, \cdots, \omega_n\}$,事件 A 含有其中的 n_A 个样本点;事件 B 含有其中的 n_B 个样本点;事件 $A \bigcap B$ 含有其中的 n_{AB} 个样本点;显然 $n_{AB} \leqslant \min\{n_A, n_B\}$.

如果事件 B 发生,则导致 B 发生的 n_B 个样本点(即基本事件)中至少有一个发生. 在这个条件下导致 A 发生的基本事件仅有 n_{AB} 个样本点,故

$$P(A|B) = \frac{n_{AB}}{n_B} = \frac{n_{AB}/n}{n_B/n} = \frac{P(AB)}{P(B)}.$$

同理,可证

$$P(B|A) = \frac{P(AB)}{P(A)}, \quad P(A) > 0.$$

定义 1.1 设 A,B 为两个任意事件,且 $P(B) > 0$,则称比值 $\dfrac{P(AB)}{P(B)}$ 为在事件 B 发生的条件下事件 A 发生的**条件概率**,记作

$$P(A|B) = \frac{P(AB)}{P(B)}. \tag{1.2}$$

可以验证,条件概率 $P(\cdot|B)$ 满足概率公理化定义中的三个条件,即

(1) 当 $P(B) > 0$ 时,对任意事件 A,有 $P(A|B) \geqslant 0$.

(2) 当 $P(B) > 0$ 时,$P(\varnothing|B) = 0$,$P(\Omega|B) = 1$.

(3) 当 $P(B) > 0$ 时,若 $A_1, A_2, \cdots, A_n$ 两两互斥,则有

$$P\Big(\bigcup_{i=1}^{n} A_i \mid B\Big) = \sum_{i=1}^{n} P(A_i|B).$$

既然条件概率也满足概率的公理化定义中的三公理,那么概率所具有的一些重要性质都适用于条件概率.

二、乘法公式

由条件概率的定义,立得

$$P(AB) = P(B)P(A|B), \quad P(B) > 0. \tag{1.3}$$

式(1.3)称作**乘法公式**.

定理 1.1 （乘法定理）两个事件乘积的概率等于其中一个事件的概率乘以另一个事件在前一个事件发生的条件下的条件概率.

推广 设 $A_1, A_2, \cdots, A_n$ 为 $n(n \geq 2)$ 个事件，且 $P(A_1 A_2 \cdots A_n) > 0$，则有

$$P(A_1 A_2 \cdots A_n) = P(A_1) P(A_2 \mid A_1) P(A_3 \mid A_1 A_2) \cdots P(A_n \mid A_1 A_2 \cdots A_{n-1}) \quad (1.4)$$

例 1.14 某种动物由出生算起能活到 20 岁以上的概率为 0.8，能活到 25 岁以上的概率为 0.4. 现在已知有一个 20 岁的此种动物，求它能活到 25 岁以上的概率.

解 设 $A = \{$该动物能活到 20 岁以上$\}$，$B = \{$该动物能活到 25 岁以上$\}$. 则 $B \subset A$，$AB = B$，故所求概率为

$$P(B \mid A) = \frac{P(A \cap B)}{P(A)} = \frac{P(B)}{P(A)} = \frac{0.4}{0.8} = 0.5.$$

例 1.15 一批零件共 100 个，次品率为 10%（即其中有 10 件次品、90 件正品），每次从中任取一个，取出的零件不再放回，求第三次才取得正品的概率.

解 设 $A_i = \{$第 i 次取的是正品$\}$，$i = 1, 2, 3$，则第三次才取得正品的概率为

$$P(\overline{A_1}\,\overline{A_2} A_3) = P(\overline{A_1}) P(\overline{A_2} \mid \overline{A_1}) P(A_3 \mid \overline{A_1}\,\overline{A_2}) = \frac{10}{100} \times \frac{9}{99} \times \frac{90}{98} = 0.008\,4.$$

例 1.16 10 个人依次抓阄，10 张阄中只有一张写有"奖品 A"，求它被第 k 个人抓到的概率 ($k = 1, 2, \cdots, 10$).

解 设 $A_k = \{$第 k 个人抓到了"奖品 A"$\}$，$k = 1, 2, \cdots, 10$，显然"奖品 A"被第一个人抓到的概率为

$$P(A_1) = \frac{1}{10}.$$

因为只有一个阄写有"奖品 A"，所以 $A_2 \subset \overline{A_1}$，从而 $A_2 = \overline{A_1} A_2$，于是"奖品 A"被第二个人抓到的概率为

$$P(A_2) = P(\overline{A_1} A_2) = P(\overline{A_1}) P(A_2 \mid \overline{A_1}) = \frac{9}{10} \times \frac{1}{9} = \frac{1}{10}.$$

同理，因为 $A_3 \subset \overline{A_1} \cap \overline{A_2}$，所以"奖品 A"被第三个人抓到的概率为

$$P(A_3) = P(\overline{A_1}\,\overline{A_2} A_3) = P(\overline{A_1}) P(\overline{A_2} \mid \overline{A_1}) P(A_3 \mid \overline{A_1}\,\overline{A_2}) = \frac{9}{10} \times \frac{8}{9} \times \frac{1}{8} = \frac{1}{10}.$$

如此继续下去，依次可得

$$P(A_4) = P(A_5) = \cdots = P(A_9) = \frac{1}{10}.$$

最后，注意到 $A_{10} \subset \overline{A_1}\,\overline{A_2} \cdots \overline{A_9}$ 及 $P(A_{10} \mid \overline{A_1}\,\overline{A_2} \cdots \overline{A_9}) = 1$，"奖品 A"被第十个人抓到的概率为

$$P(A_{10}) = P(\overline{A_1}\,\overline{A_2} \cdots \overline{A_9} A_{10}) = P(\overline{A_1}) P(\overline{A_2} \mid \overline{A_1}) P(\overline{A_3} \mid \overline{A_1}\,\overline{A_2}) \cdots P(A_{10} \mid \overline{A_1}\,\overline{A_2} \cdots \overline{A_9})$$

$$= \frac{9}{10} \times \frac{8}{9} \times \frac{7}{8} \times \cdots \times \frac{1}{2} \times 1 = \frac{1}{10}.$$

由以上计算可知,其结果与 k 无关. 这表明在抓阄中,每个参与得到奖品的机会是均等的,因此在这种情况下用抓阄的方法确定奖品的归属是合理的.

三、全概率公式

每一个随机试验 E,它的全体基本事件可用各种不同的方法分成若干类,而任何一个复合事件都可由这几类事件的复合而得到. 比如,设有 n 个袋子,各袋中装有白球和黑球,任意选取一个袋子,并任取一球,则"取出的一球是白球"这一事件可由"从第一个袋子中抽出一球是白球""从第二个袋子中抽出一球是白球"……"从第 n 个袋子中抽出一球是白球"事件复合而成. 上述问题的直观解释是,对一个试验,导致某一个结果的发生可能有多种原因,设共有 n 种,每一个原因对这一结果的发生都做出一定的"贡献". 当然,这种结果发生的可能性与各种原因的"贡献"大小有关.

对于这一问题,从概率上来表达它们发生的可能性之间的关系的一个公式就是所谓的**全概率公式**. 全概率公式是概率论中的一个重要公式,它提供了计算复杂事件概率的一条有效途径,使一个复杂事件的概率计算问题化繁为简.

定义 1.2 设随机试验 E 的样本空间为 Ω,$\{A_1, A_2, \cdots, A_n\}$ 为 E 的一组事件,且满足:

(1) $A_i \cap A_j = \varnothing, \forall i \neq j, i, j = 1, 2, \cdots, n$,即 $A_1, A_2, \cdots, A_n$ 两两互斥;

(2) $\bigcup_{i=1}^{n} A_i = \Omega$.

则称事件组 $\{A_1, A_2, \cdots, A_n\}$ 为样本空间 Ω 的一个**有穷划分**(或分割).

定理 1.2 (全概率公式)设随机试验 E 的样本空间为 Ω,B 为 E 中的一个事件,$\{A_1, A_2, \cdots, A_n\}$ 为 Ω 的一个有穷划分,且 $P(A_i) > 0, i = 1, 2, \cdots, n$,则

$$P(B) = \sum_{i=1}^{n} P(A_i) P(B \mid A_i). \tag{1.5}$$

证 因为 $B = B \cap \Omega = B \cap \left(\bigcup_{i=1}^{n} A_i\right) = \bigcup_{i=1}^{n} (B \cap A_i)$,又由于 $A_i \cap A_j = \varnothing, \forall i \neq j$,故

$$(B \cap A_i) \cap (B \cap A_j) = B \cap (A_i \cap A_j) = B \cap \varnothing = \varnothing, \forall i \neq j.$$

故由概率的有限可加性及乘法公式,有

$$P(B) = \sum_{i=1}^{n} P(B \cap A_i) = \sum_{i=1}^{n} P(A_i) P(B \mid A_i).$$

注 (1) 全概率公式的最简形式:假如 $P(A) > 0$,则

$$P(B) = P(A) P(B \mid A) + P(\overline{A}) P(B \mid \overline{A}).$$

(2) 条件 $\{A_1, A_2, \cdots, A_n\}$ 为 Ω 的一个有穷划分,可改成 $A_1, A_2, \cdots, A_n$ 两两互斥,且 $B \subset \bigcup_{i=1}^{n} A_i$,定理 1.2 仍然成立.

例 1.17 保险公司认为某险种的投保人可以分成两类:一类为容易出事故者,另一类为安全者. 统计表明,一个容易出事故者在一年内发生事故的概率为 0.4,而安全者在一年内发生事故的概率则减少为 0.1. 若假定第一类人占此险种投保人的比例为 20%. 现有一个新的投保人来投保此险种,问该投保人在购买保单后一年内将出事故的概率有多大?

解 设事件 $B = \{投保人在一年内出事故\}$，事件 $A = \{投保人为第一类人\}$，则
$$P(A) = 0.2, P(\overline{A}) = 0.8, P(B \mid A) = 0.4, P(B \mid \overline{A}) = 0.1.$$

由全概率公式知
$$\begin{aligned}P(B) &= P(A)P(B \mid A) + P(\overline{A})P(B \mid \overline{A}) \\ &= 0.2 \times 0.4 + 0.8 \times 0.1 = 0.16.\end{aligned}$$

例 1.18 用 3 台机床加工同一种零件，零件由各机床加工的概率分别为 $0.5, 0.3, 0.2$，各机床加工的零件的合格品的概率分别为 $0.94, 0.9, 0.95$，求全部产品中的合格率。

解 设事件 B 为产品合格，事件 $A_i (i=1, 2, 3)$ 分别表示第 i 台机床加工的零件。则由题设知
$$P(A_1) = 0.5, P(A_2) = 0.3, P(A_3) = 0.2,$$
$$P(B \mid A_1) = 0.94, P(B \mid A_2) = 0.9, P(B \mid A_3) = 0.95.$$

由全概率公式知
$$\begin{aligned}P(B) &= P(A_1)P(B \mid A_1) + P(A_2)P(B \mid A_2) + P(A_3)P(B \mid A_3) \\ &= 0.94 \times 0.5 + 0.9 \times 0.3 + 0.95 \times 0.2 = 0.93.\end{aligned}$$

例 1.19 在甲、乙、丙三种型号的箱子中装上相同的产品，三种型号的箱子分别为 3, 4, 5 只，已知甲型号箱子中产品的次品率为 0.1，乙和丙型号箱子中产品的次品率分别为 0.15 和 0.2，现任取一箱，再由其中任取一件。试求取到的一件是次品的概率。

解 设 $A_i (i=1, 2, 3)$ 分别表示产品取自甲、乙、丙箱的事件，设 B 为取到次品的事件。则依题意，有
$$P(A_1) = \frac{3}{12}, P(A_2) = \frac{4}{12}, P(A_3) = \frac{5}{12},$$
$$P(B \mid A_1) = 0.1, P(B \mid A_2) = 0.15, P(B \mid A_3) = 0.2.$$

由全概率公式知
$$\begin{aligned}P(B) &= P(A_1)P(B \mid A_1) + P(A_2)P(B \mid A_2) + P(A_3)P(B \mid A_3) \\ &= \frac{3}{12} \times 0.1 + \frac{4}{12} \times 0.15 + \frac{5}{12} \times 0.2 = \frac{19}{120}.\end{aligned}$$

四、贝叶斯公式

引例 1.2 在例 1.19 中，若已知取到的一件产品是次品，试问这种次品来自甲、乙、丙三种型号的箱子的可能性（概率）各自是多少？

解 设 $A_i (i=1, 2, 3)$ 分别表示产品取自甲、乙、丙箱的事件，设 B 为取到次品的事件。则依题意，有
$$P(A_1) = \frac{3}{12}, P(A_2) = \frac{4}{12}, P(A_3) = \frac{5}{12},$$
$$P(B \mid A_1) = 0.1, P(B \mid A_2) = 0.15, P(B \mid A_3) = 0.2.$$

故 $P(A_1 \mid B) = \dfrac{P(BA_1)}{P(B)} = \dfrac{P(A_1)P(B \mid A_1)}{\sum\limits_{i=1}^{3} P(A_i)P(B \mid A_i)} = \dfrac{\frac{3}{12} \times 0.1}{\frac{19}{120}} = \dfrac{3}{19}.$

上述引例中,如果将 $A_i(i=1,2,3)$ 看作引起 B 发生的全部可能的"原因",那么引例中的问题可以这样提出:若试验中 B 发生了,问引起 B 发生的原因是事件 $A_i(i=1,2,3)$ 的概率是多少? 这种概率称作"后验概率". 生活中类似的问题是很多的. 比如, 诊断问题中, 已知引起某种症状的原因有多种, 假如在一次诊断中发现某病人确实出现了此种症状, 作为医生, 就应该研究引起这种症状的各种病因的概率各是多少, 哪一种病因的概率最大. 下面将要介绍的贝叶斯公式就是专门用来计算后验概率的.

定理 1.3 (贝叶斯公式)设随机试验 E 的样本空间为 Ω,B 为 E 中的一个事件,$\{A_1, A_2, \cdots, A_n\}$ 为 Ω 的一个有穷划分,如果 $P(B) > 0$,$P(A_i) > 0$,$i = 1, 2, \cdots, n$,则

$$P(A_i \mid B) = \dfrac{P(A_i)P(B \mid A_i)}{\sum\limits_{j=1}^{n} P(A_j)P(B \mid A_j)}, \quad i = 1, 2, \cdots, n. \tag{1.6}$$

证 由条件概率的定义

$$P(A_i \mid B) = \dfrac{P(A_i B)}{P(B)}, \tag{1.7}$$

对式(1.7)的分子用乘法公式,分母用全概率公式:

$$P(A_i B) = P(A_i) P(B \mid A_i); \tag{1.8}$$

$$P(B) = \sum_{j=1}^{n} P(A_j) P(B \mid A_j). \tag{1.9}$$

将式(1.8)、式(1.9)代入式(1.7),即得

$$P(A_i \mid B) = \dfrac{P(A_i)P(B \mid A_i)}{\sum\limits_{j=1}^{n} P(A_j)P(B \mid A_j)}, \quad i = 1, 2, \cdots, n.$$

注 式(1.6)中的 $P(A_i)$ 称"**先验概率**",即试验前已知的概率,它常常是以往经验的总结. 而**后验概率** $P(A_i \mid B)$ 则反映了试验后对各种原因发生的可能性的新认识. 贝叶斯公式其实就是根据先验概率求后验概率.

例 1.20 某地区居民的肝癌发病率为 0.004. 现用甲胎蛋白法进行普查. 医学研究表明,化验结果是存有错误的. 已知患有肝癌的人其化验结果 99% 呈阳性(有病),而没患肝癌的人其化验结果 99% 呈阴性(无病). 现某人的检查结果呈阳性,问他真的患肝癌的概率是多少?

解 设 $B = \{$检查结果呈阳性$\}$,$A = \{$被检查者患有肝癌$\}$,则 $\{A, \overline{A}\}$ 就构成了样本空间 Ω 的一个最小有穷划分. 由贝叶斯公式,所求概率即为

$$P(A \mid B) = \dfrac{P(A)P(B \mid A)}{P(A)P(B \mid A) + P(\overline{A})P(B \mid \overline{A})}$$

$$= \frac{0.004 \times 0.99}{0.004 \times 0.99 + 0.996 \times 0.01} = 0.284.$$

这个结果表明,在检查结果为阳性的人中,真患肝癌的人不到 30%! 这个结果会使人吃惊,但仔细分析一下就可以理解了. 因为肝癌的发病率很低,在 1 000 个人中约有 4 人,而约有 996 个人不患肝癌. 按其错检的概率可知,不患肝癌者中,约有 996×0.001=9.96 个呈阳性;另外 4 个真患肝癌的检验报告中,约有 4×0.99=3.96 个呈阳性. 仅从 13.92 个呈阳性者来看,真患肝癌的 3.96 人约占

$$\frac{3.96}{13.92} = \frac{4 \times 0.99}{4 \times 0.99 + 996 \times 0.01} = \frac{0.004 \times 0.99}{0.004 \times 0.99 + 0.996 \times 0.01} = 0.284.$$

进一步降低错检的概率是提高检验精度的关键. 在实际中由于技术和操作等种种原因,降低错检的概率又是很困难的. 所以在实际中,常采用复查的方法来减少错误率;或用另一些简单易行的辅助方法先进行初查,排除大量明显不是肝癌的人后,再用甲胎蛋白法对被怀疑对象进行检查. 此时被怀疑的对象群体中,肝癌的发病率已大大提高了.

比如,对首次检查得阳性的人群再进行复查,此时 $P(A) = 0.284$,再用贝叶斯公式计算得

$$P(A \mid B) = \frac{P(A)P(B \mid A)}{P(A)P(B \mid A) + P(\overline{A})P(B \mid \overline{A})}$$

$$= \frac{0.284 \times 0.99}{0.284 \times 0.99 + 0.716 \times 0.01} = 0.975,$$

这就大大提高了甲胎蛋白法的准确率了.

注 条件概率三公式中,乘法公式是求积事件的概率,全概率公式是求一个复杂事件的概率,而贝叶斯公式是计算一个条件概率.

例 1.21 伊索寓言"孩子与狼"讲的是一个小孩每天到山上放羊,山里有狼出没. 第一天,他在山上喊道:"狼来了! 狼来了!"山下的村民闻声便去打狼,可到了山上发现狼没有来. 第二天仍是如此. 第三天,狼真的来了,可无论小孩怎么喊叫,也没有人来救他,因为他前两次说了谎,人们不再相信他了.

现用贝叶斯公式来分析此寓言中村民对这个小孩的可信度是如何下降的.

首先记事件 $B = \{小孩说谎\}$,事件 $A = \{小孩可信\}$. 不妨设村民过去对这个小孩的印象为

$$P(A) = 0.8, \quad P(\overline{A}) = 0.2. \tag{1.10}$$

在贝叶斯公式中,要用到 $P(B|A)$ 和 $P(B|\overline{A})$. 这两个概率的含义是:前者为"可信(B)的孩子说谎"的可能性;后者为"不可信($\overline{B}$)的孩子说谎"的可能性. 在此不妨假设 $P(B \mid A) = 0.1$,$P(B \mid \overline{A}) = 0.5$.

第一次村民上山打狼,发现狼没来,即小孩说了谎(B 发生). 村民根据这个信息,对这个小孩的可信度改变为

$$P(A \mid B) = \frac{P(A)P(B \mid A)}{P(A)P(B \mid A) + P(\overline{A})P(B \mid \overline{A})}$$

$$= \frac{0.8 \times 0.1}{0.8 \times 0.1 + 0.2 \times 0.5} = 0.444.$$

这表明村民上了一次当后,对这个小孩的可信度由原来的 0.8 调整为 0.444. 也就是将式 (1.10) 调整为

$$P(A) = 0.444, \quad P(\bar{A}) = 0.556. \tag{1.11}$$

在式 (1.11) 的基础上,再一次用贝叶斯公式来计算 $P(A|B)$,即这个小孩第二次说谎后,村民对他的可信度改变为

$$P(A \mid B) = \frac{P(A)P(B \mid A)}{P(A)P(B \mid A) + P(\bar{A})P(B \mid \bar{A})}$$

$$= \frac{0.444 \times 0.1}{0.444 \times 0.1 + 0.556 \times 0.5} = 0.138.$$

这表明村民经过两次上当,对这个小孩的可信度已经从 0.8 下降到了 0.138. 如此低的可信度,村民们听到第三次呼叫就不会再上山打狼了.

第五节 事件的独立性

一、两个事件的独立性

一般说来,当 $P(B) > 0$ 时,条件概率 $P(A \mid B)$ 与无条件概率 $P(A)$ 不相等,这说明一般情况下事件 B 的发生对事件 A 的发生还是有影响的. 如果 $P(A \mid B) = P(A)$,则说明事件 B 的发生对事件 A 的发生没有任何影响. 此时可认为事件 A, B 是相互独立的. 由乘法公式知 $P(AB) = P(B)P(A \mid B)$,因此当事件 A, B 是相互独立时,有 $P(AB) = P(A)P(B)$.

定义 1.3 设 A, B 为两个任意事件,如果

$$P(AB) = P(A)P(B), \tag{1.12}$$

则称事件 A, B 是相互独立的.

由定义 1.3 可知,若事件 A, B 中有一个是 $\varnothing$ 或 Ω,则 A, B 必然是相互独立.

定理 1.4 若 A, B 相互独立,则 A 与 $\bar{B}$, $\bar{A}$ 与 B, $\bar{A}$ 与 $\bar{B}$ 也是相互独立的.

证 先证 A 与 $\bar{B}$ 相互独立.

由于 $A = (AB) \cup (A\bar{B})$,且 AB 与 $A\bar{B}$ 互斥,故由加法公式,得

$$P(A) = P(AB) + P(A\bar{B}).$$

注意到 A, B 相互独立,于是

$$P(A\bar{B}) = P(A) - P(AB)$$
$$= P(A) - P(A)P(B) = P(A)[1 - P(B)] = P(A)P(\bar{B}).$$

所以 A 与 $\bar{B}$ 相互独立.

再由对称性,显然有 $\overline{A}$ 与 B 相互独立.

最后,利用上面的结果知,$\overline{A}$ 与 $\overline{B}$ 也相互独立.

当三个事件 A,B,C 两两互斥时,也有加法公式

$$P(A \cup B \cup C) = P(A) + P(B) + P(C).$$

自然会猜测:当三个事件 A,B,C 两两独立时,是否也有乘法公式

$$P(ABC) = P(A)P(B)P(C)?$$

下面的例 1.22 回答了上述问题.

例 1.22 设古典概型 E 的样本空间 $\Omega = \{\omega_1, \omega_2, \omega_3, \omega_4\}$,又设三事件 A,B,C 分别为 $A = \{\omega_1, \omega_2\}$,$B = \{\omega_1, \omega_3\}$,$C = \{\omega_1, \omega_4\}$. 试验证:事件 A,B,C 两两独立,但 $P(ABC) \neq P(A)P(B)P(C)$.

此例的背景可设计为:盒中有编号为 1,2,3,4 的四只球,随机地自盒中取一只球,事件 A 为"取得的球是 1 号球或 2 号球",事件 B 为"取得的球是 1 号球或 3 号球",事件 C 为"取得的球为 1 号球或 4 号球",则可验证 A,B,C 两两相互独立,但 $P(ABC) \neq P(A)P(B)P(C)$.

反过来,$P(ABC) = P(A)P(B)P(C)$ 也不能保证 A,B,C 两两互斥.

二、多个事件的独立性

定义 1.4 对任意三事件 A,B,C,如果有

$$\begin{cases} P(AB) = P(A)P(B), \\ P(AC) = P(A)P(C), \\ P(BC) = P(B)P(C), \\ P(ABC) = P(A)P(B)P(C), \end{cases}$$

四等式同时成立,则称事件 A,B,C 相互**独立**.

设有 n 个事件 A_1,A_2,$\cdots$,A_n,如果对于任意的 $k(1 \leqslant k \leqslant n)$ 和任意的一组 $1 \leqslant i_1 < i_2 < \cdots < i_k \leqslant n$,都有等式 $P(A_{i_1} A_{i_2} \cdots A_{i_k}) = P(A_{i_1}) P(A_{i_2}) \cdots P(A_{i_k})$ 成立,则称这 n 个事件 A_1,A_2,$\cdots$,A_n 是相互**独立**的.

由此可见,要验证 n 个事件相互独立,要有 $\sum_{k=2}^{n} C_n^k = 2^n - n - 1$ 等式来支持.

显然地,若 n 个事件 A_1,A_2,$\cdots$,A_n 是相互独立的,则它们中的任何 $m(2 \leqslant m \leqslant n)$ 个事件也相互独立.

在实际应用中,对 n 个事件的独立性,常常是依据实际意义来判断,而非根据定义.

例 1.23 某车间在三天内,每天生产 10 件产品,其中第一、第二、第三天分别生产了 1,2,2 件次品. 而质检部每天要在生产的 10 件产品中随意抽取 4 件进行检查,若发现有次品,则当天的产品不能通过,求三天全部通过检查的概率.

解 用 A_i 表示事件{第 i 天通过检查},$i = 1, 2, 3$,则

$$P(A_1) = \frac{C_9^4}{C_{10}^4} = \frac{3}{5}, \ P(A_2) = \frac{C_8^4}{C_{10}^4} = \frac{1}{3}, \ P(A_3) = \frac{C_8^4}{C_{10}^4} = \frac{1}{3}.$$

因为 A_1，A_2，A_3 相互独立，所以所求概率为

$$P(A_1)P(A_2)P(A_3) = \frac{1}{15}.$$

例 1.24 某种项目的射击比赛，开始时在距目标 100 m 处射击，命中则停止射击；第一次没命中，可以进行第二次射击，但目标为 150 m；第二次没命中，还可以进行第三次射击，此时目标在 200 m 处。若第三次没命中，则停止射击。已知射手在 100 m，150 m，200 m 处击中目标的概率分别 $\frac{1}{2}$，$\frac{1}{3}$，$\frac{1}{4}$，求这名射手在三次射击中命中目标的概率。

解 设第一、二、三次射击命中目标分别为事件 A_1，A_2，A_3，因此这个试验的结果包含了三个事件：A_1，$\overline{A_1}A_2$，$\overline{A_1}\ \overline{A_2}A_3$ 是互斥事件，而事件$\overline{A_1}$与 A_2，$\overline{A_1}$与$\overline{A_2}$与 A_3 又是互相独立，所以所求概率为

$$P(A_1) + P(\overline{A_1})P(A_2) + P(\overline{A_1})P(\overline{A_2})P(A_3) = \frac{3}{4}.$$

上述两个例子看起来貌似相同，但其本质明显不同，因此分清互斥事件和相互独立事件，注意事件同时发生和有一个发生的区别，正确理解"至多""至少""只有"等关键词就显得非常重要。

例 1.25 过去战争中曾用步枪打飞机。设一支步枪射击一次，击中飞机的概率为 0.004。

(1) 若用 250 支步枪相互独立地同时向一架飞机进行一次射击，求飞机被击中的概率。

(2) 若要以 0.99 以上的概率击中飞机，那么需用多少支步枪？

解 (1) 设 $A_i = \{$第 i 支步枪命中飞机$\}$，$i = 1, 2, \cdots, 250$。则

$$P\{\text{飞机被击中}\} = P\left(\bigcup_{i=1}^{250} A_i\right) = 1 - P\left(\overline{\bigcup_{i=1}^{250} A_i}\right) = 1 - P\left(\bigcap_{i=1}^{250} \overline{A_i}\right) = 1 - \prod_{i=1}^{250} P(\overline{A_i})$$
$$= 1 - (1 - 0.004)^{250} \approx 1 - 0.37 = 0.63.$$

(2) 设用 n 支步枪同时射击可以 0.99 以上的概率击中飞机，则 n 满足

$$1 - (1 - 0.004)^n \geqslant 0.99 \Rightarrow n \geqslant \frac{\lg 0.01}{\lg 0.996} = 1\,148.998,$$

故取 $n = 1\,149$。

三、贝努利概型

现在用事件的独立性来研究一类问题。如果一次抛掷 n 枚相同的硬币，要求计算"恰好出现 k 个正面"这一事件的概率 $P_n(k)$。

这样一个"一次抛掷 n 枚相同的硬币"的随机试验，可用另一种等价的方式来进行：每次抛掷一枚硬币，共抛 n 次。

容易理解，这 n 次抛掷的结果是相互独立的，因为如把在相同条件下，抛掷一枚硬币看作一次试验，这就意味着这 n 次试验是相互独立的，即每一次试验的结果不受其他各次结果的

影响.

定义 1.5 将一个试验 E 重复进行 n 次,如果在每次试验中,任一事件出现的概率与其他各次试验的结果无关,则称这 n 次试验是**相互独立的**,或称这 n 次试验是 E 的 n 次重复独立试验.

定义 1.6 若一个试验 E 只有两个结果 A 和 $\overline{A}$,则称这个试验为**贝努利试验**,E 的 n 次重复独立试验叫作 n **重贝努利试验**.

为方便起见,把贝努利试验中的两个结果之一的 A 叫作"成功",其概率记为 $P(A)=p$,另一结果 $\overline{A}$ 叫作"失败",其概率记为 $P(\overline{A})=1-p=q$.

定理 1.5 (**二项概率公式**)如果在 n 重贝努利试验中,成功的概率为 $P(A)=p$,则成功恰好发生 k 次的概率为

$$P_n(k) = C_n^k p^k q^{n-k}, \quad 0 \leqslant k \leqslant n \tag{1.13}$$

证 因为 n 重贝努利试验的基本结果可记作 $\omega=(\omega_1,\omega_2,\cdots,\omega_n)$,其中的 $\omega_i(1\leqslant i\leqslant n)$ 或为 A 或为 $\overline{A}$. 这样的 ω,即样本空间 Ω 中的样本点共有 2^n 个. 对任何一个固定的 $\omega=(\omega_1,\omega_2,\cdots,\omega_n)\in\Omega$,如果其中的 $\omega_i(1\leqslant i\leqslant n)$ 中有 k 个为 A,则必有 $n-k$ 个为 $\overline{A}$. 于是由事件的独立性,即得 $P(\omega)=p^k q^{n-k}$. 比如,$n=5$,$\omega=(A,\overline{A},A,\overline{A},\overline{A})$,则 $P(\omega)=pqpqq=p^2q^3$.

记 $B_k=\{n$ 重贝努利试验中事件 A 恰好出现 k 次$\}$,由有限可加性,$P(B_k)=\sum\limits_{\omega\in B_k}P(\omega)$. 对任一个固定的 $\omega\in B_k$,已知 $P(\omega)=p^k q^{n-k}$,而 B_k 中这样的 ω 总共有 C_n^k 个,故

$$P_n(k) = P(B_k) = C_n^k p^k q^{n-k}, \quad 0 \leqslant k \leqslant n.$$

例 1.26 设电灯泡的耐用时数为 $1\,000$ h 以上的概率为 0.2. 求三个电灯泡在使用 $1\,000$ h 后最多只有一个损坏的概率(设这三个电灯泡相互独立使用).

解 设电灯泡耐用时数在 $1\,000$ h 以上的事件为 A,即 $P(A)=0.2$,由题意,这相当于做了 $n=3$ 次贝努利试验,由二项概率公式,所求概率为

$$p = P_3(3) + P_3(2) = C_3^3(0.2)^3(0.8)^0 + C_3^2(0.2)^2(0.8)^1 = 0.104.$$

例 1.27 某柜台上有 4 名服务员,并预备了 2 个台秤,若每个售货员在 1 h 内平均有 15 min 用台秤,求一天 10 h 内,平均有多少时间台秤不够用?

解 因为每个售货员在 1 h 内平均有 15 min 用台秤,所以每个售货员在任一时刻用台秤的概率为 $p=\dfrac{1}{4}$,不用台秤的概率为 $p=\dfrac{3}{4}$. 又共有 2 个台秤,故台秤不够用是指需要用秤的售货员在 2 人以上. 因而其概率为

$$C_4^3\left(\frac{1}{4}\right)^3\left(\frac{3}{4}\right)^1 + C_4^4\left(\frac{1}{4}\right)^4\left(\frac{3}{4}\right)^0 = \frac{13}{256}.$$

即在 1 h 内,约有 $\dfrac{13}{256}$ h 台秤不够用,从而在一天 10 h 内,平均台秤不够用的时间为 $10\times\dfrac{13}{256}=0.508$ h.

例 1.28 甲、乙两名棋手进行比赛,已知甲的实力较强,每盘棋获胜的概率为 0.6. 假

定每盘棋的胜负是相互独立的,且不会出现和棋. 在下列三种情形下,试求甲最终获胜的概率:

(1) 采用三盘比赛制;　　　　　(2) 采用五盘比赛制;

(3) 采用九盘比赛制.

解 由于每盘比赛只有"甲胜"(记作 A)与"甲负"(记作 $\bar{A}$)两种结果,因此可以把它视作贝努利试验,$p = 0.6$.

(1) $n = 3$,所求概率为

$$P_3(2) + P_3(3) = C_3^2 0.6^2 \times 0.4^1 + C_3^3 0.6^3 \times 0.4^0 = 0.648.$$

(2) $n = 5$,所求概率为

$$P_5(3) + P_5(4) + P_5(5) = C_5^3 0.6^3 \times 0.4^2 + C_5^4 0.6^4 \times 0.4^1 + C_5^5 0.6^5 \times 0.4^0 = 0.682\,56.$$

(3) $n = 9$,所求概率为

$$\sum_{k=5}^{9} P_9(k) = \sum_{k=5}^{9} C_9^k 0.6^k \times 0.4^{9-k} = 0.734.$$

在此例中,若采用五盘比赛制,则有下列情况:

甲以 3∶2 取胜(即在第五盘甲第三次战胜乙)的概率为

$$C_4^2 0.6^3 \times 0.4^2 = 0.207\,36\,(\text{取 } k = 5, r = 3);$$

甲以 3∶1 取胜(即在第四盘甲第三次战胜乙)的概率为

$$C_3^2 0.6^3 \times 0.4 = 0.259\,2\,(\text{取 } k = 4, r = 3);$$

甲以 3∶0 取胜(即在第三盘甲第三次战胜乙)的概率为

$$C_2^2 0.6^3 \times 0.4^0 = 0.216\,(\text{取 } k = 3, r = 3).$$

三者相加,其和不变,为 0.682 56.

例 1.29 甲独立重复地做贝努利试验,每次试验后事件 A 发生的概率为 p. 求第 k 次试验恰出现第 r 次 A 发生的概率.

解 这个概率不能简单理解成 $P_k(r)$,因为它要求最后一次试验结果必须是"A 发生".

设 $A_1 = \{$前 $k-1$ 次试验中事件 A 恰发生了 $r-1$ 次$\}$,则 $P(A_1) = P_{k-1}(r-1)$;又设 $A_2 = \{$最后一次(即第 k 次)试验中事件 A 发生$\}$,则 $P(A_2) = p$. 于是由乘法公式得到所求概率为

$$P(A_1 A_2) = P(A_1) P(A_2) = P_{k-1}(r-1) p$$
$$= C_{k-1}^{r-1} p^{r-1} (1-p)^{(k-1)-(r-1)} p = C_{k-1}^{r-1} p^r (1-p)^{k-r}.$$

贝努利试验与二项概率是应用相当广泛的数学工具,它虽然比较简单,但是能解决许多实际问题.

本章小结

一、本章主要内容与重点

本章主要内容有随机试验和随机事件的概念、随机事件的关系及运算、概率的定义和性质、古典概型和几何概型的概率计算、条件概率的定义、乘法公式、全概率公式、贝叶斯公式、事件的独立性定义和性质、n 重贝努利试验、二项概率公式.

重点 随机事件的关系及运算、概率的定义和性质、古典概型和几何概型的概率计算、乘法公式、全概率公式、贝叶斯公式、事件的独立性定义、n 重贝努利试验.

二、学习指导

(1) 随机试验的每个可能结果称为样本点,而试验的所有可能结果的集合称为样本空间. 事件是试验中某些现象或某些情况的陈述,它可以用样本空间的某个子集来描述. 事件的随机性表现在对指定的一次试验,一个特定的事件可能发生,也可能不发生. 事件之间的关系有包含(作为其特例相等)和互斥(作为其特例互补);事件的并表示诸事件至少发生一个,而事件的交则是诸事件同时发生,事件的补则表示该事件不发生. 事件运算的对偶律是很有用的,需善加运用.

(2) 事件的概率是事件发生可能性大小的度量,每个事件的发生都有其确定的概率,这是随机现象规律性的表现. 概率具有非负性、规范性和完全可加性. 概率的性质 $P(\overline{A}) = 1 - P(A)$ 是十分有用的.

(3) 古典概型和几何概型是早期受到关注的两类概率模型,古典概型适用于其结果为有限,且各结果出现为等可能的随机试验,这是在使用公式进行概率计算前,必须首先确认的. 其计算归结为对事件所包含样本点的计数,熟练掌握基本计数原理对此是十分重要的. 此外,事件的概率计算,往往还需要运用概率的性质.

(4) 条件概率是在外加某些条件(通常用某个事件已发生来表示)下,事件发生的概率. 它本身也是概率,因而也具有通常概率的性质. 乘法定理是若干事件同时发生概率的计算法则. 在应用中,往往待求概率的随机事件较为复杂,其概率计算常常需要借助于全概率公式;而善于从实际问题归结出事件的分解式 $B = AB \cup \overline{A}B$ 是成功使用全概率公式的前提. 贝叶斯公式是从"结果"推断"原因"的概率计算公式,也称为后验概率的计算公式,体现了重要的统计思想.

(5) 两个事件 A, B,如果 A 发生与否对 B 发生的概率没有影响,则称 A 与 B 相互独立. 虽然事件独立的定义是用 $P(AB) = P(A)P(B)$ 来刻画,但实际使用时,往往是从事件的实际意义判断是否独立,而视上式为独立事件具有的一项性质.

对于多于两个事件,相互独立与两两独立是不同的. 例如对于三个事件,如只有公式 $P(AB) = P(A)P(B)$, $P(AC) = P(A)P(C)$, $P(BC) = P(B)P(C)$ 的三个等式成立,那只是两两独立,而只有同时也使等式 $P(ABC) = P(A)P(B)P(C)$ 成立,这三个事件才是相互独立的.

(6) 贝努利试验是实际应用中常常遇到的,它具有以下特点:各次试验结果相互独立,每次试验结果只有 A 或 $\overline{A}$ 发生,且 A 在各次试验发生的概率都是相同的.

贝努利试验中 A 发生给定次数的概率可以用二项概率公式进行计算.

习题一

1. 用集合的形式写出下列随机试验的样本空间与随机事件 A：
   (1) 抛一枚硬币两次，观察出现的面，事件 $A=\{$两次出现的面相同$\}$.
   (2) 记录某电话总机 1 min 内接到的呼叫次数，事件 $A=\{1\text{ min}$ 内呼叫次数不超过 3 次$\}$.
   (3) 从一批灯泡中随机抽取一只，测试其寿命，事件 $A=\{$寿命为 $2\,000\sim2\,500$ h$\}$.

2. 袋中有 10 个球，分别编有号码 $1\sim10$，从中任取一球，设 $A=\{$取得球的号码是偶数$\}$，$B=\{$取得球的号码是奇数$\}$，$C=\{$取得球的号码小于 5$\}$，问下列运算表示什么事件：
   (1) $A \cup B$；(2) AB；(3) AC；(4) $\overline{AC}$；(5) $\overline{A}\,\overline{C}$；(6) $\overline{B \cup C}$；(7) $A-C$.

3. 在区间 $[0,2]$ 上任取一数，记 $A=\left\{x\Big|\dfrac{1}{2}<x\leqslant 1\right\}$，$B=\left\{x\Big|\dfrac{1}{4}\leqslant x\leqslant\dfrac{3}{2}\right\}$，求下列事件的表达式：
   (1) $A\cup B$；(2) $\overline{A}B$；(3) $A\overline{B}$；(4) $\overline{A}\cup\overline{B}$.

4. 用事件 A,B,C 的运算关系式表示下列事件：
   (1) A 出现，B,C 都不出现（记为 E_1）.
   (2) A,B 都出现，C 不出现（记为 E_2）.
   (3) 所有三个事件都出现（记为 E_3）.
   (4) 三个事件中至少有一个出现（记为 E_4）.
   (5) 三个事件都不出现（记为 E_5）.
   (6) 不多于一个事件出现（记为 E_6）.
   (7) 不多于两个事件出现（记为 E_7）.
   (8) 三个事件中至少有两个出现（记为 E_8）.

5. 一批产品中有合格品和废品，从中有放回地抽取三次，每次取一件，设 A_i 表示事件"第 i 次抽到废品"，$i=1,2,3$，试用 A_i 表示下列事件：
   (1) 第一次、第二次中至少有一次抽到废品.
   (2) 只有第一次抽到废品.
   (3) 三次都抽到废品.
   (4) 至少有一次抽到合格品.
   (5) 只有两次抽到废品.

6. 接连进行三次射击，设 $A_i=\{$第 i 次射击命中$\}$，$i=1,2,3$，$B=\{$三次射击恰好命中两次$\}$，$C=\{$三次射击至少命中两次$\}$. 试用 A_i 表示 B 和 C.

7. 从一批由 45 件正品、5 件次品组成的产品中任取 3 件产品，求其中恰有一件次品的概率.

8. 一口袋中有 5 个红球及 2 个白球，从这袋中任取一球，看过它的颜色后放回袋中，然后再从这袋中任取一球，设每次取球时袋中各个球被取到的可能性相同. 求：
   (1) 第一次、第二次都取到红球的概率.
   (2) 第一次取到红球、第二次取到白球的概率.
   (3) 两次取得的球为红、白各一的概率.

(4) 第二次取到红球的概率.

9. 一个口袋中装有 6 只球,分别编上号码 1~6,随机地从这个口袋中取 2 只球,试求:
   (1) 最小号码是 3 的概率;   (2) 最大号码是 3 的概率.

10. 一个盒子中装有 6 只晶体管,其中有 2 只是不合格品,现在做不放回抽样,接连取 2 次,每次取 1 只,试求下列事件的概率:
    (1) 2 只都合格;   (2) 1 只合格,1 只不合格;
    (3) 至少有 1 只合格.

11. 掷两颗骰子,求下列事件的概率:
    (1) 点数之和为 7;   (2) 点数之和不超过 5;
    (3) 点数之和为偶数.

12. 把甲、乙、丙三名学生随机地分配到 5 间空置的宿舍中去,假设每间宿舍最多可住 8 人,试求这三名学生住不同宿舍的概率.

13. 总经理的五位秘书中有两位精通英语,今偶遇其中三位,求下列事件的概率:
    (1) 事件 A:其中恰有一位精通英语.
    (2) 事件 B:其中恰有两位精通英语.
    (3) 事件 C:其中有人精通英语.

14. 设一质点一定落在 xOy 平面内由 x 轴、y 轴及直线 $x+y=1$ 所围成的三角形内,而落在这三角形内各点处的可能性相等,计算这质点落在直线 $x=1/3$ 的左边的概率.

15. 甲、乙两人约定在下午 1 时到 2 时之间到某站乘公共汽车,又这段时间内有四班公共汽车,它们开车的时刻分别为 1:15, 1:30, 1:45, 2:00. 如果他们约定:
    (1) 见车就乘;   (2) 最多等一辆车.
    求甲、乙同乘一辆车的概率. 假定甲、乙两人到达车站的时刻是互相不牵连的,且每人在 1 时到 2 时的任何时刻到达车站是等可能的.

16. 某城市有 50% 住户订日报,有 65% 住户订晚报,有 85% 住户至少订这两种报纸中的一种,求同时订这两种报纸的住户的百分比.

17. 设有一个均匀的陀螺,其圆周的一半上均匀地刻上区间 $[0,1)$ 上的诸数字,另一半上均匀地刻上区间 $[1,3)$ 上的诸数字. 旋转这陀螺,求它停下时其圆周上触及桌面上的点的刻度位于 $\left[\dfrac{1}{2}, \dfrac{3}{2}\right]$ 上的概率.

18. 已知 $A \subset B$, $P(A)=0.4$, $P(B)=0.6$,求:
    (1) $P(\bar{A})$, $P(\bar{B})$;(2) $P(A \cup B)$;(3) $P(AB)$;(4) $P(\bar{B}A)$, $P(\bar{A}B)$;(5) $P(\overline{AB})$.

19. 设 A, B 是两个事件,已知 $P(A)=0.5$, $P(B)=0.7$, $P(A \cup B)=0.8$,试求 $P(A-B)$ 及 $P(B-A)$.

20. 已知随机事件 A 的概率 $P(A)=0.5$,随机事件 B 的概率 $P(B)=0.6$,条件概率 $P(B|A)=0.8$,试求 $P(AB)$ 及 $P(\bar{A}\bar{B})$.

21. 一批零件共 100 个,次品率为 10%,从中不放回取三次(每次取一个),求第三次才取得正品的概率.

22. 某人有一笔资金,他投入基金的概率为 0.58,购买股票的概率为 0.28,两项投资都做的概率为 0.19.

(1) 已知他已投入基金,再购买股票的概率是多少?
(2) 已知他已购买股票,再投入基金的概率是多少?

23. 给定 $P(A)=0.5$, $P(B)=0.3$, $P(AB)=0.15$, 验证下面四个等式:
(1) $P(A\mid B)=P(A)$;   (2) $P(A\mid \bar{B})=P(A)$;
(3) $P(B\mid A)=P(B)$;   (4) $P(B\mid \bar{A})=P(B)$.

24. 某人要去外地,他坐火车、船、汽车和飞机的概率分别为 0.3,0.2,0.1,0.4. 若坐火车,迟到的概率是 0.25;若坐船,迟到的概率是 0.3;若坐汽车,迟到的概率是 0.1;若坐飞机,则不会迟到. 求他最后可能迟到的概率.

25. 已知甲袋中有 6 只红球、4 只白球;乙袋中有 8 只红球、6 只白球. 求下列事件的概率:
(1) 随机取一只袋,再从该袋中随机取一球,该球是红球.
(2) 合并两只袋,从中随机取一球,该球是红球.

26. 某工厂有甲、乙、丙三个车间,生产同一产品,每个车间的产量分别占全厂的 25%,35%,40%,各车间产品的次品率分别为 5%,4%,2%,求该厂产品的次品率.

27. 发报台分别以概率 0.6,0.4 发出"·"和"—",由于通信受到干扰,当发出"·"时,分别以概率 0.8 和 0.2 收到"·"和"—";同样,当发出信号"—"时,分别以 0.9 和 0.1 的概率收到"—"和"·". 求:
(1) 收到信号"·"的概率;   (2) 当收到"·"时,发出"·"的概率.

28. 设某工厂有 A,B,C 三个车间,生产同一螺钉,各个车间的产量分别占总产量的 25%,35%,40%,各个车间成品中次品的百分比分别为 5%,4%,2%. 如从该厂产品中抽取一件,得到的是次品,求它依次是车间 A,B,C 生产的概率.

29. 设 A 与 B 独立,且 $P(A)=p$, $P(B)=q$,求下列事件的概率:
(1) $P(A\cup B)$; (2) $P(A\cup \bar{B})$; (3) $P(\bar{A}\cup \bar{B})$.

30. 已知 A,B 独立,且 $P(\bar{A}\bar{B})=1/9$, $P(A\bar{B})=P(\bar{A}B)$,求 $P(A),P(B)$.

31. 甲、乙、丙三人同时独立地向同一目标各射击一次,命中率分别为 1/3,1/2,2/3,求目标被命中的概率.

32. 设六个相同的元件,如下图所示安置在线路中,设每个元件不通达的概率为 p,求这个装置通达的概率. 假定各个元件通达与否是相互独立的.

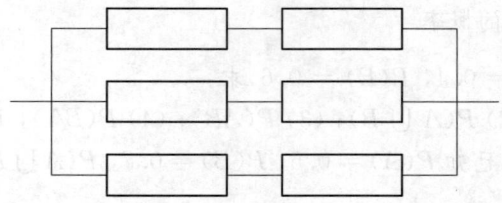

33. 假设一部机器在一天内发生故障的概率为 0.2,机器发生故障时全天停止工作,若一周五个工作日里每天是否发生故障相互独立,试求一周五个工作日里发生 3 次故障的概率.

34. 灯泡耐用时间在 1 000 h 以上的概率为 0.2,求三个灯泡在使用 1 000 h 以后最多只有一个坏了的概率.

35. 设在三次独立试验中,事件 A 出现的概率相等,若已知 A 至少出现一次的概率等于 19/27,求事件 A 在每次试验中出现的概率 $P(A)$.

36. 加工一零件共需经过三道工序,设第一、二、三道工序的次品率分别为 2%,3%,5%.假设各道工序是互不影响的,求加工出来的零件的次品率.

37. 三个人独立破译一密码,他们能独立译出的概率分别为 0.25,0.35,0.4.求此密码被译出的概率.

38. 将一枚均匀硬币连续独立抛掷 10 次,恰有 5 次出现正面的概率是多少?有 4~6 次出现正面的概率是多少?

39. 某宾馆大楼有 4 部电梯,通过调查,知道在某时刻 T,各电梯正在运行的概率均为 0.75,求:

    (1) 在此时刻至少有一台电梯在运行的概率.
    (2) 在此时刻恰好有一半电梯在运行的概率.
    (3) 在此时刻所有电梯都在运行的概率.

阅读材料

概率统计学原理发明者——贝叶斯

贝叶斯(Thomas Bayes,1702—1761),英国牧师、业余数学家.贝叶斯在数学方面主要研究概率论.他首先将归纳推理法用于概率论基础理论,并创立了贝叶斯统计理论,对于统计决策函数、统计推断、统计的估算等做出了贡献.1763 年发表了这方面的论著,对于现代概率论和数理统计都有很重要的作用.贝叶斯的另一著作《机会的学说概论》发表于 1758 年.

贝叶斯所采用的许多术语被沿用至今.贝叶斯思想和方法对概率统计的发展产生了深远的影响.今天贝叶斯思想和方法在许多领域都获得了广泛的应用.从 20 世纪 20—30 年代开始,概率统计学出现了"频率学派"和"贝叶斯学派"的争论,至今两派的恩怨仍在继续.

贝叶斯决策理论是主观贝叶斯派归纳理论的重要组成部分.

贝叶斯决策就是在不完全情报下,对部分未知的状态用主观概率估计,然后用贝叶斯公式对发生概率进行修正,最后再利用期望值和修正概率做出最优决策.

贝叶斯决策理论方法是统计模型决策中的一个基本方法,其基本思想是:

(1) 已知类条件概率密度参数表达式和先验概率.
(2) 利用贝叶斯公式转换成后验概率.
(3) 根据后验概率大小进行决策分类.

他对统计推理的主要贡献是使用了"逆概率"这个概念,并把它作为一种普遍的推理方法提出来.贝叶斯定理原本是概率论中的一个定理,这一定理可用一个数学公式来表达,这个公式就是著名的贝叶斯公式.贝叶斯公式是 1763 年被发现后提出来的:

假定 $B_1,B_2……$是某个过程的若干可能的前提,则 $P(B_i)$ 是人们事先对各前提条件出现可能性大小的估计,称为先验概率.如果这个过程得到了一个结果 A,那么贝叶斯公式提供了根据 A 的出现而对前提条件做出新评价的方法.$P(B_i \mid A)$ 即是对以 A 为前提下 B_i 的出现概率的重新认识,称 $P(B_i \mid A)$ 为后验概率.经过多年的发展与完善,贝叶斯公式以及由此发展起来的一整套理论与方法,已经成为概率统计中的一个冠以"贝叶斯"名字的学派,在自然科学及国民经济的许多领域中有着广泛应用.

概率论是逻辑严谨推理性强的一门数学分科,贝叶斯公式是概率论中较为重要的公式,是一种建立在概率和统计理论基础上的数据分析和辅助决策工具,以其坚实的理论基础、自然的表示方式、灵活的推理能力和方便的决策机制受到越来越多研究学者的重视.目前贝叶斯网络已经广泛应用在医学、信息传递、生产、侦破案件等方面.

第二章

随机变量及其分布

[学习目标]

1. 了解随机变量的概念,理解分布函数的概念和性质.
2. 理解离散型随机变量及其分布律的概念,会根据实际问题求离散型随机变量的分布律.
3. 了解贝努里概型的概念.
4. 熟练掌握(0-1)分布、二项分布、泊松分布及其应用.
5. 会用二项分布的泊松逼近定理进行近似计算.
6. 理解连续型随机变量及其密度函数的概念,掌握密度函数的性质及密度函数与分布函数之间的关系,会用密度函数求随机变量落入某个区间内的概率.
7. 熟练掌握均匀分布、正态分布、指数分布.
8. 掌握求单个随机变量函数的概率分布的基本思想,会求简单随机变量的函数的概率分布.

第一章研究了随机事件及其概率,建立了概率论的一些基本概念.这一章将介绍概率论的另一个重要概念——随机变量.随机变量的引入是概率论发展史上继概率公理化后的又一重大硕果,它使概率论的研究从随机事件转变为随机变量,使随机试验的结果数量化,即可以用强有力的分析工具处理概率论的基本内容,使以往零散的结果系统化.本章介绍离散型随机变量和连续型随机变量及其分布.

第一节 随机变量

引例 2.1 随机试验 E:从一个装有编号为 $0,1,2,\cdots,9$ 的球的袋中任意摸一球.则其样本空间 $\Omega=\{\omega_0,\omega_1,\cdots,\omega_9\}$,其中 ω_i 为"摸到编号为 i 的球",$i=0,1,\cdots,9$.

定义函数 $X:\omega_i \to i$,即 $X(\omega_i)=i$,$i=0,1,\cdots,9$.这就是 Ω 和整数集 $\{0,1,2,\cdots,9\}$ 的一个对应关系,此时 X 表示摸到球的号码.

此例表明,对应关系 X 的取值随试验结果而定,并且它的取值有一定的概率,但 X 的所有可能取值是事先可以预言的.

随机试验的结果有的是定量的,有的是定性的.例如,某一批产品抽样检查质量时出现的次品数、某指定时间段经过路口的车辆数、观察某电子元件的使用寿命等,这些试验的结果是通过数值来反映的,为定量的结果.有些试验的结果表现为定性的特征,这时可根据研究的需要,将其定量化.例如,抽样检查时,抽到正品记为 1,抽到次品记为 0;掷硬币时,出现正面记为 1,出现反面记为 0 等.

可见,不论随机试验的结果 ω 是定量的,还是定性的,都可以使其与某个实数 $X(\omega)$ 相对应.样本点 ω 不同,$X(\omega)$ 的取值有可能相同也有可能不同,但对一个样本点 ω,对应的实数 $X(\omega)$ 是唯一确定的,这就是随机变量的概念.

定义 2.1 设随机试验 E 的样本空间为 $\Omega=\{\omega\}$,$X=X(\omega)$ 是定义在 Ω 上的单值实函数,若对任意实数 x,集合 $\{\omega \mid X(\omega) \leqslant x\}$ 是随机事件,则称 $X=X(\omega)$ 为**随机变量**.

本书中一般以大写的英文字母如 $X,Y,Z\cdots\cdots$ 表示随机变量,而以小写的英文字母 x,y,$z\cdots\cdots$ 表示实数.例如:

(1) 一射手对一射击目标连续射击,则他命中目标的次数 Y 为随机变量,Y 的可能取值为 $0,1,2\cdots\cdots$

(2) 某一公交车站每隔 5 min 有一辆汽车停靠,一位乘客不知道汽车到达的时间,则候车时间为随机变量 X,X 的可能取值为 $0 \leqslant X \leqslant 5$.

(3) 考察某一地区全年的温度的变化情况,则某一地区的温度 T 为随机变量,T 的可能取值为 $a<T<b$.

(4) 某城市 120 急救电话每小时收到的呼叫次数 X 是一个随机变量.

(5) 在测试灯泡的试验中,每一个灯泡的实际使用寿命可能是 $[0,+\infty)$ 的任何一个实数,若用 X 表示灯泡的寿命(h),则 X 是定义在样本空间 $\Omega=\{t \mid t \geqslant 0\}$ 上的函数,即 $X=X(t)=t$ 是随机变量.

由定义 2-1 可知,随机变量 $X = X(\omega)$ 是样本点 ω 的函数,为方便起见,通常写为 X,而集合 $\{\omega \mid X(\omega) \leqslant x\}$ 简记为 $\{X \leqslant x\}$.

在引例 2-1 中,摸到不大于 5 号球的事件可表示为 $\{X \leqslant 5\}$,则其概率为 $P\{X \leqslant 5\} = 3/5$.

要注意随机变量与高等数学中函数的区别. 首先,它们都是实值函数,但前者在试验前只知道它可能取值的范围,而不能预先肯定它将取哪个值;其次,因试验结果的出现具有一定的概率,故前者取每个值和每个确定范围内的值也有一定的概率.

随机变量的引入使人们能用数来描述各种随机现象,使概率论的研究由个别随机事件扩大为随机变量所表征的随机现象的研究,并能利用数学分析的方法对随机试验的结果进行深入广泛的研究和讨论.

随机变量因其取值方式不同,通常分为离散型和非离散型两类. 而非离散型随机变量中最重要的是连续型随机变量. 本书主要研究离散型和连续型这两种随机变量以及它们的分布.

第二节 离散型随机变量

有些随机变量,它全部可能取到的值是有限个或可列无限多个,这种随机变量称为**离散型随机变量**. 如某城市的 120 急救电话台一昼夜收到的呼唤次数是离散型随机变量,本节只讨论离散型随机变量.

一、离散型随机变量及其分布律

定义 2.2 设 X 是 Ω 上的随机变量,若 X 的全部可能取值为有限个或可列无限个(即 X 的全部可能取值可一一列举出来),则称 X 为**离散型随机变量**.

设 $x_1, x_2, \cdots$ 是随机变量 X 的所有可能值,对每个取值 x_i,$\{X = x_i\}$ 是其样本空间 Ω 上的一个事件,为描述随机变量 X,还需要知道这些事件发生的可能性(概率).

定义 2.3 设离散型随机变量 X 的所有可能取值为 $x_i (i = 1, 2, \cdots)$,把事件 $\{X = x_i\}$ 的概率记为 $P\{X = x_i\} = p_i$, $i = 1, 2, \cdots$,则称 $\begin{pmatrix} x_1, x_2, \cdots, x_i, \cdots \\ p_1, p_2, \cdots, p_i, \cdots \end{pmatrix}$ 为 X 的**分布律**或**概率分布**,也称**概率函数**.

注 由定义可知,若样本空间 Ω 是离散的,则定义在 Ω 上的任何单值实函数都是离散型随机变量.

常用表格形式来表示 X 的分布律:

X	x_1	x_2	$\cdots$	x_k	$\cdots$
p_k	p_1	p_2	$\cdots$	p_k	$\cdots$

由概率的定义可知,$p_i (i = 1, 2, \cdots)$ 必然满足:

(1) 非负性:$p_i \geqslant 0$.

(2) 规范性:$\sum_{i=1}^{+\infty} p_i = 1$.

例 2.1 某篮球运动员投中篮圈的概率是 0.9,求他两次独立投篮投中次数 X 的概率分布.

解 X 可取值为 $0, 1, 2$,记 $A_i = \{$第 i 次投中篮圈$\}$,$i = 1, 2$,则

$$P\{A_1\} = P\{A_2\} = 0.9,$$
$$P\{X = 0\} = P(\overline{A_1}\,\overline{A_2}) = P(\overline{A_1})P(\overline{A_2}) = 0.1 \times 0.1 = 0.01,$$
$$P\{X = 1\} = P(A_1\overline{A_2} \cup \overline{A_1}A_2) = P(A_1\overline{A_2}) + P(\overline{A_1}A_2)$$
$$= 0.9 \times 0.1 + 0.1 \times 0.9 = 0.18,$$
$$P\{X = 2\} = P(A_1A_2) = P(A_1) \times P(A_2) = 0.9 \times 0.9 = 0.81,$$

且

$$P\{X = 0\} + P\{X = 1\} + P\{X = 2\} = 1,$$

于是 X 的分布律可表示为

X	0	1	2
p_i	0.01	0.18	0.81

例 2.2 设一汽车在开往目的地的道路上需经过四盏信号灯,每盏信号灯以 $\frac{1}{2}$ 的概率允许或禁止汽车通过. 以 X 表示汽车首次停下时,它已通过的信号灯的盏数(设各信号灯的工作是相互独立的),求 X 的分布律.

解 以 p 表示每盏信号灯禁止汽车通过的概率,易知 X 的分布律为

X	0	1	2	3	4
p_k	p	$(1-p)p$	$(1-p)^2 p$	$(1-p)^3 p$	$(1-p)^4$

或写成

$$P\{X = k\} = (1-p)^k p, \quad k = 0, 1, 2, 3, \quad P\{X = 4\} = (1-p)^4.$$

以 $p = \frac{1}{2}$ 代入得 X 的分布律为

X	0	1	2	3	4
p_k	0.5	0.25	0.125	0.062 5	0.062 5

二、常用的离散型随机变量的概率分布

下面介绍几种常见的离散型随机变量的概率分布.

1. (0-1)分布

设随机变量 X 只可能取 0 和 1 两个值,它的分布律是

$$P\{X=k\} = p^k(1-p)^{1-k}, k=0,1, 0<p<1$$

则称 X 服从(0-1)分布.

(0-1)分布的分布律也可写成

X	0	1
p_k	$1-p$	p

满足(0-1)分布的试验只包含两个结果,如抛掷硬币试验、检查产品的质量是否合格、某工厂的电力消耗是否超过负荷等.

2. 二项分布

设试验 E 只有两个可能的结果:A 及 $\bar{A}$,

$$P(A)=p, P(\bar{A})=1-p=q, 0<p<1.$$

将 E 独立地重复进行 n 次,则称这一串重复的独立试验为 **n 重贝努利试验**,简称**贝努利试验**.

用 X 表示 n 次试验中 A 发生的次数,用 A_i 表示 A 在第 i 次试验中发生,则

$$\{X=k\} = A_1A_2\cdots A_k\bar{A}_{k+1}\cdots\bar{A}_n \bigcup \bar{A}_1A_2\cdots A_kA_{k+1}\bar{A}_{k+2}\cdots\bar{A}_n$$
$$\bigcup \bar{A}_1\bar{A}_2A_3\cdots A_{k+2}\bar{A}_{k+3}\cdots\bar{A}_n \bigcup \cdots,$$

共有 C_n^k 种,它们是两两不相容的,故在 n 次试验中 A 发生 k 次的概率为 $C_n^k p^k(1-p)^{n-k}$,即

$$P\{X=k\} = C_n^k p^k q^{n-k}, k=0,1,2,\cdots,n.$$

显然
$$P\{X=k\} \geqslant 0, k=0,1,2,\cdots,n,$$
$$\sum_{k=0}^{n} C_n^k p^k q^{n-k} = (p+q)^n = 1.$$

注意到 $C_n^k p^k q^{n-k}$ 刚好是二项式 $(p+q)^n$ 的展开式中出现 p^k 的一项,故称随机变量 X 服从参数为 n,p 的**二项分布**,记为 $X \sim b(n,p)$ 或 $B(n,p)$.

特别地,当 $n=1$ 时,二项分布化为

$$P\{X=k\} = p^k q^{1-k} = p^k(1-p)^{1-k}, k=0,1,$$

即(0-1)分布.

例2.3 某人进行射击,设每次射击的命中率为0.02,独立射击400次,试求至少击中两次的概率.

解 将每次射击看成一次试验.射击中的次数为 X,则 $X \sim b(400,0.02)$. X 的分布律为

$$P\{X=k\} = C_{400}^k (0.02)^k (0.98)^{400-k}, k=0,1,2,\cdots,400.$$

于是所求概率为

$$P\{X \geqslant 2\} = 1 - P\{X = 0\} - P\{X = 1\}$$
$$= 1 - (0.98)^{400} - 400(0.02)(0.98)^{399}.$$

直接计算上式比较麻烦. 下面给出一个定理.

定理 2.1 （泊松定理）设 $\lambda > 0$ 是一常数, n 是任意正整数, 设 $np_n = \lambda$, 则对于任一固定的非负整数 k, 有 $\lim\limits_{n \to \infty} C_n^k p_n^k (1-p_n)^{n-k} = \dfrac{\lambda^k e^{-\lambda}}{k!}$.

显然, 定理的条件 $np_n = \lambda$（常数）意味着当 n 很大时 p_n 必定很小. 因此上述定理表明, 当 n 很大 p 很小时, 有以下近似式:

$$C_n^k p^k (1-p)^{n-k} \approx \frac{\lambda^k e^{-\lambda}}{k!},$$

其中 $np = \lambda$.

在实际计算中, 当 $n \geqslant 20$, $p \leqslant 0.05$ 时, 用 $\dfrac{\lambda^k e^{-\lambda}}{k!}$ 作为 $C_n^k p^k q^{n-k}$ 的近似值效果颇佳; 而当 $n \geqslant 100$, $np \leqslant 10$ 时, 效果更好, $\dfrac{\lambda^k e^{-\lambda}}{k!}$ 的值有表可查（见本书附录一的附表 3）.

现在利用近似公式来计算例 2.3 中的概率 $P\{X \geqslant 2\}$.

因为 $P\{X = k\} = C_n^k p^k (1-p)^{n-k} \approx \dfrac{\lambda^k e^{-\lambda}}{k!}, \lambda = np = 8,$

于是
$$P\{X = 0\} \approx e^{-8}, \quad P\{X = 1\} \approx 8e^{-8},$$

因此
$$P\{X \geqslant 2\} \approx 1 - e^{-8} - 8e^{-8} \approx 0.997.$$

3. 泊松分布

若随机变量 X 所有可能取值为 $0, 1, 2, \cdots$, 而取各个值的概率为 $P\{X = k\} = \dfrac{\lambda^k e^{-\lambda}}{k!}$, $k = 0, 1, 2, \cdots$, 其中 $\lambda > 0$ 是常数, 则称 X 服从参数为 λ 的**泊松分布**, 记为 $X \sim \pi(\lambda)$.

显然,
$$P\{X = k\} \geqslant 0, \ k = 0, 1, 2, \cdots,$$
$$\sum_{k=0}^{\infty} P\{X = k\} = \sum_{k=0}^{\infty} \frac{\lambda^k e^{-\lambda}}{k!} = e^{-\lambda} \sum_{k=0}^{\infty} \frac{\lambda^k}{k!} = e^{-\lambda} e^{\lambda} = 1.$$

例 2.4 为了保证设备正常工作, 需配备适量的维修工人（工人配备多了就浪费, 配备少了又影响生产）. 现有同类型设备 300 台, 各台设备工作是相互独立的, 且发生故障的概率都是 0.01, 在通常情况下一台设备的故障可由一个人来处理（只考虑这种情况）. 问至少需配备多少工人才能保证当设备发生故障不能及时维修的概率小于 0.01?

解 设 $X = \{$在 300 台设备中故障发生的次数$\}$, $A = \{$故障$\}$, 需配备 N 个工人, $p = 0.01, q = 0.99,$

$$P\{X = k\} = C_{300}^k (0.01)^k (0.99)^{300-k}, \ k = 0, 1, 2, \cdots, 300.$$

由泊松定理

$$P\{X>N\}<0.01,\ P\{X\geqslant N+1\}<0.01, \lambda=3.$$

查表可知

$$P\{X\geqslant 9\}=0.0038<0.01,\ N+1=9,\ N=8.$$

因此为达到上述要求,至少需配备 8 个工人.

第三节　随机变量的分布函数

离散型随机变量的取值是有限个或无限可列多个,而对于非离散型随机变量不能像离散型随机变量那样一一列举出来并用分布律来描述它. 在实际中,有时研究的不是随机变量取某一个确定的值的概率,而是研究随机变量取值在某一范围内的概率. 如,当实数 $x_1<x_2$ 时,有 $P\{x_1<X\leqslant x_2\}=P\{X\leqslant x_2\}-P\{X\leqslant x_1\}$,要求 $P\{x_1<X\leqslant x_2\}$,只需求 $P\{X\leqslant x_2\}$ 及 $P\{X\leqslant x_1\}$ 即可.

只有这样才能真正完整地刻画一个随机变量,为此引入随机变量的分布函数的概念.

定义 2.4　设 X 是一个随机变量,称

$$F(x)=P\{X\leqslant x\},\ -\infty<x<+\infty$$

为 X 的**分布函数**. 有时也记作 $X\sim F(x)$ 或 $F_X(x)$.

对于任意实数 x_1,$x_2(x_1<x_2)$,有

$$P\{x_1<X\leqslant x_2\}=P\{X\leqslant x_2\}-P\{X\leqslant x_1\}=F(x_2)-F(x_1).$$

因此若已知 X 的分布函数,就知道 X 落在任一区间 $(x_1,x_2]$ 上的概率. 这时概率与函数联系起来了,就可以通过分布函数来全面研究随机变量的统计规律性.

分布函数是一个普通的函数,正是通过它能用数学分析的方法来研究随机变量.

如果将 X 看成是数轴上的随机点的坐标,那么分布函数 $F(x)$ 在 x 处的函数值就表示 X 落在区间 $(-\infty,x]$ 上的概率.

分布函数 $F(x)$ 具有如下性质:

(1) $F(x)$ 是不减函数,即对 $\forall x_1<x_2\in \mathbf{R}$, $F(x_1)\leqslant F(x_2)$.

事实上,对 $\forall x_1<x_2$,有 $F(x_2)-F(x_1)=P\{x_1<X\leqslant x_2\}\geqslant 0$. 因此 $F(x_1)\leqslant F(x_2)$(也可由事件"$X\leqslant x_2$"包含事件"$X\leqslant x_1$"即得).

(2) 规范性. $0\leqslant F(x)\leqslant 1$ 且 $F(-\infty)=\lim\limits_{x\to -\infty}F(x)=0$, $F(+\infty)=\lim\limits_{x\to +\infty}F(x)=1$.

事实上,由事件"$X\leqslant -\infty$"和"$X\leqslant +\infty$"分别是不可能事件和必然事件即得.

(3) 右连续性. 对 $\forall x_0\in \mathbf{R}$,有 $\lim\limits_{x\to x_0^+}F(x)=F(x_0)$.

性质(3)的证明由读者自己完成,此处略.

注　若一个函数具有上述三条性质,则它一定是某个随机变量的分布函数.

若 $a<b\in \mathbf{R}$, $X\sim F(x)$,则有

$$P\{a < X \leqslant b\} = F(b) - F(a),$$
$$P\{X < a\} = \lim_{x \to a^-} F(x) = F(a^-),$$
$$P\{X = a\} = P\{X \leqslant a\} - P\{X < a\} = F(a) - F(a^-),$$
$$P\{X > a\} = 1 - F(a),$$
$$P\{X \geqslant a\} = 1 - F(a^-),$$
$$P\{a \leqslant X \leqslant b\} = F(b) - F(a^-),$$
$$P\{a \leqslant X < b\} = F(b^-) - F(a^-),$$
$$P\{a < X < b\} = F(b^-) - F(a).$$

例 2.5 设随机变量 X 的分布律为

X	-1	2	3
p_k	$\dfrac{1}{4}$	$\dfrac{1}{2}$	$\dfrac{1}{4}$

求 X 的分布函数,并求 $P\left\{X \leqslant \dfrac{1}{2}\right\}$,$P\left\{\dfrac{3}{2} < X \leqslant \dfrac{5}{2}\right\}$,$P\{2 \leqslant X \leqslant 3\}$.

解 由概率的有限可加性,得所求分布函数为

$$F(x) = \begin{cases} 0, & x < -1, \\ \dfrac{1}{4}, & -1 \leqslant x < 2, \\ \dfrac{1}{4} + \dfrac{1}{2}, & 2 \leqslant x < 3, \\ \dfrac{1}{4} + \dfrac{1}{2} + \dfrac{1}{4}, & x \geqslant 3. \end{cases}$$

即

$$F(x) = \begin{cases} 0, & x < -1, \\ \dfrac{1}{4}, & -1 \leqslant x < 2, \\ \dfrac{3}{4}, & 2 \leqslant x < 3, \\ 1, & x \geqslant 3. \end{cases}$$

于是

$$P\left\{X \leqslant \dfrac{1}{2}\right\} = F\left(\dfrac{1}{2}\right) = \dfrac{1}{4},$$
$$P\left\{\dfrac{3}{2} < X \leqslant \dfrac{5}{2}\right\} = F\left(\dfrac{5}{2}\right) - F\left(\dfrac{3}{2}\right) = \dfrac{3}{4} - \dfrac{1}{4} = \dfrac{1}{2},$$
$$P\{2 \leqslant X \leqslant 3\} = F(3) - F(2) + P(X = 2) = 1 - \dfrac{3}{4} + \dfrac{1}{2} = \dfrac{3}{4}.$$

一般地,设离散型随机变量 X 的分布律为 $P\{X = x_k\} = p_k$,$k = 1, 2, \cdots$,则由概率的

可列可加性得 X 的分布函数为
$$F(x) = P\{X \leqslant x\} = \sum_{x_k \leqslant x} P\{X = x_k\},$$
即
$$F(x) = \sum_{x_k \leqslant x} p_k.$$
这个关系也表明了分布律与分布函数是一一对应的.

例 2.6 一个靶子是半径为 2 m 的圆盘,设击中靶上任一同心圆盘上的点的概率与该圆盘的面积成正比,并设射击都能中靶,以 X 表示弹着点与圆心的距离. 试求随机变量 X 的分布函数.

解
$$F(x) = P\{X \leqslant x\} = \begin{cases} 0, & x < 0, \\ k\pi x^2 = \dfrac{x^2}{4}, & 0 \leqslant x \leqslant 2, \\ 1, & x \geqslant 2. \end{cases}$$

其中,$F(2) = k\pi 2^2 = 1$,可知 $k = \dfrac{1}{4\pi}$.

例 2.7 设某随机变量的分布函数为 $F(x) = A + B\arctan x$,试确定 A, B 的值.

解 由
$$F(-\infty) = \lim_{x \to -\infty} F(x) = \lim_{x \to -\infty}(A + B\arctan x) = A - \frac{\pi}{2}B = 0,$$
$$F(+\infty) = \lim_{x \to +\infty} F(x) = \lim_{x \to +\infty}(A + B\arctan x) = A + \frac{\pi}{2}B = 1,$$

得 $A = 1/2$, $B = 1/\pi$.

例 2.8 判别下列函数是否为某随机变量的分布函数:

(1) $F(x) = \begin{cases} 0, & x < -2, \\ 1/2, & -2 \leqslant x < 0, \\ 1, & x \geqslant 0; \end{cases}$ (2) $F(x) = \begin{cases} 0, & x < 0, \\ \sin x, & 0 \leqslant x < \pi, \\ 1, & x \geqslant \pi; \end{cases}$

(3) $F(x) = \begin{cases} 0, & x < 0, \\ x + 1/2, & 0 \leqslant x < 1/2, \\ 1, & x \geqslant 1/2. \end{cases}$

解 (1) 由题设,$F(x)$ 在 $(-\infty, +\infty)$ 上单调不减,右连续,并有
$$F(-\infty) = \lim_{x \to -\infty} F(x) = 0, \quad F(+\infty) = \lim_{x \to +\infty} F(x) = 1,$$
所以 $F(x)$ 是某一随机变量 X 的分布函数.

(2) 因 $F(x)$ 在 $(\pi/2, \pi)$ 上单调下降,所以 $F(x)$ 不可能是分布函数.

(3) 因为 $F(x)$ 在 $(-\infty, +\infty)$ 上单调不减,右连续,且有
$$F(-\infty) = \lim_{x \to -\infty} F(x) = 0, \quad F(+\infty) = \lim_{x \to +\infty} F(x) = 1,$$
所以 $F(x)$ 是某一随机变量 X 的分布函数.

在概率论中引入随机变量和分布函数这两个概念,就好像在随机现象和数学分析之间架起了一座桥梁,数学分析这个强有力的工具才有可能进入随机现象的研究领域中来. 由此可以体会到随机变量和分布函数这两个概念的地位及作用.

第四节　连续型随机变量

一、连续型随机变量及其概率密度

定义 2.5　如果对随机变量 X 的分布函数 $F(x)$,存在非负可积函数 $f(x)$,使得对任意的实数 x 有

$$F(x) = P(X \leqslant x) = \int_{-\infty}^{x} f(t)\mathrm{d}t,$$

则称 X 为**连续型随机变量**. 其中 $f(x)$ 称为 X 的**概率密度函数**,简称**概率密度**或**密度函数**.

由定义可知,连续型随机变量的分布函数是连续函数.

易见密度函数具有如下性质:

(1) 非负性. $f(x) \geqslant 0, x \in \mathbf{R}$.

(2) 规范性. $\int_{-\infty}^{+\infty} f(x)\mathrm{d}x = 1$.

上述性质具有明显的几何意义(图 2-1). 反之,任意一个满足以上两个性质的函数,一定可以作为某连续型随机变量的密度函数.

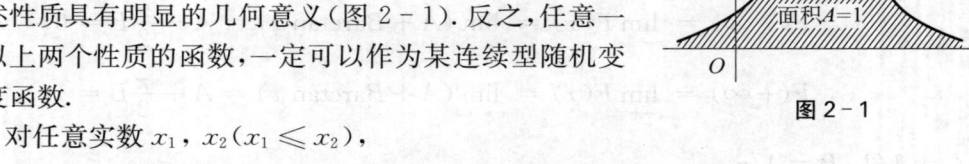

图 2-1

(3) 对任意实数 $x_1, x_2 (x_1 \leqslant x_2)$,

$$P\{x_1 < X \leqslant x_2\} = F(x_2) - F(x_1) = \int_{x_1}^{x_2} f(x)\mathrm{d}x = P(X \leqslant x_2) - P(X \leqslant x_1).$$

这一个结果从几何上来讲,X 落在区间 $(x_1, x_2]$ 中的概率恰好等于在区间 $(x_1, x_2]$ 上曲线 $y = f(x)$ 之下的曲边梯形的面积(图 2-2). 同时也可以发现,整个曲线 $y = f(x)$ 与 x 轴所围成的图形面积为 1.

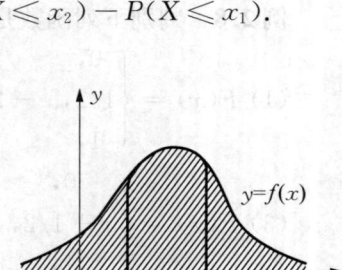

图 2-2

(4) 若 $f(x)$ 在 x 处是连续的,则 $F'(x) = f(x)$.

注　由该性质,在连续点 x 处有

$$f(x) = \lim_{\Delta x \to 0^+} \frac{F(x + \Delta x) - F(x)}{\Delta x} = \lim_{\Delta x \to 0^+} \frac{P\{x < X \leqslant x + \Delta x\}}{\Delta x}.$$

由该式可知,若不计高阶无穷小,则有

$$P\{x < X \leqslant x + \Delta x\} \approx f(x)\Delta x.$$

这表示 X 落在小区间 $(x, x + \Delta x]$ 上的概率近似地等于 $f(x)\Delta x$.

这里看到概率密度的定义与物理学中的线密度的定义类似,这就是为什么称 $f(x)$ 为概率密度的缘故.

另外,分布函数 $F(x)$ 的几何意义是以概率密度曲线 $f(x)$ 为顶,以 x 轴为底,从 $-\infty$ 到 x 的一块变化的面积(图 2-3).概率密度曲线位于 x 轴上方,并且与 x 轴所夹区域面积为 1.

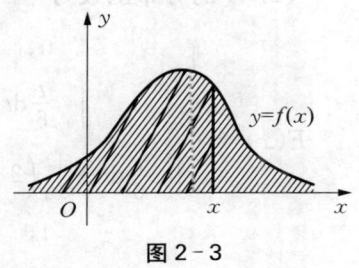

图 2-3

(5) 若 X 是连续型随机变量,则 $\forall a \in \mathbf{R}, P\{X=a\}=0$.

事实上, $\forall \Delta x > 0$,有 $0 \leqslant P\{X=a\} \leqslant P\{a-\Delta x < X \leqslant a\} = \int_{a-\Delta x}^{a} f(x)\mathrm{d}x$,而

$$P\{X=a\} = \lim_{\Delta x \to 0^+} \int_{a-\Delta x}^{a} f(x)\mathrm{d}x = 0.$$

由此可知:**概率为 0 的事件不一定是不可能事件**,称为几乎不可能事件;同样概率为 1 的事件也不一定是必然事件.

例 2.9 设随机变量 X 的密度函数为

$$f(x) = \begin{cases} \dfrac{2}{\pi}\sqrt{1-x^2}, & -1 \leqslant x \leqslant 1; \\ 0, & \text{其他}. \end{cases}$$

求其分布函数 $F(x)$.

解 $F(x) = P\{X \leqslant x\} = \int_{-\infty}^{x} f(t)\mathrm{d}t$.

当 $x < -1$, $F(x) = 0$;

当 $-1 \leqslant x < 1$, $F(x) = \int_{-\infty}^{-1} 0 \cdot \mathrm{d}t + \int_{-1}^{x} \dfrac{2}{\pi}\sqrt{1-t^2}\,\mathrm{d}t = \dfrac{x}{\pi}\sqrt{1-x^2} + \dfrac{1}{\pi}\arcsin x + \dfrac{1}{2}$;

当 $x \geqslant 1$, $\{X \leqslant x\} = \Omega$,所以 $F(x) = 1$.

故 $F(x) = \begin{cases} 0, & x < -1, \\ \dfrac{x}{\pi}\sqrt{1-x^2} + \dfrac{1}{\pi}\arcsin x + \dfrac{1}{2}, & -1 \leqslant x < 1, \\ 1, & x > 1. \end{cases}$

例 2.10 设随机变量 X 具有概率密度:

$$f(x) = \begin{cases} kx, & 0 \leqslant x < 3, \\ 2 - \dfrac{x}{2}, & 3 \leqslant x \leqslant 4, \\ 0, & \text{其他}. \end{cases}$$

(1) 确定常数 k; (2) 求 X 的分布函数 $F(x)$; (3) 求 $P\{1 < X \leqslant 7/2\}$.

解 (1) 由 $\int_{-\infty}^{+\infty} f(x)\mathrm{d}x = 1$,得 $\int_{0}^{3} kx\,\mathrm{d}x + \int_{3}^{4}\left(2-\dfrac{x}{2}\right)\mathrm{d}x = 1$,解得 $k = 1/6$,于是 X 的概率密度为 $f(x) = \begin{cases} \dfrac{x}{6}, & 0 \leqslant x < 3, \\ 2 - \dfrac{x}{2}, & 3 \leqslant x \leqslant 4, \\ 0, & \text{其他}. \end{cases}$

(2) X 的分布函数为

$$F(x) = \begin{cases} 0, & x < 0 \\ \int_0^x \frac{t}{6} dt, & 0 \leqslant x < 3 \\ \int_0^3 \frac{t}{6} dt + \int_3^x \left(2 - \frac{t}{2}\right) dt, & 3 \leqslant x < 4 \\ 1, & x \geqslant 4 \end{cases} = \begin{cases} 0, & x < 0, \\ x^2/12, & 0 \leqslant x < 3, \\ -3 + 2x - x^2/4, & 3 \leqslant x < 4, \\ 1, & x \geqslant 4. \end{cases}$$

(3) $P\{1 < X \leqslant 7/2\} = \int_1^{7/2} f(x) dx = \int_1^3 \frac{1}{6} x dx + \int_3^{7/2} \left(2 - \frac{x}{2}\right) dx$

$= \frac{1}{12} x^2 \Big|_1^3 + \left(2x - \frac{x^2}{4}\right) \Big|_3^{7/2} = \frac{41}{48}$,

或 $P\{1 < X \leqslant 7/2\} = F(7/2) - F(1) = 41/48$.

例 2.11 设随机变量 X 的分布函数为

$$F(x) = \begin{cases} 0, & x \leqslant 0, \\ x^2, & 0 < x \leqslant 1, \\ 1, & x > 1. \end{cases}$$

求：(1) $P\{0.3 < X < 0.7\}$；(2) X 的密度函数.

解 由连续型随机变量分布函数的性质，有：

(1) $P\{0.3 < X < 0.7\} = F(0.7) - F(0.3) = 0.7^2 - 0.3^2 = 0.4$.

(2) X 的密度函数为

$$f(x) = F'(x) = \begin{cases} 2x, & 0 < x < 1, \\ 0, & 其他. \end{cases}$$

二、常用连续型分布

下面介绍几种重要的连续型随机变量.

1. 均匀分布

设连续型随机变量 X 具有概率密度 $f(x) = \begin{cases} \dfrac{1}{b-a}, & a < x < b \\ 0, & 其他 \end{cases}$，则称 X 在区间 (a, b) 上服从**均匀分布**，记为 $X \sim U(a, b)$.

均匀分布的分布函数为

$$F(x) = \int_{-\infty}^x f(t) dt = \begin{cases} 0, & x < a \\ \int_a^x f(t) dt, & a \leqslant x < b \\ \int_a^b f(t) dt, & x \geqslant b \end{cases} = \begin{cases} 0, & x < a, \\ \dfrac{x-a}{b-a}, & a \leqslant x < b, \\ 1, & x \geqslant b. \end{cases}$$

图 2-4 是均匀分布密度 $f(x)$ 和分布函数 $F(x)$ 的图形.

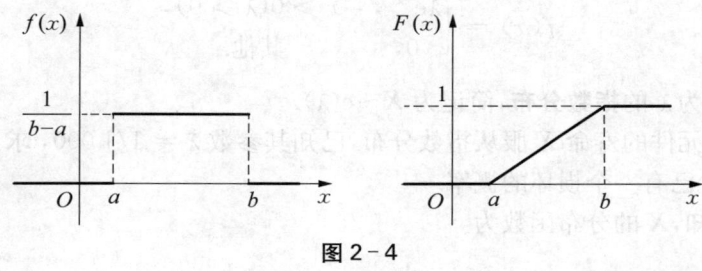

图 2-4

设随机变量 $X \sim U[a, b]$，则对任意满足 $[c, d] \subseteq [a, b]$，有

$$P\{c \leqslant X \leqslant d\} = \int_c^d \frac{1}{b-a} \mathrm{d}x = \frac{d-c}{b-a}.$$

这表明 X 落在 $[a, b]$ 内任一小区间 $[c, d]$ 上的概率与该小区间的长度成正比，而与小区间 $[c, d]$ 在 $[a, b]$ 的位置无关，这就是均匀分布的概率意义.

例 2.12 某公共汽车站从上午 7:00 起，每 15 min 来一班车，即 7:00，7:15，7:30，7:45 等时刻有汽车到达此站，如果乘客到达此站时间 X 是 7:00—7:30 的均匀随机变量，试求他候车时间少于 5 min 的概率.

解 以 7:00 为起点 0，以 min 为单位，依题意有

$$X \sim U(0, 30), \quad f(x) = \begin{cases} \dfrac{1}{30}, & 0 < x < 30, \\ 0, & \text{其他.} \end{cases}$$

为使候车时间 X 少于 5 min，乘客必须在 7:10—7:15 或 7:25—7:30 到达车站，故所求概率为

$$P\{10 < X < 15\} + P\{25 < X < 30\} = \int_{10}^{15} \frac{1}{30} \mathrm{d}x + \int_{25}^{30} \frac{1}{30} \mathrm{d}x = \frac{1}{3},$$

即乘客候车时间少于 5 min 的概率是 1/3.

例 2.13 设电阻值 R 是一个随机变量，均匀分布在 900～1 100 Ω. 求 R 的概率密度及 R 落在 950～1 050 Ω 的概率.

解 按题意，R 的概率密度为

$$f(r) = \begin{cases} \dfrac{1}{1\,100 - 900}, & 900 < r < 1\,100, \\ 0, & \text{其他.} \end{cases}$$

故有

$$P\{950 < R \leqslant 1\,050\} = \int_{950}^{1\,050} \frac{1}{200} \mathrm{d}r = 0.5.$$

2. 指数分布

若随机变量 X 的概率密度为

$$f(x) = \begin{cases} \lambda e^{-\lambda x}, & x > 0 \,(\lambda > 0), \\ 0, & \text{其他}. \end{cases}$$

则称 X 服从参数为 λ 的**指数分布**,简记为 $X \sim e(\lambda)$.

例 2.14 某元件的寿命 X 服从指数分布,已知其参数 $\lambda = 1/1\,000$,求三个这样的元件使用 $1\,000$ h 至少已有一个损坏的概率.

解 由题设知,X 的分布函数为

$$F(x) = \begin{cases} 1 - e^{-\frac{x}{1\,000}}, & x \geqslant 0; \\ 0, & x < 0. \end{cases}$$

由此得到

$$P\{X > 1\,000\} = 1 - P\{X \leqslant 1\,000\} = 1 - F(1\,000) = e^{-1}.$$

各元件的寿命是否超过 $1\,000$ h 是独立的,用 Y 表示三个元件中使用 $1\,000$ h 损坏的元件数,则 $Y \sim b(3, 1-e^{-1})$. 所求概率为

$$P\{Y \geqslant 1\} = 1 - P\{Y = 0\} = 1 - C_3^0 (1-e^{-1})^0 (e^{-1})^3 = 1 - e^{-3}.$$

指数分布是一种应用广泛的连续型分布. 许多"等待时间"是服从这个分布的,一些没有明显"衰老"机理的元器件(如半导体元件)的寿命也可以用指数分布来描述,所以指数分布在排队论和可靠性理论等领域有着广泛的应用.

3. 正态分布

设连续型随机变量 X 具有概率密度:

$$f(x) = \frac{1}{\sqrt{2\pi}\sigma} e^{-\frac{(x-\mu)^2}{2\sigma^2}}, \quad -\infty < x < +\infty,$$

其中 $\mu, \sigma(\sigma > 0)$ 为常数,则称 X 服从参数为 μ, σ 的**正态分布**或**高斯(Causs)分布**,记为 $X \sim N(\mu, \sigma^2)$.

当 $\mu = 0, \sigma = 1$ 时称 X 服从**标准正态分布**,其密度函数和分布函数常用 $\varphi(x)$ 和 $\Phi(x)$ 表示,

$$\varphi(x) = \frac{1}{\sqrt{2\pi}} e^{-\frac{x^2}{2}}, \quad \Phi(x) = \frac{1}{\sqrt{2\pi}} \int_{-\infty}^{x} e^{-\frac{t^2}{2}} dt.$$

标准正态分布的重要性在于任何一个一般的正态分布都可以通过线性变换转化为标准正态分布.

定理 2.2 设 $X \sim N(\mu, \sigma^2)$,则 $Y = \dfrac{X - \mu}{\sigma} \sim N(0, 1)$.

标准正态分布表的使用如下所示:

(1) 标准正态分布表中给出了 $x > 0$ 时 $\Phi(x)$ 的数值,当 $x < 0$ 时,利用正态分布的对称性,易知

$$\Phi(-x) = 1 - \Phi(x).$$

(2) 若 $X \sim N(0, 1)$,则

$$P\{a < X \leqslant b\} = \Phi(b) - \Phi(a).$$

(3) 若 $X \sim N(\mu, \sigma^2)$，则 $Y = \dfrac{X-\mu}{\sigma} \sim N(0, 1)$，故 X 的分布函数：

$$F(x) = P\{X \leqslant x\} = P\left\{\dfrac{X-\mu}{\sigma} \leqslant \dfrac{x-\mu}{\sigma}\right\} = \Phi\left(\dfrac{x-\mu}{\sigma}\right),$$

$$P\{a < X \leqslant b\} = P\left\{\dfrac{a-\mu}{\sigma} < Y \leqslant \dfrac{b-\mu}{\sigma}\right\} = \Phi\left(\dfrac{b-\mu}{\sigma}\right) - \Phi\left(\dfrac{a-\mu}{\sigma}\right).$$

由高等数学知识可知

$$\int_0^{+\infty} \mathrm{e}^{-\frac{x^2}{2}} \mathrm{d}x = \sqrt{\dfrac{\pi}{2}},$$

从而

$$\int_{-\infty}^{+\infty} \dfrac{1}{\sqrt{2\pi}\sigma} \mathrm{e}^{-\frac{(x-\mu)^2}{2\sigma^2}} \mathrm{d}x \xrightarrow{t = \frac{x-\mu}{\sigma}} \int_{-\infty}^{+\infty} \dfrac{1}{\sqrt{2\pi}} \mathrm{e}^{-\frac{t^2}{2}} \mathrm{d}t = 1.$$

例 2.15 将一温度调节器放置在储存着某种液体的容器内，调节器整定在 d ℃，液体的温度 X（以℃计）是一个随机变量，且 $X \sim N(d, 0.5^2)$.

(1) 若 $d = 90$，求 $X < 89$ 的概率.

(2) 若要求保持液体的温度至少为 80 的概率不低于 0.99，问 d 至少为多少？

解 （1）所求概率为

$$P\{X \leqslant 89\} = P\left\{\dfrac{X-90}{0.5} < \dfrac{89-90}{0.5}\right\} = \Phi\left(\dfrac{89-90}{0.5}\right) = \Phi(-2)$$
$$= 1 - \Phi(2) = 1 - 0.9772 = 0.0228.$$

(2) 按题意需求，d 要满足

$$0.99 \leqslant P\{X > 80\} = P\left\{\dfrac{X-d}{0.5} > \dfrac{80-d}{0.5}\right\} = 1 - P\left\{\dfrac{X-d}{0.5} \leqslant \dfrac{80-d}{0.5}\right\}$$
$$= 1 - \Phi\left(\dfrac{80-d}{0.5}\right),$$

即 $\Phi\left(\dfrac{80-d}{0.5}\right) \leqslant 1 - 0.99 = 0.01$，亦即 $\dfrac{80-d}{0.5} \leqslant -2.327$，故需 $d > 81.1635$.

例 2.16 设 $\xi \sim N(0, 1)$，求 $P\{|\xi| \leqslant 1\}$，$P\{|\xi| \leqslant 2\}$，$P\{|\xi| \leqslant 3\}$.

解

$$P\{|\xi| \leqslant 1\} = P\{-1 \leqslant \xi \leqslant 1\} = \Phi(1) - \Phi(-1) = 2\Phi(1) - 1 = 0.6826,$$
$$P\{|\xi| \leqslant 2\} = P\{-2 \leqslant \xi \leqslant 2\} = \Phi(2) - \Phi(-2) = 2\Phi(2) - 1 = 0.9545,$$
$$P\{|\xi| \leqslant 3\} = 2\Phi(3) - 1 = 0.9973.$$

例 2.17 设 $\xi \sim N(\mu, \sigma^2)$，求 $P\{|\xi-\mu| < \sigma\}$，$P\{|\xi-\mu| < 2\sigma\}$，$P\{|\xi-\mu| < 3\sigma\}$.

解 $P\{|\xi-\mu| < \sigma\} = P\left\{-1 < \dfrac{\xi-\mu}{\sigma} < 1\right\} = 2\Phi(1) - 1 = 0.6826$,

$$P\{|\xi-\mu|<2\sigma\}=P\{-2<\frac{\xi-\mu}{\sigma}<2\}=2\Phi(2)-1=0.9545,$$

$$P\{|\xi-\mu|<3\sigma\}=P\{-3<\frac{\xi-\mu}{\sigma}<3\}=2\Phi(3)-1=0.9973.$$

由此可见,ξ 落在 $(\mu-3\sigma,\mu+3\sigma)$ 以外的概率小于 3%,由于这一概率很小,在实际问题中常认为相应的事件是不会发生的,基本上可以把区间 $(\mu-3\sigma,\mu+3\sigma)$ 看作是随机变量实际可能的取值区间. 这一说法称为正态分布的 "3σ" 准则.

一般地,

$$P\{|\xi-\mu|<k\sigma\}=P\{-k<\frac{\xi-\mu}{\sigma}<k\}=2\Phi(k)-1,$$

这个概率与 σ 无关.

注 正态分布是概率论中最重要的连续型分布,在 19 世纪前叶由高斯加以推广,故又常称为高斯分布.

一般来说,一个随机变量如果受到许多随机因素的影响,而其中每一个因素都不起主导作用(作用微小),则它服从正态分布. 这是正态分布在实践中得以广泛应用的原因. 例如,产品的质量指标,元件的尺寸,某地区成年男子的身高、体重,测量误差,射击目标的水平或垂直偏差,信号噪声,农作物的产量等都服从或近似服从正态分布.

第五节 随机变量函数的分布

设 X 为一个随机变量,$g(x)$ 为定义在实数集合 I 上的实值函数,而 X 的可能取值 $x\in I$. 由高等数学中函数的定义知,函数 $g(x)$ 的值由自变量 x 确定,所以当随机变量 X 的取值具有随机性时,函数 $Y=g(X)$ 的取值也具有随机性,即 $Y=g(X)$ 也是随机变量. 例如 $Y=X^2$,$Y=\ln X$,$Y=\sin X$ 等都是随机变量. 本节将讨论如何由随机变量 X 的分布求其函数 $Y=g(X)$ 的分布.

一、离散型随机变量函数的分布

若随机变量 X 为离散型随机变量,那么其函数 $Y=g(X)$ 一定也是离散型随机变量,如何由 X 的分布律求 $Y=g(X)$ 的分布律? 对此先看一个例题.

例 2.18 设 X 的分布律为

X	-1	0	1	2
P	0.2	0.3	0.1	0.4

求 $Y=2X+1$ 及 $Z=(X-1)^2$ 的分布律.

解 (1) 由 X 的分布律,导出

$Y=2X+1$	$2\times(-1)+1$	$2\times 0+1$	$2\times 1+1$	$2\times 2+1$
P	0.2	0.3	0.1	0.4

计算 $Y = 2X+1$ 的取值,得出其分布律:

$Y=2X+1$	-1	1	3	5
P	0.2	0.3	0.1	0.4

(2) 由 X 的分布律,导出

$Z=(X-1)^2$	$(-1-1)^2$	$(0-1)^2$	$(1-1)^2$	$(2-1)^2$
P	0.2	0.3	0.1	0.4

计算 $Z=(X-1)^2$ 的取值,对相等的值进行合并,并把相应的概率相加,得到

Z	0	1	4
P	0.1	0.7	0.2

定理 2.3 设离散型随机变量 X 的分布律为 $p(x_i) = P\{X=x_i\}(i=1, 2, \cdots)$,$Y=g(X)$ 的可能取值为 $y_k(k=1, 2, \cdots)$,则 $Y=g(X)$ 的分布律为

$$P\{Y=y_k\} = \sum_{y_k=g(x_i)} P\{X=x_i\}, \quad k=1, 2, \cdots.$$

二、连续型随机变量函数的分布

设连续随机变量 X 的密度函数为 $f_X(x)$,随机变量 $Y=g(X)$ 的密度函数为 $f_Y(y)$,下面通过一个例子说明如何由 $f_X(x)$ 求 $f_Y(y)$.

例 2.19 设 $X \sim N(\mu, \sigma^2)$,求 $Y=e^X$ 的密度函数.

解 设 X 的分布函数为 $F_X(x)$,$Y=e^X$ 的分布函数为 $F_Y(y)$.

因为 $X \sim N(\mu, \sigma^2)$,其取值范围为 $(-\infty, +\infty)$,所以 $Y=e^X$ 的取值范围为 $(0, +\infty)$. 由分布函数的性质知,当 $y \leqslant 0$ 时,$F_Y(y) = P\{Y \leqslant y\} = 0$. 当 $y > 0$ 时,有

$$F_Y(y) = P\{Y \leqslant y\} = P\{e^X \leqslant y\} = P\{X \leqslant \ln y\} = F_X(\ln y),$$

于是

$$F_Y(y) = \begin{cases} F_X(\ln y), & y > 0, \\ 0, & y \leqslant 0. \end{cases}$$

由分布函数和密度函数的关系,知

$$f_Y(y) = F_Y'(y) = \begin{cases} (F_X(\ln y))', & y > 0, \\ 0, & y \leqslant 0, \end{cases}$$

因为

$$(F_X(\ln y))' = \left(\int_{-\infty}^{\ln y} f_X(x) \mathrm{d}x\right)' = f_X(\ln y) \frac{1}{y} = \frac{1}{\sqrt{2\pi}\sigma y} e^{-\frac{(\ln y - \mu)^2}{2\sigma^2}},$$

所以得到

$$f_Y(y) = \begin{cases} \dfrac{1}{\sqrt{2\pi}\sigma y} e^{-\frac{(\ln y - \mu)^2}{2\sigma^2}}, & y > 0, \\ 0, & y \leqslant 0. \end{cases}$$

这一密度函数称为**对数正态分布的密度函数**. 对数正态分布在生物学、医学、经济学、金融学、保险学等领域都有重要的应用. 例如,在金融学中,人们常用对数正态分布来描述股票的收益,而在保险经营与风险管理中,对数正态分布常用来描述个别受损单位的损失状况.

在例 2.19 中,为了求密度函数 $f_Y(y)$,先求分布函数 $F_Y(y)$,在求 $F_Y(y)$ 过程中,关键是求随机事件 "$Y \leqslant y$" 的等价事件 "$X \leqslant \ln y$",这样可将有关 Y 的随机事件的概率转化为有关 X 的随机事件的概率.

当函数 $y = g(x)$ 在 I(X 可能取值范围)内严格单调时,关于随机变量 $Y = g(X)$ 的密度函数 $f_Y(y)$ 有如下定理.

定理 2.4 设连续随机变量 X 的取值范围为 (a, b)(a 可为 $-\infty$, b 可为 $+\infty$),其密度函数为 $f_X(x)$. 若函数 $y = g(x)$ 在 (a, b) 内严格单调,且其反函数 $x = g^{-1}(y)$ 有连续导数,则 $Y = g(X)$ 的密度函数为

$$f_Y(y) = \begin{cases} f_X(g^{-1}(y)) | (g^{-1}(y))' |, & \alpha < y < \beta; \\ 0, & 其他. \end{cases}$$

其中, $\alpha = \min\{g(a), g(b)\}$, $\beta = \max\{g(a), g(b)\}$.

证 不妨假设 $y = g(x)$ 在 (a, b) 内严格单调增加. 由定理条件知, $Y = g(X)$ 的取值范围为 (α, β),所以当 $y < \alpha$ 时, $F_Y(y) = 0$; 当 $y \geqslant \beta$ 时, $F_Y(y) = 1$; 当 $\alpha \leqslant y < \beta$ 时,有

$$F_Y(y) = P(Y \leqslant y) = P(g(X) \leqslant y) = P(X \leqslant g^{-1}(y)) = F_X(g^{-1}(y)).$$

所以有

$$F_Y(y) = \begin{cases} 0, & y < \alpha; \\ F_X(g^{-1}(y)), & \alpha \leqslant y < \beta; \\ 1, & y \geqslant \beta. \end{cases}$$

由分布函数和密度函数的关系,得到

$$f_Y(y) = \begin{cases} 0, & y < \alpha, y \geqslant \beta; \\ F_X'(g^{-1}(y))(g^{-1}(y))', & \alpha \leqslant y < \beta. \end{cases}$$

因为 $y = g(x)$ 在 (a, b) 严格单调增加,所以 $x = g^{-1}(y)$ 在 (α, β) 内严格单调增加,

$$(g^{-1}(y))' = | (g^{-1}(y))' |,$$

所以得到

$$f_Y(y) = \begin{cases} f_X(g^{-1}(y)) | (g^{-1}(y))' |, & \alpha < y < \beta, \\ 0, & 其他. \end{cases}$$

当 $y = g(x)$ 在 (a, b) 严格单调递减时,同样可证明结论成立.

因此
$$f_Y(y) = \begin{cases} f_X(g^{-1}(y))\,|\,(g^{-1}(y))'\,|, & \alpha < y < \beta, \\ 0, & \text{其他}. \end{cases}$$

定理得证.

定理 2.5 若随机变量 $X \sim N(\mu, \sigma^2)$，则 $Y = aX + b \sim N(a\mu + b, a^2\sigma^2)(a \neq 0)$.

证 因为 $X \sim N(\mu, \sigma^2)$，所以有
$$f_X(x) = \frac{1}{\sqrt{2\pi}\sigma} e^{-\frac{(x-\mu)^2}{2\sigma^2}}, \quad -\infty < x < +\infty.$$

因为 $y = ax + b$ 在 $(-\infty, +\infty)$ 严格单调，且 $Y = aX + b$ 的取值范围为 $(-\infty, +\infty)$，所以得到 $Y = aX + b$ 的密度函数为

$$f_Y(y) = f_X\left(\frac{y-b}{a}\right) \cdot \left|\frac{1}{a}\right| = \frac{1}{\sqrt{2\pi}\sigma\,|a|} e^{-\frac{\left(\frac{y-b}{a}-\mu\right)^2}{2\sigma^2}}$$
$$= \frac{1}{\sqrt{2\pi}\sigma\,|a|} e^{-\frac{(y-b-a\mu)^2}{2\sigma^2 a^2}}, \quad y \in (-\infty, +\infty).$$

该函数是正态分布 $N(a\mu + b, a^2\sigma^2)$ 的密度函数，所以
$$Y = aX + b \sim N(a\mu + b, a^2\sigma^2).$$

特别地，$Y = \dfrac{X - \mu}{\sigma} = \dfrac{1}{\sigma}X - \dfrac{\mu}{\sigma} \sim N(0, 1)$.

例 2.20 设 $X \sim e(\lambda)$，求 $Y = 2 - 3X$ 的密度函数.

解 因为 $X \sim e(\lambda)$，所以 X 的密度函数为
$$f_X(x) = \begin{cases} \lambda e^{-\lambda x}, & x > 0, \\ 0, & x \leqslant 0. \end{cases}$$

因为函数 $y = 2 - 3x$ 在 $(0, +\infty)$ 严格单调递减，其反函数 $x = \dfrac{y-2}{-3}$ 存在连续导数 $x' = -\dfrac{1}{3}$. 由 X 的取值范围，得到 $Y = 2 - 3X$ 的取值范围为 $(-\infty, 2)$.

由定理 2.5 知，随机变量 $Y = 2 - 3X$ 的密度函数为

$$f_Y(y) = \begin{cases} \lambda e^{-\lambda \frac{y-2}{-3}} \times \left|-\dfrac{1}{3}\right|, & y < 2, \\ 0, & y \geqslant 2, \end{cases} = \begin{cases} \dfrac{\lambda}{3} e^{\frac{\lambda}{3}(y-2)}, & y < 2, \\ 0, & y \geqslant 2. \end{cases}$$

本章小结

一、本章主要内容与重点

本章主要内容有随机变量的概念，分布函数的概念和性质，离散型随机变量及其分布律，(0-1)分布、二项分布、泊松分布，连续型随机变量及其密度函数的概念、性质，密度函数

与分布函数之间的关系,均匀分布、正态分布、指数分布,随机变量函数的概率分布.

重点 分布函数及性质、分布律,密度函数及性质,随机变量的函数的分布,(0-1)分布,二项分布,泊松分布,均匀分布,正态分布,指数分布.

二、学习指导

(1) 随机变量 $X = X(\omega)$ 是定义在样本空间 $\Omega = \{\omega\}$ 上的实值单值函数.也就是说,它是随机试验结果的函数,它的取值随试验结果而定,是不能预先确定的,它的取值有一定的概率.随机变量的引入,就能用随机变量来描述各种随机现象,使概率论的研究由个别随机事件扩大为随机变量所表征的随机现象的研究.

(2) 一个随机变量,如果它所有可能的值是有限个或可列无限个,这种随机变量称为离散型随机变量,否则称为非离散型随机变量.

(3) 无论是离散型还是非离散型随机变量 X,都可以借助分布函数 $F(x) = P\{X \leqslant x\}$,$-\infty < x < +\infty$ 来描述.

若已知随机变量 X 的分布函数 $F(x)$,就能知道 X 落在任一区间 $[x_1, x_2]$ 上的概率

$$P\{x_1 < X \leqslant x_2\} = F(x_2) - F(x_1), \quad x_1 < x_2,$$

这样分布函数就能完整地描述随机变量取值的统计规律性.

(4) 对于离散型随机变量,常用表格形式来表示 X 的分布律:

X	x_1	x_2	$\cdots$	x_k	$\cdots$
p_k	p_1	p_2	$\cdots$	p_k	$\cdots$

注意 $p_i (i=1, 2, \cdots)$ 必然满足:① 非负性: $p_i \geqslant 0$. ② 规范性: $\sum_{i=1}^{+\infty} p_i = 1$.

分布律与分布函数有以下关系

$$F(x) = P\{X \leqslant x\} = \sum_{x_k \leqslant x} P\{X = x_k\},$$

它们是一一对应的.

常用的离散型分布主要有(0-1)分布、二项分布、泊松分布.

(5) 如果对随机变量 X 的分布函数 $F(x)$,存在非负可积函数 $f(x)$,使得对任意的实数 x,有 $F(x) = P(X \leqslant x) = \int_{-\infty}^{x} f(t) \mathrm{d}t$,则称 X 为连续型随机变量.其中,$f(x) \geqslant 0$ 称为 X 的概率密度函数,简称概率密度或密度函数.

常用的连续型分布主要有均匀分布、正态分布、指数分布.

(6) 若 X 是连续型随机变量,则 $\forall a \in \mathbf{R}, P\{X = a\} = 0$. 因此概率为 0 的事件不一定是不可能事件,称为几乎不可能事件;同样概率为 1 的事件也不一定是必然事件.另外,连续型随机变量的分布函数也是连续的.以上这两点性质也是离散型随机变量不具备的.

(7) 正态分布在概率论中占据中心地位,读者必须熟悉正态分布的性质.

对于正态分布的有关概率计算可通过查标准正态分布表进行,但须使用以下转换公式:

$$P\{a < X \leqslant b\} = \Phi\left(\frac{b-\mu}{\sigma}\right) - \Phi\left(\frac{a-\mu}{\sigma}\right).$$

其中,随机变量 $X \sim N(\mu, \sigma^2)$,$\Phi(\cdot)$ 为标准正态分布函数.

 习题二

1. 下面给出的数列,哪些是随机变量的分布律,并说明理由:

   (1) $p_i = \dfrac{i}{15}$,$i = 0, 1, 2, 3, 4, 5$;　　(2) $p_i = \dfrac{(5-i)^2}{6}$,$i = 0, 1, 2, 3$.

2. 试确定常数 C,使 $P\{X = i\} = \dfrac{C}{2^i}(i = 0, 1, 2, 3, 4)$ 成为某个随机变量 X 的分布律,并求 $P\{X \leqslant 2\}$,$P\left\{\dfrac{1}{2} < X < \dfrac{5}{2}\right\}$.

3. 将一颗均匀的骰子抛掷两次,以 X 表示两次中得到的小的点数,试求 X 的分布律.

4. 设在 15 只同类型的零件中有 2 只是次品,在其中取 3 次,每次任取 1 只,做不放回抽样. 以 X 表示取出次品的只数.

   (1) 求 X 的分布律;　　(2) 画出分布律的图形.

5. 进行重复独立试验,设每次试验成功的概率为 p,失败的概率为 $q = 1 - p (0 < p < 1)$.

   (1) 将试验进行到出现一次成功为止,以 X 表示所需的试验次数,求 X 的分布列(此时称 X 服从以 p 为参数的**几何分布**).

   (2) 将试验进行到出现 r 次成功为止,以 Y 表示所需的试验次数,求 Y 的分布列(此时称 Y 服从以 r, p 为参数的**巴斯卡分布**).

   (3) 一篮球运动员的投篮命中率为 45%,以 X 表示他首次投中时累计已投篮的次数,写出 X 的分布列,并计算 X 取偶数的概率.

6. 一大楼装有 5 个同类型的供水设备. 调查表明在任一时刻 t 每个设备被使用的概率为 0.1,问在同一时刻:

   (1) 恰有 2 个设备被使用的概率是多少?

   (2) 至少有 3 个设备被使用的概率是多少?

   (3) 至多有 3 个设备被使用的概率是多少?

   (4) 至少有 1 个设备被使用的概率是多少?

7. 设事件 A 在每一次试验中发生的概率为 0.3,当 A 发生不少于 3 次时,指示灯发出信号.

   (1) 进行了 5 次重复独立试验,求指示灯发出信号的概率.

   (2) 进行了 7 次重复独立试验,求指示灯发出信号的概率.

8. 进行 8 次独立射击,设每次射击击中目标的概率为 0.3.

   (1) 击中几次的可能性最大? 并求相应的概率.

   (2) 求至少击中 2 次的概率.

9. 有一大批产品,其验收方案如下:先做第一次检验,从中任取 10 件,经检验无次品接受这批产品,次品数大于 2 拒收;否则做第二次检验,其做法是从中再任取 5 件,仅当 5 件中无次品时接受这批产品. 若产品的次品率为 10%,求:

   (1) 这批产品经第一次检验就能接受的概率.

   (2) 需做第二次检验的概率.

(3) 这批产品按第二次检验的标准被接受的概率.
(4) 这批产品在第一次检验未能做决定且第二次检验时被通过的概率.
(5) 这批产品被接受的概率.

10. 有甲、乙两种味道和颜色都极为相似的名酒各4杯. 如果从中挑4杯,能将甲种酒全部挑出来,算是试验成功一次.
(1) 某人随机去猜,问他试验成功一次的概率是多少?
(2) 某人声称他通过品尝能区分两种酒. 他连续试验 10 次,成功 3 次. 试推断他是猜对的,还是他确有区分的能力(设各次试验是相互独立的).

11. 一电话总机每分钟收到呼唤的次数服从参数为 4 的泊松分布. 求:
(1) 某 1 min 恰有 8 次呼唤的概率;   (2) 某 1 min 的呼唤次数大于 3 的概率.

12. 某一公安局在长度为 t 的时间间隔内收到的紧急呼救的次数 X 服从参数为 $\frac{t}{2}$ 的泊松分布,而与时间间隔的起点无关(时间以 h 计).
(1) 求某一天中午 12 时至下午 3 时没有收到紧急呼救的概率.
(2) 求某一天中午 12 时至下午 5 时收到一次紧急呼救的概率.

13. 试问函数 $\sin x$ 可否为某一连续型随机变量 X 的概率密度函数?设 x 的取值范围:
(1) $\left[0, \frac{\pi}{2}\right]$; (2) $[0, \pi]$; (3) $\left[0, \frac{3}{2}\pi\right]$.

14. 设随机变量 X 的密度函数为

$$f(x) = \begin{cases} kx, & 0 \leqslant x \leqslant 1, \\ 0, & 其他. \end{cases}$$

求:(1) 常数 k;(2) X 落在区间 $(0.3, 0.7)$ 内的概率.

15. 随机变量 X 的密度函数为

$$f(x) = \begin{cases} \dfrac{A}{\sqrt{1-x^2}}, & 当 |x| < 1, \\ 0, & 当 |x| \geqslant 1. \end{cases}$$

求:(1) 系数 A;(2) $P\left\{-\dfrac{1}{2} < X < \dfrac{1}{2}\right\}$.

16. 随机变量 X 的密度函数为

$$f(x) = Ce^{-|x|}, \quad -\infty < x < +\infty.$$

求:(1) 系数 C;(2) $P\{0 < X < 1\}$.

17. 某城市每天的耗电量不超过 100 万 kW·h. 该城市每天的耗电率(即每天耗电量/100 万 kW·h)是一个随机变量 X,它的密度函数为

$$f(x) = \begin{cases} 12x(1-x)^2, & 0 < x < 1, \\ 0, & 其他. \end{cases}$$

如果该市发电厂每天供电量为 80 万 kW·h,那么任意一天供电量不够需要的概率为多少?假如发电厂每天供电量为 90 万 kW·h,那么任意一天供电量不够需要的概率为多少?

18. 某种电子管的使用寿命 X(单位:h)的密度函数为

$$f(x) = \begin{cases} \dfrac{100}{x^2}, & x > 100, \\ 0, & x \leqslant 100. \end{cases}$$

设某仪器内装有三个这样的电子管. 试求:
(1) 试用的最初 150 h 内没有一个电子管损坏的概率.
(2) 这段时间内只有一个电子管损坏的概率.

19. 设顾客在某银行的窗口等待的服务时间 X(单位:min)服从参数为 $\lambda = \dfrac{1}{5}$ 的指数分布. 某顾客在窗口等待服务, 若超过 10 min, 他就离开. 他一个月要到银行 5 次. 以 Y 表示一个月内他未等到服务而离开窗口的次数, 求 Y 的分布律, 并求 $P(Y \geqslant 1)$.

20. 随机变量 X 的分布律为

X	0	1	2
p_k	$\dfrac{1}{3}$	$\dfrac{1}{6}$	$\dfrac{1}{2}$

求:(1) X 的分布函数;(2) $P\left\{X \leqslant \dfrac{1}{2}\right\}$;(3) $P\left\{\dfrac{1}{2} < X \leqslant \dfrac{3}{2}\right\}$.

21. 设随机变量 X 的密度函数为

$$f(x) = \begin{cases} \dfrac{1}{2}e^x, & x < 0, \\ \dfrac{1}{4}, & 0 \leqslant x < 2, \\ 0, & x \geqslant 2. \end{cases}$$

试求 X 的分布函数 $F(x)$.

22. 设连续型随机变量 X 的分布函数为

$$F(x) = \begin{cases} 0, & x < 0, \\ Ax^2, & 0 \leqslant x \leqslant 1, \\ 1, & x > 1. \end{cases}$$

求:(1) 系数 A;(2) X 的密度函数 $f(x)$;(3) $P\{0.3 \leqslant X \leqslant 1.3\}$.

23. 设随机变量 X 的分布函数为

$$F(x) = \begin{cases} 0, & x < 0, \\ \dfrac{x^2}{25}, & 0 \leqslant x < 5, \\ 1, & x \geqslant 5. \end{cases}$$

求:(1) 概率密度 $f(x)$;(2) X 落在 $(3, 6)$ 内的概率.

24. 设 $X \sim N(0, 1)$, 求:

(1) $P\{X \leqslant 1.48\}$;   (2) $P\{-0.5 < X < 2.4\}$;
(3) $P\{|X| < 0.8\}$;   (4) $P\{|X| > 1.5\}$.

25. 设 $X \sim N(3, 2^2)$，求：
    (1) $P\{2 < X < 5\}$;   (2) $P\{-4 < X < 10\}$;
    (3) $P\{X > 3\}$;   (4) $P\{|X| > 2\}$.

26. 某地区 18 岁女青年的血压(收缩压，以 mmHg 计)服从 $N(110, 12^2)$. 在该地区任选一位 18 岁女青年，测量她的血压 X.
    (1) 求 $P\{X \leqslant 105\}$，$P\{100 \leqslant X \leqslant 120\}$.
    (2) 确定最小的 x，使得 $P\{X > x\} \leqslant 0.05$.

27. 某厂生产的螺栓的长度 X(单位:cm)服从参数 $\mu = 10.05$，$\sigma = 0.05$ 的正态分布，规定长度在 10.05 ± 0.15 内为合格品. 求任取一只螺栓为合格品的概率.

28. 已知从某批材料中任取一件时，取得的这件材料的强度 $X \sim N(200, 18^2)$.
    (1) 计算取得的这件材料的强度不低于 180 的概率.
    (2) 如果所用的材料要求以 99% 的概率保证强度不低于 150，问这批材料是否符合这个要求？

29. 设随机变量 X 的分布律为

X	-2	-1	0	1	3
p_k	$\frac{1}{5}$	$\frac{1}{6}$	$\frac{1}{5}$	$\frac{1}{15}$	$\frac{11}{30}$

求 $Y = X^2$ 的分布律.

30. 设随机变量 X 在 $[0, 1]$ 上服从均匀分布，试求：
    (1) $Y = e^x$ 的分布密度；   (2) $Z = -2\ln X$ 的分布密度.

31. 设电流 I 是一个随机变量，它均匀分布在 9~11 A. 若此电流通过 2Ω 的电阻，在其上消耗的功率 $W = 2I^2$. 求 W 的概率密度函数.

阅读材料

19 世纪概率统计领域里的卓越人物——泊松

西莫恩·德尼·泊松(Simeon-Denis Poisson, 1781—1840)，法国数学家、几何学家和物理学家. 1781 年 6 月 21 日生于法国卢瓦雷省的皮蒂维耶，1840 年 4 月 25 日卒于法国索镇. 1798 年入巴黎综合工科学校深造，成为拉格朗日、拉普拉斯的得意门生. 在毕业时由于其学业优异，又得到拉普拉斯的大力推荐，故 1800 年留校任辅导教师，1802 年任副教授，1806 年任教授. 1808 年任法国经度局天文学家. 1809 年巴黎理学院成立，任该校数学教授. 1812 年当选为巴黎科学院院士. 1816 年应聘为索邦大学教授. 1826 年被选为彼得堡科学院名誉院士. 1837 年被封为男爵. 著名数学家阿贝尔说："泊松知道怎样做到举止非常高贵."

作为数学教师,泊松不是一般得成功,就如他早年成功担任理工学院的复讲员时所预示的那样.作为科学工作者,他的成就罕有匹敌.在众多的教职工作之余,他挤出时间发表了300余篇作品,有些是完整的论述,很多是处理纯数学、应用数学、数学物理和理论力学最艰深的问题的备忘录.有句通常归于他名下的话:"人生只有两样美好的事情:发现数学和教数学."

泊松是法国第一流的分析学家.年仅18岁就发表了一篇关于有限差分的论文,受到了勒让德的好评.他一生成果累累,发表论文300多篇,对数学和物理学都做出了杰出贡献.泊松一生从事数学研究和教学,他的主要工作是将数学应用于力学和物理学中.

泊松在数学方面贡献很多.最突出的是1837年在《关于判断的概率之研究》一文中提出描述随机现象的一种常用分布,现在概率论中称泊松分布.这一分布在公用事业、放射性现象等许多方面都有应用.他还研究过定积分、傅里叶级数、数学物理方程等.

美国数学史家克兰(Kline)指出:"泊松是第一个沿着复平面上的路径实行积分的人."在他1817年的出版物中对序列收敛的条件就有了正确的概念,现在一般把这个条件归功于柯西.泊松对发散级数做了深入的探讨,并奠定了"发散级数求积"的理论基础,引进了一种今天看来就是可和性的概念.把任意函数表为三角级数求和函数时,他广泛地使用了发散级数,用发散级数解出过微分方程,并导出了用发散级数做计算怎样会导致错误的例子.他还把许多含有参数的积分化为含参数的幂级数.他关于定积分的一系列论文以及在傅里叶级数方面取得的成果,为后来的狄利克雷和黎曼的研究铺平了道路.

泊松的科学生涯开始于研究微分方程及其在摆的运动和声学理论中的应用.他工作的特色是应用数学方法研究各类物理问题,并由此得到数学上的发现.他对积分理论、行星运动理论、热物理、弹性理论、电磁理论、位势理论和概率论都有重要贡献.

他还是19世纪概率统计领域里的卓越人物.他改进了概率论的运用方法,特别是用于统计方面的方法,建立了描述随机现象的一种概率分布——泊松分布.他推广了"大数定律",并导出了在概率论与数理方程中有重要应用的泊松积分.他是从法庭审判问题出发研究概率论的,1837年出版了他的专著《关于刑事案件和民事案件审判概率的研究》.

泊松一生对摆的研究极感兴趣,他的科学生涯就是从研究微分方程及其在摆的运动和声学理论中的应用开始的.直到晚年,他仍用大部分时间和精力从事摆的研究.他为什么对摆如此着迷?有一个传说,泊松小时候由于身体孱弱,他的母亲曾把他托给一个保姆照料,保姆一离开他时,就把泊松放在一个摇篮式的布袋里,并将布袋挂在棚顶的钉子上,吊着他摆来摆去.这个保姆认为,这样不但可以使孩子身上不被弄脏,而且还有益于孩子的健康.泊松后来风趣地说:"吊着我摆来摆去不但是我孩提时的体育锻炼,并且使我在孩提时就熟悉了摆."

在数学中以他的姓名命名的有泊松定理、泊松公式、泊松方程、泊松分布、泊松过程、泊松积分、泊松级数、泊松变换、泊松代数、泊松比、泊松流、泊松核、泊松括号、泊松稳定性、泊松积分表示、泊松求和法等.

他一生共发表300多篇论著,最著名的著作有《力学教程》(二卷,1811年、1833年)和《判断的概率研究》(1837年).

第三章

多维随机变量及其分布

[**学习目标**]

1. 了解多维随机变量的概念,理解多维随机变量的分布函数的概念和性质.
2. 理解二维离散型随机变量的概率分布及其性质,会根据实际问题求二维离散型随机变量的分布律.
3. 理解二维连续型随机变量的概率密度及其性质,并会用密度函数计算有关事件的概率.
4. 了解二维随机变量的边缘分布和条件分布.
5. 理解随机变量独立性的概念,并会用独立性计算概率.
6. 会求两个随机变量的函数的分布.

前文所讨论的随机变量都是一维的,它们的值仅由一个数来确定. 除一维随机变量外, 往往还需要同时考虑两三个或更多个随机变量构成的随机变量组, 它们的值分别由两三个或更多个数来确定, 这样的随机变量分别称为二维、三维或多维随机变量. 例如, 射击时击中点的坐标包括横坐标 X 和纵坐标 Y; 调查某校学生的发育状况, 至少同时要用到身高 X 和体重 Y 两个指标, 这就是二维随机变量 (X, Y). 本章主要讨论二维随机变量及其分布, 然后再推广到 n 维随机变量的情况.

第一节 多维随机变量及其分布函数

一、二维随机变量及其分布函数

定义 3.1 设 $X_1, X_2, \cdots, X_n$ 是定义在同一样本空间的 n 个随机变量, 称 $(X_1, X_2, \cdots, X_n)$ 为 n **维随机变量**或 n **维随机向量**, 并称 n 元函数

$$F(x_1, x_2, \cdots, x_n) = P\{X_1 \leqslant x_1, X_2 \leqslant x_2, \cdots, X_n \leqslant x_n\}, \quad (x_1, x_2, \cdots, x_n) \in \mathbf{R}^n$$

为 n 维随机变量 $(X_1, X_2, \cdots, X_n)$ 的**联合分布函数**.

本书只讨论二维随机变量, 至于三维或更多维随机变量的情形不难类推.

二维随机变量 (X, Y) 的分布函数定义为

$$F(x, y) = P\{X \leqslant x, Y \leqslant y\}, \quad (x, y) \in \mathbf{R}^2,$$

其几何解释为随机点 (X, Y) 落在二维平面上点 (x, y) 左下方的无穷矩形区域内的概率, 如图 3-1 所示的阴影部分.

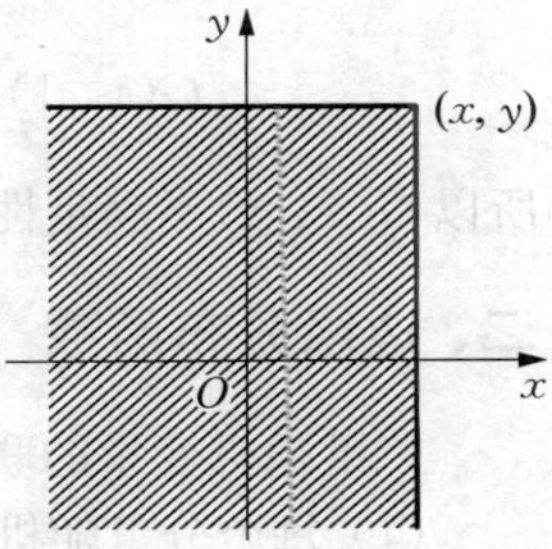

由分布函数 $F(x, y)$ 的定义及概率的性质, 可以得到分布函数 $F(x, y)$ 具有以下性质:

(1) **单调性**. $F(x, y)$ 对 x 或 y 都是不减函数, 即若 $x_1 < x_2$, $y_1 < y_2$, 则

图 3-1

$$F(x_1, y) \leqslant F(x_2, y), \quad F(x, y_1) \leqslant F(x, y_2).$$

(2) **有界性**. $0 \leqslant F(x, y) \leqslant 1$, 且

$$F(-\infty, y) = \lim_{x \to -\infty} F(x, y) = 0,$$

$$F(x, -\infty) = \lim_{y \to -\infty} F(x, y) = 0,$$

$$F(-\infty, -\infty) = \lim_{(x, y) \to (-\infty, -\infty)} F(x, y) = 0,$$

$$F(+\infty, +\infty) = \lim_{(x, y) \to (+\infty, +\infty)} F(x, y) = 1.$$

(3) **右连续性**. $F(x, y)$ 分别对 x, y 右连续, 即有

$$F(x^+, y) = F(x, y), \quad F(x, y^+) = F(x, y).$$

(4) **非负性**. 对任意的 $x_1 < x_2, y_1 < y_2$, 有

$$P\{x_1 < X \leqslant x_2, y_1 < Y \leqslant y_2\}$$
$$= F(x_2, y_2) - F(x_1, y_2) - F(x_2, y_1) + F(x_1, y_1) \geqslant 0.$$

具有上述四条性质的二元函数 $F(x, y)$ 一定是某个二维随机变量的分布函数. 任一二维随机变量的分布函数 $F(x, y)$ 必具有上述四条性质, 其中性质(4)是二维场合特有的, 也是合理的. 但性质(4)不能由前三条性质推出, 必须单独列出, 因为存在这样的二元函数 $G(x, y)$ 满足以上性质(1), (2), (3), 但不满足性质(4), 因此不是二维随机变量的分布函数.

例 3.1 二元函数

$$G(x, y) = \begin{cases} 0, & x + y < 0; \\ 1, & x + y \geqslant 0 \end{cases}$$

满足性质(1), (2), (3), 但它不满足性质(4).

从 $G(x, y)$ 的定义可以看出: 若用直线 $x + y = 0$ 将平面 xOy 一分为二, 在右上半平面, $x + y \geqslant 0$, $G(x, y) = 1$; 在左下半平面, $x + y < 0$, $G(x, y) = 0$. 满足单调性、有界性、右连续性, 但在正方形区域

$$\{(x, y) : -1 \leqslant x \leqslant 1, -1 \leqslant y \leqslant 1\}$$

的四个顶点, 有 $G(-1, 1) = 1$, $G(1, -1) = 1$, $G(1, 1) = 1$, $G(-1, -1) = 0$, 从而有

$$G(1, 1) - G(-1, 1) - G(1, -1) + G(-1, -1) = -1 < 0,$$

所以 $G(x, y)$ 不满足性质(4), 故 $G(x, y)$ 不能成为某二维随机变量的分布函数.

二、边缘分布函数

二维随机变量的联合分布函数含有丰富的信息, 主要有以下三方面:
(1) 每个分量随机变量的分布(每个分量的所有信息), 即边缘分布.
(2) 两个分量之间的关联程度, 用协方差和相关系数来描述(第四章第三节中给出).
(3) 给定一个分量时, 另一个分量的分布即条件分布.

目的是将这些信息从联合分布中挖掘出来, 本节先讨论边缘分布.

若在二维随机变量 (X, Y) 的联合分布函数为 $F(x, y)$ 中令 $y \to +\infty$, 由于 $\{Y \leqslant +\infty\}$ 为必然事件, 故有

$$F(x, +\infty) = \lim_{y \to +\infty} F(x, y) = P\{X \leqslant x, Y < +\infty\} = P\{X \leqslant x\},$$

这是由 (X, Y) 的联合分布函数 $F(x, y)$ 求得的 X 的分布函数, 称为 **X 的边缘分布函数**, 记为 $F_X(x)$, 即

$$F_X(x) = F(x, +\infty). \tag{3.1}$$

类似地，在 $F(x, y)$ 中令 $x \to +\infty$，可得 Y 的边缘分布为

$$F_Y(y) = F(+\infty, y). \tag{3.2}$$

在三维随机变量 (X, Y, Z) 的联合分布函数 $F(x, y, z)$ 中，类似的方法可以得到更多的边缘分布函数：

$$F_X(x) = F(x, +\infty, +\infty),$$
$$F_Y(y) = F(+\infty, y, +\infty),$$
$$F_Z(z) = F(+\infty, +\infty, z),$$
$$F_{X,Y}(x, y) = F(x, y, +\infty),$$
$$F_{X,Z}(x, z) = F(x, +\infty, z),$$
$$F_{Y,Z}(y, z) = F(+\infty, y, z).$$

例 3.2 设二维随机变量 (X, Y) 的联合分布函数为

$$F(x, y) = \begin{cases} 1 - e^{-2x} - e^{-3y} + e^{-2x-3y-5\max(x,y)}, & x > 0, y > 0, \\ 0, & \text{其他}. \end{cases}$$

求 X 和 Y 各自的边缘分布函数.

解 当 $x \leqslant 0$ 时，$F_X(x) = \lim\limits_{y \to +\infty} F(x, y) = 0$. 当 $x > 0$ 时，

$$F_X(x) = \lim_{y \to +\infty} F(x, y) = 1 - e^{-2x} - \lim_{y \to +\infty} e^{-3y} + e^{-2x} \lim_{y \to +\infty} e^{-3y-5\max(x,y)}$$
$$= 1 - e^{-2x} - 0 + e^{-2x} \times 0 = 1 - e^{-2x},$$

所以得到 X 的边缘分布函数为

$$F_X(x) = \begin{cases} 1 - e^{-2x}, & x > 0, \\ 0, & x \leqslant 0. \end{cases}$$

类似地，可以得到 Y 的边缘分布函数为

$$F_Y(y) = \begin{cases} 1 - e^{-3y}, & y > 0, \\ 0, & y \leqslant 0. \end{cases}$$

三、随机变量的独立性

一般来说，一个随机变量的取值对另一个随机变量的取值会有影响. 但是在许多实际问题中，也常会遇到一个随机变量的取值对另一个随机变量的取值没有影响，这就是随机变量独立性的概念.

定义 3.2 设 (X, Y) 是二维随机变量，如果对任意实数 x, y，有

$$P\{X \leqslant x, Y \leqslant y\} = P\{X \leqslant x\} P\{Y \leqslant y\},$$

则称随机变量 X 与 Y 相互独立.

由 (X, Y) 的联合分布函数与边缘分布函数的定义知，随机变量 X 与 Y 相互独立的充要条件为

$$F(x, y) = F_X(x)F_Y(y). \tag{3.3}$$

由上式知，当 X 与 Y 相互独立时，(X, Y) 的联合分布函数 $F(x, y)$ 可由两个边缘分布函数 $F_X(x)$ 和 $F_Y(y)$ 确定.

例 3.3(续例 3.2) 设二维随机变量 (X, Y) 的联合分布函数为

$$F(x, y) = \begin{cases} 1 - e^{-2x} - e^{-3y} + e^{-2x-3y-5\max(x, y)}, & x > 0, y > 0, \\ 0, & \text{其他.} \end{cases}$$

证明 X 和 Y 不相互独立.

证 由例 3.2 知，X 和 Y 的边缘分布函数分别为

$$F_X(x) = \begin{cases} 1 - e^{-2x}, & x > 0, \\ 0, & x \leqslant 0, \end{cases} \quad F_Y(y) = \begin{cases} 1 - e^{-3y}, & y > 0, \\ 0, & y \leqslant 0. \end{cases}$$

于是两个边缘分布函数积为

$$F_X(x)F_Y(y) = \begin{cases} (1 - e^{-2x})(1 - e^{-3y}), & x > 0, y > 0, \\ 0, & \text{其他,} \end{cases}$$

$$F_X(x)F_Y(y) \neq F(x, y).$$

所以 X 和 Y 不相互独立.

第二节 二维离散型随机变量

一、二维离散型随机变量及其分布律

定义 3.3 若随机变量 (X, Y) 只取有限个或可列个数对 (x_i, y_j)，则称 (X, Y) 为**二维离散型随机变量**，称

$$p_{ij} = P\{X = x_i, Y = y_j\}, \quad i, j = 1, 2, \cdots \tag{3.4}$$

为 (X, Y) 的**联合分布律**. 也可以用如下表格形式描述联合分布律：

X \ Y	y_1	y_2	$\cdots$	y_j	$\cdots$
x_1	p_{11}	p_{12}	$\cdots$	p_{1j}	$\cdots$
x_2	p_{21}	p_{22}	$\cdots$	p_{2j}	$\cdots$
$\vdots$	$\vdots$	$\vdots$		$\vdots$	
x_i	p_{i1}	p_{i2}	$\cdots$	p_{ij}	$\cdots$
$\vdots$	$\vdots$	$\vdots$		$\vdots$	

二维离散型随机变量(X,Y)的联合分布律的基本性质如下：

(1) **非负性**：$p_{ij} \geq 0$.

(2) **正则性**：$\sum_j \sum_i p_{ij} = 1$.

求二维离散型随机变量的联合分布律，关键是写出二维随机变量可能取值的数对及其发生的概率.

例 3.4 一袋中有 1 个红球、2 个白球、3 个黑球. 从中任取 4 球，以 X,Y 分别表示取出的 4 个球中红球及白球的个数. 求：

(1) (X,Y) 的联合分布律；   (2) 计算 $P\{|X-Y|=1\}$.

解 (1) 由题意知，X 可能的取值为 $0,1$；Y 可能的取值为 $0,1,2$. 相应的概率为 $P\{X=0, Y=0\} = 0$，$P\{X=0, Y=1\} = \dfrac{C_2^1 C_3^3}{C_6^4} = \dfrac{2}{15}$，$P\{X=0, Y=2\} = \dfrac{C_2^2 C_3^2}{C_6^4} = \dfrac{3}{15}$，$P\{X=1, Y=0\} = \dfrac{C_1^1 C_3^3}{C_6^4} = \dfrac{1}{15}$，$P\{X=1, Y=1\} = \dfrac{C_1^1 C_2^1 C_3^2}{C_6^4} = \dfrac{6}{15}$，$P\{X=1, Y=2\} = \dfrac{C_1^1 C_2^2 C_3^1}{C_6^4} = \dfrac{3}{15}$. 于是 (X,Y) 的联合分布律如下：

X \ Y	0	1	2
0	0	$\dfrac{2}{15}$	$\dfrac{3}{15}$
1	$\dfrac{1}{15}$	$\dfrac{6}{15}$	$\dfrac{3}{15}$

(2) $P\{|X-Y|=1\} = P\{X=0, Y=1\} + P\{X=1, Y=0\} + P\{X=1, Y=2\}$
$= \dfrac{2}{15} + \dfrac{1}{15} + \dfrac{3}{15} = \dfrac{6}{15}$.

二、二维离散型随机变量的边缘分布律

二维离散型随机变量 (X,Y) 的联合分布律 $\{P\{X=x_i, Y=y_j\}\}$ 对 j 求和得到分布律为

$$p_{i\cdot} = \sum_{j=1}^{\infty} P\{X=x_i, Y=y_j\} = P\{X=x_i\}, \quad i=1,2,\cdots, \tag{3.5}$$

称为 X 的**边缘分布律**. 类似地，对 i 求和得到分布律为

$$p_{\cdot j} = \sum_{i=1}^{\infty} P\{X=x_i, Y=y_j\} = P\{Y=y_j\}, \quad j=1,2,\cdots, \tag{3.6}$$

称为 Y 的**边缘分布律**.

若 (X,Y) 的联合分布律是以表格的形式给出，只要在联合分布律中每一行相加便得到 X 的边缘分布律，每一列相加便得到关于 Y 的边缘分布律：

X \ Y	y_1	y_2	$\cdots$	y_j	$\cdots$	$p_i.$
x_1	p_{11}	p_{12}	$\cdots$	p_{1j}	$\cdots$	$p_1.$
x_2	p_{21}	p_{22}	$\cdots$	p_{2j}	$\cdots$	$p_2.$
$\vdots$				$\vdots$		$\vdots$
x_i	p_{i1}	p_{i2}	$\cdots$	p_{ij}	$\cdots$	$p_i.$
$\vdots$				$\vdots$		$\vdots$
$p._j$	$p._1$	$p._2$	$\cdots$	$p._j$	$\cdots$	1

例3.5(续例3.4) 一袋中有1个红球、2个白球、3个黑球. 从中任取4球,以X,Y分别表示取出的4个球中红球及白球的数量. 求关于X,Y的边缘分布律.

解 已知(X,Y)的联合分布律为

X \ Y	0	1	2
0	0	$\frac{2}{15}$	$\frac{3}{15}$
1	$\frac{1}{15}$	$\frac{6}{15}$	$\frac{3}{15}$

由边缘分布律定义,得到X的边缘分布律为

$$P\{X=0\} = \sum_{j=0}^{2} P\{X=0, Y=j\} = 0 + \frac{2}{15} + \frac{3}{15} = \frac{1}{3},$$

$$P\{X=1\} = \sum_{j=0}^{2} P\{X=1, Y=j\} = \frac{1}{15} + \frac{6}{15} + \frac{3}{15} = \frac{2}{3};$$

Y的边缘分布律为

$$P\{Y=0\} = \sum_{j=0}^{1} P\{X=i, Y=0\} = 0 + \frac{1}{15} = \frac{1}{15},$$

$$P\{Y=1\} = \sum_{j=0}^{1} P\{X=i, Y=1\} = \frac{2}{15} + \frac{6}{15} = \frac{8}{15},$$

$$P\{Y=2\} = \sum_{j=0}^{1} P\{X=i, Y=2\} = \frac{3}{15} + \frac{3}{15} = \frac{6}{15}.$$

将X取值概率写在对应行的右侧,就是X的边缘分布律;将Y取值的概率写在对应列的下侧,就是Y的边缘分布律. 如下所示:

X \ Y	0	1	2	$p_i.$
0	0	$\frac{2}{15}$	$\frac{3}{15}$	$\frac{1}{3}$

(续表)

X \ Y	0	1	2	$p_i.$
1	$\frac{1}{15}$	$\frac{6}{15}$	$\frac{3}{15}$	$\frac{2}{3}$
$p._j$	$\frac{1}{15}$	$\frac{8}{15}$	$\frac{6}{15}$	1

三、二维离散型随机变量的条件分布律

二维随机变量(X,Y)之间主要表现为独立与相依两类关系.由于在许多问题中有关的随机变量取值往往是彼此有影响的,这就使得条件分布成为研究变量之间相依关系的一个有力工具.

对二维随机变量(X,Y)而言,所谓随机变量X的条件分布,就是在给定Y取某个值的条件下X的分布.比如,记X为人的体重,Y为人的身高,则X与Y之间一般有相依关系.限定$Y=1.7$ m,在这个条件下,体重X的分布显然与X的无条件分布会有很大的不同.

定义 3.4 设二维离散型随机变量(X,Y)的联合分布律为

$$P\{X=x_i,Y=y_j\}=p_{ij},\ i,j=1,2,\cdots,$$

X的边缘分布律和Y的边缘分布律分别为

$$P\{X=x_i\}=p_i.,\ i=1,2,\cdots,$$
$$P\{Y=y_j\}=p._j,\ j=1,2,\cdots.$$

对于固定的j,若$P\{Y=y_j\}=p._j>0$,则称

$$P\{X=x_i\mid Y=y_j\}=\frac{P\{X=x_i,Y=y_j\}}{P\{Y=y_j\}}=\frac{p_{ij}}{p._j},\ i=1,2,\cdots \tag{3.7}$$

为在$Y=y_j$条件下随机变量X的**条件分布律**.

类似地,对于固定的i,若$P\{X=x_i\}=p_i.>0$,则称

$$P\{Y=y_j\mid X=x_i\}=\frac{P\{X=x_i,Y=y_j\}}{P\{X=x_i\}}=\frac{p_{ij}}{p_i.},\ j=1,2,\cdots \tag{3.8}$$

为在$X=x_i$条件下随机变量Y的**条件分布律**.

不难证明,条件分布律满足分布律的基本性质:

(1) **非负性**:$P\{X=x_i\mid Y=y_j\}\geqslant 0,\ P\{Y=y_j\mid X=x_i\}\geqslant 0$.

(2) **正则性**:$\sum_i P\{X=x_i\mid Y=y_j\}=1,\ \sum_j P\{Y=y_j\mid X=x_i\}=1$.

例 3.6 某医药公司9月和8月收到的青霉素针剂的订货单数分别为X和Y,据以往积累的资料知(X,Y)的联合分布律如下所示:

X \ Y	51	52	53	54	55
51	0.06	0.05	0.05	0.01	0.01
52	0.07	0.05	0.01	0.01	0.01
53	0.05	0.10	0.10	0.05	0.05
54	0.05	0.02	0.01	0.01	0.03
55	0.05	0.06	0.05	0.01	0.03

试求：(1) X 和 Y 边缘分布律；(2) 8月的订单数为51时，9月订单数的条件分布律.

解 (1) 对 (X, Y) 的联合分布律分别行向求和、列向求和，得到 X 和 Y 边缘分布律，分别列于联合分布律的右侧和下侧：

X \ Y	51	52	53	54	55	
51	0.06	0.05	0.05	0.01	0.01	0.18
52	0.07	0.05	0.01	0.01	0.01	0.15
53	0.05	0.10	0.10	0.05	0.05	0.35
54	0.05	0.02	0.01	0.01	0.03	0.12
55	0.05	0.06	0.05	0.01	0.03	0.20
	0.28	0.28	0.22	0.09	0.13	

(2) 8月的订单数 $Y=51$ 的条件下，9月订单数 X 的条件概率为

$$P\{X=51 \mid Y=51\} = \frac{P\{X=51, Y=51\}}{P\{Y=51\}} = \frac{0.06}{0.28} = \frac{3}{14},$$

$$P\{X=52 \mid Y=51\} = \frac{P\{X=52, Y=51\}}{P\{Y=51\}} = \frac{0.07}{0.28} = \frac{1}{4},$$

$$P\{X=53 \mid Y=51\} = \frac{P\{X=53, Y=51\}}{P\{Y=51\}} = \frac{0.05}{0.28} = \frac{5}{28},$$

$$P\{X=54 \mid Y=51\} = \frac{P\{X=54, Y=51\}}{P\{Y=51\}} = \frac{0.05}{0.28} = \frac{5}{28},$$

$$P\{X=55 \mid Y=51\} = \frac{P\{X=55, Y=51\}}{P\{Y=51\}} = \frac{0.05}{0.28} = \frac{5}{28}.$$

8月的订单数 $Y=51$ 时，9月订单数的条件分布律为

X	51	52	53	54	55
$P\{X=x_i \mid Y=51\}$	$\frac{3}{14}$	$\frac{1}{4}$	$\frac{5}{28}$	$\frac{5}{28}$	$\frac{5}{28}$

四、离散型随机变量的独立性

定理 3.1 设 (X, Y) 是二维离散型随机变量，联合分布律及边缘分布律分别为

$$p_{ij} = P\{X = x_i, Y = y_j\},$$
$$p_{i\cdot} = P\{X = x_i\},$$
$$p_{\cdot j} = P\{Y = y_j\},$$
$$i, j = 1, 2, \cdots.$$

则 X, Y 相互独立的充要条件为

$$P\{X = x_i, Y = y_j\} = P\{X = x_i\}P\{Y = y_j\} = p_{i\cdot}p_{\cdot j}, \ i, j = 1, 2, \cdots. \quad (3.9)$$

例 3.7 设二维随机变量 (X, Y) 的联合分布律如下所示：

X \ Y	1	2	3
1	$\frac{1}{8}$	a	$\frac{1}{24}$
2	b	$\frac{1}{4}$	$\frac{1}{8}$

试问 a, b 取什么值时, X, Y 相互独立？

解 由边缘分布律的定义, 知

$$P\{X = 1\} = \sum_{j=1}^{3} P\{X = 1, Y = j\} = \frac{1}{8} + a + \frac{1}{24} = a + \frac{1}{6},$$

$$P\{X = 2\} = \sum_{j=1}^{3} P\{X = 2, Y = j\} = b + \frac{1}{4} + \frac{1}{8} = b + \frac{3}{8},$$

$$P\{Y = 3\} = \sum_{i=1}^{2} P\{X = i, Y = 3\} = \frac{1}{8} + \frac{1}{24} = \frac{1}{6}.$$

因为 X 与 Y 相互独立, 所以有

$$P\{X = 1, Y = 3\} = P\{X = 1\}P\{Y = 3\},$$
$$P\{X = 2, Y = 3\} = P\{X = 2\}P\{Y = 3\},$$

即有

$$\frac{1}{24} = \left(a + \frac{1}{6}\right) \times \frac{1}{6} = \frac{1}{6}a + \frac{1}{36},$$

$$\frac{1}{8} = \left(b + \frac{3}{8}\right) \times \frac{1}{6} = \frac{1}{6}b + \frac{1}{16}.$$

解得 $a = \frac{1}{12}$, $b = \frac{3}{8}$.

随机变量的独立性的定义可推广到 n 个随机变量 $X_1, X_2, \cdots, X_n$ 上去, 这在数理统计中非常有用.

定义 3.5 设 $(X_1, X_2, \cdots, X_n)$ 是 n 维离散型随机变量, X_i 的可能取值为 x_{ik} ($i = 1, 2, \cdots, n; k = 1, 2, \cdots$), 如果对任意的一组 $(x_{1k_1}, \cdots, x_{nk_n})$, 恒有

$$P\{X_1 = x_{1k_1}, \cdots, X_n = x_{nk_n}\} = P\{X_1 = x_{1k_1}\}\cdots P\{X_n = x_{nk_n}\} \tag{3.10}$$

成立,则称 $X_1, X_2, \cdots, X_n$ 是**相互独立**的.

五、二维离散型随机变量函数的分布

设 (X, Y) 为二维离散型随机变量,$z = g(x, y)$ 为二元函数,则随机变量 $Z = g(X, Y)$ 为离散型随机变量,可以由 (X, Y) 的联合分布律求 $Z = g(X, Y)$ 的分布律.

定理 3.2 设二维离散型随机变量 (X, Y) 的联合分布律为

$$P\{X = x_i, Y = y_j\} = p_{ij}, \ i, j = 1, 2, \cdots,$$

随机变量 $Z = f(X, Y)$ 的可能取值为 $z_k (k = 1, 2, \cdots)$,则 Z 的分布律为

$$P\{Z = z_k\} = \sum_{z_k = g(x_i, y_j)} P\{X = x_i, Y = y_j\}, \ k = 1, 2, \cdots.$$

例 3.8 设 (X, Y) 的联合分布律如下所示,求 $Z = X + Y$ 的分布律:

X \ Y	−1	1	2
−1	$\frac{5}{20}$	$\frac{2}{20}$	$\frac{6}{20}$
2	$\frac{3}{20}$	$\frac{3}{20}$	$\frac{1}{20}$

解 由 X 和 Y 的取值,可以得到随机变量 $Z = X + Y$ 的可能取值为 $-2, 0, 1, 3, 4$,由 (X, Y) 的联合分布律,得到

$$P\{Z = -2\} = P\{X = -1, Y = -1\} = \frac{5}{20},$$

$$P\{Z = 0\} = P\{X = -1, Y = 1\} = \frac{2}{20},$$

$$P\{Z = 1\} = P\{X = -1, Y = 2\} + P\{X = 2, Y = -1\} = \frac{6}{20} + \frac{3}{20} = \frac{9}{20},$$

$$P\{Z = 3\} = P\{X = 2, Y = 1\} = \frac{3}{20},$$

$$P\{Z = 4\} = P\{X = 2, Y = 2\} = \frac{1}{20}.$$

于是 $Z = X + Y$ 的分布律为

Z	−2	0	1	3	4
P	$\frac{5}{20}$	$\frac{2}{20}$	$\frac{9}{20}$	$\frac{3}{20}$	$\frac{1}{20}$

例 3.9 设随机变量 X, Y 相互独立,且 $X \sim P(\lambda_1)$,$Y \sim P(\lambda_2)$,求随机变量 $Z = X + Y$ 的分布.

解 因为 $X \sim P(\lambda_1)$, $Y \sim P(\lambda_2)$, 所以

$$P\{X=i\} = \frac{\lambda_1^i}{i!}e^{-\lambda_1}, i=0,1,2,\cdots,$$

$$P\{Y=j\} = \frac{\lambda_2^j}{j!}e^{-\lambda_2}, j=0,1,2,\cdots.$$

因为 X, Y 相互独立, 所以 (X, Y) 的联合分布律为

$$P\{X=i, Y=j\} = \frac{\lambda_1^i \lambda_2^j}{i!j!}e^{-\lambda_1-\lambda_2}, i, j=0,1,2,\cdots.$$

由 X 和 Y 的取值, 得到 $Z=X+Y$ 的可能取值为 $0, 1, 2, \cdots$, 其相应的概率值为

$$\begin{aligned}P\{Z=k\} &= \sum_{k=i+j} P\{X=i, Y=j\} = \sum_{i=0}^{k} P\{X=i, Y=k-i\} \\ &= \sum_{i=0}^{k} \frac{\lambda_1^i \lambda_2^{k-i}}{i!(k-i)!}e^{-(\lambda_1+\lambda_2)} = \frac{e^{-(\lambda_1+\lambda_2)}}{k!}\sum_{i=0}^{k}\frac{k!\lambda_1^i\lambda_2^{k-i}}{i!(k-i)!} \\ &= \frac{e^{-(\lambda_1+\lambda_2)}}{k!}\sum_{i=0}^{k} C_k^i \lambda_1^i \lambda_2^{k-i} = \frac{e^{-(\lambda_1+\lambda_2)}}{k!}(\lambda_1+\lambda_2)^k \\ &= \frac{(\lambda_1+\lambda_2)^k}{k!}e^{-(\lambda_1+\lambda_2)}, k=0,1,2,\cdots.\end{aligned}$$

该分布律为泊松分布的分布律, 所以 $Z=X+Y \sim P(\lambda_1+\lambda_2)$.

由例 3.9 知, 当随机变量 X, Y 相互独立, 且 $X \sim P(\lambda_1)$, $Y \sim P(\lambda_2)$ 时, 随机变量 $Z=X+Y \sim P(\lambda_1+\lambda_2)$. 这个性质称为**泊松分布的可加性**.

类似可以证明: 若 X, Y 相互独立, 且 $X \sim B(n_1, p)$, $Y \sim B(n_2, p)$, 则

$$Z = X+Y \sim B(n_1+n_2, p).$$

这就是二项分布的可加性.

第三节 二维连续型随机变量

一、二维连续型随机变量及其概率密度

定义 3.6 设随机变量 (X, Y) 的联合分布函数为 $F(x, y)$, 如果存在一个非负可积函数 $f(x, y)$, 使得对任意实数 (x, y), 有

$$F(x, y) = P\{X \leqslant x, Y \leqslant y\} = \int_{-\infty}^{y}\int_{-\infty}^{x} f(u, v) \mathrm{d}u\mathrm{d}v, \tag{3.11}$$

则称 (X, Y) 为**二维连续型随机变量**, 称 $f(x, y)$ 为 (X, Y) 的**联合概率密度函数**或**联合密度函数**, 或简称 (X, Y) 的**概率密度**或**密度函数**.

由定义 3.6, 概率密度函数 $f(x, y)$ 具有如下性质:

(1) **非负性**: $f(x, y) \geqslant 0$, $(x, y) \in \mathbf{R}^2$.

(2) **正则性**: $\int_{-\infty}^{+\infty}\int_{-\infty}^{+\infty} p(x,y)\mathrm{d}x\mathrm{d}y = 1$.

(3) 若 $f(x,y)$ 在点 (x,y) 处连续,则有

$$\frac{\partial^2 F(x,y)}{\partial x \partial y} = f(x,y).\tag{3.12}$$

(4) 设 D 为 xOy 平面上的任一区域,随机点 (X,Y) 落在 D 内的概率为

$$P\{(X,Y) \in D\} = \iint_D f(x,y)\mathrm{d}x\mathrm{d}y.\tag{3.13}$$

与一维连续型随机变量相似,性质(1)和(2)是一个二元函数 $f(x,y)$ 为某二维随机变量 (X,Y) 的联合概率密度函数的充要条件.

例 3.10 设二维连续型随机变量 (X,Y) 的概率密度为

$$f(x,y) = \begin{cases} k\mathrm{e}^{-\frac{x+y}{2}}, & x>0, y>0, \\ 0, & \text{其他}. \end{cases}$$

求:(1) 常数 k; (2) $P\{X+Y \leqslant 2\}$.

解 (1) 由概率密度函数的性质(2),得

$$1 = \int_{-\infty}^{+\infty}\int_{-\infty}^{+\infty} f(x,y)\mathrm{d}x\mathrm{d}y = \int_0^{+\infty}\int_0^{+\infty} k\mathrm{e}^{-\frac{x+y}{2}}\mathrm{d}x\mathrm{d}y = k\int_0^{+\infty}\mathrm{e}^{-\frac{x}{2}}\mathrm{d}x\int_0^{+\infty}\mathrm{e}^{-\frac{y}{2}}\mathrm{d}y = 4k,$$

解得 $k = \dfrac{1}{4}$.

(2) 事件 $(X+Y \leqslant 2)$ 表示随机变量 (X,Y) 的取值落在直线 $x+y=2$ 的左下侧区域,又因为 (X,Y) 仅在第一象限内取值,故 $P\{X+Y \leqslant 2\}$ 表示 (X,Y) 的取值落在如图 3-2 所示的阴影部分的概率,即

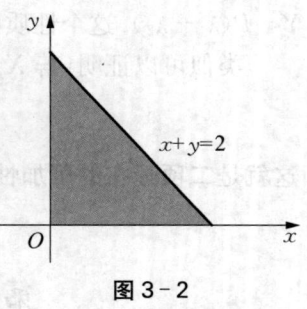

图 3-2

$$P\{X+Y \leqslant 2\} = \int_0^2\int_0^{2-x} \frac{1}{4}\mathrm{e}^{-\frac{x+y}{2}}\mathrm{d}y\mathrm{d}x$$

$$= \frac{1}{2}\int_0^2 (\mathrm{e}^{-\frac{x}{2}} - \mathrm{e}^{-1})\mathrm{d}x = 1 - 2\mathrm{e}^{-1}.$$

二、常用二维连续型随机变量分布

1. 均匀分布

定义 3.7 设 D 为 xOy 平面上的任一有界区域,其面积为 S_D,若二维随机变量 (X,Y) 的联合概率密度函数为

$$f(x,y) = \begin{cases} \dfrac{1}{S_D}, & (x,y) \in D, \\ 0, & (x,y) \notin D. \end{cases}\tag{3.14}$$

则称 (X,Y) 服从区域 D 上的**均匀分布**.

例 3.11 设 (X,Y) 服从圆域 $D = \{(x,y) \mid x^2 + y^2 \leqslant 4\}$ 的均匀分布,求概率 $P\{0 < X < 1, 0 < Y < 1\}$.

解 圆域 D 的面积 $S_D = 4\pi$,所以 (X,Y) 的密度函数为

$$f(x,y) = \begin{cases} \dfrac{1}{4\pi}, & x^2 + y^2 \leqslant 4; \\ 0, & x^2 + y^2 > 4. \end{cases}$$

所求概率为

$$P\{0 < X < 1, 0 < Y < 1\} = \int_0^1 \int_0^1 \frac{1}{4\pi} \mathrm{d}x \mathrm{d}y = \frac{1}{4\pi}.$$

2. 正态分布

定义 3.8 若二维随机变量 (X,Y) 的联合概率密度函数为

$$f(x,y) = \frac{1}{2\pi\sigma_1\sigma_2\sqrt{1-\rho^2}} \exp\left\{-\frac{1}{2(1-\rho^2)}\left[\frac{(x-\mu_1)^2}{\sigma_1^2} - 2\rho\frac{(x-\mu_1)(y-\mu_2)}{\sigma_1\sigma_2} + \frac{(y-\mu_2)^2}{\sigma_2^2}\right]\right\}, (x,y) \in \mathbf{R}^2, \tag{3.15}$$

其中,$\exp\{t\} = \mathrm{e}^t$;$\mu_1,\mu_2,\sigma_1,\sigma_2,\rho$ 均为常数,且 $\sigma_1 > 0, \sigma_2 > 0, -1 < \rho < 1$,则称 (X,Y) 服从参数为 $\mu_1,\mu_2,\sigma_1,\sigma_2,\rho$ 的**二维正态分布**,记为 $(X,Y) \sim N(\mu_1,\mu_2,\sigma_1^2,\sigma_2^2,\rho)$.

二维正态分布也是概率论与数理统计中的一个重要分布,且有很好的性质.

三、二维连续型随机变量的边缘概率密度

设二维连续型随机变量 (X,Y) 的联合分布函数为 $F(x,y)$,由式(3.1)和式(3.2)知,X 的边缘分布函数为

$$F_X(x) = F(x,+\infty) = \int_{-\infty}^{+\infty}\int_{-\infty}^{x} f(u,v) \mathrm{d}u \mathrm{d}v = \int_{-\infty}^{x}\int_{-\infty}^{+\infty} f(u,v) \mathrm{d}v \mathrm{d}u.$$

设 $\int_{-\infty}^{+\infty} f(u,v) \mathrm{d}v = f_X(u)$,则 $F_X(x) = \int_{-\infty}^{x} f_X(u) \mathrm{d}u$.

由一维连续型随机变量 X 的定义知,非负函数 $f_X(x)$ 为 X 的概率密度函数,则称 $f_X(x)$ 为 X 的**边缘概率密度函数**,即

$$f_X(x) = \int_{-\infty}^{+\infty} f(x,y) \mathrm{d}y. \tag{3.16}$$

类似地,$F_Y(y) = F(+\infty,y) = \int_{-\infty}^{y}\int_{-\infty}^{+\infty} f(u,v) \mathrm{d}u \mathrm{d}v.$

设 $\int_{-\infty}^{+\infty} f(u,v) \mathrm{d}u = f_Y(v)$,有 $F_Y(y) = \int_{-\infty}^{y} f_Y(v) \mathrm{d}v.$

称 $f_Y(y)$ 为 Y 的**边缘概率密度函数**,即

$$f_Y(y) = \int_{-\infty}^{+\infty} f(x,y) \mathrm{d}x. \tag{3.17}$$

例 3.12　设二维连续随机变量 $(X, Y) \sim N(\mu_1, \mu_2, \sigma_1^2, \sigma_2^2, \rho)$，求 X 的边缘概率密度函数 $f_X(x)$ 和 Y 的边缘概率密度函数 $f_Y(y)$.

解　因为 $(X, Y) \sim N(\mu_1, \mu_2, \sigma_1^2, \sigma_2^2, \rho)$，所以 (X, Y) 的联合概率密度函数为

$$f(x, y) = \frac{1}{2\pi\sigma_1\sigma_2\sqrt{1-\rho^2}} \exp\left\{-\frac{1}{2(1-\rho^2)}\left[\frac{(x-\mu_1)^2}{\sigma_1^2} - 2\rho\frac{(x-\mu_1)(y-\mu_2)}{\sigma_1\sigma_2} + \frac{(y-\mu_2)^2}{\sigma_2^2}\right]\right\},$$

X 的边缘概率密度函数为

$$f_X(x) = \int_{-\infty}^{+\infty} \frac{1}{2\pi\sigma_1\sigma_2\sqrt{1-\rho^2}} \exp\left\{-\frac{1}{2(1-\rho^2)}\left[\frac{(x-\mu_1)^2}{\sigma_1^2} - 2\rho\frac{(x-\mu_1)(y-\mu_2)}{\sigma_1\sigma_2} + \frac{(y-\mu_2)^2}{\sigma_2^2}\right]\right\} \mathrm{d}y.$$

因为

$$\frac{(x-\mu_1)^2}{\sigma_1^2} - 2\rho\frac{(x-\mu_1)(y-\mu_2)}{\sigma_1\sigma_2} + \frac{(y-\mu_2)^2}{\sigma_2^2}$$
$$= \left[\frac{y-\mu_2}{\sigma_2} - \rho\frac{x-\mu_1}{\sigma_1}\right]^2 + (1-\rho^2)\frac{(x-\mu_1)^2}{\sigma_1^2},$$

所以有

$$f_X(x) = \frac{\exp\left\{-\frac{(x-\mu_1)^2}{2\sigma_1^2}\right\}}{2\pi\sigma_1\sigma_2\sqrt{1-\rho^2}} \int_{-\infty}^{+\infty} \exp\left\{-\frac{1}{2(1-\rho^2)}\left[\frac{y-\mu_2}{\sigma_2} - \rho\frac{x-\mu_1}{\sigma_1}\right]^2\right\} \mathrm{d}y.$$

令 $t = \frac{1}{\sqrt{1-\rho^2}}\left[\frac{y-\mu_2}{\sigma_2} - \rho\frac{x-\mu_1}{\sigma_1}\right]$，则

$$f_X(x) = \frac{\exp\left\{-\frac{(x-\mu_1)^2}{2\sigma_1^2}\right\}}{2\pi\sigma_1} \int_{-\infty}^{+\infty} \exp\left\{-\frac{t^2}{2}\right\} \mathrm{d}t = \frac{\exp\left\{-\frac{(x-\mu_1)^2}{2\sigma_1^2}\right\}}{\sqrt{2\pi}\sigma_1} \cdot \frac{1}{\sqrt{2\pi}} \int_{-\infty}^{+\infty} \exp\left\{-\frac{t^2}{2}\right\} \mathrm{d}t$$
$$= \frac{1}{\sqrt{2\pi}\sigma_1} \exp\left\{-\frac{(x-\mu_1)^2}{2\sigma_1^2}\right\}.$$

该函数为正态分布 $N(\mu_1, \sigma_1^2)$ 的密度函数，即 X 的边缘分布为 $N(\mu_1, \sigma_1^2)$.

类似地，可以推出 Y 的边缘密度函数为

$$f_Y(y) = \frac{1}{\sqrt{2\pi}\sigma_2} \exp\left\{-\frac{(y-\mu_2)^2}{2\sigma_2^2}\right\},$$

即 Y 的边缘分布为 $N(\mu_2, \sigma_2^2)$.

由例 3.12 可以看出，二维正态分布 $N(\mu_1, \mu_2, \sigma_1^2, \sigma_2^2, \rho)$ 的两个边缘分布都是一维正态分布，并且都不依赖于 ρ，亦即对于给定的 $\mu_1, \mu_2, \sigma_1^2, \sigma_2^2$，不同的 ρ 对应不同的二维正态分布，但它们的边缘分布却是一样的. 这一事实表明，对于连续型随机变量来说，单由 X 和 Y 的边缘分布，一般不能确定 X 和 Y 的联合分布，也就是说二维随机变量 (X, Y) 的联合概率密度函数 $f(x, y)$ 含有的信息量多于 X 和 Y 的边缘概率密度函数 $f_X(x)$ 和 $f_Y(y)$ 的信息量.

例 3.13　设 (X, Y) 的联合概率密度函数为

$$f(x,y) = \begin{cases} 6, & x^2 \leqslant y \leqslant x; \\ 0, & \text{其他}. \end{cases}$$

求边缘概率密度函数 $f_X(x)$ 和 $f_Y(y)$.

解 二维连续型随机变量(X,Y)的可能取值为如图 3-3 所示的阴影区域. 由(X,Y)的取值范围可知, X 和 Y 的取值范围均为$(0,1)$.

由概率密度函数的定义及性质知, 当 $x \leqslant 0$ 或 $x > 1$ 时, $f_X(x) = 0$; 当 $0 < x < 1$ 时,

$$f_X(x) = \int_{-\infty}^{+\infty} f(x,y)\mathrm{d}y = \int_{x^2}^{x} 6\mathrm{d}y = 6(x - x^2).$$

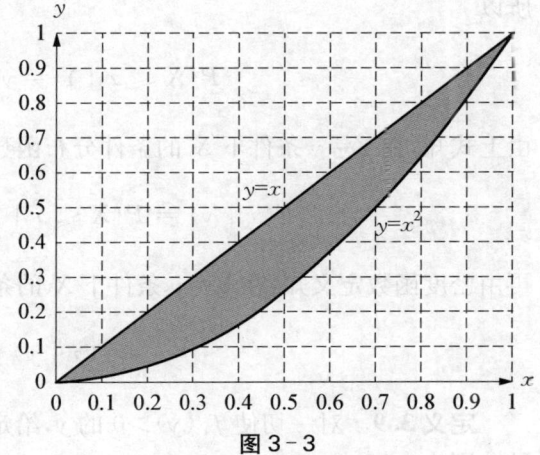

图 3-3

所以得到

$$f_X(x) = \begin{cases} 6(x - x^2), & 0 < x < 1, \\ 0, & x \leqslant 0, x \geqslant 1. \end{cases}$$

类似地, 当 $y \leqslant 0$ 或 $y > 1$ 时, $f_Y(y) = 0$; 当 $0 < y < 1$ 时,

$$f_Y(y) = \int_{-\infty}^{+\infty} f(x,y)\mathrm{d}x = \int_{y}^{\sqrt{y}} 6\mathrm{d}x = 6(\sqrt{y} - y).$$

所以得到

$$f_Y(y) = \begin{cases} 6(\sqrt{y} - y), & 0 < y < 1, \\ 0, & y \leqslant 0, y \geqslant 1. \end{cases}$$

四、二维连续型随机变量的条件分布

在本章第二节, 分析了离散型随机变量的条件分布, 下面分析连续型随机变量的条件分布.

设二维随机变量(X,Y)的联合密度函数为 $f(x,y)$, 边缘密度函数分别为 $f_X(x)$, $f_Y(y)$.

在离散型随机变量的情况下, 其条件分布函数为

$$P\{X \leqslant x \mid Y = y\}.$$

但是对于连续型随机变量 Y 有 $P\{Y = y\} = 0$, 所以无法用条件概率直接计算

$$P\{X \leqslant x \mid Y = y\}.$$

一个很自然的想法是将 $P\{X \leqslant x \mid Y = y\}$ 看成是 $h \to 0$ 时 $P\{X \leqslant x \mid y \leqslant Y \leqslant y+h\}$ 的极限, 即

$$P\{X \leqslant x \mid Y = y\} = \lim_{h \to 0} P\{X \leqslant x \mid y \leqslant Y \leqslant y+h\}$$

$$= \lim_{h \to 0} \frac{P\{X \leqslant x, y \leqslant Y \leqslant y+h\}}{P\{y \leqslant Y \leqslant y+h\}} = \lim_{h \to 0} \frac{\int_{-\infty}^{x} \int_{y}^{y+h} f(u,v)\mathrm{d}v\mathrm{d}u}{\int_{y}^{y+h} f_Y(v)\mathrm{d}v}.$$

当 $f(x, y)$，$f_Y(y)$ 在 y 处连续时，由积分中值定理可得到

$$\lim_{h\to 0}\frac{1}{h}\int_y^{y+h}f_Y(v)\mathrm{d}v = f_Y(y), \quad \lim_{h\to 0}\frac{1}{h}\int_y^{y+h}f(u, v)\mathrm{d}v = f(u, y).$$

所以

$$P\{X\leqslant x \mid Y=y\} = \int_{-\infty}^x \frac{f(u, y)}{f_Y(y)}\mathrm{d}u. \tag{3.18}$$

由上式知，在 $Y=y$ 条件下 X 的条件分布函数为

$$F(x \mid y) = P\{X\leqslant x \mid Y=y\} = \int_{-\infty}^x \frac{f(u, y)}{f_Y(y)}\mathrm{d}u.$$

再由密度函数定义知，在 $Y=y$ 条件下 X 的条件密度函数为

$$f(x \mid y) = \frac{f(x, y)}{f_Y(y)}.$$

定义 3.9 对一切使 $f_Y(y)>0$ 的 y，给定 $Y=y$ 条件下 X 的**条件分布函数**和**条件密度函数**分别为

$$F(x \mid y) = \int_{-\infty}^x \frac{f(u, y)}{f_Y(y)}\mathrm{d}u, \tag{3.19}$$

$$f(x \mid y) = \frac{f(x, y)}{f_Y(y)}. \tag{3.20}$$

同理，对一切使 $f_X(x)>0$ 的 x，给定 $X=x$ 条件下 Y 的**条件分布函数**和**条件密度函数**分别为

$$F(y \mid x) = \int_{-\infty}^y \frac{f(x, v)}{f_X(x)}\mathrm{d}v, \tag{3.21}$$

$$f(y \mid x) = \frac{f(x, y)}{f_X(x)}. \tag{3.22}$$

注 无论条件分布函数 $F(x\mid y)$ 还是条件密度函数 $f(x\mid y)$，它们还是条件 $Y=y$ 的函数，不同的条件（如 $Y=y_1$ 和 $Y=y_2$）下，分布函数 $F(x\mid y_1)$ 和 $F(x\mid y_2)$ 是不同的，条件密度函数 $f(x\mid y_1)$ 和 $f(x\mid y_2)$ 也不同．可见条件分布（密度）函数 $F(x\mid y)$ 和 $f(x\mid y)$ 表示一簇分布（密度）函数．

例 3.14 设二维连续型随机变量 $(X, Y)\sim N(\mu_1, \mu_2, \sigma_1^2, \sigma_2^2, \rho)$，由例 3.12 知，$X\sim N(\mu_1, \sigma_1^2)$，$Y\sim N(\mu_2, \sigma_2^2)$．由条件密度函数定义知，

$$f(x \mid y) = \frac{f(x, y)}{f_Y(y)}$$

$$= \frac{\dfrac{1}{2\pi\sigma_1\sigma_2\sqrt{1-\rho^2}}\exp\left\{-\dfrac{1}{2(1-\rho^2)}\left[\dfrac{(x-\mu_1)^2}{\sigma_1^2} - 2\rho\dfrac{(x-\mu_1)(y-\mu_2)}{\sigma_1\sigma_2} + \dfrac{(y-\mu_2)^2}{\sigma_2^2}\right]\right\}}{\dfrac{1}{\sqrt{2\pi}\sigma_2}\exp\left\{-\dfrac{(y-\mu_2)^2}{2\sigma_2^2}\right\}}$$

$$= \frac{1}{\sqrt{2\pi}\sigma_1\sqrt{1-\rho^2}}\exp\left\{-\frac{1}{2\sigma_1^2(1-\rho^2)}\left[x-\left(\mu_1+\rho\frac{\sigma_1}{\sigma_2}(y-\mu_2)\right)\right]^2\right\}.$$

令 $\mu_3 = \mu_1 + \rho \dfrac{\sigma_1}{\sigma_2}(y - \mu_2)$，$\sigma_3^2 = \sigma_1^2(1-\rho^2)$，则

$$f(x \mid y) = \dfrac{1}{\sqrt{2\pi}\sigma_3} \exp\left\{-\dfrac{(x-\mu_3)^2}{2\sigma_3^2}\right\}.$$

可见在 $Y=y$ 的条件下，X 的条件分布仍为正态分布.

同理，在 $X=x$ 条件下，Y 的条件分布为正态分布 $N(\mu_4, \sigma_4^2)$，其中

$$\mu_4 = \mu_2 + \rho \dfrac{\sigma_2}{\sigma_1}(x - \mu_1),\quad \sigma_4^2 = \sigma_2^2(1-\rho^2).$$

由此可以看出，二维正态分布的边缘分布和条件分布都是一维正态分布，这是正态分布的一个重要性质.

例 3.15 设 (X, Y) 的联合概率密度函数为

$$f(x, y) = \begin{cases} 6, & x^2 \leqslant y \leqslant x, \\ 0, & \text{其他}. \end{cases}$$

由例 3.13 知，边缘概率密度函数 $f_X(x)$ 和 $f_Y(y)$ 分别为

$$f_X(x) = \begin{cases} 6(x-x^2), & 0 < x < 1, \\ 0, & x \leqslant 0, x \geqslant 1, \end{cases} \qquad f_Y(y) = \begin{cases} 6(\sqrt{y}-y), & 0 < y < 1, \\ 0, & y \leqslant 0, y \geqslant 1. \end{cases}$$

所以当 $0 < y < 1$ 时，

$$f(x \mid y) = \dfrac{f(x, y)}{f_Y(y)} = \begin{cases} \dfrac{1}{\sqrt{y}-y}, & y \leqslant x \leqslant \sqrt{y}, \\ 0, & \text{其他}. \end{cases}$$

特别地，当 $y = \dfrac{1}{5}$ 时，

$$f\left(x \mid y = \dfrac{1}{5}\right) = \dfrac{f\left(x, \dfrac{1}{5}\right)}{f_Y\left(\dfrac{1}{5}\right)} = \begin{cases} \dfrac{5\sqrt{5}}{5-\sqrt{5}}, & \dfrac{1}{5} \leqslant x \leqslant \sqrt{\dfrac{1}{5}}, \\ 0, & \text{其他}. \end{cases}$$

同理，当 $0 < x < 1$ 时，

$$f(y \mid x) = \dfrac{f(x, y)}{f_X(x)} = \begin{cases} \dfrac{1}{x-x^2}, & x^2 \leqslant y \leqslant x, \\ 0, & \text{其他}. \end{cases}$$

特别地，当 $x = \dfrac{1}{2}$ 时，

$$f\left(y \mid x = \dfrac{1}{2}\right) = \dfrac{f\left(\dfrac{1}{2}, y\right)}{f_X\left(\dfrac{1}{2}\right)} = \begin{cases} \dfrac{1}{4}, & \dfrac{1}{4} \leqslant y \leqslant \dfrac{1}{2}, \\ 0, & \text{其他}. \end{cases}$$

五、连续型随机变量的独立性

由定义 3.2 和式(3.3)知,随机变量 X 和 Y 相互独立的充要条件为

$$F(x, y) = F_X(x) F_Y(y).$$

又因为

$$F(x, y) = \int_{-\infty}^{x} \int_{-\infty}^{y} f(u, v) \mathrm{d}v \mathrm{d}u,$$

$$F_X(x) F_Y(y) = \int_{-\infty}^{x} f_X(u) \mathrm{d}u \int_{-\infty}^{y} f_Y(v) \mathrm{d}v = \int_{-\infty}^{x} \int_{-\infty}^{y} f_X(u) f_Y(v) \mathrm{d}v \mathrm{d}u,$$

由分布函数和密度函数的关系,得到

$$f(x, y) = f_X(x) f_Y(y).$$

反之,当 $f(x, y) = f_X(x) f_Y(y)$ 时,可以得到 $F(x, y) = F_X(x) F_Y(y)$,所以**连续随机变量 X 和 Y 相互独立的充要条件为**

$$f(x, y) = f_X(x) f_Y(y). \tag{3.23}$$

例 3.16 设二维连续随机变量 $(X, Y) \sim N(\mu_1, \mu_2, \sigma_1^2, \sigma_2^2, \rho)$. 证明:$X$ 和 Y 相互独立的充要条件为 $\rho = 0$.

证 必要性:由例 3.12 知,两个边缘密度函数分别为 $X \sim N(\mu_1, \sigma_1^2)$,$Y \sim N(\mu_2, \sigma_2^2)$,所以有

$$f_X(x) f_Y(y) = \frac{1}{\sqrt{2\pi} \sigma_1} \exp\left\{-\frac{(x-\mu_1)^2}{2\sigma_1^2}\right\} \frac{1}{\sqrt{2\pi} \sigma_2} \exp\left\{-\frac{(y-\mu_2)^2}{2\sigma_2^2}\right\}$$

$$= \frac{1}{2\pi \sigma_1 \sigma_2} \exp\left\{-\left[\frac{(x-\mu_1)^2}{2\sigma_1^2} + \frac{(y-\mu_2)^2}{2\sigma_2^2}\right]\right\}.$$

因为 X 和 Y 相互独立,所以

$$f_X(x) f_Y(y) = f(x, y),$$

所以得到 $(X, Y) \sim N(\mu_1, \mu_2, \sigma_1^2, \sigma_2^2, 0)$,即 $\rho = 0$.

充分性:当 $\rho = 0$ 时,(X, Y) 的联合密度函数为

$$f(x, y) = \frac{1}{2\pi \sigma_1 \sigma_2} \exp\left\{-\frac{1}{2}\left[\frac{(x-\mu_1)^2}{\sigma_1^2} + \frac{(y-\mu_2)^2}{\sigma_2^2}\right]\right\}$$

$$= \frac{1}{\sqrt{2\pi} \sigma_1} \exp\left\{-\frac{(x-\mu_1)^2}{2\sigma_1^2}\right\} \frac{1}{\sqrt{2\pi} \sigma_2} \exp\left\{-\frac{(y-\mu_2)^2}{2\sigma_2^2}\right\}$$

$$= f_X(x) f_Y(y),$$

即 X 和 Y 相互独立.

所以当 $(X, Y) \sim N(\mu_1, \mu_2, \sigma_1^2, \sigma_2^2, \rho)$ 时,X 和 Y 相互独立的充要条件为 $\rho = 0$.

例 3.17 设 (X, Y) 的联合概率密度函数为

$$f(x, y) = \begin{cases} 6, & x^2 \leqslant y \leqslant x, \\ 0, & \text{其他}. \end{cases}$$

由例 3.13 知,边缘概率密度函数 $f_X(x)$ 和 $f_Y(y)$ 分别为

$$f_X(x) = \begin{cases} 6(x-x^2), & 0 < x < 1, \\ 0, & \text{其他}, \end{cases} \qquad f_Y(y) = \begin{cases} 6(\sqrt{y}-y), & 0 < y < 1, \\ 0, & \text{其他}. \end{cases}$$

有

$$f_X(x)f_Y(y) = \begin{cases} 36(x-x^2)(\sqrt{y}-y), & 0 < x < 1, 0 < y < 1, \\ 0, & \text{其他}, \end{cases}$$

$$f_X(x)f_Y(y) \neq f(x, y).$$

所以 X 和 Y 不相互独立.

六、二维连续型随机变量函数的分布

如果已知二维随机变量 (X, Y) 的联合密度函数,求随机变量 $Z = g(X, Y)$ 的密度函数.

1. 和的分布

定理 3.3 设 (X, Y) 的联合密度函数为 $f(x, y)$,则随机变量 $Z = X + Y$ 的概率密度函数为

$$f_Z(z) = \int_{-\infty}^{+\infty} f(z-y, y) \mathrm{d}y = \int_{-\infty}^{+\infty} f(x, z-x) \mathrm{d}x. \tag{3.24}$$

证 设 $Z = X + Y$ 的分布函数为 $F_Z(z)$,则

$$F_Z(z) = P\{Z \leqslant z\} = P\{X + Y \leqslant z\} = \iint\limits_{x+y \leqslant z} f(x, y) \mathrm{d}x\mathrm{d}y = \int_{-\infty}^{+\infty} \int_{-\infty}^{z-y} f(x, y) \mathrm{d}x\mathrm{d}y.$$

令 $t = x + y$,则

$$F_Z(z) = \int_{-\infty}^{+\infty} \int_{-\infty}^{z} f(t-y, y) \mathrm{d}t\mathrm{d}y = \int_{-\infty}^{z} \int_{-\infty}^{+\infty} f(t-y, y) \mathrm{d}y\mathrm{d}t.$$

令 $f_Z(t) = \int_{-\infty}^{+\infty} f(t-y, y) \mathrm{d}y$,则有

$$F_Z(z) = \int_{-\infty}^{z} f_Z(t) \mathrm{d}t.$$

由密度函数的定义知,非负函数 $f_Z(t)$ 为 Z 的概率密度函数,$Z = X + Y$ 的密度函数为

$$f_Z(z) = \int_{-\infty}^{+\infty} f(z-y, y) \mathrm{d}y.$$

类似地,

$$F_Z(z) = \iint\limits_{x+y \leqslant z} f(x, y) \mathrm{d}x\mathrm{d}y = \int_{-\infty}^{+\infty} \int_{-\infty}^{z-x} f(x, y) \mathrm{d}y\mathrm{d}x,$$

经过变量代换,推出 $f_Z(t) = \int_{-\infty}^{+\infty} f(x, t-x) \mathrm{d}x$,即

$$f_Z(z) = \int_{-\infty}^{+\infty} f(x, z-x)\,\mathrm{d}x.$$

综合以上证明,得 $f_Z(z) = \int_{-\infty}^{+\infty} f(z-y, y)\,\mathrm{d}y = \int_{-\infty}^{+\infty} f(x, z-x)\,\mathrm{d}x.$

注 当 X 和 Y 相互独立,且 X 和 Y 的概率密度函数分别为 $f_X(x)$ 和 $f_Y(y)$ 时,有

$$f_Z(z) = \int_{-\infty}^{+\infty} f_X(x) f_Y(z-x)\,\mathrm{d}x = \int_{-\infty}^{+\infty} f_X(z-y) f_Y(y)\,\mathrm{d}y. \tag{3.25}$$

称上式为函数 $f_X(x)$ 和 $f_Y(y)$ 的**卷积公式**.

例 3.18 (正态分布的可加性)设随机变量 $X \sim N(\mu_1, \sigma_1^2)$, $Y \sim N(\mu_2, \sigma_2^2)$,且 X 和 Y 相互独立.证明:$Z = X+Y \sim N(\mu_1+\mu_2, \sigma_1^2+\sigma_2^2)$.

证 由 X 和 Y 的取值范围知 $Z=X+Y$ 的取值范围为 $(-\infty, +\infty)$,由式(3.25)知 $Z=X+Y$ 的概率密度函数为

$$\begin{aligned}f_Z(z) &= \int_{-\infty}^{+\infty} f_X(z-y) f_Y(y)\,\mathrm{d}y \\ &= \frac{1}{2\pi\sigma_1\sigma_2} \int_{-\infty}^{+\infty} \exp\left\{-\frac{1}{2}\left[\frac{(z-y-\mu_1)^2}{\sigma_1^2} + \frac{(y-\mu_2)^2}{\sigma_2^2}\right]\right\}\mathrm{d}y.\end{aligned}$$

因为

$$\frac{(z-y-\mu_1)^2}{\sigma_1^2} + \frac{(y-\mu_2)^2}{\sigma_2^2} = A\left(y - \frac{B}{A}\right)^2 + \frac{(z-\mu_1-\mu_2)^2}{\sigma_1^2+\sigma_2^2},$$

其中,

$$A = \frac{1}{\sigma_1^2} + \frac{1}{\sigma_2^2},\ B = \frac{z-\mu_1}{\sigma_1^2} + \frac{\mu_2}{\sigma_2^2}.$$

代回原式,可得

$$f_Z(z) = \frac{1}{2\pi\sigma_1\sigma_2} \exp\left\{-\frac{1}{2}\frac{(z-\mu_1-\mu_2)^2}{\sigma_1^2+\sigma_2^2}\right\} \int_{-\infty}^{+\infty} \exp\left\{-\frac{A}{2}\left(y-\frac{B}{A}\right)^2\right\}\mathrm{d}y.$$

利用正态分布函数性质(2),于是得到

$$f_Z(z) = \frac{1}{\sqrt{2\pi(\sigma_1^2+\sigma_2^2)}} \exp\left\{-\frac{1}{2}\frac{(z-\mu_1-\mu_2)^2}{\sigma_1^2+\sigma_2^2}\right\}.$$

该函数为正态分布 $N(\mu_1+\mu_2, \sigma_1^2+\sigma_2^2)$ 的密度函数,所以

$$Z = X+Y \sim N(\mu_1+\mu_2, \sigma_1^2+\sigma_2^2).$$

这表明两个独立的正态变量之和仍为正态变量.结合定理 3.2 知,若

$$X \sim N(\mu_1, \sigma_1^2),\ Y \sim N(\mu_2, \sigma_2^2),$$

且 X 和 Y 相互独立,则

$$Z = aX + bY + c \sim N(a\mu_1 + b\mu_2 + c, a^2\sigma_1^2 + b^2\sigma_2^2), \tag{3.26}$$

其中,a,b 至少有一个不为零.称该性质为**正态分布的线性可加性**.

2. 最大值与最小值的分布

设随机变量 X, Y 相互独立,且 X, Y 的分布函数为 $F_X(x), F_Y(y)$. 令
$$M = \max\{X, Y\}, \quad N = \min\{X, Y\},$$
求 M, N 的分布函数 $F_M(z), F_N(z)$.

最大函数 $M = \max\{X, Y\}$ 的分布函数为

$$\begin{aligned} F_M(z) &= P\{M \leqslant z\} = P\{\max\{X, Y\} \leqslant z\} \\ &= P\{X \leqslant z, Y \leqslant z\} = P\{X \leqslant z\}P\{Y \leqslant z\} \\ &= F_X(z)F_Y(z); \end{aligned} \tag{3.27}$$

最小函数 $N = \min\{X, Y\}$ 的分布函数为

$$\begin{aligned} F_N(z) &= P\{N \leqslant z\} = P\{\min\{X, Y\} \leqslant z\} \\ &= 1 - P\{\min\{X, Y\} > z\} \\ &= 1 - P\{X > z, Y > z\} \\ &= 1 - P\{X > z\}P\{Y > z\} \\ &= 1 - [1 - F_X(z)][1 - F_Y(z)]. \end{aligned} \tag{3.28}$$

这个结果推广到 n 个相互独立的随机变量的情况. 设 $X_1, X_2, \cdots, X_n$ 是 n 个相互独立的随机变量,它们的分布函数分别为 $F_{X_i}(x_i)(i = 1, 2, \cdots, n)$, 则
$$M = \max\{X_1, X_2, \cdots, X_n\}, \quad N = \min\{X_1, X_2, \cdots, X_n\}$$
的分布函数分别为

$$F_M(z) = F_{X_1}(z)F_{X_2}(z)\cdots F_{X_n}(z), \tag{3.29}$$

$$F_N(z) = 1 - [1 - F_{X_1}(z)][1 - F_{X_2}(z)]\cdots[1 - F_{X_n}(z)]. \tag{3.30}$$

特别地,当 $X_1, X_2, \cdots, X_n$ 相互独立且有相同的分布函数 $F(x)$ 时,有

$$F_M(z) = [F(z)]^n, \tag{3.31}$$

$$F_N(z) = 1 - [1 - F(z)]^n. \tag{3.32}$$

例 3.19 设 X, Y 相互独立,且都服从参数为 1 的指数分布,求 $M = \max\{X, Y\}$ 的概率密度函数.

解 设 X, Y 的分布函数为 $F_X(x), F_Y(y)$, 则

$$F_X(x) = \begin{cases} 1 - e^{-x}, & x > 0, \\ 0, & x \leqslant 0, \end{cases} F_Y(y) = \begin{cases} 1 - e^{-y}, & y > 0, \\ 0, & y \leqslant 0. \end{cases}$$

由式 (3.27) 知, $M = \max\{X, Y\}$ 的分布函数为

$$F_M(z) = F_X(z)F_Y(z) = \begin{cases} (1 - e^{-z})^2, & z > 0, \\ 0, & z \leqslant 0. \end{cases}$$

$M = \max\{X, Y\}$ 的概率密度函数为

$$f_M(z) = \begin{cases} 2e^{-z}(1 - e^{-z}), & z > 0, \\ 0, & z \leqslant 0. \end{cases}$$

本章小结

一、本章主要内容与重点

本章主要内容有多维随机变量的概念、多维随机变量分布函数的概念和性质、二维离散型随机变量的概率分布及其性质、二维连续型随机变量的概率密度及其性质、二维随机变量的边缘分布和条件分布、随机变量的独立性、两个随机变量的函数的分布.

重点 多维随机变量的分布函数的概念和性质、二维离散型随机变量的概率分布及其性质、二维连续型随机变量的概率密度及其性质、二维随机变量的边缘分布和条件分布、随机变量独立性.

二、学习指导

(1) 将一维随机变量的概念加以扩充,就得到多维随机变量.着重讨论了二维随机变量.

(2) 和一维随机变量一样,定义了二维随机变量(X, Y)的分布函数:
$$F(x, y) = P\{X \leqslant x, Y \leqslant y\}, -\infty < x < +\infty, -\infty < y < +\infty.$$

① 对于离散型随机变量(X, Y)定义了分布律:
$$p_{ij} = P\{X = x_i, Y = y_j\}, i, j = 1, 2, \cdots (p_{ij} \geqslant 0, \sum_{i=1}^{\infty}\sum_{j=1}^{\infty} p_{ij} = 1).$$

② 对于连续型随机变量(X, Y)定义了概率密度$f(x, y) \geqslant 0$:
$$F(x, y) = \int_{-\infty}^{y} \int_{-\infty}^{x} f(u, v) \mathrm{d}u \mathrm{d}v.$$

(3) 二维随机变量的分布律与概率密度与一维类似,特别地,对于二维连续随机变量,有公式
$$P\{(X, Y) \in G\} = \iint\limits_{G} f(x, y) \mathrm{d}\sigma.$$

(4) 针对二维离散型随机变量和二维连续型随机变量,分别学习和讨论了新内容:边缘分布、条件分布、随机变量的独立性等.随机变量的独立性是随机事件独立性的扩充.

习题三

1. 盒子里装有3只黑球、2只红球、2只白球,在其中任取4只球.以X表示取到黑球的只数,以Y表示取到红球的只数.求:
   (1) X和Y的联合分布律.
   (2) $P\{X > Y\}$, $P\{Y = 2X\}$, $P\{X + Y = 3\}$, $P\{X + Y < 3\}$.

2. 把3个球随机地投入3个盒子中去,每个球投入各个盒子的可能性是相同的.设随机变量X及Y分别表示投入第一个及第二个盒子中的球的个数,求二维随机变量(X, Y)的联合分布律及边缘分布律.

3. 把一颗均匀的骰子随机地掷两次. 设随机变量 X 表示第一次出现的点数, 随机变量 Y 表示两次出现点数的最大值, 求二维随机变量 (X,Y) 的联合分布律及关于 Y 的边缘分布律.

4. 将一枚均匀的硬币掷 3 次, 以 X 表示前两次中出现正面的次数, 以 Y 表示 3 次中出现正面的次数.
(1) 求 (X,Y) 的联合分布律及边缘分布律;　　(2) $P\{Y \geqslant 2X\}$;
(3) 判断 X 与 Y 是否相互独立.

5. 设 X,Y 是相互独立的随机变量, 其分布律分别为
$$P\{X=k\} = p(k), k=0,1,2,\cdots;$$
$$P\{X=r\} = q(r), r=0,1,2,\cdots.$$

证明: 随机变量 $Z = X+Y$ 的分布律为
$$P\{Z=i\} = \sum_{k=0}^{i} p(k)q(i-k), i=0,1,2,\cdots.$$

6. 设随机变量 (X,Y) 的联合分布律为

X \ Y	0	1	2	3	4	5
0	0.00	0.01	0.03	0.05	0.07	0.09
1	0.01	0.02	0.04	0.05	0.06	0.08
2	0.01	0.03	0.05	0.05	0.05	0.06
3	0.01	0.02	0.04	0.06	0.06	0.05

(1) 求 (X,Y) 的边缘分布律;　　(2) 判断 X 与 Y 是否相互独立;
(3) 求 $V = \max(X,Y)$ 的分布律;　　(4) 求 $U = \min(X,Y)$ 的分布律;
(5) 求 $W = X+Y$ 的分布律.

7. 设随机变量 X 在 1,2,3,4 四个整数中等可能地取一个值, 另一个随机变量 Y 在 $1 \sim X$ 中等可能地取一整数值. 试求:
(1) (X,Y) 的联合分布律;　　(2) 条件分布律 $P\{Y=k | X=i\}$.

8. 在一汽车工厂中, 一辆汽车有两道工序是由机器人完成的, 其一是紧固 3 只螺栓, 其二是焊接 2 处焊点. 以 X 表示由机器人紧固的螺栓紧固得不良的数目, 以 Y 表示由机器人焊接得不良的焊点数目. 据积累的资料知 (X,Y) 具有如下分布律:

Y \ X	0	1	2	3
0	0.840	0.030	0.020	0.010
1	0.060	0.010	0.008	0.002
2	0.010	0.005	0.004	0.001

求: (1) 在 $X=1$ 的条件下, Y 的条件分布律; (2) 在 $Y=0$ 的条件下, X 的条件分布律.

9. 二维随机变量(X,Y)的概率密度为
$$f(x,y)=\begin{cases} C(R-\sqrt{x^2+y^2}), & x^2+y^2\leqslant R^2, \\ 0, & x^2+y^2> R^2. \end{cases}$$
求：(1) 系数C；(2) (X,Y)落在圆域$D: x^2+y^2\leqslant a^2(0<a<R)$内的概率.

10. 设二维随机变量(X,Y)的概率密度为
$$f(x,y)=\begin{cases} k\mathrm{e}^{-(3x+4y)}, & x>0, y>0, \\ 0, & \text{其他}. \end{cases}$$
求：(1) 系数k；(2) $P\{0<X\leqslant 1, 0<Y\leqslant 2\}$.

11. 设二维随机变量(X,Y)在由曲线$y=x^2$与$y=x$所围成的区域D上服从均匀分布：
$$f(x,y)=\begin{cases} 6, & (x,y)\in D, \\ 0, & \text{其他}. \end{cases}$$
试求(X,Y)的边缘概率密度.

12. 设二维随机变量(X,Y)在以原点为中心、r为半径的圆域D上服从均匀分布：
$$f(x,y)=\begin{cases} \lambda, & x^2+y^2\leqslant r^2, \\ 0, & x+y^2> r^2. \end{cases}$$
其中$\lambda>0$为常数. 试求：(1) λ的值；(2) (X,Y)的边缘概率密度.

13. 已知二维随机变量(X,Y)的分布密度为
$$f(x,y)=\begin{cases} 6xy(2-x-y), & 0\leqslant x\leqslant 1, 0\leqslant y\leqslant 1, \\ 0, & \text{其他}. \end{cases}$$
(1) 求边缘概率密度$f_X(x)$与$f_Y(y)$.
(2) 问X和Y是否相互独立？

14. 设随机变量X和Y相互独立，X在$[0,1]$上服从均匀分布，Y服从参数为$\lambda=5$的指数分布.
(1) 求(X,Y)的联合概率密度.
(2) 求(X,Y)落在无穷区域$D=\{(x,y)\mid y\leqslant x\}$内的概率.

15. 设二维随机变量(X,Y)的分布密度为
$$f(x,y)=\begin{cases} cxy^2, & 0\leqslant x\leqslant 1, 0\leqslant y\leqslant 1, \\ 0, & \text{其他}. \end{cases}$$
(1) 求系数c；　　　　　　　　(2) 证明X和Y相互独立.

16. 设随机变量X和Y相互独立，且X服从均匀分布：
$$f_X(x)=\begin{cases} \dfrac{1}{2a}, & |x|\leqslant a, \\ 0, & |x|>a. \end{cases}$$
$Y\sim N(\mu,\sigma^2)$. 求随机变量$Z=X+Y$的概率密度.

17. 某单位招聘155人，按考试成绩录用，共有526人报名. 假设报名者考试成绩$X\sim N(\mu,\sigma^2)$. 已知90分以上12人，60分以下83人，若从高分到低分依次录取，某人成绩78分.

问此人是否能被录取?

18. 设系统 L 由两个相互独立的系统 L_1,L_2 连接而成,连接的方式为串联(下图 a)和并联(下图 b). 已知 L_1 与 L_2 的寿命分别为 X 和 Y,概率密度函数分别为

$$f_X(x) = \begin{cases} \alpha e^{-\alpha x}, & x > 0, \\ 0, & x \leqslant 0, \end{cases} \qquad f_Y(y) = \begin{cases} \beta e^{-\beta y}, & y > 0, \\ 0, & y \leqslant 0. \end{cases}$$

其中 $\alpha > 0$,$\beta > 0$,且 $\alpha \neq \beta$. 试分别就以上两种连接方式求出系统 L 的寿命 Z 的概率密度.

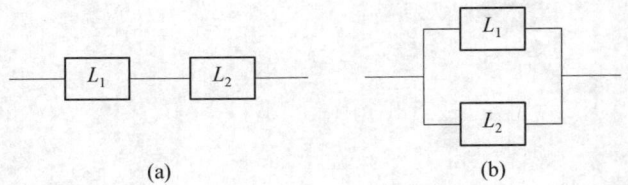

(a)   (b)

阅读材料

概率论的先驱之一——雅各布·伯努利

雅各布·伯努利(Jakob Bernoulli,1654—1705),伯努利家族代表人物之一,瑞士数学家,被公认的概率论的先驱之一. 他是最早使用"积分"这个术语的人,也是较早使用极坐标系的数学家之一. 还较早阐明随着试验次数的增加,频率稳定在概率附近. 他还研究了悬链线,还确定了等时曲线的方程. 概率论中的伯努利试验与大数定律也是他提出来的.

1654 年 12 月 27 日,雅各布·伯努利生于巴塞尔,毕业于巴塞尔大学,1671 年 17 岁时获艺术硕士学位. 这里的艺术指"自由艺术",包括算术、几何学、天文学、数理音乐和文法、修辞、雄辩术共七大门类. 遵照父亲的愿望,他于 1676 年 22 岁时又取得了神学硕士学位. 然而他也违背父亲的意愿,自学了数学和天文学. 1676 年他到日内瓦做家庭教师. 从 1677 年起,他开始在那里写内容丰富的《沉思录》.

1678 年和 1681 年,雅各布·伯努利两次外出旅行学习,到过法国、荷兰、英国和德国,接触和交往了许德、玻意耳、胡克、惠更斯等科学家,写有关于彗星理论(1682 年)、重力理论(1683 年)方面的科技文章. 1687 年雅各布在《教师学报》上发表数学论文《用两相互垂直的直线将三角形的面积四等分的方法》,同年成为巴塞尔大学的数学教授,直至 1705 年 8 月 16 日逝世.

1699 年雅各布当选为巴黎科学院外籍院士;1701 年被柏林科学协会(后为柏林科学院)接纳为会员. 许多数学成果与雅各布的名字相联系. 例如悬链线问题(1690 年)、曲率半径公式(1694 年)、"伯努利双纽线"(1694 年)、"伯努利微分方程"(1695 年)、"等周问题"(1700 年)等.

雅各布对数学最重大的贡献是在概率论研究方面. 他从 1685 年起发表关于赌博游戏中输赢次数问题的论文,后来写成巨著《猜度术》,这本书在他死后八年,即 1713 年才得以出版.

最为人们津津乐道的轶事之一是雅各布醉心于研究对数螺线,这项研究从 1691 年就开始了. 他发现对数螺线经过各种变换后仍然是对数螺线,如它的渐屈线和渐伸线是对数螺线,自极点至切线的垂足的轨迹、以极点为发光点经对数螺线反射后得到的反射线,以及与所有这些反射线相切的曲线(回光线)都是对数螺线. 他惊叹这种曲线的神奇,竟在遗嘱里要求后人将对数螺线刻在自己的墓碑上,并附

以颂词"纵然变化,依然故我",用以象征死后永垂不朽.

　　1994年第22届国际数学家大会在瑞士的苏黎世召开,瑞士邮政发行的纪念邮票的邮票图案是雅各布·伯努利的头像、以他名字命名的大数定律及大数定律的几何示意图(即当试验次数无限增大时,事件出现的频率稳定于其出现的概率).伯努利家族是瑞士的一个曾产生过11位科学家的家族,雅可比·伯努利是其中重要的一员,在数学方面取得了许多重大成果.例如,他曾对微积分的发展做出了重要贡献;为常微分方程的积分法奠定理论基础;在研究曲线问题方面,他提出了一系列新概念;他创立了变分法;他还是概率论的早期研究者和奠基人.

第四章

随机变量的数字特征

[**学习目标**]

1. 熟练掌握数学期望的定义、性质和计算.
2. 熟练掌握方差的定义、性质和计算.
3. 掌握常见分布的数学期望与方差的计算.
4. 掌握协方差与相关系数的概念与计算.
5. 熟悉原点矩与中心矩的概念.
6. 了解协方差矩阵.

前面讨论的分布函数、概率密度函数和分布律都能完整地描述随机变量的统计规律,但在许多实际问题中,不需要全面考察随机变量的变化情况,只需要知道随机变量的某些特征,因此并不需要去求分布函数或者概率密度、分布律. 例如,比较两个班的同一门课程成绩,往往考虑这两个班该门课程的平均成绩,以及班级中每个学生的成绩与平时成绩的偏离程度;又如检查一批棉花的质量,既要注意棉花纤维的平均长度,又要注意纤维长度与平均长度的偏离程度,平均长度越大,偏离程度越小,质量就越好. 这些能描述随机变量在某些方面特征的数值,称作随机变量的数字特征,它们在理论和实践上都有重要的意义. 本章介绍随机变量常用的数字特征:数学期望、方差、相关系数、协方差和矩.

第一节 数学期望

先看一个例子.

例 4.1 甲、乙两人在同样条件下练习射击打靶,命中的环数是一随机变量,分别记为 X,Y. X 和 Y 的分布律如下:

X	0	5	6	7	8	9	10
p_k	0.02	0.03	0.05	0.08	0.15	0.25	0.42

Y	0	5	6	7	8	9	10
p_k	0.03	0.09	0.15	0.18	0.2	0.25	0.1

试评定他们射击技术的优劣.

解 由甲的分布律可以知道,他命中 0 环的概率是 0.02. 也就是说,他发出 100 颗子弹,约有 2 颗子弹脱靶. 同理,约有 3 颗子弹命中 5 环,约有 5 颗子弹命中 6 环,约有 8 颗子弹命中 7 环,约有 15 颗子弹命中 8 环,约有 25 颗子弹命中 9 环,约有 42 颗子弹命中 10 环. 这样甲平均命中环数为

$$\frac{0 \times 2 + 5 \times 3 + 6 \times 5 + 7 \times 8 + 8 \times 15 + 9 \times 25 + 10 \times 42}{100} = 8.66.$$

上式还可以写成

$$\frac{0 \times 2 + 5 \times 3 + 6 \times 5 + 7 \times 8 + 8 \times 15 + 9 \times 25 + 10 \times 42}{100}$$
$$= 0 \times \frac{2}{100} + 5 \times \frac{3}{100} + 6 \times \frac{5}{100} + 7 \times \frac{8}{100} + 8 \times \frac{15}{100} + 9 \times \frac{25}{100} + 10 \times \frac{42}{100}$$
$$= 0 \times 0.02 + 5 \times 0.03 + 6 \times 0.05 + 7 \times 0.08 + 8 \times 0.15 + 9 \times 0.25 + 10 \times 0.42$$
$$= 8.66.$$

同样可以求出乙的平均命中环数为

$$0\times 0.03+5\times 0.09+6\times 0.15+7\times 0.18+8\times 0.2+9\times 0.25+10\times 0.1=7.46.$$

从平均命中环数看,甲的射击水平要高于乙. 这种反映随机变量取值"平均"意义特性的数值,恰好是这个随机变量取的一些可能值与相应概率乘积的总和,就称这个数值为随机变量的**数学期望**.

一、离散型随机变量的数学期望

定义 4.1 设 X 为离散型随机变量,其分布律为

$$P\{X=x_k\}=p_k,\ k=1,2,\cdots,$$

若级数 $\sum_{k=1}^{\infty}|x_k|p_k<\infty$,则称级数 $\sum_{k=1}^{\infty}x_k p_k$ 的和为随机变量 X 的**数学期望**,记作 $E(X)$,即

$$E(X)=\sum_{k=1}^{\infty}x_k p_k. \tag{4.1}$$

数学期望简称**期望**或**均值**.

定义中的条件 $\sum_{k=1}^{\infty}|x_k|p_k<\infty$ 是为了保证 $E(X)$ 的值不因为求和次序改变而改变,式 (4.1) 实际上是随机变量 X 的取值以概率为权的加权平均数.

它的物理解释为:具有单位质量的一根金属细棒,其质量散布在该金属细棒的坐标为 $x_1,x_2,\cdots$ 的质点 $M_1,M_2,\cdots$ 上,其中质点 M_k 有质量 p_k,$\sum_{k=1}^{\infty}p_k=1$,则金属细棒的质心位置就是 $\sum_{k=1}^{\infty}x_k p_k$,因此用期望刻画分布的中心位置是合理的.

例 4.2 一名牙医在 1 h 内能诊治患者的人数 X 是一随机变量,X 具有如下分布律:

X	1	2	3	4
p_k	$\dfrac{2}{15}$	$\dfrac{10}{15}$	$\dfrac{2}{15}$	$\dfrac{1}{15}$

求 X 的数学期望 $E(X)$.

解 由期望的定义可知

$$E(X)=1\times\frac{2}{15}+2\times\frac{10}{15}+3\times\frac{2}{15}+4\times\frac{1}{15}=2.13(人).$$

如果考察很长一段时间,例如 1 000 h,那么该牙医平均 1 h 诊治患者约 2.13 人,1 000 h 共诊治患者约 2 130 人.

例 4.3 设随机变量 $X\sim\pi(\lambda)$,求 X 的数学期望 $E(X)$.

解 由于 $X\sim\pi(\lambda)$,其分布律为

$$P\{X=k\}=\frac{\lambda^k e^{-\lambda}}{k!},\ \lambda>0,\ k=0,1,2,\cdots,$$

由定义可得

$$E(X) = \sum_{k=0}^{\infty} kP\{X=k\} = \sum_{k=0}^{\infty} \frac{k\lambda^k e^{-\lambda}}{k!} = \lambda e^{-\lambda} \sum_{k=1}^{\infty} \frac{\lambda^{k-1}}{(k-1)!} = \lambda e^{-\lambda} e^{\lambda} = \lambda.$$

泊松分布的参数 λ 就是 X 的数学期望. 因而只要知道泊松分布变量的数学期望,就能完全确定它的分布了.

比如在某医院中每天就诊人数 X 是一个随机变量,已知 $X \sim \pi(800)$,此时 $E(X) = 800$. 则参数 800 表示了该医院平均每天就诊的人数.

"期望"在日常生活中常指有根据的希望,而在概率论中,数学期望源于历史上一个著名的分赌本问题.

例 4.4 (分赌本问题)17 世纪中叶,一位赌徒向法国数学家帕斯卡(1623—1662)提出了一个让他苦恼了很久的问题:甲、乙两赌徒赌技彼此不相上下,各出赌注 50 法郎,每局中无平局. 他们约定,谁先赢三局则得到全部 100 法郎的赌本. 当甲赢了两局、乙赢了一局时,因故要中止赌博. 问这 100 法郎如何分才算公平?

解 如果甲、乙两人平均分,对甲是不合理的;依据现在的胜负结果 2∶1 来分,没有考虑到后续比赛的随机性,也是不合理的. 当时著名数学家和物理学家帕斯卡提出一个合理的分法:如果赌局继续下去,最多只需再赌两局就能决出胜负. 其可能结果为

$$\text{甲甲、甲乙、乙甲、乙乙},$$

其中,"甲乙"表示第一局甲胜、第二局乙胜,其余类推. 因为赌技相当,所以在这四种情况中有三种可使甲先赢三局,只有一种情况(乙乙)为乙先赢得三局,则

$$P(甲最终获胜) = \frac{3}{4}, \quad P(乙最终获胜) = \frac{1}{4}.$$

记 X 为甲最终所得,Y 为乙最终所得,则 X,Y 的分布律为

X	0	100
p_k	$\frac{1}{4}$	$\frac{3}{4}$

Y	0	100
p_k	$\frac{3}{4}$	$\frac{1}{4}$

由数学期望的定义,甲、乙的期望所得分别为

$$E(X) = 0 \times \frac{1}{4} + 100 \times \frac{3}{4} = 75 (法郎),$$
$$E(Y) = 0 \times \frac{3}{4} + 100 \times \frac{1}{4} = 25 (法郎).$$

即甲得 75 法郎,乙得 25 法郎. 这种分法不仅考虑了已赌局数,而且还含有对再赌下去的一种"期望",这样分比前面提到的分法更为合理.

这就是数学期望这个名称的由来,其实这个名称称为"均值"更形象易懂. 对上例而言,也就是再赌下去的话,甲"平均"可以赢得 75 法郎.

二、连续型随机变量的数学期望

下面给出连续型随机变量的数学期望的定义.

定义 4.2 设 X 为连续型随机变量,其概率密度函数为 $f(x)$,若 $\int_{-\infty}^{+\infty} |x| f(x) \mathrm{d}x < \infty$,则称 $\int_{-\infty}^{+\infty} x f(x) \mathrm{d}x$ 为随机变量 X 的**数学期望**,记作 $E(X)$,即

$$E(X) = \int_{-\infty}^{+\infty} x f(x) \mathrm{d}x.$$

例 4.5 设随机变量 $X \sim U(a, b)$,求 X 的数学期望 $E(X)$.

解 由于 $X \sim U(a, b)$,其概率密度函数为

$$f(x) = \begin{cases} \dfrac{1}{b-a}, & a < x < b, \\ 0, & \text{其他}. \end{cases}$$

于是

$$E(X) = \int_{-\infty}^{+\infty} x f(x) \mathrm{d}x = \int_a^b x \frac{1}{b-a} \mathrm{d}x = \frac{1}{b-a} \int_a^b x \mathrm{d}x = \frac{a+b}{2}.$$

例 4.6 设随机变量 X 服从参数为 λ 的指数分布,求 X 的数学期望 $E(X)$.

解 X 的概率密度函数为

$$f(x) = \begin{cases} \lambda \mathrm{e}^{-\lambda x}, & x > 0, \\ 0, & x \leq 0. \end{cases}$$

于是

$$E(X) = \int_{-\infty}^{+\infty} x f(x) \mathrm{d}x = \int_0^{+\infty} \lambda x \mathrm{e}^{-\lambda x} \mathrm{d}x = -x \mathrm{e}^{-\lambda x} \Big|_0^{+\infty} + \int_0^{+\infty} \mathrm{e}^{-\lambda x} \mathrm{d}x = -\frac{1}{\lambda} \mathrm{e}^{-\lambda x} \Big|_0^{+\infty} = \frac{1}{\lambda}.$$

例 4.7 设随机变量 $X \sim N(\mu, \sigma^2)$,求 X 的数学期望 $E(X)$.

解 由于 $X \sim N(\mu, \sigma^2)$,其概率密度函数为

$$f(x) = \frac{1}{\sqrt{2\pi}\sigma} \mathrm{e}^{-\frac{(x-\mu)^2}{2\sigma^2}}, \; -\infty < x < +\infty,$$

于是

$$E(X) = \int_{-\infty}^{+\infty} x f(x) \mathrm{d}x = \int_{-\infty}^{+\infty} x \frac{1}{\sqrt{2\pi}\sigma} \mathrm{e}^{-\frac{(x-\mu)^2}{2\sigma^2}} \mathrm{d}x,$$

令 $t = \dfrac{x-\mu}{\sigma}$,得

$$E(X) = \frac{1}{\sqrt{2\pi}} \int_{-\infty}^{+\infty} (\mu + \sigma t) \mathrm{e}^{-\frac{t^2}{2}} \mathrm{d}t = \mu + \frac{1}{\sqrt{2\pi}} \int_{-\infty}^{+\infty} \sigma t \mathrm{e}^{-\frac{t^2}{2}} \mathrm{d}t = \mu.$$

上式用到奇函数关于对称区间积分为 0,因此 $\int_{-\infty}^{+\infty} t \mathrm{e}^{-\frac{t^2}{2}} \mathrm{d}t = 0$.

需要指出的是，有些随机变量的数学期望并不存在，比如下面这个例子．

例 4.8 设随机变量 X 服从柯西分布，其概率密度函数为

$$f(x) = \frac{1}{\pi(1+x^2)}, -\infty < x < +\infty,$$

求 X 的数学期望 $E(X)$．

解 因为

$$\int_{-\infty}^{+\infty} |x| f(x) \mathrm{d}x = \int_{-\infty}^{+\infty} |x| \frac{1}{\pi(1+x^2)} \mathrm{d}x = \int_{-\infty}^{0} \frac{-x}{\pi(1+x^2)} \mathrm{d}x + \int_{0}^{+\infty} \frac{x}{\pi(1+x^2)} \mathrm{d}x$$

由于

$$\int_{0}^{+\infty} \frac{x}{\pi(1+x^2)} \mathrm{d}x = \lim_{a \to +\infty} \int_{0}^{a} \frac{x}{\pi(1+x^2)} \mathrm{d}x = \frac{1}{2\pi} \lim_{a \to +\infty} \ln(1+a^2) = +\infty,$$

所以无穷积分 $\int_{-\infty}^{+\infty} |x| \frac{1}{\pi(1+x^2)} \mathrm{d}x$ 不收敛，故 $E(X)$ 不存在．

三、随机变量函数的数学期望

在很多实际问题中，常需要随机变量函数的数学期望．设 X 是一个随机变量，$Y = g(X)$ 也是一个随机变量，其数学期望按定义需要求出 Y 的概率分布，但是这种求法往往比较麻烦，下面的定理给出了简便的方法．

定理 4.1 设 X 是随机变量，$y = g(x)$ 是实值连续函数，又 $Y = g(X)$，则有：

（1）如果 X 为离散型随机变量，其分布律为

$$P\{X = x_k\} = p_k, k = 1, 2, \cdots,$$

若 $\sum_{k=1}^{\infty} |g(x_k)| p_k < \infty$，则 $E(Y)$ 存在，且

$$E(Y) = E[g(X)] = \sum_{k=1}^{\infty} g(x_k) p_k.$$

（2）如果 X 为连续型随机变量，其概率密度函数为 $f(x)$，若 $\int_{-\infty}^{+\infty} |g(x)| f(x) \mathrm{d}x < \infty$，则 $E(Y)$ 存在，且

$$E(Y) = E[g(X)] = \int_{-\infty}^{+\infty} g(x) f(x) \mathrm{d}x.$$

这个定理说明，在求 $Y = g(X)$ 的数学期望时，不必知道 Y 的分布而只需知道 X 的分布即可，这为计算随机变量函数的数学期望带来了很大的方便．

例 4.9 设随机变量 X 的分布律为

X	-1	0	$\frac{1}{2}$	1	2
p_k	$\frac{1}{3}$	$\frac{1}{6}$	$\frac{1}{6}$	$\frac{1}{12}$	$\frac{1}{4}$

求 $E(X^2)$.

解 由定理 4.1 得

$$E(X^2) = (-1)^2 \times \frac{1}{3} + 0^2 \times \frac{1}{6} + \left(\frac{1}{2}\right)^2 \times \frac{1}{6} + 1^2 \times \frac{1}{12} + 2^2 \times \frac{1}{4} = \frac{35}{24}.$$

例 4.10 某公司生产某种产品,每出售 1 t 可获利润 3 万元;若售不出去,则每吨需仓库保管费 1 万元. 市场上对该种产品每年需求量为 X(以 t 记) 是一个随机变量, 且 $X \sim U(2\,000, 4\,000)$. 问每年应生产这种产品多少吨才能使平均利润最大?

解 设 s 为每年生产该产品的数量, 利润记为 Y, 于是 Y 是 X 的函数:

$$Y = g(X) = \begin{cases} 3s, & X \geqslant s, \\ 3X - (s - X), & X < s. \end{cases}$$

即

$$Y = g(X) = \begin{cases} 3s, & X \geqslant s, \\ 4X - s, & X < s. \end{cases}$$

由于 $X \sim U(2\,000, 4\,000)$, 则其概率密度为

$$f(x) = \begin{cases} \dfrac{1}{2\,000}, & 2\,000 < x < 4\,000, \\ 0, & \text{其他}. \end{cases}$$

于是平均利润为

$$\begin{aligned}
E(Y) &= E[g(X)] = \int_{-\infty}^{+\infty} g(x) f(x) \mathrm{d}x = \int_{2\,000}^{4\,000} g(x) \frac{1}{2\,000} \mathrm{d}x \\
&= \int_{2\,000}^{s} (4x - s) \frac{1}{2\,000} \mathrm{d}x + \int_{s}^{4\,000} 3s \frac{1}{2\,000} \mathrm{d}x \\
&= \frac{1}{1\,000}(-s^2 + 7\,000s - 4 \times 10^6).
\end{aligned}$$

令

$$\frac{\mathrm{d}E(Y)}{\mathrm{d}s} = \frac{1}{1\,000}(-2s + 7\,000) = 0,$$

得 $t = 3\,500$, 而 $\dfrac{\mathrm{d}^2 E(Y)}{\mathrm{d}s^2} = -\dfrac{1}{500} < 0$.

故当 $s = 3\,500$ 时, $E(Y)$ 最大, 即每年生产 $3\,500$ t 时该公司平均利润最大.

关于二维随机变量函数的数学期望, 也有类似的定理.

定理 4.2 设 (X, Y) 是二维随机变量, $z = g(x, y)$ 是 (x, y) 的连续函数, 又 $Z = g(X, Y)$, 则有:

(1) 如果 (X, Y) 为二维离散型随机变量, 其联合分布律为

$$P\{X = x_i, Y = x_j\} = p_{ij}, \quad i, j = 1, 2, \cdots,$$

若 $\sum_{i=1}^{\infty}\sum_{j=1}^{\infty}|g(x_i, y_j)|p_{ij} < \infty$,则

$$E(Z) = E[g(X, Y)] = \sum_{i=1}^{\infty}\sum_{j=1}^{\infty}g(x_i, y_j)p_{ij}.$$

（2）如果(X, Y)为二维连续型随机变量,其联合概率密度函数为$f(x, y)$,若 $\int_{-\infty}^{+\infty}\int_{-\infty}^{+\infty}|g(x, y)|f(x, y)dxdy < \infty$,则

$$E(Z) = E[g(X, Y)] = \int_{-\infty}^{+\infty}\int_{-\infty}^{+\infty}g(x, y)f(x, y)dxdy.$$

例 4.11 设二维随机变量(X, Y)的联合分布律为

X \ Y	−1	0	1
2	$\frac{1}{8}$	$\frac{1}{8}$	0
3	$\frac{1}{8}$	$\frac{2}{8}$	$\frac{1}{8}$
4	0	$\frac{1}{8}$	$\frac{1}{8}$

求 $E(X)$, $E(Y)$, $E(XY)$, $E(X+Y)$.

解 X, Y 的边缘分布律为

X	2	3	4
p_k	$\frac{1}{4}$	$\frac{1}{2}$	$\frac{1}{4}$

Y	−1	0	1
p_k	$\frac{1}{4}$	$\frac{1}{2}$	$\frac{1}{4}$

由此可得

$$E(X) = 2 \times \frac{1}{4} + 3 \times \frac{1}{2} + 4 \times \frac{1}{4} = 3,$$

$$E(Y) = -1 \times \frac{1}{4} + 0 \times \frac{1}{2} + 1 \times \frac{1}{4} = 0,$$

$$E(XY) = \sum_{i=1}^{3}\sum_{j=1}^{3}x_i y_j p_{ij}$$

$$= (-2) \times \frac{1}{8} + (-3) \times \frac{1}{8} + (-4) \times 0 + 0 \times \frac{1}{8} + 0 \times \frac{2}{8} + 0 \times \frac{1}{8} + 2 \times 0 + 3 \times \frac{1}{8} + 4 \times \frac{1}{8} = \frac{1}{4}.$$

$$E(X+Y) = \sum_{i=1}^{3}\sum_{j=1}^{3}(x_i+y_j)p_{ij}$$
$$= 1\times\frac{1}{8}+2\times\frac{1}{8}+3\times 0+2\times\frac{1}{8}+3\times\frac{2}{8}+4\times\frac{1}{8}+3\times 0+4\times\frac{1}{8}+5\times\frac{1}{8}=3.$$

例 4.12 设二维随机变量 (X,Y) 的密度函数为

$$f(x,y)=\begin{cases}\dfrac{1}{4}x(1+3y^2), & 0<x<2, 0<y<1, \\ 0, & \text{其他}.\end{cases}$$

求 $E(X)$, $E(XY)$ 和 $E\left(\dfrac{Y}{X}\right)$.

解

$$E(X)=\int_{-\infty}^{+\infty}\int_{-\infty}^{+\infty}xf(x,y)\mathrm{d}x\mathrm{d}y=\int_{0}^{2}\int_{0}^{1}x\cdot\frac{1}{4}x(1+3y^2)\mathrm{d}x\mathrm{d}y$$
$$=\frac{1}{4}\int_{0}^{2}x^2\mathrm{d}x\int_{0}^{1}(1+3y^2)\mathrm{d}y=\frac{4}{3}.$$

$$E(XY)=\int_{-\infty}^{+\infty}\int_{-\infty}^{+\infty}xyf(x,y)\mathrm{d}x\mathrm{d}y=\int_{0}^{2}\int_{0}^{1}xy\cdot\frac{1}{4}x(1+3y^2)\mathrm{d}x\mathrm{d}y$$
$$=\frac{1}{4}\int_{0}^{2}x^2\mathrm{d}x\int_{0}^{1}y(1+3y^2)\mathrm{d}y=\frac{5}{6}.$$

$$E\left(\frac{Y}{X}\right)=\int_{-\infty}^{+\infty}\int_{-\infty}^{+\infty}\frac{y}{x}f(x,y)\mathrm{d}x\mathrm{d}y=\int_{0}^{2}\int_{0}^{1}\frac{y}{x}\cdot\frac{1}{4}x(1+3y^2)\mathrm{d}x\mathrm{d}y$$
$$=\frac{1}{4}\int_{0}^{2}\mathrm{d}x\int_{0}^{1}y(1+3y^2)\mathrm{d}y=\frac{5}{8}.$$

在此例中求 $E(X)$ 时,也可先求出

$$f_X(x)=\int_{-\infty}^{+\infty}f(x,y)\mathrm{d}y=\begin{cases}\dfrac{x}{2}, & 0<x<2, \\ 0, & \text{其他}.\end{cases}$$

然后求得

$$E(X)=\int_{-\infty}^{+\infty}xf_X(x)\mathrm{d}x=\int_{0}^{2}\frac{x^2}{2}\mathrm{d}x=\frac{4}{3}.$$

四、数学期望的性质

数学期望有如下重要性质:
(1) 若 C 为常数,则 $E(C)=C$.
(2) 若 C 为常数,X 为随机变量,则 $E(CX)=CE(X)$.
(3) 设 X,Y 为任意两个随机变量,则 $E(X+Y)=E(X)+E(Y)$.
(4) 设 X,Y 为相互独立的随机变量,则 $E(XY)=E(X)E(Y)$.

证 (1) 可将 C 看成离散型随机变量,分布律为 $P\{X=C\}=1$,则 $E(C)=C$.

(2) 设 X 的密度函数为 $f(x)$,则有

$$E(CX) = \int_{-\infty}^{+\infty} Cxf(x)\mathrm{d}x = C\int_{-\infty}^{+\infty} xf(x)\mathrm{d}x = CE(X).$$

(3) 设二维随机变量 (X,Y) 的密度函数为 $f(x,y)$,边缘密度函数分别为 $f_X(x)$, $f_Y(y)$,则

$$\begin{aligned}
E(X+Y) &= \int_{-\infty}^{+\infty}\int_{-\infty}^{+\infty}(x+y)f(x,y)\mathrm{d}x\mathrm{d}y \\
&= \int_{-\infty}^{+\infty}\int_{-\infty}^{+\infty}xf(x,y)\mathrm{d}x\mathrm{d}y + \int_{-\infty}^{+\infty}\int_{-\infty}^{+\infty}yf(x,y)\mathrm{d}x\mathrm{d}y \\
&= \int_{-\infty}^{+\infty}x\left[\int_{-\infty}^{+\infty}f(x,y)\mathrm{d}y\right]\mathrm{d}x + \int_{-\infty}^{+\infty}y\left[\int_{-\infty}^{+\infty}f(x,y)\mathrm{d}x\right]\mathrm{d}y \\
&= \int_{-\infty}^{+\infty}xf_X(x)\mathrm{d}x + \int_{-\infty}^{+\infty}yf_Y(y)\mathrm{d}y \\
&= E(X) + E(Y).
\end{aligned}$$

(4) 若 X,Y 相互独立,其联合密度函数与边缘密度函数满足 $f(x,y) = f_X(x)f_Y(y)$,则

$$\begin{aligned}
E(XY) &= \int_{-\infty}^{+\infty}\int_{-\infty}^{+\infty}xyf(x,y)\mathrm{d}x\mathrm{d}y = \int_{-\infty}^{+\infty}\int_{-\infty}^{+\infty}xyf_X(x)f_Y(y)\mathrm{d}x\mathrm{d}y \\
&= \left[\int_{-\infty}^{+\infty}xf_X(x)\mathrm{d}x\right]\left[\int_{-\infty}^{+\infty}yf_Y(y)\mathrm{d}y\right] = E(X)E(Y).
\end{aligned}$$

性质(3)和(4)可以推广到任意有限多个随机变量的情形.

例 4.13 一民航公司的送客车载有 20 位旅客自机场开出,旅客有 10 个车站可以下车,如到达一个车站没有旅客下车就不停车. 以 X 表示停车的次数,求 $E(X)$ (设每位旅客在各个车站下车是等可能的,并设各旅客是否下车相互独立).

解 引入随机变量

$$X_i = \begin{cases} 1, & \text{第 } i \text{ 站有人下车}, \\ 0, & \text{第 } i \text{ 站无人下车}, \end{cases} \quad i = 1, 2, \cdots, 10,$$

则 $X = X_1 + X_2 + \cdots + X_{10}$.

每一位旅客在第 i 个车站下车的概率为 0.1,不在第 i 个车站下车的概率为 0.9,20 个旅客都不在第 i 个车站下车的概率为 0.9^{20}. 由此可得

$$P\{X_i = 0\} = 0.9^{20}, \quad P\{X_i = 1\} = 1 - 0.9^{20},$$

从而

$$E(X_i) = 1 \times (1 - 0.9^{20}) + 0 \times 0.9^{20} = 1 - 0.9^{20}.$$

由数学期望的性质可得

$$\begin{aligned}
E(X) &= E(X_1 + X_2 + \cdots + X_{10}) = E(X_1) + E(X_2) + \cdots + E(X_{10}) \\
&= 10 \times (1 - 0.9^{20}) \approx 8.78.
\end{aligned}$$

在上述计算中,把一个比较复杂的随机变量 X 拆成数个比较简单的随机变量之和,根据数学期望的性质,只要求出这些简单随机变量的数学期望,再把它们相加即可得到 X 的数学期望,这种处理方法具有一定的普遍意义.

第二节 方差

随机变量的数学期望即均值反映了随机变量的平均值,但是有时只知道数学期望是不够的,常常还需要知道随机变量的取值在均值周围的散布程度.例如甲、乙两种品牌的手表,它们的日走时误差分别为 X 和 Y,其分布律如下:

X	-2	-1	0	1	2
p_k	0.03	0.07	0.8	0.07	0.03

Y	-2	-1	0	1	2
p_k	0.1	0.2	0.4	0.2	0.1

容易验证, $E(X) = E(Y) = 0$,从日走时误差的数学期望去看这两种品牌的手表,分不出优劣.但分析后会发现,甲种品牌手表的日走时与其平均值 $E(X)$ 的偏差比乙的要小得多,所以很容易得出结论,甲种品牌手表优于乙种品牌手表.那么能否用一个数字定量地来衡量两种手表的日走时误差呢?也就是说能否用一个数字指标来衡量一个随机变量与其数学期望的偏离程度呢?

对任一随机变量 X,通常可用 $|X-E(X)|$ 或者 $[X-E(X)]^2$ 来度量随机变量 X 与其数学期望的偏离程度,但 $|X-E(X)|$ 不便于计算,通常采用 $[X-E(X)]^2$ 来度量这个偏差.由于 $[X-E(X)]^2$ 是个随机变量,需要对它求期望得到一个确定的指标值,即用 $E[X-E(X)]^2$ 这个数值来衡量 X 与它的平均值 $E(X)$ 的偏离程度.

一、方差的定义

定义 4.3 设 X 是一个随机变量,若 $E[X-E(X)]^2$ 存在,则称 $E[X-E(X)]^2$ 为 X 的**方差**,记为 $D(X)$ 或 $Var(X)$,即

$$D(X) = E[X-E(X)]^2.$$

注 (1) $D(X)$ 是一个非负常数.

(2) $D(X)$ 的大小反映随机变量 X 取值相对于平均值 $E(X)$ 的分散程度,若 $D(X)$ 较小,则 X 取值比较集中;$D(X)$ 较大,则 X 取值比较分散.

在应用上,常用与随机变量 X 具有相同量纲的量 $\sqrt{D(X)}$,称 $\sqrt{D(X)}$ 为随机变量 X 的**均方差**或**标准差**,记为 $\sigma(X)$,即 $\sigma(X) = \sqrt{D(X)}$.

由定义可知,方差实际上就是随机变量 X 的函数 $g(X) = [X-E(X)]^2$ 的数学期望,于是由第一节数学期望公式得到方差的计算公式如下:

(1) 若 X 为离散型随机变量，其分布律为
$$P\{X = x_k\} = p_k, \quad k = 1, 2, \cdots,$$
则
$$D(X) = \sum_{k=1}^{\infty} [x_k - E(X)]^2 p_k.$$

(2) 若 X 为连续型随机变量，其概率密度为 $f(x)$，则
$$D(X) = \int_{-\infty}^{+\infty} [x - E(X)]^2 f(x) \mathrm{d}x.$$

直接用定义计算方差有时会比较麻烦，则常用以下公式计算方差：
$$D(X) = E(X^2) - [E(X)]^2.$$

事实上，由方差的定义和数学期望的性质可得
$$D(X) = E[X - E(X)]^2 = E(X^2) - [E(X)]^2.$$

对于前述的两种品牌手表问题，因为 $E(X) = E(Y) = 0$，所以无法用期望对它们的优劣进行判别。计算其方差分别为

$$D(X) = E(X^2) = (-2)^2 \times 0.03 + (-1)^2 \times 0.07 + 0^2 \times 0.8 + 1^2 \times 0.07 + 2^2 \times 0.03$$
$$= 0.38,$$
$$D(Y) = E(Y^2) = (-2)^2 \times 0.1 + (-1)^2 \times 0.2 + 0^2 \times 0.4 + 1^2 \times 0.2 + 2^2 \times 0.1 = 1.2.$$

由 $D(X) < D(Y)$ 可知，甲种品牌手表优于乙种品牌手表。

例 4.14 设随机变量 $X \sim \pi(\lambda)$，求 $D(X)$。

解 由于 $X \sim \pi(\lambda)$，其分布律为
$$P\{X = k\} = \frac{\lambda^k \mathrm{e}^{-\lambda}}{k!}, \quad \lambda > 0, \quad k = 0, 1, 2, \cdots.$$

由例 4.3 可知 $E(X) = \lambda$，又
$$E(X^2) = E[X(X-1) + X] = E[X(X-1)] + E(X)$$
$$= \sum_{k=0}^{\infty} k(k-1) \frac{\lambda^k \mathrm{e}^{-\lambda}}{k!} + \lambda = \lambda^2 \mathrm{e}^{-\lambda} \sum_{k=2}^{\infty} \frac{\lambda^{k-2}}{(k-2)!} + \lambda = \lambda^2 \mathrm{e}^{-\lambda} \mathrm{e}^{\lambda} + \lambda = \lambda^2 + \lambda.$$

所以
$$D(X) = E(X^2) - [E(X)]^2 = \lambda.$$

例 4.15 设随机变量 $X \sim U(a, b)$，求 $D(X)$。

解 X 的概率密度函数为
$$f(x) = \begin{cases} \dfrac{1}{b-a}, & a < x < b, \\ 0, & \text{其他}. \end{cases}$$

由例 4.5 可知 $E(X) = \dfrac{a+b}{2}$，又

$$E(X^2) = \int_{-\infty}^{+\infty} x^2 f(x)\,\mathrm{d}x = \int_a^b x^2 \frac{1}{b-a}\,\mathrm{d}x = \frac{1}{b-a}\int_a^b x^2\,\mathrm{d}x = \frac{a^2+ab+b^2}{3},$$

所以

$$D(X) = E(X^2) - [E(X)]^2 = \frac{a^2+ab+b^2}{3} - \left(\frac{a+b}{2}\right)^2 = \frac{(b-a)^2}{12}.$$

例 4.16 设随机变量 X 服从参数为 λ 的指数分布,求 $D(X)$.

解 X 的概率密度函数为

$$f(x) = \begin{cases} \lambda \mathrm{e}^{-\lambda x}, & x > 0, \\ 0, & x \leqslant 0. \end{cases}$$

由例 4.6 可知 $E(X) = \dfrac{1}{\lambda}$,又

$$E(X^2) = \int_{-\infty}^{+\infty} x^2 f(x)\,\mathrm{d}x = \int_0^{+\infty} \lambda x^2 \mathrm{e}^{-\lambda x}\,\mathrm{d}x = -x^2 \mathrm{e}^{-\lambda x}\Big|_0^{+\infty} + \int_0^{+\infty} 2x\mathrm{e}^{-\lambda x}\,\mathrm{d}x$$

$$= -\frac{2}{\lambda}x\mathrm{e}^{-\lambda x}\Big|_0^{+\infty} + \frac{2}{\lambda}\int_0^{+\infty} \mathrm{e}^{-\lambda x}\,\mathrm{d}x = -\frac{2}{\lambda^2}\mathrm{e}^{-\lambda x}\Big|_0^{+\infty} = \frac{2}{\lambda^2}.$$

所以

$$D(X) = E(X^2) - [E(X)]^2 = \frac{2}{\lambda^2} - \frac{1}{\lambda^2} = \frac{1}{\lambda^2}.$$

例 4.17 设随机变量 $X \sim N(\mu, \sigma^2)$,求 $D(X)$.

解 由于 $X \sim N(\mu, \sigma^2)$,其概率密度函数为 $f(x) = \dfrac{1}{\sqrt{2\pi}\sigma}\mathrm{e}^{-\frac{(x-\mu)^2}{2\sigma^2}}$.

由例 4.7 可知 $E(X) = \mu$,则

$$D(X) = \int_{-\infty}^{+\infty} [x - E(x)]^2 f(x)\,\mathrm{d}x = \int_{-\infty}^{+\infty} (x-\mu)^2 \frac{1}{\sqrt{2\pi}\sigma} \mathrm{e}^{-\frac{(x-\mu)^2}{2\sigma^2}}\,\mathrm{d}x.$$

令 $t = \dfrac{x-\mu}{\sigma}$,得

$$D(X) = \frac{\sigma^2}{\sqrt{2\pi}}\int_{-\infty}^{+\infty} t^2 \mathrm{e}^{-\frac{t^2}{2}}\,\mathrm{d}t = \frac{\sigma^2}{\sqrt{2\pi}}\int_{-\infty}^{+\infty} t\mathrm{e}^{-\frac{t^2}{2}}\,\mathrm{d}\frac{t^2}{2}$$

$$= -\frac{\sigma^2}{\sqrt{2\pi}}\int_{-\infty}^{+\infty} t\,\mathrm{d}\mathrm{e}^{-\frac{t^2}{2}} = -\frac{\sigma^2}{\sqrt{2\pi}}\left(t\mathrm{e}^{-\frac{t^2}{2}}\Big|_{-\infty}^{+\infty} - \int_{-\infty}^{+\infty} \mathrm{e}^{-\frac{t^2}{2}}\,\mathrm{d}t\right)$$

$$= \frac{\sigma^2}{\sqrt{2\pi}}\int_{-\infty}^{+\infty} \mathrm{e}^{-\frac{t^2}{2}}\,\mathrm{d}t = \sigma^2.$$

可以看出,正态分布的概率密度函数中的两个参数 μ 和 σ 分别就是该分布的数学期望和均方差,因而正态分布完全可由它的数学期望和方差确定.

例 4.18 某人有一笔资金,可投入两个项目——房产和商业,其收益都与市场状态有关. 若把未来市场划分为好、中、差三个等级,各等级发生的概率分别为 0.2,0.7,0.1. 通过调查,该投资者认为投资于房产的收益 X(万元)和投资于商业的收益 Y(万元)的分布分别为

X	11	3	-3
p_k	0.2	0.7	0.1

Y	6	4	-1
p_k	0.2	0.7	0.1

试问该投资者应选择哪一种投资方案为好？

解 先考察两种投资的平均收益：

$$E(X) = 11 \times 0.2 + 3 \times 0.7 + (-3) \times 0.1 = 4.0 (万元),$$
$$E(Y) = 6 \times 0.2 + 4 \times 0.7 + (-1) \times 0.1 = 3.9 (万元).$$

从平均收益看，投资房产收益大，比投资商业多收益 0.1 万元．再来计算它们的方差：

$$D(X) = (11-4)^2 \times 0.2 + (3-4)^2 \times 0.7 + (-3-4)^2 \times 0.1 = 15.4,$$
$$D(Y) = (6-3.9)^2 \times 0.2 + (4-3.9)^2 \times 0.7 + (-1-3.9)^2 \times 0.1 = 3.29.$$

因为方差越大，则收益的波动越大，从而风险也大，所以从方差看，投资房产的风险比投资商业的风险大得多．若收益与风险综合权衡，该投资者还是应该投资商业为好．虽然平均收益少 0.1 万元，但风险要小一半以上．

二、方差的性质

随机变量的方差具有下列性质（假设遇到的随机变量其方差都存在）：

(1) 若 C 为常数，则 $D(C) = 0$.

(2) 若 C, a, b 为常数，X 为随机变量，则 $D(CX) = C^2 D(X), D(aX+b) = a^2 D(X)$.

(3) 设 X, Y 为任意两个随机变量，则

$$D(X \pm Y) = D(X) + D(Y) \pm 2E\{[X-E(X)][Y-E(Y)]\}.$$

特别地，若 X, Y 相互独立，则 $D(X \pm Y) = D(X) + D(Y)$.

(4) $D(X) = 0$ 的充要条件是 X 以概率 1 取常数 C，即 $P\{X=C\} = 1$. 显然，这里 $C = E(X)$.

证 性质(4)的证明略，下面证明性质(1), (2), (3).

(1) $D(C) = E[C - E(C)]^2 = E[C - C]^2 = 0$.

(2) $D(CX) = E[CX - E(CX)]^2 = E\{C^2[X - E(X)]^2\} = C^2 E\{[X - E(X)]^2\}$
$\quad = C^2 D(X).$

$D(aX+b) = E[(aX+b) - E(aX+b)]^2 = E[aX - aE(X)]^2 = a^2 E[X - E(X)]^2$
$\quad = a^2 D(X).$

(3) $D(X \pm Y) = E[(X \pm Y) - E(X \pm Y)]^2 = E\{[X - E(X)] \pm [Y - E(Y)]\}^2$
$\quad = E[X - E(X)]^2 + E[Y - E(Y)]^2 \pm 2E[X - E(X)][Y - E(Y)]$
$\quad = D(X) + D(Y) \pm 2E\{[X - E(X)][Y - E(Y)]\}.$

若 X, Y 相互独立，则

$$E\{[X-E(X)][Y-E(Y)]\} = E[XY - XE(Y) - YE(X) + E(X)E(Y)]$$
$$= E(XY) - E(X)E(Y) = 0.$$

于是得到
$$D(X \pm Y) = D(X) + D(Y).$$

由性质(2)和(3),这一性质可推广到任意有限多个相互独立的随机变量之和的情况:设 n 个随机变量 $X_1, X_2, \cdots, X_n$ 相互独立,$C_1, C_2, \cdots, C_n$ 为任意常数,则
$$D(\sum_{i=1}^{n} C_i X_i) = \sum_{i=1}^{n} C_i^2 D(X_i).$$

结合上一章可知,若 $X_1 \sim N(\mu_i, \sigma_i^2)$, $i=1, 2, \cdots, n$,且它们相互独立,则它们的线性组合
$$\sum_{i=1}^{n} C_i X_i = C_1 X_1 + C_2 X_2 + \cdots + C_n X_n, C_1, C_2, \cdots, C_n \text{ 是不全为零的常数}$$

仍服从正态分布,又
$$E(\sum_{i=1}^{n} C_i X_i) = \sum_{i=1}^{n} C_i E(X_i) = \sum_{i=1}^{n} C_i \mu_i,$$
$$D(\sum_{i=1}^{n} C_i X_i) = \sum_{i=1}^{n} C_i^2 D(X_i) = \sum_{i=1}^{n} C_i^2 \sigma_i^2,$$

于是
$$\sum_{i=1}^{n} C_i X_i \sim N(\sum_{i=1}^{n} C_i \mu_i, \sum_{i=1}^{n} C_i^2 \sigma_i^2).$$

在理论研究和实际应用中,为了便于计算或者简化证明,往往会对随机变量进行所谓"标准化":设随机变量 X 的数学期望 $E(X)$ 和方差 $D(X)$ 都存在,记
$$X^* = \frac{X - E(X)}{\sqrt{D(X)}},$$

称 X^* 为 X 的**标准化变量**. 此时,
$$E(X^*) = E\left[\frac{X - E(X)}{\sqrt{D(X)}}\right] = \frac{E[X - E(X)]}{\sqrt{D(X)}} = \frac{E(X) - E(X)}{\sqrt{D(X)}} = 0,$$
$$D(X^*) = D\left[\frac{X - E(X)}{\sqrt{D(X)}}\right] = \frac{D[X - E(X)]}{D(X)} = \frac{D(X)}{D(X)} = 1.$$

即 $X^* = \frac{X - E(X)}{\sqrt{D(X)}}$ 的数学期望为 0,方差为 1.

如随机变量 X 服从正态分布 $N(\mu, \sigma^2)$,由前面的例子可知 $E(X) = \mu$, $D(X) = \sigma^2$,则它的标准化变量 $X^* = \frac{X - \mu}{\sigma}$ 的数学期望为 $E(X^*) = 0$,方差 $D(X^*) = 1$,即 X^* 服从标准正态分布 $N(0, 1)$.

由于标准化变量 X^* 是无量纲的,可以用于不同单位的量的比较,因而在统计分析中有

着广泛的应用.

例 4.19 设随机变量 $X \sim B(n, p)$，求 $E(X)$ 和 $D(X)$.

解 由二项分布的定义可知，随机变量 X 是在 n 重伯努利试验中事件 A 发生的次数，且在每次试验中 A 发生的概率为 p，引入随机变量

$$X_i = \begin{cases} 1, & A \text{ 在第 } i \text{ 次试验中发生}, \\ 0, & A \text{ 在第 } i \text{ 次试验中不发生}, \end{cases} \quad i = 1, 2, \cdots, n.$$

由于 X_i 只依赖于第 i 次试验，而各次试验相互独立，所以 $X_1, X_2, \cdots, X_n$ 相互独立，且

$$X = X_1 + X_2 + \cdots + X_n.$$

显然 X_i 服从 $(0-1)$ 分布 $(i = 1, 2, \cdots, n)$，其分布律为

X_i	0	1
p_i	$1-p$	p

则

$$E(X_i) = 0 \times (1-p) + 1 \times p = p,$$
$$E(X_i^2) = 0^2 \times (1-p) + 1^2 \times p = p,$$
$$D(X_i) = E(X_i^2) - [E(X_i)]^2 = p - p^2 = p(1-p).$$

所以

$$E(X) = E(X_1 + X_2 + \cdots + X_n) = E(X_1) + E(X_2) + \cdots + E(X_n) = np,$$
$$D(X) = D(X_1 + X_2 + \cdots + X_n) = D(X_1) + D(X_2) + \cdots + D(X_n) = np(1-p).$$

如果直接用定义去求，会比较麻烦，应用性质(3)来求则使计算大大简化.

表 4-1 给出了常用的概率分布的数学期望和方差.

表 4-1

分布名称及记号	参数	分布律或概率密度	数学期望	方差
$(0-1)$ 分布 $B(1, p)$	$0 < p < 1$	$P\{X=k\} = p^k(1-p)^{1-k},$ $k = 0, 1$	p	$p(1-p)$
二项分布 $B(n, p)$	$n \geq 1,$ $0 < p < 1$	$P\{X=k\} = C_n^k p^k (1-p)^{n-k},$ $k = 0, 1, \cdots, n$	np	$np(1-p)$
几何分布 $G(p)$	$0 < p < 1$	$P\{X=k\} = p(1-p)^{k-1},$ $k = 1, 2, \cdots$	$\dfrac{1}{p}$	$\dfrac{1-p}{p^2}$
泊松分布 $\pi(\lambda)$	$\lambda > 0$	$P\{X=k\} = \dfrac{\lambda^k e^{-\lambda}}{k!},$ $k = 0, 1, 2, \cdots$	λ	λ

(续表)

分布名称及记号	参数	分布律或概率密度	数学期望	方差
均匀分布 $U(a,b)$	$a<b$	$f(x)=\begin{cases}\dfrac{1}{b-a}, & a<x<b,\\ 0, & \text{其他}\end{cases}$	$\dfrac{a+b}{2}$	$\dfrac{(b-a)^2}{12}$
指数分布 $E(\lambda)$	$\lambda>0$	$f(x)=\begin{cases}\lambda e^{-\lambda x}, & x>0,\\ 0, & x\leqslant 0\end{cases}$	$\dfrac{1}{\lambda}$	$\dfrac{1}{\lambda^2}$
正态分布 $N(\mu,\sigma^2)$	$-\infty<\mu<+\infty,$ $\sigma>0$	$f(x)=\dfrac{1}{\sqrt{2\pi}\sigma}e^{-\frac{(x-\mu)^2}{2\sigma^2}}$	μ	σ^2

第三节 协方差与相关系数

对于二维随机变量 (X,Y)，除了讨论随机变量 X 与 Y 的数学期望和方差之外，还要讨论两个描述 X 与 Y 之间相互关系的数字特征——协方差与相关系数.

一、协方差

由上一节可知，若 X 与 Y 相互独立，则有 $E\{[X-E(X)][Y-E(Y)]\}=0$；若 $E\{[X-E(X)][Y-E(Y)]\}\neq 0$，则说明 X 与 Y 不相互独立，但是有一定的关系. 为此给出如下定义.

定义 4.4 设 (X,Y) 是一个二维随机变量，若 $E\{[X-E(X)][Y-E(Y)]\}$ 存在，则称为随机变量 X 与 Y 的**协方差**，记为 $\text{cov}(X,Y)$，即

$$\text{cov}(X,Y)=E\{[X-E(X)][Y-E(Y)]\}. \tag{4.2}$$

由上述定义可知，对于任意两个随机变量 X 和 Y，则

$$D(X\pm Y)=D(X)+D(Y)\pm 2\text{cov}(X,Y).$$

计算协方差时，常常用下式：

$$\text{cov}(X,Y)=E(XY)-E(X)E(Y).$$

由数学期望的性质，式 (4.2) 可以写成

$$\text{cov}(X,Y)=E\{[X-E(X)][Y-E(Y)]\}=E(XY)-E(X)E(Y).$$

协方差具有如下性质：

(1) $\text{cov}(X,X)=D(X)$.

(2) $\text{cov}(X,Y)=\text{cov}(Y,X)$.

(3) $\text{cov}(aX,bY)=ab\,\text{cov}(X,Y)$，$a,b$ 为两个任意常数.

(4) $\text{cov}(X_1+X_2,Y)=\text{cov}(X_1,Y)+\text{cov}(X_2,Y)$.

(5) 若 X 与 Y 相互独立，则 $\text{cov}(X,Y)=0$，反之不一定成立.

证 容易证明性质(1),(2),(5)成立,下面证明性质(3),(4).

(3) $\operatorname{cov}(aX, bY) = E\{[aX - E(aX)][bY - E(bY)]\}$
$= abE\{[X - E(X)][Y - E(Y)]\} = ab\operatorname{cov}(X, Y).$

(4) $\operatorname{cov}(X_1 + X_2, Y) = E\{[X_1 + X_2 - E(X_1 + X_2)][Y - E(Y)]\}$
$= E\{[X_1 - E(X_1) + X_2 - E(X_2)][Y - E(Y)]\}$
$= E\{[X_1 - E(X_1)][Y - E(Y)] + [X_2 - E(X_2)][Y - E(Y)]\}$
$= \operatorname{cov}(X_1, Y) + \operatorname{cov}(X_2, Y).$

二、相关系数

协方差虽然在一定程度上描述了随机变量之间的相关性,但协方差还受到量纲的影响,同样的两个量采用不同的量纲,它们的协方差在数值上可能差异会很大,因此有必要统一单位,即消去 X 和 Y 的单位.为此将每个随机变量标准化,令

$$X^* = \frac{X - E(X)}{\sqrt{D(X)}}, Y^* = \frac{Y - E(Y)}{\sqrt{D(Y)}},$$

此时 X^*,Y^* 已是无量纲的量,由协方差的性质(3),得

$$\operatorname{cov}(X^*, Y^*) = \frac{\operatorname{cov}(X, Y)}{\sqrt{D(X)} \sqrt{D(Y)}}.$$

$\operatorname{cov}(X^*, Y^*)$ 与量纲无关,用它来刻画随机变量 X 与 Y 之间的相关性比协方差更合适.

定义 4.5 设 (X, Y) 是一个二维随机变量,X 和 Y 的方差均存在,且均为正数,则称

$$\rho_{XY} = \frac{\operatorname{cov}(X, Y)}{\sqrt{D(X)} \sqrt{D(Y)}}$$

为随机变量 X 与 Y 的**相关系数**,ρ_{XY} 是一个无量纲的量.

例 4.20 设二维随机变量 (X, Y) 的密度函数为

$$f(x, y) = \begin{cases} x + y, & 0 < x < 1, 0 < y < 1, \\ 0, & 其他. \end{cases}$$

求 $\operatorname{cov}(X, Y)$,$D(X+Y)$ 和 ρ_{XY}.

解 $E(X) = \int_{-\infty}^{+\infty} \int_{-\infty}^{+\infty} x f(x, y) \mathrm{d}x \mathrm{d}y = \int_0^1 \int_0^1 x(x+y) \mathrm{d}x \mathrm{d}y = \frac{7}{12},$

$E(X^2) = \int_{-\infty}^{+\infty} \int_{-\infty}^{+\infty} x^2 f(x, y) \mathrm{d}x \mathrm{d}y = \int_0^1 \int_0^1 x^2(x+y) \mathrm{d}x \mathrm{d}y = \frac{5}{12},$

$E(XY) = \int_{-\infty}^{+\infty} \int_{-\infty}^{+\infty} xy f(x, y) \mathrm{d}x \mathrm{d}y = \int_0^1 \int_0^1 xy(x+y) \mathrm{d}x \mathrm{d}y = \frac{1}{3}.$

由 x, y 在 $f(x, y)$ 中的对称性可知

$$E(Y) = E(X) = \frac{7}{12}, E(Y^2) = E(X^2) = \frac{5}{12}.$$

所以

$$D(X) = D(Y) = \frac{5}{12} - \left(\frac{7}{12}\right)^2 = \frac{11}{144},$$

$$\text{cov}(X, Y) = E(XY) - E(X)E(Y) = \frac{1}{3} - \frac{7}{12} \times \frac{7}{12} = -\frac{1}{144},$$

$$D(X+Y) = D(X) + D(Y) + 2\text{cov}(X, Y) = \frac{11}{144} + \frac{11}{144} + 2 \times \left(-\frac{1}{144}\right) = \frac{5}{36}.$$

于是

$$\rho_{XY} = \frac{\text{cov}(X, Y)}{\sqrt{D(X)}\sqrt{D(Y)}} = \frac{-\frac{1}{144}}{\sqrt{\frac{11}{144}}\sqrt{\frac{11}{144}}} = -\frac{1}{11}.$$

例 4.21 设 (X, Y) 服从二维正态分布,即 $(X, Y) \sim N(\mu_1, \mu_2, \sigma_1^2, \sigma_2^2, \rho)$,求 ρ_{XY}.

解 由于 $(X, Y) \sim N(\mu_1, \mu_2, \sigma_1^2, \sigma_2^2, \rho)$,它的联合概率密度为

$$f(x, y) = \frac{1}{2\pi\sigma_1\sigma_2\sqrt{1-\rho^2}} e^{-\frac{1}{2(1-\rho^2)}\left[\frac{(x-\mu_1)^2}{\sigma_1^2} - 2\rho\frac{(x-\mu_1)(y-\mu_2)}{\sigma_1\sigma_2} + \frac{(y-\mu_2)^2}{\sigma_2^2}\right]},$$

$X \sim N(\mu_1, \sigma_1^2)$, $Y \sim N(\mu_2, \sigma_2^2)$,故

$$E(X) = \mu_1, D(X) = \sigma_1^2, E(Y) = \mu_2, D(Y) = \sigma_2^2.$$

而 $\text{cov}(X, Y) = E\{[X - E(X)][Y - E(Y)]\}$

$$= \int_{-\infty}^{+\infty}\int_{-\infty}^{+\infty} (x - \mu_1)(y - \mu_2) f(x, y) \mathrm{d}x\mathrm{d}y$$

$$= \frac{1}{2\pi\sigma_1\sigma_2\sqrt{1-\rho^2}} \int_{-\infty}^{+\infty}\int_{-\infty}^{+\infty} (x - \mu_1)(y - \mu_2) e^{-\frac{1}{2(1-\rho^2)}\left[\frac{(x-\mu_1)^2}{\sigma_1^2} - 2\rho\frac{(x-\mu_1)(y-\mu_2)}{\sigma_1\sigma_2} + \frac{(y-\mu_2)^2}{\sigma_2^2}\right]} \mathrm{d}x\mathrm{d}y,$$

令 $u = \dfrac{x - \mu_1}{\sigma_1}, v = \dfrac{y - \mu_2}{\sigma_2}$,则

$$\text{cov}(X, Y) = \frac{\sigma_1\sigma_2}{2\pi\sqrt{1-\rho^2}} \int_{-\infty}^{+\infty}\int_{-\infty}^{+\infty} uv e^{-\frac{1}{2(1-\rho^2)}(u^2 - 2\rho uv + v^2)} \mathrm{d}u\mathrm{d}v$$

$$= \frac{\sigma_1\sigma_2}{2\pi\sqrt{1-\rho^2}} \int_{-\infty}^{+\infty}\int_{-\infty}^{+\infty} uv e^{-\frac{1}{2(1-\rho^2)}[(v-\rho u)^2 + (1-\rho^2)u^2]} \mathrm{d}u\mathrm{d}v$$

$$= \frac{\sigma_1\sigma_2}{2\pi\sqrt{1-\rho^2}} \int_{-\infty}^{+\infty}\int_{-\infty}^{+\infty} uv e^{-\frac{1}{2}\left[\frac{(v-\rho u)^2}{1-\rho^2} + u^2\right]} \mathrm{d}u\mathrm{d}v.$$

令 $s = u, t = \dfrac{v - \rho u}{\sqrt{1-\rho^2}}$,则

$$\text{cov}(X, Y) = \frac{\sigma_1\sigma_2}{2\pi} \int_{-\infty}^{+\infty}\int_{-\infty}^{+\infty} e^{-\frac{1}{2}(t^2 + s^2)} \mathrm{d}s\mathrm{d}t = \frac{\sigma_1\sigma_2}{2\pi} \int_{-\infty}^{+\infty} e^{-\frac{1}{2}s^2} \mathrm{d}s \int_{-\infty}^{+\infty} e^{-\frac{1}{2}t^2} \mathrm{d}t$$

$$= \frac{\sigma_1\sigma_2}{2\pi} \sqrt{2\pi}\sqrt{2\pi} = \sigma_1\sigma_2\rho.$$

于是

$$\rho_{XY} = \frac{\text{cov}(X, Y)}{\sqrt{D(X)}\sqrt{D(Y)}} = \rho.$$

可见二维正态随机变量 (X,Y) 的密度函数中的参数 ρ 就是 X 与 Y 的相关系数,因此二维正态随机变量的分布完全可由每个变量的数学期望 μ_1,μ_2,方差 σ_1^2,σ_2^2 及相关系数 ρ 确定.

在第三章中已经讲过,若 (X,Y) 服从二维正态分布,那么 X 与 Y 相互独立的充要条件为 $\rho=0$. 而当 $\rho=0$ 时,$\text{cov}(X,Y)=0$,X 与 Y 不相关,故对于二维正态分布 (X,Y) 来说,X 与 Y 不相关和相互独立是等价的.

相关系数具有以下重要性质:

定理 4.3 设 ρ_{XY} 是随机变量 X,Y 的相关系数,则有:

(1) $|\rho_{XY}|\leqslant 1$.

(2) $|\rho_{XY}|=1$ 的充要条件是存在常数 a,b,使

$$P\{Y=aX+b\}=1,$$

即 X 与 Y 以概率 1 存在线性关系.

证 (1) 记 $E(X)=\mu_X$,$E(Y)=\mu_Y$,$D(X)=\sigma_X^2$,$D(Y)=\sigma_Y^2$,设

$$h(t)=E\{[(X-\mu_X)t+(Y-\mu_Y)]^2\},$$

则

$$h(t)=t^2 E[(X-\mu_X)]^2+2tE[(X-\mu_X)(Y-\mu_Y)]+E(Y-\mu_Y)^2$$
$$=t^2\sigma_X^2+2t\text{cov}(X,Y)+\sigma_Y^2.$$

因为对一切 t,$h(t)\geqslant 0$,因此对于方程 $h(t)=0$ 来说,它的判别式

$$[2\text{cov}(X,Y)]^2-4\sigma_X^2\cdot\sigma_Y^2\leqslant 0, \tag{4.3}$$

$$\frac{[\text{cov}(X,Y)]^2}{(\sigma_X\sigma_Y)^2}\leqslant 1,$$

则

$$-1\leqslant\frac{\text{cov}(X,Y)}{\sigma_X\sigma_Y}\leqslant 1,$$

即得

$$|\rho_{XY}|\leqslant 1.$$

(2) 设 $|\rho_{XY}|=1$,相当于方程 $h(t)=0$ 的判别式 (4.3) 取等号. 因而方程 $h(t)=0$ 存在二重根 t_0,即有

$$h(t_0)=E\{[(X-\mu_X)t_0+(Y-\mu_Y)]^2\}=0, \tag{4.4}$$

又易知

$$E[(X-\mu_X)t_0+(Y-\mu_Y)]=0, \tag{4.5}$$

由式 (4.4) 和式 (4.5) 可得

$$D\{[(X-\mu_X)t_0+(Y-\mu_Y)]\}=0.$$

由方差的性质(4)可知上式成立的充要条件是
$$P\{(X-\mu_X)t_0+(Y-\mu_Y)=0\}=1,$$
即
$$P\{Y=aX+b\}=1, a, b \text{ 是常数}.$$
也就是说存在常数 a, b,使 $P\{Y=aX+b\}=1$.

定义 4.6 若 $\rho_{XY}=0$,则称 X, Y **不相关**.

从相关系数的性质可知,相关系数 ρ_{XY} 是一个可以表征 X 与 Y 之间线性关系紧密程度的量. $|\rho_{XY}|=1$ 表明随机变量 X 与 Y 具有线性关系,$\rho=1$ 时为**正线性相关**,$\rho=-1$ 时为**负线性相关**;当 $|\rho_{XY}|<1$ 时,$|\rho_{XY}|$ 越大,X 与 Y 线性相关程度越好,$|\rho_{XY}|$ 越小,X 与 Y 线性相关程度越差;$\rho_{XY}=0$ 时,X 与 Y 之间不存在线性关系,X 与 Y 不相关,但不能排除可能有其他关系.

由相关系数的定义和数学期望的性质可以得到以下定理.

定理 4.4 若随机变量 X 与 Y 相互独立,则 $\rho_{XY}=0$,即 X, Y 不相关.

证 因为 X 与 Y 相互独立,由数学期望的性质知 $E(XY)=E(X)E(Y)$,则
$$\text{cov}(X,Y)=E(XY)-E(X)E(Y)=0.$$
由此可得
$$\rho_{XY}=\frac{\text{cov}(X,Y)}{\sqrt{D(X)}\sqrt{D(Y)}}=0,$$
即 X, Y 不相关.

注 两个不相关的随机变量,不一定相互独立.

例 4.22 设二维随机变量 (X, Y) 具有如下分布律:

X \ Y	−1	0	1
−1	0	$\frac{1}{4}$	0
0	$\frac{1}{4}$	$\frac{1}{4}$	$\frac{1}{4}$
1	0	0	0

试验证 X 与 Y 是不相关的,但 X 与 Y 不是相互独立的.

解 先求出 X 与 Y 的边缘分布律如下:

X	−1	0	1
p_k	$\frac{1}{4}$	$\frac{3}{4}$	0

Y	-1	0	1
p_k	$\frac{1}{4}$	$\frac{2}{4}$	$\frac{1}{4}$

则
$$E(X) = (-1) \times \frac{1}{4} + 0 \times \frac{3}{4} + 1 \times 0 = -\frac{1}{4},$$
$$E(Y) = (-1) \times \frac{1}{4} + 0 \times \frac{2}{4} + 1 \times \frac{1}{4} = 0,$$
$$E(XY) = \sum_{i=1}^{3} \sum_{j=1}^{3} x_i y_j p_{ij} = 0.$$

显然 $\text{cov}(X, Y) = E(XY) - E(X)E(Y) = 0$，因此 $\rho_{XY} = 0$，故 X 与 Y 不相关，但
$$P\{X = -1, Y = -1\} = 0 \neq P\{X = -1\}P\{Y = -1\} = \frac{1}{4} \times \frac{1}{4} = \frac{1}{16},$$
故 X 与 Y 不相互独立．

例 4.23 设 X 服从 $[-\pi, \pi]$ 上的均匀分布，$X_1 = \sin X$，$X_2 = \cos X$，讨论 X_1 与 X_2 的独立性与相关性．

解 随机变量 X 的概率密度为
$$f(x) = \begin{cases} \dfrac{1}{2\pi}, & x \in [-\pi, \pi], \\ 0, & \text{其他}. \end{cases}$$
$$E(X_1) = E(\sin X) = \int_{-\infty}^{\infty} f(x) \sin x \, dx = \frac{1}{2\pi} \int_{-\pi}^{\pi} \sin x \, dx = 0,$$
$$E(X_2) = E(\cos X) = \int_{-\infty}^{\infty} f(x) \cos x \, dx = \frac{1}{2\pi} \int_{-\pi}^{\pi} \cos x \, dx = 0,$$
$$E(X_1 X_2) = E(\sin X \cos X) = \int_{-\infty}^{\infty} f(x) \sin x \cos x \, dx = \frac{1}{2\pi} \int_{-\pi}^{\pi} \sin x \cos x \, dx = 0,$$

于是得
$$\text{cov}(X_1, X_2) = E(X_1 X_2) - E(X_1)E(X_2) = 0.$$

故 $\rho_{X_1 X_2} = 0$，即 X_1 与 X_2 不相关，但 $X_1^2 + X_2^2 = 1$，说明 X_1 与 X_2 不独立．

由以上讨论可知，"X, Y 不相关"与"X, Y 相互独立"是两个不同的概念，"X, Y 不相关"只说明 X 与 Y 之间不存在线性关系，而"X, Y 相互独立"说明 X 与 Y 之间完全无关，既不存在线性关系，也不存在非线性关系．因此由相互独立必能推出不相关，而由不相关却不一定能得到相互独立．

第四节 矩与协方差矩阵

本节介绍随机变量的另外几个数字特征．

一、矩与中心矩

定义 4.7 设 X 和 Y 是随机变量,若 $\mu_k = E(X^k)$, $k = 1, 2, \cdots$ 存在,称 μ_k 为 X 的 k 阶原点矩,简称 k 阶矩.

若 $m_k = E\{[X - E(X)]^k\}$, $k = 1, 2, \cdots$ 存在,称 m_k 为 X 的 k 阶中心矩.

若 $E(X^k Y^l)$, $k, l = 1, 2, \cdots$ 存在,称它为 X 和 Y 的 $k + l$ 阶混合原点矩.

若 $E\{[X - E(X)]^k [Y - E(Y)]^l\}$, $k, l = 1, 2, \cdots$ 存在,称它为 X 和 Y 的 $k + l$ 阶混合中心矩.

显然,X 的数学期望 $E(X)$ 是 X 的一阶原点矩,一阶中心矩恒等于 0,方差 $D(X)$ 是 X 的二阶中心矩,协方差 $\mathrm{cov}(X, Y)$ 是 X 和 Y 的二阶混合中心矩.

例 4.24 设随机变量 X 的分布律为

X	-2	0	2	3	4
p_k	$\dfrac{1}{6}$	$\dfrac{1}{12}$	$\dfrac{1}{6}$	$\dfrac{1}{3}$	$\dfrac{1}{4}$

求 μ_3 和 m_3.

解 由定义可得

$$E(X) = (-2) \times \frac{1}{6} + 0 \times \frac{1}{12} + 2 \times \frac{1}{6} + 3 \times \frac{1}{3} + 4 \times \frac{1}{4} = 2,$$

$$\mu_3 = E(X^3) = (-2)^3 \times \frac{1}{6} + 0^3 \times \frac{1}{12} + 2^3 \times \frac{1}{6} + 3^3 \times \frac{1}{3} + 4^3 \times \frac{1}{4} = 25,$$

$$m_3 = E[(X - 2)^3]$$
$$= (-2 - 2)^3 \times \frac{1}{6} + (0 - 2)^3 \times \frac{1}{12} + (2 - 2)^3 \times \frac{1}{6} + (3 - 2)^3 \times \frac{1}{3} + (4 - 3)^3 \times \frac{1}{4} = -9.$$

二、协方差矩阵*

下面介绍 n 维随机变量的协方差矩阵,首先介绍二维随机变量协方差矩阵.

定义 4.8 设二维随机变量 (X_1, X_2) 的四个二阶中心距都存在,分别记为

$$c_{11} = E\{[X_1 - E(X_1)]^2\} = D(X_1) = \mathrm{cov}(X_1, X_1),$$
$$c_{12} = E\{[X_1 - E(X_1)][X_2 - E(X_2)]\} = \mathrm{cov}(X_1, X_2),$$
$$c_{21} = E\{[X_2 - E(X_2)][X_1 - E(X_1)]\} = \mathrm{cov}(X_2, X_1) = c_{12},$$
$$c_{22} = E\{[X_2 - E(X_2)]^2\} = D(X_2) = \mathrm{cov}(X_2, X_2).$$

将它们排成二阶矩阵的形式为

$$C = \begin{bmatrix} c_{11} & c_{12} \\ c_{21} & c_{22} \end{bmatrix},$$

称此矩阵为随机变量(X_1, X_2)的**协方差矩阵**.

例 4.25 设二维随机变量(X_1, X_2)的协方差矩阵为$C = \begin{pmatrix} 1 & 1 \\ 1 & 4 \end{pmatrix}$, $X = X_1 - 2X_2$, $Y = 2X_1 - X_2$, 求 X 和 Y 的相关系数ρ_{XY}.

解 由协方差矩阵的定义可知
$$D(X_1) = 1, D(X_2) = 4, \text{cov}(X_1, X_2) = 1.$$
再由方差和协方差的性质可得
$$D(X) = D(X_1 - 2X_2) = D(X_1) + D(2X_2) - 2\text{cov}(X_1, 2X_2)$$
$$= D(X_1) + 4D(X_2) - 4\text{cov}(X_1, X_2) = 1 + 4 \times 4 - 4 \times 1 = 13,$$
$$D(Y) = D(2X_1 - X_2) = D(2X_1) + D(X_2) - 2\text{cov}(2X_1, X_2)$$
$$= 4D(X_1) + D(X_2) - 4\text{cov}(X_1, X_2) = 4 \times 1 + 4 - 4 \times 1 = 4,$$
$$\text{cov}(X, Y) = \text{cov}(X_1 - 2X_2, 2X_1 - X_2)$$
$$= \text{cov}(X_1, 2X_1) - \text{cov}(X_1, X_2) - \text{cov}(2X_2, 2X_1) + \text{cov}(2X_2, X_2)$$
$$= 2D(X_1) - \text{cov}(X_1, X_2) - 4\text{cov}(X_2, X_1) + 2D(X_2)$$
$$= 2 \times 1 - 1 - 4 \times 1 + 2 \times 4 = 5,$$
$$\rho_{XY} = \frac{\text{cov}(X, Y)}{\sqrt{D(X)}\sqrt{D(Y)}} = \frac{5}{\sqrt{13}\sqrt{4}} = \frac{5\sqrt{13}}{26}.$$

类似地,可以定义 n 维随机变量$(X_1, X_2, \cdots, X_n)$的协方差矩阵.

定义 4.9 设 n 维随机变量$(X_1, X_2, \cdots, X_n)$的二阶混合中心矩为
$$c_{ij} = E\{[X_i - E(X_i)][X_j - E(X_j)]\} = \text{cov}(X_i, X_j), \quad i, j = 1, 2, \cdots, n$$
都存在,则称矩阵
$$C = \begin{pmatrix} c_{11} & c_{12} & \cdots & c_{1n} \\ c_{21} & c_{22} & \cdots & c_{2n} \\ \vdots & \vdots & & \vdots \\ c_{n1} & c_{n2} & \cdots & c_{nn} \end{pmatrix}$$

为 n 维随机变量$(X_1, X_2, \cdots, X_n)$的**协方差矩阵**. 由于$c_{ij} = c_{ji}(i \neq j, i, j = 1, 2, \cdots, n)$, 因而上述矩阵是一个对称矩阵.

一般地, n 维随机变量$(X_1, X_2, \cdots, X_n)$的分布不知道或者太复杂,以致在数学上不易处理,因此在实际应用中应用协方差矩阵就显得非常重要了.

若(X_1, X_2)服从二维正态分布,二维正态随机变量的概率密度为
$$f(x_1, x_2) = \frac{1}{2\pi\sigma_1\sigma_2\sqrt{1-\rho^2}} e^{-\frac{1}{2(1-\rho^2)}\left[\frac{(x_1-\mu_1)^2}{\sigma_1^2} - 2\rho\frac{(x_1-\mu_1)(x_2-\mu_2)}{\sigma_1\sigma_2} + \frac{(x_2-\mu_2)^2}{\sigma_2^2}\right]}.$$

将此概率密度改写成另一种形式,以便将它推广到 n 维随机变量中去,为此引入下面的矩阵,记

$$x = \begin{pmatrix} x_1 \\ x_2 \end{pmatrix}, \mu = \begin{pmatrix} \mu_1 \\ \mu_2 \end{pmatrix}.$$

(X_1, X_2) 的协方差矩阵为

$$C = \begin{bmatrix} c_{11} & c_{12} \\ c_{21} & c_{22} \end{bmatrix} = \begin{bmatrix} \sigma_1^2 & \sigma_1 \sigma_2 \rho \\ \sigma_1 \sigma_2 \rho & \sigma_2^2 \end{bmatrix}.$$

易知它的行列式 $\det C = \sigma_1^2 \sigma_2^2 (1 - \rho^2)$,$C$ 的逆矩阵为

$$C = \frac{1}{\det C} \begin{bmatrix} \sigma_2^2 & -\sigma_1 \sigma_2 \rho \\ -\sigma_1 \sigma_2 \rho & \sigma_1^2 \end{bmatrix}.$$

经过计算可知

$$\begin{aligned} & (x-\mu)^T C^{-1} (x-\mu) \\ &= \frac{1}{\det C} (x_1 - \mu_1, x_2 - \mu_2) \begin{bmatrix} \sigma_2^2 & -\sigma_1 \sigma_2 \rho \\ -\sigma_1 \sigma_2 \rho & \sigma_1^2 \end{bmatrix} \begin{pmatrix} x_1 - \mu_1 \\ x_2 - \mu_2 \end{pmatrix} \\ &= \frac{1}{1-\rho^2} \left[\frac{(x_1 - \mu_1)^2}{\sigma_1^2} - 2\rho \frac{(x_1 - \mu_1)(x_2 - \mu_2)}{\sigma_1 \sigma_2} + \frac{(x_2 - \mu_2)^2}{\sigma_2^2} \right]. \end{aligned}$$

于是二维随机变量 (X_1, X_2) 的联合概率密度可写成

$$f(x_1, x_2) = \frac{1}{2\pi (\det C)^{\frac{1}{2}}} e^{-\frac{(x-\mu)^T C^{-1} (x-\mu)}{2}} = \frac{1}{(2\pi)^{\frac{2}{2}} (\det C)^{\frac{1}{2}}} e^{-\frac{(x-\mu)^T C^{-1} (x-\mu)}{2}}.$$

由上式可推广到 n 维随机变量 $(X_1, X_2, \cdots, X_n)$ 的情况:记

$$x = \begin{pmatrix} x_1 \\ x_2 \\ \vdots \\ x_n \end{pmatrix}, \mu = \begin{pmatrix} \mu_1 \\ \mu_2 \\ \vdots \\ \mu_n \end{pmatrix} = \begin{pmatrix} E(X_1) \\ E(X_2) \\ \vdots \\ E(X_n) \end{pmatrix},$$

如果 n 维随机变量 $(X_1, X_2, \cdots, X_n)$ 的概率密度为

$$f(x_1, x_2, \cdots, x_n) = \frac{1}{(2\pi)^{\frac{n}{2}} (\det C)^{\frac{1}{2}}} e^{-\frac{(x-\mu)^T C^{-1} (x-\mu)}{2}},$$

则 $(X_1, X_2, \cdots, X_n)$ 服从 n 维正态分布,其中矩阵 C 是 $(X_1, X_2, \cdots, X_n)$ 的协方差矩阵. n 维正态分布在理论研究和实际应用中都有重要的作用.

 **本章小结**

一、本章主要内容与重点

本章主要内容有随机变量的几个数字特征——数学期望、方差、协方差和相关系数的概念和性质以及协方差矩阵.

重点 随机变量的数学期望的概念、性质和计算,方差的概念、性质和计算.

二、学习指导

随机变量的数字特征用以描述随机变量分布的某些特征指标,其中数学期望和方差是最主要的两个数字特征.

1. 随机变量的数学期望(也称为期望或均值)刻画了分布的中心位置

(1) 如果 X 为离散型随机变量,其分布律为 $P\{X=x_k\}=p_k$, $k=1, 2, \cdots$, $y=g(x)$ 是实值连续函数,则随机变量函数 $Y=g(X)$ 有期望 $E(Y)=E[g(X)]=\sum_{k=1}^{\infty}g(x_k)p_k$;

如果 X 为连续型随机变量,其概率密度函数为 $f(x)$,则 $Y=g(X)$ 有期望 $E(Y)=E[g(X)]=\int_{-\infty}^{+\infty}g(x)f(x)\mathrm{d}x$.

(2) 数学期望有性质: $E(C)=C$; $E(CX)=CE(X)$; $E(X+Y)=E(X)+E(Y)$;设 X、Y 为相互独立的随机变量,则 $E(XY)=E(X) \cdot E(Y)$.

2. 方差刻画了随机变量分布相对于期望值的分散度

(1) 方差实际上就是随机变量 X 的函数 $g(X)=[X-E(X)]^2$ 的数学期望,是一个非负常数,$D(X)$ 的大小反映随机变量 X 取值相对于平均值 $E(X)$ 的分散程度.

(2) 随机变量 X 的均方差或标准差 $\sigma(X)=\sqrt{D(X)}$.

(3) 常用计算公式 $D(X)=E(X^2)-[E(X)]^2$.

(4) 方差有性质: $D(C)=0$; $D(CX)=C^2D(X)$; $D(aX+b)=a^2D(X)$; $D(X \pm Y)=D(X)+D(Y) \pm 2E\{[X-E(X)][Y-E(Y)]\}$.

特别地,若 X,Y 相互独立,则 $D(X \pm Y)=D(X)+D(Y)$.

(5) $D(X)=0$ 的充要条件是 X 以概率 1 取常数 C,即 $P\{X=C\}=1$.

对于常见的随机变量的数学期望和方差要熟记于心.

3. 两个随机变量之间的相关关系是用协方差和相关系数来描述的

(1) 计算协方差时,常用公式 $\mathrm{cov}(X,Y)=E(XY)-E(X) \cdot E(Y)$.

(2) 对于任意两个随机变量 X 和 Y,有

$$D(X \pm Y)=D(X)+D(Y) \pm 2\mathrm{cov}(X,Y).$$

(3) 协方差有性质: $\mathrm{cov}(X,X)=D(X)$; $\mathrm{cov}(X,Y)=\mathrm{cov}(Y,X)$; $\mathrm{cov}(aX,bY)=ab\mathrm{cov}(X,Y)$, a, b 为两个任意常数;

$$\mathrm{cov}(X_1+X_2, Y)=\mathrm{cov}(X_1, Y)+\mathrm{cov}(X_2, Y).$$

若 X 与 Y 相互独立,则 $\mathrm{cov}(X,Y)=0$,反之不一定成立.

(4) $\rho_{XY}=\dfrac{\mathrm{cov}(X,Y)}{\sqrt{D(X)}\sqrt{D(Y)}}$ 为随机变量 X 与 Y 的相关系数,$|\rho_{XY}| \leqslant 1$.

$|\rho_{XY}|=1$ 的充要条件是存在常数 a, b,使 $P\{Y=aX+b\}=1$,即 X 与 Y 以概率 1 存在线性关系.

相关系数 ρ_{XY} 是一个可以表征 X 与 Y 之间线性关系紧密程度的量,$|\rho_{XY}|=1$ 表明随机变量 X 与 Y 具有线性关系,$\rho=1$ 时为正线性相关,$\rho=-1$ 时为负线性相关;$\rho_{XY}=0$ 时 X 与 Y 之间不存在线性关系,X 与 Y 不相关,但不能排除可能有其他关系.

习题四

1. 在下列句子中随机抽取一个单词,以 X 表示取到的单词包含的字母个数,试写出 X 的分布律,并求 $E(X)$:

$$\text{Knowledge is power.}$$

2. 在上述句子的 16 个字母中随机取一个字母,以 Y 表示取到的字母所在的单词所含的字母数,写出 Y 的分布律,并求出 $E(Y)$.

3. 一批玩具有一、二、三等品及次品四种等级,所占比例分别为 40%,40%,15% 和 5%,每个等级的产品出厂价分别为 20 元、15 元、10 元和 4 元. 求这批玩具的平均出厂价.

4. 在五件产品中有一件次品,不放回抽取地检查,每次抽取一件,直到查到次品为止. 设 X 表示检查的次数,问平均查多少次才能查到次品?

5. 按规定,某公交车每天 8—9 点和 9—10 点都恰有一辆公交车到站,各车到站的时刻是随机的,且各车到站的时间是相互独立的,其规律见下表.

到站时刻	8:10 9:10	8:30 9:30	8:50 9:50
概率	$\dfrac{1}{5}$	$\dfrac{2}{5}$	$\dfrac{2}{5}$

一名乘客 8:20 到站,求他候车时间的数学期望.

6. 已知 $X \sim \pi(\lambda)$,$P\{X=5\}=P\{X=6\}$,求 $E(X)$.

7. 设随机变量 X 的概率密度函数为 $f(x)=\begin{cases} ax, & 0<x<1, \\ b, & 1\leqslant x<2, \\ 0, & \text{其他}. \end{cases}$ 且 $E(X)=\dfrac{13}{12}$,求常数 a,b.

8. 设随机变量 X 的分布函数 $F(x)=\begin{cases} 1-(1+x)\mathrm{e}^{-x}, & x\geqslant 0, \\ 0, & \text{其他}. \end{cases}$

   (1) 求 $E(X)$; (2) 求 $E(\mathrm{e}^{-X})$.

9. 设随机变量 X 的分布函数为 $F(x)=0.3\Phi(x)+0.7\Phi\left(\dfrac{x-1}{2}\right)$,其中 $\Phi(x)$ 为标准正态分布的分布函数,求 $E(X)$.

10. 设二维离散型随机变量 (X,Y) 的分布律为

Y \ X	0	1
−1	$\dfrac{1}{3}$	$\dfrac{1}{4}$
0	0	$\dfrac{1}{6}$
1	$\dfrac{1}{6}$	$\dfrac{1}{12}$

求:(1) $E(X)$ 和 $E(Y)$;(2) $E(2X+Y)$;(3) $E(X-Y)^2$.

11. 设二维随机变量 (X,Y) 服从区域 D 上的均匀分布,其中 D 是由直线 $y=x$ 和曲线 $y=x^2$ 围成的平面区域.求:(1) $E(X)$;(2) $E(XY)$.

12. 设有 n 个人参加一聚会,每人带一件礼品,把礼品统一编号,再做 n 个号码,每人随机抽号,然后对号领取礼品.记 X 为领到自己礼品的人数,求 $E(X)$.

13. 盒子中有 20 张颜色不同的卡片,从盒中取 10 次卡片,每次取 1 张,取后放回.设抽取的 10 张卡片中包含了 X 种不同颜色,求 X 的数学期望 $E(X)$.

14. 盒中有 8 个球,其中 3 个白球、5 个红球,从中随机抽取 3 个球.记 X 为抽取到的白球数,求 $D(X)$.

15. 设随机变量 X 的分布律为

X	-2	-1	0	1	2
p_k	0.1	0.3	0.2	0.3	0.1

求 $D(X)$ 和 $D(X-1)$.

16. 设随机变量 X 的密度函数为 $f(x)=\begin{cases}\dfrac{1}{8}(3x+1), & 0<x<2,\\ 0, & 其他.\end{cases}$ 求 $D(X)$.

17. 已知随机变量的密度函数为 $f(x)=\dfrac{1}{2}e^{-|x|}$, $-\infty<x<+\infty$,求 $E(X)$ 和 $D(X)$.

18. 已知随机变量的密度函数为

$$f(x)=\begin{cases}ax^2+bx+c, & 0<x<1,\\ 0, & 其他.\end{cases}$$

并且 $E(X)=0.5$, $D(X)=0.15$,求系数 a,b,c.

19. 设随机变量 $X\sim B(n,p)$,求 $E(2X-1)$ 和 $D(2X-1)$.

20. 设随机变量 $X\sim B(n,p)$,且 $E(X)=2.7$, $D(X)=1.89$,求 n 和 p.

21. 已知 $X\sim N(-3,4)$, $Y\sim N(5,5)$,且 X 与 Y 独立,求 $E(3X-2Y)$ 和 $D(3X-2Y)$.问 $3X-2Y$ 服从什么分布?

22. 已知随机变量 X,Y 相互独立,且 X 的分布律为 $P\{X=0\}=\dfrac{1}{3}$, $P\{X=1\}=\dfrac{2}{3}$. Y 的概率密度 $f(y)=\begin{cases}1, & 0<x<1,\\ 0, & 其他.\end{cases}$ 令 $Z=X+Y$,求 $D(Z)$.

23. 设随机变量 X_1, X_2, X_3, X_4, X_5 相互独立,分别服从参数为 λ 的泊松分布,设 $X=\sum_{k=1}^{5}kX_k$,求 $E(X)$ 和 $D(X)$.

24. 设有 A、B 两种相互独立的证券,它们的收益与概率见下表.问如何投资这两种证券才能最佳(即满足收益越大越好,风险越小越好)?

类型	收益(元)	概率
证券 A	-30	$1/3$
	30	$2/3$
证券 B	-20	$1/2$
	40	$1/2$

25. 设随机变量 X 和 Y 相互独立,且方差存在,证明:
$$D(XY) = D(X)D(Y) + [E(X)]^2 D(Y) + [E(Y)]^2 D(X),$$
并由此得出 $D(XY) \geqslant D(X)D(Y)$.

26. 设箱中有 5 件产品,其中 3 件是优质品,从该箱中任取 2 件,以 X 表示 2 件产品中的优质品数,Y 表示 3 件剩余产品中的优质品数,求 $\text{cov}(X, Y)$.

27. 甲袋中有 1 个红球、2 个白球,乙袋中有 2 个红球、2 个白球,先从甲袋中任取 2 个球放入乙袋,再从乙袋中任取 2 个球.X 表示从甲袋中取出的红球数,Y 表示从乙袋中取出的红球数. 求:(1) (X, Y) 的联合分布律;(2) $\text{cov}(X, Y)$.

28. 设二维随机变量 (X, Y) 的概率分布为

Y \ X	0	1
-1	0.06	0.34
0	0.04	0.16
1	0.1	0.3

(1) 求 $\text{cov}(X, Y)$;   (2) 求相关系数 ρ_{XY};
(3) 求 $\text{cov}(X-Y, Y)$;   (4) 判断 X^2 与 Y^2 是否相互独立.

29. 设随机变量 X 和 Y 分别服从正态分布 $N(0, 16)$ 和 $N(1, 25)$,且 X 和 Y 的相关系数为 0.4,令 $Z = 2X - 3Y$,求 $E(Z)$ 和 $D(Z)$.

30. 设二维随机变量 (X, Y) 服从正态分布 $N(\mu, \mu, \sigma^2, \sigma^2, 0)$,求 $E(XY^2)$.

31. 设随机变量 X 的分布函数为 $F(x) = \begin{cases} 0, & x < -1, \\ \dfrac{1}{2}, & -1 \leqslant x < 1, \\ \dfrac{3}{4}, & 1 \leqslant x < 2, \\ 1, & x \geqslant 2. \end{cases}$

求:(1) $P\{0.5 < X \leqslant 2\}$;(2) $D(X)$;(3) $\text{cov}(X, X^2)$.

32. 设 (X, Y) 的联合密度函数 $f(x) = \begin{cases} 2-x-y, & 0 \leqslant x \leqslant 1, 0 \leqslant y \leqslant 1, \\ 0, & \text{其他}. \end{cases}$

(1) 求 ρ_{XY};   (2) X 和 Y 是否独立?

33. 设 (X, Y) 服从 $G = \{(x, y) \mid x^2 + y^2 \leqslant 1\}$ 上的均匀分布,讨论 X 与 Y 的独立性与相关性.

34. 设随机变量在区间(a,b)内服从均匀分布,求4阶原点矩和3阶中心矩.

近代概率论的奠基者——帕斯卡

布莱士·帕斯卡(Blaise Pascal,1623—1662),法国数学家、物理学家、哲学家,是近代概率论的奠基者.帕斯卡是一位在科学史上富有传奇色彩的人物,曾被描述为数学史上最伟大的"奇才".18世纪的大数学家达朗贝尔赞誉他的成就是"阿基米德与牛顿两者工作的中间环节".

帕斯卡于1623年6月19日生于法国奥弗涅的克莱蒙费朗,其父是一个小贵族,是位数学家.帕斯卡在童年时期便阅读了大量数学书籍,从小就显示出在数学上很高的天赋.11岁时,当他用餐刀轻敲食盘发出响声,用手一按盘子声音就戛然而止,从而启发他写出论述震动体发音的论文《论声音》,这使得他父亲担心儿子会影响希腊文和拉丁文的学习,于是禁止他在15岁前继续学习数学.但是当他有一天发现12岁的帕斯卡用一块木炭在墙上独立证明三角形各角和等于两个直角和时,便允许帕斯卡学习欧几里得几何.

16岁时,帕斯卡就参加巴黎数学家和物理学家小组(法国科学院的前身),不久写出具有很高水平的关于圆锥曲线的论文《圆锥曲线论》.在这篇论文中,他提出了圆锥曲线内接六边形,其三对对边的交点共线这样一个射影几何的重要原理,这就是著名的"帕斯卡定理".笛卡尔对此大为赞赏,但是不敢相信这是出自16岁的帕斯卡之手.

1642年他设计并制作了一台能自动进位的加减法计算装置,被称为世界上第一台数字计算器,为以后的计算机设计提供了基本原理.其后十年里他对此继续改进,共造出50多台,现存有8台.为了纪念他的这项伟大发明,1971年面世的计算机Pascal语言就以他的名字命名.

1654年他开始研究几个方面的数学问题,在无穷小分析上深入探讨了不可分原理,得出求不同曲线所围面积和重心的一般方法,并以积分学的原理解决了摆线问题,于1658年完成《论摆线》,他的论文手稿对莱布尼茨(Gottfried Leibniz)建立微积分学有很大启发.

帕斯卡在与费马(Pierre Fermat)的通信中讨论赌金分配问题,在解决这个问题的过程中奠定了近代概率论的基础.1653年写成了《三角阵算术》,修订后于1665年出版,其中给出的二项式系数展开后人称为"帕斯卡三角形".在这本书中建立起概率论的基本原理和有关组合论的某些定理,与费马共同建立了概率论和组合论的基础,并得出了关于概率论问题的一系列解法.另外在《三角阵算术》中,包含了数学归纳法最早的也是可被接受的陈述,因此认为他也是数学归纳法最早的发现者.

1648年帕斯卡通过试验证明了空气有压力,这个试验轰动了整个科学界,他还研究了液体平衡的一般规律,发现了"封闭容器内流体在任何点所受的压力以等同的强度向各个方向同样地传递".这就是流体静力学中最基本的原理——帕斯卡原理,而"帕斯卡"也成为国际压强单位.

帕斯卡在试验中不断取得新发现,并且有多项重大发明,如发明了注射器、水压机,改进了托里拆利的水银气压计等.1649—1651年,帕斯卡同他的合作者皮埃尔详细测量同一地点的大气压变化情况,成为利用气压计进行天气预报的先驱.在1651—1654年期间,帕斯卡总结他的试验成果,写了液体平衡、空气的重量和密度等方面的论文.

第五章

大数定律和中心极限定理

[**学习目标**]

1. 了解切比雪夫不等式和大数定律的基本思想.
2. 掌握伯努利大数定律和切比雪夫大数定律.
3. 了解弱大数定律(辛钦).
4. 掌握中心极限定理的中心思想.
5. 了解独立同分布的中心极限定理.
6. 掌握棣莫弗-拉普拉斯中心极限定理的应用条件和结论,并会用相关定理近似计算有关随机事件的概率.

极限定理是概率论的基本理论,在理论研究和应用中起着重要作用,其中最重要的两类极限理论是"大数定律"和"中心极限定理". 大数定律是叙述随机变量序列的前一些项的算术平均值在某种条件下收敛到这些项的均值的算术平均值;中心极限定理则是确定在什么条件下大量随机变量之和的分布逼近于正态分布. 本章介绍几个大数定律和中心极限定理.

第一节　大数定律

在本书的开头曾用"频率的稳定性"引出概率这个基本概念. 许多试验结果表明,虽然一次随机试验中某确定事件发生与否不能预言,但是如果在相同条件下大量重复这个试验,则此事件发生的频率会稳定在某个值附近. 这说明在一定条件下各事件出现可能性的大小是客观存在的,可以用上述频率的稳定值来度量. 频率的稳定性呈现在大量重复试验中,历史上把这个试验次数很大时出现的规律称作大数定律.

一、切比雪夫不等式

先介绍一个有用的不等式.

定理 5.1　设随机变量 X 具有数学期望 $E(X)=\mu$,方差 $D(X)=\sigma^2$,则对任意正数 ε,不等式

$$P\{|X-\mu|\geqslant\varepsilon\}\leqslant\frac{\sigma^2}{\varepsilon^2}$$

恒成立.

这一不等式称为**切比雪夫不等式**.

证　只就连续型随机变量的情况来证明. 设 X 的概率密度为 $f(x)$,则有

$$P\{|X-\mu|\geqslant\varepsilon\}=\int_{|x-\mu|\geqslant\varepsilon}f(x)\mathrm{d}x\leqslant\int_{|x-\mu|\geqslant\varepsilon}\frac{|x-\mu|^2}{\varepsilon^2}f(x)\mathrm{d}x$$
$$\leqslant\frac{1}{\varepsilon^2}\int_{-\infty}^{\infty}(x-\mu)^2f(x)\mathrm{d}x=\frac{\sigma^2}{\varepsilon^2}.$$

切比雪夫不等式也可以写成如下形式:

$$P\{|X-\mu|<\varepsilon\}\geqslant1-\frac{\sigma^2}{\varepsilon^2}.$$

切比雪夫不等式给出了在随机变量的分布未知,而只知道 $E(X)$ 和 $D(X)$ 的情况下,估计概率 $P\{|X-E(X)|<\varepsilon\}$ 的界限.

例 5.1　在每次试验中,事件 A 出现的概率均为 $\frac{3}{4}$,用切比雪夫不等式估计,进行多少次独立重复试验才能使事件 A 出现的频率在 0.74~0.76 的概率至少为 0.90?

解　设 X 表示在 n 次独立重复试验中事件 A 发生的次数,则 $X\sim b(n,3/4)$,X 的期望

和方差分别是

$$E(X) = n \cdot \frac{3}{4} = 0.75n, \quad D(X) = n \cdot \frac{3}{4} \cdot \frac{1}{4} = 0.1875n.$$

由切比雪夫不等式,得

$$P\left\{0.74 \leqslant \frac{X}{n} \leqslant 0.76\right\} = P\left\{\left|\frac{X}{n} - 0.75\right| \leqslant 0.01\right\} = P\{|X - 0.75n| \leqslant 0.01n\}$$
$$\geqslant 1 - \frac{0.1875n}{(0.01n)^2} = 1 - \frac{1875}{n}.$$

由此知,要使 $P\left\{0.74 \leqslant \frac{X}{n} \leqslant 0.76\right\} \geqslant 0.90$,只要 $1 - \frac{1875}{n} \geqslant 0.90$ 即可,由该式可解出 $n \geqslant 18\,750$,即至少要进行 18 750 次试验才能达到要求.

二、几个大数定律

下面来讨论大数定律,先引入依概率收敛的概念.

定义 5.1 设 $\{X_n\}$ 为一随机变量序列,a 为一常数,若对任意 $\varepsilon > 0$,有

$$\lim_{n \to \infty} P\{|X_n - a| < \varepsilon\} = 1, \tag{5.1}$$

则称 $\{X_n\}$ **依概率收敛**于 a,记作 $X_n \xrightarrow{P} a$.

式(5.1)等价于

$$\lim_{n \to \infty} P\{|X_n - a| \geqslant \varepsilon\} = 0.$$

这个式子说明当 n 充分大时,X_n 与 a 之差的绝对值大于 ε 的概率很小. 由于 ε 是任意的,这就保证了在大概率意义下 X_n 充分接近 a,或收敛于 a.

概率收敛不同于高等数学中的收敛概念,在定义时要兼顾随机变量的"取值"与"概率"两个特性. 它常用于讨论"大数定律",其中最直接的就是讨论频率与概率关系的伯努利大数定律.

定理 5.2 (**伯努利大数定律**) 设 f_A 是 n 次独立重复试验中事件 A 发生的次数,p 是事件 A 在每次试验中发生的概率,则对于任意正数 $\varepsilon > 0$,有

$$\lim_{n \to \infty} P\left\{\left|\frac{f_A}{n} - p\right| < \varepsilon\right\} = 1. \tag{5.2}$$

证 记 f_A 为随机变量 X,则 $X \sim b(n, p)$,易见

$$E(X) = np, \quad D(X) = np(1-p).$$

利用切比雪夫不等式可得,对任意 $\varepsilon > 0$,有

$$P\left\{\left|\frac{X}{n} - E\left(\frac{X}{n}\right)\right| \geqslant \varepsilon\right\} \leqslant \frac{D\left(\frac{X}{n}\right)}{\varepsilon^2}. \tag{5.3}$$

注意到

$$E\left(\frac{X}{n}\right) = \frac{1}{n}E(X) = \frac{np}{n} = p, \quad D\left(\frac{X}{n}\right) = \frac{1}{n^2}D(x) = \frac{p(1-p)}{n},$$

代入式(5.3)后,得

$$P\left\{\left|\frac{X}{n} - p\right| \geqslant \varepsilon\right\} \leqslant \frac{p(1-p)}{n\varepsilon^2}.$$

由于 $p(1-p) \leqslant \frac{1}{4}$,从而

$$P\left\{\left|\frac{X}{n} - p\right| \geqslant \varepsilon\right\} \leqslant \frac{1}{4n\varepsilon^2}.$$

令 $n \to \infty$,注意到概率的非负性,有

$$\lim_{n \to \infty} P\left\{\left|\frac{f_A}{n} - p\right| \geqslant \varepsilon\right\} = 0.$$

这说明 $\frac{f_A}{n} \xrightarrow{P} p$,从而式(5.2)得证.

伯努利大数定律的重要意义在于说明频率依概率收敛于概率,在试验次数很大时,便可以用事件发生的频率来替代事件发生的概率. 在实践中,人们还认识到大量测量值的算术平均值也具有稳定性. 与伯努利大数定律相似,有以下更一般的切比雪夫大数定律.

定理 5.3 (切比雪夫大数定律) 设 $\{X_n\}$ 为一相互独立的随机变量序列(即对于任意正整数 n, $X_1, X_2, \cdots, X_n$ 相互独立),且具有相同的数学期望与方差,即

$$E(X_k) = \mu, \quad D(X_k) = \sigma^2, \quad k = 1, 2 \cdots.$$

做前 n 个随机变量的算术平均值

$$\overline{X} = \frac{1}{n}\sum_{k=1}^{n} X_k,$$

则对于任意正数 ε,有

$$\lim_{n \to \infty} P\{|\overline{X} - \mu| < \varepsilon\} = 1.$$

证 由于

$$E\left(\frac{1}{n}\sum_{k=1}^{n} X_k\right) = \frac{1}{n}\sum_{k=1}^{n} E(X_k) = \frac{1}{n}n\mu = \mu,$$

$$D\left(\frac{1}{n}\sum_{k=1}^{n} X_k\right) = \frac{1}{n^2}\sum_{k=1}^{n} D(X_k) = \frac{1}{n^2}n\sigma^2 = \frac{\sigma^2}{n},$$

由切比雪夫不等式可得

$$P\left\{\left|\frac{1}{n}\sum_{k=1}^{n} X_k - \mu\right| < \varepsilon\right\} \geqslant 1 - \frac{\frac{\sigma^2}{n}}{\varepsilon^2}.$$

在上式中令 $n \to \infty$,并注意到概率不能大于 1,则有

$$\lim_{n\to\infty} P\left\{\left|\frac{1}{n}\sum_{k=1}^{n} X_k - \mu\right| < \varepsilon\right\} = 1.$$

该定律表明，当 n 很大时，随机变量 $X_1, X_2, \cdots, X_n$ 的算术平均值 $\overline{X} = \frac{1}{n}\sum_{k=1}^{n} X_k$ 接近于数学期望 $E(X_1) = E(X_2) = \cdots = E(X_n) = \mu$.

这种接近是在概率意义下的接近. 通俗地说，在定理的条件下，当 n 无限增加时，n 个随机变量的算术平均值几乎变成一个常数.

例 5.2 设 $X_1, X_2, \cdots, X_n$ 为相互独立的随机变量序列，均服从参数为 λ 的泊松分布. 因为 $E(X_i) = \lambda$，$D(X_i) = \lambda$，$i = 1, 2, \cdots$，从而满足定理 5.3 的条件，由定理可知

$$\lim_{n\to\infty} P\left\{\left|\frac{1}{n}\sum_{k=1}^{n} X_k - \lambda\right| < \varepsilon\right\} = 1.$$

可以看出，伯努利大数定律是切比雪夫大数定律的特例，在它们的证明中都是以切比雪夫不等式为基础的，所以要求随机变量具有方差. 但是进一步的研究表明，方差存在这个条件并不是必要的. 这时有以下的辛钦大数定律.

定理 5.4 （辛钦大数定律）设 $\{X_n\}$ 为一相互独立的随机变量序列，服从同一分布，且具有数学期望 $E(X_k) = \mu$，$k = 1, 2, \cdots$，则对于任意正数 ε，有

$$\lim_{n\to\infty} P\left\{\left|\frac{1}{n}\sum_{k=1}^{n} X_k - \mu\right| < \varepsilon\right\} = 1.$$

定理证明略.

显然，辛钦大数定律为寻找随机变量的期望值提供了一条切实可行的途径.

第二节 中心极限定理

在客观实际中，有许多随机变量，它们是由大量相互独立的随机因素的综合影响所形成的. 而其中每一个别因素在总的影响中所起到的作用都是微小的. 这种随机变量往往近似地服从正态分布. 这种现象就是中心极限定理的客观背景. 本节只介绍三个常用的中心极限定理.

定理 5.5 （独立同分布的中心极限定理）设随机变量 $X_1, X_2, \cdots, X_n$ 相互独立，服从同一分布，且具有相同的数学期望和方差：$E(X_k) = \mu$，$D(X_k) = \sigma^2 > 0$，$k = 1, 2, \cdots$. 则随机变量之和 $\sum_{k=1}^{n} X_k$ 的标准化变量

$$Y_n = \frac{\sum_{k=1}^{n} X_k - E\left(\sum_{k=1}^{n} X_k\right)}{\sqrt{D\left(\sum_{k=1}^{n} X_k\right)}} = \frac{\sum_{k=1}^{n} X_k - n\mu}{\sqrt{n}\sigma}$$

的分布函数 $F_n(x)$ 对于任意 x 满足

$$\lim_{n\to\infty} F_n(x) = \lim_{n\to\infty} P\left\{ \frac{\sum_{k=1}^n X_k - n\mu}{\sqrt{n}\sigma} \leqslant x \right\} = \int_{-\infty}^x \frac{1}{\sqrt{2\pi}} e^{-t^2/2} dt = \Phi(x).$$

这就是说,均值为 μ、方差为 $\sigma^2 > 0$ 的独立同分布的随机变量 $X_1, X_2, \cdots, X_n$ 之和 $\sum_{k=1}^n X_k$ 的标准化变量,当 n 充分大时,有

$$\frac{\sum_{k=1}^n X_k - n\mu}{\sqrt{n}\sigma} \stackrel{\text{近似地}}{\sim} N(0, 1). \tag{5.4}$$

在一般情况下,很难求出 n 个随机变量之和 $\sum_{k=1}^n X_k$ 的分布函数,式(5.4)表明,当 n 充分大时,可以通过 $\Phi(x)$ 给出其近似的分布. 这样就可以利用正态分布对 $\sum_{k=1}^n X_k$ 做理论分析或实际计算,其好处是明显的.

将式(5.4)左端改写成 $\dfrac{\frac{1}{n}\sum_{k=1}^n X_k - \mu}{\sigma/\sqrt{n}} = \dfrac{\overline{X} - \mu}{\sigma/\sqrt{n}}$,则上述结果可写成:当 n 充分大时,

$$\frac{\overline{X} - \mu}{\sigma/\sqrt{n}} \stackrel{\text{近似地}}{\sim} N(0, 1) \text{ 或 } \overline{X} \stackrel{\text{近似地}}{\sim} N(\mu, \sigma^2/n).$$

这是独立同分布中心极限定理结果的另一个形式. 这就是说,均值为 μ、方差为 $\sigma^2 > 0$ 的独立同分布的随机变量 $X_1, X_2, \cdots, X_n$ 的算术平均值 $\overline{X} = \dfrac{1}{n}\sum_{k=1}^n X_k$,当 n 充分大时,近似地服从均值为 μ、方差为 σ^2/n 的正态分布. 这一结果是数理统计中大样本统计推断的基础.

例 5.3 一加法器同时收到 20 个噪声电压 $V_k (k = 1, 2, \cdots, 20)$,设它们是相互独立的随机变量,且都在区间 $(0, 10)$ 上服从均匀分布. 记 $V = \sum_{k=1}^{20} V_k$,求 $P\{V > 105\}$ 的近似值.

解 易知 $E(V_k) = 5$,$D(V_k) = 100/12$,$k = 1, 2, \cdots, 20$. 由定理 5.5,随机变量

$$Z = \frac{\sum_{k=1}^{20} V_k - 20 \times 5}{\sqrt{100/12}\sqrt{20}} = \frac{V - 20 \times 5}{\sqrt{100/12}\sqrt{20}}$$

近似服从正态分布 $N(0, 1)$,于是

$$P\{V > 105\} = P\left\{\frac{V - 20 \times 5}{10/\sqrt{12}\sqrt{20}} > \frac{105 - 20 \times 5}{10/\sqrt{12}\sqrt{20}}\right\} = P\left\{\frac{V - 100}{10/\sqrt{12}\sqrt{20}} > 0.387\right\}$$

$$= 1 - P\left\{\frac{V - 100}{10/\sqrt{12}\sqrt{20}} \leqslant 0.387\right\} \approx 1 - \int_{-\infty}^{0.387} \frac{1}{\sqrt{2\pi}} e^{-t^2/2} dt = 1 - \Phi(0.387)$$

$$= 0.348.$$

即有 $P\{V > 105\} \approx 0.348$.

例5.4 一个复杂的系统由 n 个相互独立起作用的部件组成,每个部件的可靠性为 0.9,必须有至少 80% 的部件正常工作才能使系统工作.问 n 至少为多少时,才能使系统的可靠性为 95%?

解 引入随机变量

$$X_i = \begin{cases} 0, \text{第 } i \text{ 个部件工作不正常}, \\ 1, \text{第 } i \text{ 个部件工作正常}, \end{cases} i = 1, 2, \cdots, n.$$

则诸 X_i 相互独立,且服从相同的(0-1)分布,那么

$$E(X_i) = 0.9, D(X_i) = 0.09, i = 1, 2, \cdots, n.$$

现欲使

$$P\left\{\sum_{i=1}^{n} X_i \geqslant 0.8n\right\} = 0.95,$$

即

$$P\left\{\frac{\sum_{i=1}^{n} X_i - n \times 0.9}{0.3\sqrt{n}} \geqslant \frac{0.8n - 0.9n}{\sqrt{n \times 0.09}}\right\} = P\left\{\frac{\sum_{i=1}^{n} X_i - n \times 0.9}{0.3\sqrt{n}} \geqslant -\frac{0.1n}{0.3\sqrt{n}}\right\} = 0.95,$$

由独立同分布的中心极限定理,$\dfrac{\sum_{i=1}^{n} X_i - n \times 0.9}{0.3\sqrt{n}}$ 近似地服从 $N(0,1)$,于是上式成为

$$1 - \Phi\left(-\frac{0.1n}{0.3\sqrt{n}}\right) = 0.95.$$

查表得 $\dfrac{\sqrt{n}}{3} = 1.65$,所以

$$\sqrt{n} = 4.95, n = 24.5.$$

于是知,当 n 至少为 25 时,才能使系统的可靠性为 0.95.

定理5.6 (棣莫弗–拉普拉斯定理)设随机变量 $\eta_n (n = 1, 2, \cdots)$ 服从参数为 $n, p (0 < p < 1)$ 的二项分布,则对于任意 x,有

$$\lim_{n \to \infty} P\left\{\frac{\eta_n - np}{\sqrt{np(1-p)}} \leqslant x\right\} = \int_{-\infty}^{x} \frac{1}{\sqrt{2\pi}} e^{-t^2/2} dt = \Phi(x). \tag{5.5}$$

定理5.6是定理5.5的特殊情形.该定理表明,正态分布是二项分布的极限分布.当 n 充分大时,可以利用式(5.5)来计算二项分布的概率.

例5.5 一船舶在某海区航行,已知每遭受一次波浪的冲击,纵摇角度大于 $3°$ 的概率为 $p = 1/3$.若船舶遭受了 90 000 次波浪冲击,问其中有 29 500~30 500 次纵摇角度大于 $3°$ 的概率是多少?

解 将船舶每遭受一次波浪冲击看作是一次试验,并假定各次试验是独立的.在 90 000 次波浪冲击中纵摇角度大于 $3°$ 的次数记为 X,则 X 是一个随机变量,且有 $X \sim b(90\,000,$

1/3). 其分布律为

$$P\{X=k\} = \binom{90\,000}{k}\left(\frac{1}{3}\right)^k\left(\frac{2}{3}\right)^{90\,000-k}, k = 0, 1, \cdots, 90\,000.$$

所求的概率为

$$P\{29\,500 \leqslant X \leqslant 30\,500\} = \sum_{29\,500}^{30\,500}\binom{90\,000}{k}\left(\frac{1}{3}\right)^k\left(\frac{2}{3}\right)^{90\,000-k}.$$

要直接计算是麻烦的,利用棣莫弗-拉普拉斯定理来求它的近似值,即有

$$P\{29\,500 \leqslant X \leqslant 30\,500\}$$
$$= P\left\{\frac{29\,500-np}{\sqrt{np(1-p)}} \leqslant \frac{X-np}{\sqrt{np(1-p)}} \leqslant \frac{30\,500-np}{\sqrt{np(1-p)}}\right\}$$
$$\approx \int_{\frac{29\,500-np}{\sqrt{np(1-p)}}}^{\frac{30\,500-np}{\sqrt{np(1-p)}}} \frac{1}{\sqrt{2\pi}}e^{-t^2/2}dt = \Phi\left(\frac{30\,500-np}{\sqrt{np(1-p)}}\right) - \Phi\left(\frac{29\,500-np}{\sqrt{np(1-p)}}\right).$$

其中 $n = 90\,000$, $p = 1/3$,即有

$$P\{29\,500 \leqslant X \leqslant 30\,500\} = \Phi\left(\frac{5\sqrt{2}}{2}\right) - \Phi\left(-\frac{5\sqrt{2}}{2}\right) = 0.999\,5.$$

例 5.6 对于一个学生而言,来参加家长会的家长人数是一个随机变量,设一个学生无家长、一名家长、两名家长来参加会议的概率分别为 0.05, 0.8, 0.15. 若学校共有 400 名学生,设各学生参加会议的家长人数相互独立,且服从统一分布.

(1) 求参加会议的家长人数 X 超过 450 的概率.

(2) 求有一名家长来参加会议的学生人数不多于 340 的概率.

解 (1) 以 $X_k(k=1, 2, \cdots, 400)$ 记第 k 个学生来参加会议的家长人数,则 X_k 的分布率为

X	0	1	2
p_k	0.05	0.8	0.15

易知 $E(X_k) = 1.1$, $D(X_k) = 0.19$, $k = 1, 2, \cdots, 400$. 而 $X = \sum_{k=1}^{400} X_k$. 由定理 5.5,随机变量

$$\frac{\sum_{k=1}^{400} X_k - 400 \times 1.1}{\sqrt{400}\sqrt{0.19}} = \frac{X - 400 \times 1.1}{\sqrt{400}\sqrt{0.19}}$$

近似服从正态分布 $N(0, 1)$,于是

$$P\{X > 450\} = P\left\{\frac{X - 400 \times 1.1}{\sqrt{400}\sqrt{0.19}} > \frac{450 - 400 \times 1.1}{\sqrt{400}\sqrt{1.19}}\right\}$$
$$= 1 - P\left\{\frac{X - 400 \times 1.1}{\sqrt{400}\sqrt{0.19}} \leqslant 1.147\right\} \approx 1 - \Phi(1.147) = 0.125\,1.$$

(2) 以 Y 记有一名家长参加会议的学生人数,则 $Y \sim b(400, 0.8)$,由定理 5.6,有

$$P\{Y \leqslant 340\} = P\left\{\frac{Y - 400 \times 0.8}{\sqrt{400 \times 0.8 \times 0.2}} \leqslant \frac{340 - 400 \times 0.8}{\sqrt{400 \times 0.8 \times 0.2}}\right\}$$

$$= P\left\{\frac{Y - 400 \times 0.8}{\sqrt{400 \times 0.8 \times 0.2}} \leqslant 2.5\right\} \approx \Phi(2.5) = 0.9938.$$

例 5.7 某计算机系统有 120 个终端,每个终端有 5% 的时间在使用. 若各个终端使用与否是相互独立的,试求有 10 个或更多终端在使用的概率.

解 以 X 表示在某时刻使用的终端数,则 X 服从参数为 $n = 120$, $p = 0.05$ 的二项分布,由棣莫弗-拉普拉斯定理可得

$$P\{10 \leqslant X \leqslant 120\} = 1 - P\{X < 10\} \approx 1 - \Phi\left(\frac{10 - 6}{\sqrt{120 \times 0.05 \times 0.95}}\right)$$

$$= 1 - \Phi(1.65) = 0.047.$$

例 5.8 在一批种子中,良种占 1/6,有 99% 的把握断定在 6 000 粒种子中良种占的比例与 1/6 之差是多少? 这时相应的良种数落在哪个范围内?

解 任选 6 000 粒种子可以看作 6 000 次伯努利试验,此处 $p = 1/6$,设 Y_n 为良种数,则依题意,有

$$P\left\{\left|\frac{Y_n}{6\,000} - \frac{1}{6}\right| < \varepsilon\right\} = 0.99,$$

由棣莫弗-拉普拉斯定理可得

$$P\left\{\left|\frac{Y_n}{6\,000} - \frac{1}{6}\right| < \varepsilon\right\} = P\left\{\frac{\left|Y_n - 6\,000 \times \frac{1}{6}\right|}{\sqrt{6\,000 \times \frac{1}{6} \times \frac{5}{6}}} \leqslant \frac{6\,000\varepsilon}{\sqrt{6\,000 \times \frac{1}{6} \times \frac{5}{6}}}\right\}$$

$$\approx 2\Phi(120\sqrt{3}\varepsilon) - 1 = 0.99,$$

从而 $\Phi(120\sqrt{3}\varepsilon) = 0.995$. 查表得 $120\sqrt{3}\varepsilon = 2.58$,由此解得 $\varepsilon = 0.0124$,即良科所占比例与 1/6 的差是 0.0124.

因为 $P\left\{\left|\frac{Y_n}{6\,000} - \frac{1}{6}\right| < 0.0124\right\} = P\{|Y_n - 1\,000| < 74.4\} \approx P\{925 < Y_n < 1\,075\}$,即良种数应该在 925 $\sim$ 1 075 粒.

例 5.9 利用中心极限定理重解例 5.1 中的问题.

解 由中心极限定理可得

$$P\left\{0.74 \leqslant \frac{X}{n} \leqslant 0.76\right\} = P\{|X - 0.75n| \leqslant 0.01n\} = P\left\{\left|\frac{X - 0.75n}{\sqrt{0.1875n}}\right| \leqslant \frac{0.01n}{\sqrt{0.1875n}}\right\}$$

$$= P\left\{\left|\frac{X - 0.75n}{\sqrt{0.1875n}}\right| \leqslant \sqrt{\frac{1}{1\,875}} \cdot \sqrt{n}\right\} \approx 2\Phi\left(\sqrt{\frac{1}{1\,875}} \cdot \sqrt{n}\right) - 1.$$

所以要使 $P\left\{0.74 \leqslant \frac{X}{n} \leqslant 0.76\right\} \geqslant 0.90$,只要 $2\Phi\left(\sqrt{\frac{1}{1\,875}} \cdot \sqrt{n}\right) - 1 \geqslant 0.90$ 即可,由此可得

$\Phi\left(\sqrt{\dfrac{1}{1\,875}} \cdot \sqrt{n}\right) \geqslant 0.95$. 查标准正态分布表可得 $\sqrt{\dfrac{1}{1\,875}} \cdot \sqrt{n} \geqslant 1.645$，解得 $n \geqslant 5\,074$，即重复试验 5 074 次以上就能达到要求了.

显然，5 074 远小于 18 750，这再一次说明了切比雪夫不等式的估计精度是有限的，而中心极限定理却有较高的精确度.

下面再介绍另一个中心极限定理.

定理 5.7 （**李雅普诺夫定理**）设随机变量 $X_1, X_2, \cdots, X_n$ 相互独立，它们具有数学期望和方差：

$$E(X_k) = \mu_k,\ D(X_k) = \sigma_k^2 > 0,\ k = 1, 2, \cdots.$$

记

$$B_n^2 = \sum_{k=1}^{n} \sigma_k^2.$$

若存在正数 δ，使得当 $n \to \infty$ 时，

$$\frac{1}{B_n^{2+\delta}} \sum_{k=1}^{n} E\{|X_k - \mu_k|^{2+\delta}\} \to 0,$$

则随机变量之和 $\sum_{k=1}^{n} X_k$ 的标准化变量

$$Z_n = \frac{\sum_{k=1}^{n} X_k - E\left(\sum_{k=1}^{n} X_k\right)}{\sqrt{D\left(\sum_{k=1}^{n} X_k\right)}} = \frac{\sum_{k=1}^{n} X_k - \sum_{k=1}^{n} \mu_k}{B_n}$$

的分布函数 $F_n(x)$ 对于任意 x，满足

$$\lim_{n \to \infty} F_n(x) = \lim_{n \to \infty} P\left\{\frac{\sum_{k=1}^{n} X_k - \sum_{k=1}^{n} \mu_k}{B_n} \leqslant x\right\} = \int_{-\infty}^{x} \frac{1}{\sqrt{2\pi}} e^{-t^2/2} dt = \Phi(x).$$

该定理表明，在定理的条件下，随机变量

$$Z_n = \frac{\sum_{k=1}^{n} X_k - \sum_{k=1}^{n} \mu_k}{B_n}$$

当 n 很大时，近似地服从正态分布 $N(0, 1)$. 由此可知，当 n 很大时，$\sum_{k=1}^{n} X_k = B_n Z_n + \sum_{k=1}^{n} \mu_k$ 近似地服从正态分布 $N\left(\sum_{k=1}^{n} \mu_k, B_n^2\right)$. 这就是说，无论各个随机变量 $X_k (k = 1, 2, \cdots)$ 服从什么分布，只要满足定理的条件，那么它们的和 $\sum_{k=1}^{n} X_k$ 当 n 很大时，就近似地服从正态分布. 这就是为什么正态随机变量在概率论中占有重要地位的一个基本原因. 在很多问题中，所考虑的随机变量可以表示成很多个独立的随机变量之和. 例如，在任一指定时刻，一个城市的耗电量是大量用户耗电量的总和；一个物理试验的测量误差是由许多观察不到的、可加的微小误差所合成，它们往往近似地服从正态分布. 中心极限定理揭示了为什么在实际应用中会经

常遇到正态分布,也揭示了产生正态分布变量的源泉. 在数理统计中也将看到,中心极限定理是大样本统计推断的理论基础.

 ## 本章小结

一、本章主要内容与重点
本章主要内容有切比雪夫不等式、依概率收敛的定义、切比雪夫大数定律、伯努利大数定律、辛钦大数定律、独立同分布中心极限定理、棣莫弗-拉普拉斯定理、李雅普诺夫定理.

重点 切比雪夫大数定律、伯努利大数定律、独立同分布中心极限定理.

二、学习指导
1. 大数定律

人们在长期实践中认识到频率具有稳定性,而频率的稳定性是概率定义的客观基础.

(1) 切比雪夫不等式的优点是无须知道 X 的分布,只知道其期望和方差就可以估计事件 $(|X-E(X)|>\varepsilon)$ 的概率,因而适用性强. 其缺点是所给估值一般较粗糙、精度不够,且只限于以均值 $E(X)$ 为中心的有限对称区间.

(2) 弱大数定律(辛钦)的意义是可以使用样本的均值去估计总体均值.

(3) 伯努利大数定律表明,当试验次数趋于无穷时,事件 A 发生的频率依概率收敛于事件 A 发生的概率,则频率接近于概率这一直观的经验就有了严格的数学意义.

(4) 伯努利大数定律是切比雪夫大数定律的特例.

(5) 大数定律应用广泛,在赌场、保险公司、彩票中都有应用.

2. 中心极限定理

(1) 独立同分布中心极限定理表明,n 个相互独立同分布的随机变量之和的分布近似于正态分布,n 越大,此种近似程度越好.

(2) 李雅普诺夫定理表明,当 n 很大时,无论各个随机变量 X 服从什么分布,只要相互独立而且满足定理条件,则它们的和就近似服从正态分布.

(3) 棣莫弗-拉普拉斯定理主要是阐明正态分布是二项分布的极限分布,给离散型和连续型随机变量分布情况的互相转化提供了理论依据.

中心极限定理表明,在相当一般的条件下,当独立随机变量的个数增加时,其和的分布趋于正态分布. 它一方面揭示了为什么在实际应用中会经常遇到正态分布,另一方面提供了独立同分布的随机变量之和的近似分布. 不管随机变量服从什么分布,只要个数充分大,都可以用正态分布来近似,这在应用上是十分有效和重要的.

 ## 习题五

1. 用切比雪夫不等式估计下列各题的概率:

   (1) 废品率为 0.03,1 000 个产品中废品多于 20 个且少于 40 个的概率.

   (2) 200 个新生儿中,男孩多于 80 个少于 120 个的概率(假设男孩和女孩的概率均为 0.5).

2. 一颗骰子连续投掷 4 次,点数总和记为 X,估计 $P(10<X<18)$.

3. 袋装茶叶用机器装袋,每袋的净重为随机变量,其期望值为 100 g,标准差为 10 g,一大盒内装 200 袋,求一盒茶叶净重大于 20.5 kg 的概率.

4. 有一批建筑用木桩,其 80% 的长度不小于 3 m. 现从这批木桩中随机取出 100 根,试问其中至少有 30 根短于 3 m 的概率是多少?

5. 某种电器元件的寿命服从均值为 100 h 的指数分布. 现随机选取 16 只,设它们的寿命是相互独立的. 求这 16 只元件寿命总和大于 1 920 h 的概率.

6. 在数值计算中,每个数值都取小数点后四位,第五位四舍五入(即可以认为计算误差在区间 $[-5 \times 10^{-5}, 5 \times 10^{-5}]$ 上服从均匀分布). 现有 1 200 个数相加,求产生的误差总和的绝对值小于 0.003 的概率.

7. 设有 30 个电子元件 $A_1, A_2, \cdots, A_{30}$,其寿命分别为 $X_1, X_2, \cdots, X_{30}$,且都服从参数为 $\lambda = 0.1$ 的指数分布. 它们的使用情况是当 A_i 损坏后,立即使用 $A_{i+1}(i = 1, 2, \cdots, 29)$. 求元件使用总时间 T 不小于 350 h 的概率.

8. 设大学英语四级考试有 85 道选择题,每题 4 个选择答案,只有一个正确. 若需要通过考试,则必须答对 51 道题以上. 试问某学生靠运气能通过四级考试的概率有多大?

9. 随机选取两组学生,每组 80 人,分别在两个实验室里测量某种化合物的 pH 值. 各人测量的结果是随机变量,它们相互独立,服从同一分布,数学期望为 5,方差为 0.3. 以 $\overline{X}, \overline{Y}$ 分别表示第一组和第二组所得结果的算术平均值,求:
(1) $P\{4.9 < \overline{X} < 5.1\}$;   (2) $P\{-0.1 < \overline{X} - \overline{Y} < 0.1\}$.

10. 一公寓有 200 户住户,一户住户拥有汽车辆数 X 的分布律为

X	0	1	2
p_k	0.1	0.6	0.3

问需要多少车位才能使每辆汽车都具有一个车位的概率至少为 0.95?

11. 某药厂断言,该厂生产的某种药品对于医治一种疑难病的治愈率为 0.8. 医院任意抽查 100 名服用此药品的患者,若其中多于 75 人治愈,就接受此断言,否则就拒绝此断言.
(1) 若实际上此药品对这种疾病的治愈率是 0.8,问接受这一断言的概率是多少?
(2) 若实际上此药品对这种疾病的治愈率为 0.7,问接受这一断言的概率是多少?

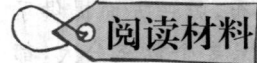

中心极限定理的先驱——棣莫弗

亚伯拉罕·棣莫弗于 1667 年 5 月 26 日出生于法国维特里的弗朗索瓦一个乡村医生之家. 其父一生勤俭,以行医所得勉强维持家人温饱. 棣莫弗自幼接受父亲的教育,稍大后进入当地一所天主教学校念书,这所学校宗教气氛不浓,学生们得以在一种轻松、自由的环境中学习,这对他的性格产生了重大影响. 随后他离开农村,进入色拉的一所清教徒学院继续求学,这里却戒律森严、令人窒息. 学校要求学生宣誓效忠教会,棣莫弗拒绝服从,于是受到了严厉的制裁,被罚背诵各种宗教教义. 那时学校不重视数学教育,但棣莫弗常

常偷偷学习数学.在早期所学的数学著作中,他最感兴趣的是惠更斯(Huygens)关于赌博的著作,特别是惠更斯于1657年出版的《论赌博中的机会》(Deratiociniis in Ludo Aleae)一书,启发了他的灵感.

1684年棣莫弗来到巴黎,幸运地遇见了法国杰出的数学教育家、热心传播数学知识的奥扎拉姆(Ozanam).在奥扎拉姆的鼓励下,棣莫弗学习了欧几里得(Enclid)的《几何原本》(Elements)及其他数学家的一些重要数学著作.

1685年棣莫弗到了英国.随后棣莫弗一直生活在英国,他对数学的所有贡献全是在英国做出的.抵达伦敦后,棣莫弗立刻发现了许多优秀的科学著作,于是如饥似渴地学习.一个偶然的机会下,他读到牛顿(Newton)刚刚出版的《自然哲学的数学原理》(Mathematical Principles of Natural Philosophy),深深地被这部著作吸引了.后来他曾回忆起自己是如何学习牛顿这部巨著的:他靠做家庭教师糊口,必须给许多家庭的孩子上课,因此时间很紧,于是就将这部巨著拆开,当他教完一家的孩子后去另一家的路上,赶紧阅读几页,不久便把这部书学完了.就这样,棣莫弗很快就有了充实的学术基础,并开始进行学术研究.

1692年棣莫弗拜会了英国皇家学会秘书哈雷(Halley),哈雷将棣莫弗的第一篇数学论文《论牛顿的流数原理》(On Newton's Doctrine of Fluxions)在英国皇家学会上宣读,引起了学术界的注意.1697年棣莫弗当选为英国皇家学会会员.棣莫弗的天才及成就逐渐受到了人们广泛的关注和尊重.哈雷将棣莫弗的重要著作《机会的学说》(The Doctrine of Chances)呈送牛顿,牛顿对棣莫弗十分欣赏.据说后来遇到学生向牛顿请教概率方面的问题时,他就说:"这样的问题应该去找棣莫弗,他对这些问题的研究比我深入得多."1710年棣莫弗被委派参与英国皇家学会调查牛顿-莱布尼茨关于微积分优先权的委员会.1735年棣莫弗被选为柏林科学院院士.1754年又被法国的巴黎科学院接纳为会员.

棣莫弗终生未婚.尽管他在学术研究方面颇有成就,却贫困潦倒.自从到英国伦敦直至晚年,他一直做数学方面的家庭教师.他不时撰写文章,还参与研究确定保险年金的实际问题,但获得的收入却极其微薄,只能勉强糊口.

棣莫弗在87岁时患上了嗜眠症,每天睡觉长达20 h.当达到24 h长睡不起时,他便在贫寒中离开了人世.关于棣莫弗的死有一个颇具数学色彩的神奇传说:在临终前若干天,棣莫弗发现,他每天需要比前一天多睡1/4 h,那么各天睡眠时间将构成一个算术级数,当此算术级数达到24 h时,棣莫弗就长眠不醒了.

棣莫弗的工作对数理统计学最大的影响,当然还在于现今以他的名字命名的中心极限定理.棣莫弗做出他的发现后约40年,拉普拉斯建立了中心极限定理较一般的形式,独立和中心极限定理最一般的形式到20世纪30年代才最后完成.嗣后统计学家发现,一系列的重要统计量在样本量$n \to \infty$时,其极限分布都有正态的形式,这构成了数理统计学中大样本方法的基础.如今大样本方法在统计方法中占据了很重要的地位,饮水思源,棣莫弗的工作可以说是这一重要发展的源头.

第六章

样本及抽样分布

[学习目标]

1. 了解抽样的意义.
2. 掌握总体、样本、简单随机样本的概念,了解经验分布函数.
3. 理解统计量的定义,熟练掌握几个常用的统计量.
4. 掌握状态总体样本均值的分布.
5. 掌握统计常用的抽样分布.

前面五章讲述了概率论的基本内容,从本章开始将介绍本书的第二部分——数理统计.数理统计是具有广泛应用的一个数学分支,它以概率论为理论基础,根据试验或观察得到的数据来研究随机现象,对研究对象的客观规律性做出种种合理的估计和判断.

数理统计的内容包括如何收集、整理数据资料,如何对所得的数据资料进行分析、研究,从而对所研究的对象的性质、特点做出判断.后者就是统计推断问题.本书只讲述统计推断的基本内容.

在概率论中所研究的随机变量,它的分布都假设是已知的,在这一前提下去研究它的性质、特点和规律性.例如求出它的数字特征,讨论随机变量函数的分布,介绍常用的各种分布等.在数理统计中研究的随机变量,它的分布是未知的,或者是不完全知道的,人们是通过对所研究的随机变量进行重复独立的观察,得到许多观察值,对这些数据进行分析,从而对所研究的随机变量的分布做出种种推断.

本章将介绍总体、随机样本及统计量等基本概念,并着重介绍几个常用统计量及抽样分布.

第一节 总体与样本

随机试验的结果很多是可以用数来表示的,另有一些试验的结果虽是定性的,但总可以将它数量化.例如,检验某个学校学生的血型这一试验,其可能结果有 O 型、A 型、B 型、AB 型四种,是定性的.如果分别以 1,2,3,4 依次记这四种血型,那么试验的结果就能用数来表示了.

在数理统计中,往往研究有关对象的某一项数量指标(例如研究某种型号的灯泡的寿命这一数量指标).为此考虑这一数量指标相联系的随机试验,对这一数量指标进行试验或观察.将试验的全部可能的观察值称为**总体**,这些值不一定都不相同,数目上也不一定是有限的,每一个可能观察值称为**个体**.总体中所包含的个体的个数称为总体的**容量**.容量为有限的称为**有限总体**,容量为无限的称为**无限总体**.

例如,在考察某大学一年级男生的身高这一试验中,若一年级男生共 2 000 人,每个男生的身高是一个可能观测值,所形成的总体中共含 2 000 个可能观测值,是一个有限总体.又如,考察某一湖泊中某种鱼的含汞量,所得总体也是有限总体.观察并记录某一地点每天(包括以往、现在和将来)的最高气温,或者测量一湖泊任一地点的深度,所得总体是无限总体.例如,考察全国正在使用的某种型号灯泡的寿命所形成的总体,由于可能观测值的个数很多,就可以认为是无限总体.

总体中的每一个个体是随机试验的一个观测值,因此它是某一随机变量 X 的值,则一个总体对应于一个随机变量 X.对总体的研究就是对一个随机变量 X 的研究,X 的分布函数和数字特征就分别称为总体的分布函数和数字特征.今后将不区分总体与相应的随机变量,笼统称为总体 X.

例如,检验自生产线出来的零件是次品还是正品,以 0 表示产品为正品,以 1 表示产品为次品. 设出现次品的概率为 p(常数), 那么总体是由一些"1"和一些"0"所组成, 这一总体对应于一个具体的参数为 p 的(0-1)分布

$$P\{X=x\} = p^x(1-p)^{1-x},\ x=0,1$$

的随机变量. 就将它说成是(0-1)分布总体, 意指总体中的观察值是(0-1)分布随机变量的值. 又如, 上述灯泡寿命这一总体是指数分布总体, 意指总体中的观察值是指数分布随机变量的值.

在实际中, 总体的分布一般是未知的, 或只知道它具有某种形式而其中包含着未知参数. 在数理统计中, 人们都是通过从总体中抽取一部分个体, 根据获得的数据来对总体分布得出推断的, 被抽出的部分个体叫作总体的一个**样本**.

所谓从总体抽取一个个体, 就是对总体 X 进行一次观察并记录其结果. 在相同情况下对总体 X 进行 n 次重复的、独立的观察, 将 n 次观察结果按试验的次序记为 $X_1, X_2, \cdots, X_n$. 由于 $X_1, X_2, \cdots, X_n$ 是对随机变量 X 观察的结果, 且各次观察是在相同的条件下独立进行的, 所以有理由认为 $X_1, X_2, \cdots, X_n$ 是相互独立的, 且都是与 X 具有相同分布的随机变量. 这样得到的 $X_1, X_2, \cdots, X_n$ 称为来自总体 X 的一个**简单随机样本**, n 称为这个**样本的容量**. 以后如无另外说明, 所提到的样本都是指简单的随机样本.

当 n 次观察一经完成, 就得到一组实数 $x_1, x_2, \cdots, x_n$, 它们依次是随机变量 $X_1, X_2, \cdots, X_n$ 的观察值, 称为**样本值**.

对于有限总体, 采用放回抽样就能得到简单随机样本, 但放回抽样使用起来不方便, 当个体的总数 N 比得到的样本的容量 n 大得多时, 在实际中可将不放回抽样近似地当作放回抽样来处理.

至于无限总体, 因抽取一个个体不影响它的分布, 所以总是用不放回抽样. 例如, 在生产过程中, 每隔一定时间抽取一个个体, 抽取 n 个就得到一个简单随机样本, 实验室中的记录、水文、气象等观察资料都是样本. 试制新产品得到的样品的质量指标, 也常被认为是样本.

综上所述, 给出以下定义.

定义 6.1 设 X 是具有分布函数 F 的随机变量, 若 $X_1, X_2, \cdots, X_n$ 是具有同一分布函数 F 的、相互独立的随机变量, 则称 $X_1, X_2, \cdots, X_n$ 为从分布函数 F(或总体 F, 或总体 X)得到的容量为 n 的**简单随机样本**, 简称**样本**. 它们的观察值 $x_1, x_2, \cdots, x_n$ 称为**样本值**, 又称为总体 X 的 n 个独立的观察值.

也可以将样本看成是一个随机向量, 写成 $(X_1, X_2, \cdots, X_n)$, 此时样本值相应地写成 $(x_1, x_2, \cdots, x_n)$. 若 $(x_1, x_2, \cdots, x_n)$ 与 $(y_1, y_2, \cdots, y_n)$ 都是相应于样本 $(X_1, X_2, \cdots, X_n)$ 的样本值, 一般来说它们是不相同的.

由定义, 若 $X_1, X_2, \cdots, X_n$ 为 F 的一个样本, 则 $X_1, X_2, \cdots, X_n$ 相互独立, 且它们的分布函数都是 F, 所以 $(X_1, X_2, \cdots, X_n)$ 的分布函数为

$$F^*(x_1, x_2, \cdots, x_n) = \prod_{i=1}^n F(x_i).$$

若 X 具有分布律 $P\{X=x\} = p(x)$, 则 $(X_1, X_2, \cdots, X_n)$ 的分布律为

$$p^*(x_1, x_2, \cdots, x_n) = \prod_{i=1}^n p(x_i).$$

若 X 具有概率密度 $f(x)$，则 $(X_1, X_2, \cdots, X_n)$ 的概率密度为

$$f^*(x_1, x_2, \cdots, x_n) = \prod_{i=1}^{n} f(x_i).$$

第二节 样本分布函数和直方图

统计方法通常可以分为两类：描述性统计方法与推断性统计方法. 描述性统计方法是通过图标、图形等直观方式，对资料进行加工，使其信息显示一目了然；其不足之处是不能进行深入的分析与判断. 推断性统计方法是利用概率统计的思维方法，从样本中提取关于总体或总体中参数的更深入细致的信息.

一、样本分布函数

定义 6.2 设 $X_1, X_2, \cdots, X_n$ 是总体 F 的一个样本，用 $S(x)$ 表示 $X_1, X_2, \cdots, X_n$ 中不大于 x 的随机变量的个数. 定义**经验分布函数**或**样本分布函数** $F_n(x)$ 为

$$F_n(x) = \frac{1}{n} S(x), \quad -\infty < x < \infty.$$

对于一个样本值，那么经验分布函数 $F_n(x)$ 的观察值是很容易得到的[$F_n(x)$ 的观察值仍以 $F_n(x)$ 表示]. 例如，设总体 F 具有一个样本值 $1, 2, 3$，则经验分布函数 $F_3(x)$ 的观察值为

$$F_3(x) = \begin{cases} 0, & \text{若 } x < 1, \\ \frac{1}{3}, & \text{若 } 1 \leqslant x < 2, \\ \frac{2}{3}, & \text{若 } 2 \leqslant x < 3, \\ 1, & \text{若 } x \geqslant 3. \end{cases}$$

又如，设总体 F 具有一个样本值 $1, 1, 2$，则经验分布函数 $F_3(x)$ 的观察值为

$$F_3(x) = \begin{cases} 0, & \text{若 } x < 1, \\ \frac{2}{3}, & \text{若 } 1 \leqslant x < 2, \\ 1, & \text{若 } x \geqslant 2. \end{cases}$$

一般地，设 $x_1, x_2, \cdots, x_n$ 是总体 F 的一个容量为 n 的样本值，先将 $x_1, x_2, \cdots, x_n$ 按自小到大的次序排列，并重新编号，设为

$$x_{(1)} \leqslant x_{(2)} \leqslant \cdots \leqslant x_{(n)}.$$

则**经验(样本)分布函数 $F_n(x)$ 的观察值为**

$$F_n(x) = \begin{cases} 0, & \text{若 } x < x_{(1)}, \\ \dfrac{k}{n}, & \text{若 } x_{(k)} \leqslant x < x_{(k+1)}, k=1, 2, \cdots, n-1, \\ 1, & \text{若 } x \geqslant x_{(n)}. \end{cases}$$

易知经验(样本)分布函数具有如下性质:

(1) $0 \leqslant F_n(x) \leqslant 1$.

(2) $F_n(x)$ 是非减函数.

(3) $F_n(-\infty) = 0, F_n(+\infty) = 1$.

(4) $F_n(x)$ 在每个观测值 $x_{(i)}$ 处是右连续的,点 $x_{(i)}$ 是 $F_n(x)$ 的跳跃间断点,$F_n(x)$ 在该点的跃度就等于频率 $\dfrac{k}{n}$.

对于经验(样本)分布函数 $F_n(x)$,格里汶科(Glivenko)在 1933 年证明了以下结果:对于任一实数 x,当 $n \to \infty$ 时,$F_n(x)$ 以概率 1 一致收敛于分布函数 $F(x)$,即

$$P\{\lim_{n \to \infty} \sup_{-\infty < x < \infty} |F_n(x) - F(x)| = 0\} = 1.$$

因此对于任一实数 x,当 n 充分大时,经验分布函数的任一个观察值 $F_n(x)$ 与总体分布函数 $F(x)$ 只有微小的差别,从而在实际上可以当作 $F(x)$ 来使用. 这就是在数理统计中可以依据样本来推断总体的理论基础.

二、直方图

数理统计中研究连续型随机变量 X 的样本分布时,通常需要作样本的频率直方图(简称**直方图**),作直方图的步骤如下:

(1) 找出样本观测值 $x_1, x_2, \cdots, x_n$ 中的最小值和最大值,分别记作 x_1^* 与 x_n^*,即

$$x_1^* = \min\{x_1, x_2, \cdots, x_n\}, \quad x_n^* = \max\{x_1, x_2, \cdots, x_n\}.$$

(2) 适当选取略小于 x_1^* 的数 a 与略大于 x_n^* 的数 b,并用分点 $a = t_0 < t_1 < t_2 < \cdots < t_{n-1} < t_n = b$ 把区间 (a, b) 分成 n 个子区间:

$$[t_0, t_1), [t_1, t_2), \cdots, [t_{i-1}, t_i), \cdots, [t_{n-1}, t_n).$$

第 i 个子区间的长度为 $\Delta t_i = t_i - t_{i-1}$, $i = 1, 2, \cdots, n$.

各个子区间的长度可以相等,也可以不等;若使各子区间的长度相等,则有 $\Delta t_i = \dfrac{b-a}{n}$,$i = 1, 2, \cdots, n$. 子区间的个数 n 一般取为 8~15 个,太多则由于频率的随机摆动而使分布显得杂乱,太少则难以显示分布的特征. 此外,为了方便起见,分点 t_i 应比样本观测值 x_i 多取一位小数.

(3) 把所有样本观测值逐个分到各子区间内,并计算样本的观测值落在各子区间内的频数 f_i 及频率 f_i/n, $i = 1, 2, \cdots, n$.

(4) 在 Ox 轴上截取各子区间,并以各子区间为底,以 $\dfrac{f_i}{n}\Big/\Delta t_i$ 为高作小矩形,各个小矩形的面积 ΔS_i 就等于样本观测值落在该子区间内的频率,即

$$\Delta S_i = \Delta t_i \frac{f_i/n}{\Delta t_i} = f_i/n, \ i = 1, 2, \cdots, n.$$

所有小矩形的面积的和等于 1：

$$\sum_{i=1}^{n} \Delta S_i = \sum_{i=1}^{n} \frac{f_i}{n} = 1.$$

这样作出的所有小矩形就构成了直方图.

因为当样本容量 n 充分大时，随机变量 X 落在各个子区间 $[t_{i-1}, t_i)$ 内的频率近似等于其概率，即

$$f_i \approx P\{t_{i-1} \leqslant X \leqslant t_i\}, \ i = 1, 2, \cdots, n,$$

所以直方图大致地描述了总体 X 的概率分布.

例 6.1 测量 100 个某种机械零件的质量，得到样本观测值如下（单位：g）：

```
246  251  259  254  246  253  237  252  250  251
249  244  249  244  243  246  256  247  252  252
250  247  255  249  247  252  252  242  245  240
260  263  254  240  255  250  256  246  249  253
246  255  244  245  257  252  250  249  255  248
258  242  252  259  249  244  251  250  241  253
250  265  247  249  253  247  248  251  251  249
246  250  252  256  245  254  258  248  255  251
249  252  254  246  250  251  247  253  252  255
254  247  252  257  258  247  252  264  248  244
```

写出零件质量的频率分布表并作直方图.

解 因为样本观测值中最小值为 237，最大值为 265，所以把数据的分布区间确定为 (236.5, 266.5)，并把这个区间等分为 10 个子区间：

$$[236.5, 239.5), [239.5, 242.5), \cdots, [263.5, 266.5).$$

由此得到零件质量的频率分布表（表 6-1）. 直方图如图 6-1 所示.

表 6-1

零件质量(g)	频数 f_i	频率 f_i/n
236.5~239.5	1	0.01
239.5~242.5	5	0.05
242.5~245.5	9	0.09
245.5~248.5	19	0.19
248.5~251.5	24	0.24
251.5~254.5	22	0.22
254.5~257.5	11	0.11

(续表)

零件质量(g)	频数 f_i	频率 f_i/n
257.5～260.5	6	0.06
260.5～263.5	1	0.01
263.5～266.5	2	0.02
总计	100	1.00

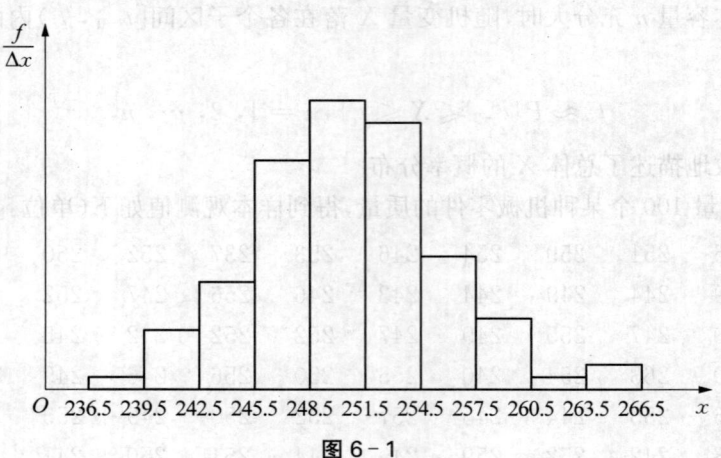

图 6-1

第三节 抽样分布

一、统计量

样本是进行统计推断的依据. 在应用时, 往往不是直接使用样本本身, 而是针对不同的问题构造样本的适当函数, 利用这些样本的函数进行统计推断.

定义 6.3 设 $X_1, X_2, \cdots, X_n$ 是来自总体 X 的一个样本, $g(X_1, X_2, \cdots, X_n)$ 是 $X_1, X_2, \cdots, X_n$ 的函数, 若 g 中不含任何未知参数, 则称 $g(X_1, X_2, \cdots, X_n)$ 是一**统计量**.

因为 $X_1, X_2, \cdots, X_n$ 都是随机变量, 而统计量 $g(X_1, X_2, \cdots, X_n)$ 是随机变量的函数, 因此统计量是一个随机变量. 设 $x_1, x_2, \cdots, x_n$ 是相应于样本 $X_1, X_2, \cdots, X_n$ 的样本值, 则称 $g(x_1, x_2, \cdots, x_n)$ 是 $g(X_1, X_2, \cdots, X_n)$ 的观察值.

下面列出几个常用的统计量.

设 $X_1, X_2, \cdots, X_n$ 是来自总体 X 的一个样本, $x_1, x_2, \cdots, x_n$ 是这一样本的观察值. 定义**样本平均值**为

$$\overline{X} = \frac{1}{n}\sum_{i=1}^{n} X_i,$$

样本方差为

$$S^2 = \frac{1}{n-1}\sum_{i=1}^{n}(X_i - \overline{X})^2 = \frac{1}{n-1}\left(\sum_{i=1}^{n}X_i^2 - n\overline{X}^2\right),$$

样本标准差为

$$S = \sqrt{S^2} = \sqrt{\frac{1}{n-1}\sum_{i=1}^{n}(X_i - \overline{X})^2},$$

样本 k 阶(原点)矩为

$$A_k = \frac{1}{n}\sum_{i=1}^{n}X_i^k,\ k = 1, 2, \cdots,$$

样本 k 阶中心矩为

$$B_k = \frac{1}{n}\sum_{i=1}^{n}(X_i - \overline{X})^k,\ k = 1, 2, \cdots.$$

它们的观察值分别为

$$\bar{x} = \frac{1}{n}\sum_{i=1}^{n}x_i,$$

$$s^2 = \frac{1}{n-1}\sum_{i=1}^{n}(x_i - \bar{x})^2 = \frac{1}{n-1}\left(\sum_{i=1}^{n}x_i^2 - n\bar{x}^2\right),$$

$$s = \sqrt{s^2} = \sqrt{\frac{1}{n-1}\sum_{i=1}^{n}(x_i - \bar{x})^2},$$

$$a_k = \frac{1}{n}\sum_{i=1}^{n}x_i^k,\ k = 1, 2, \cdots,$$

$$b_k = \frac{1}{n}\sum_{i=1}^{n}(x_i - \bar{x})^k,\ k = 1, 2, \cdots.$$

这些观察值仍分别称为样本均值、样本方差、样本标准差、样本 k 阶(原点)矩以及样本 k 阶中心矩.

若总体 X 的 k 阶矩 $E(X^k) = \mu_k$ 存在,则当 $n \to \infty$ 时,$A_k \xrightarrow{P} \mu_k$,$k = 1, 2, \cdots$. 这是因为 $X_1, X_2, \cdots, X_n$ 独立且与 X 同分布,所以 $X_1^k, X_2^k, \cdots, X_n^k$ 独立且与 X^k 同分布. 故有

$$E(X_1^k) = E(X_2^k) = \cdots = E(X_n^k) = \mu_k,\ k = 1, 2, \cdots,$$

从而由第五章的辛钦大数定律知

$$A_k = \frac{1}{n}\sum_{i=1}^{n}X_i^k \xrightarrow{P} \mu_k,\ k = 1, 2, \cdots,$$

进而由第五章中关于依概率收敛的序列的性质知

$$g(A_1, A_2, \cdots, A_n) \xrightarrow{P} g(\mu_1, \mu_2, \cdots, \mu_n),$$

其中,g 为连续函数. 这就是下一章所要介绍的矩估计法的理论根据.

二、三个重要分布

统计量的分布称为**抽样分布**,在使用统计量进行统计推断时常需知道它的分布. 当总体的分布函数已知时,抽样分布是确定的,然而要求出统计量的精确分布,一般来说是困难的. 下面介绍来自正态总体的几个常用的统计量分布.

1. χ^2 分布

设 $X_1, X_2, \cdots, X_n$ 是来自总体 $N(0,1)$ 的样本,则称统计量

$$\chi^2 = X_1^2 + X_2^2 + \cdots + X_n^2 \tag{6.1}$$

服从自由度为 n 的 χ^2 分布,记为 $\chi^2 \sim \chi^2(n)$. 此处的自由度是指式(6.1)右端包含的独立变量的个数.

$\chi^2(n)$ 分布的概率密度为

$$f(y) = \begin{cases} \dfrac{1}{2^{n/2}\Gamma(n/2)} y^{n/2-1} \mathrm{e}^{-y/2}, & y > 0, \\ 0, & \text{其他}. \end{cases} \tag{6.2}$$

$f(y)$ 的图形如图 6-2 所示.

现在来推求式(6.2).

首先知 $\chi^2(1)$ 分布即为 $\Gamma\left(\dfrac{1}{2}, \dfrac{1}{2}\right)$ 分布. 现 $X_i \sim N(0,1)$,由定义 $X_i^2 \sim \chi^2(1)$,即 $X_i^2 \sim \Gamma\left(\dfrac{1}{2}, \dfrac{1}{2}\right)$, $i = 1, 2, \cdots, n$. 再由 $X_1, X_2, \cdots, X_n$ 的独立性知 $X_1^2, X_2^2, \cdots, X_n^2$ 相互独立,从而由 Γ 分布的可加性知

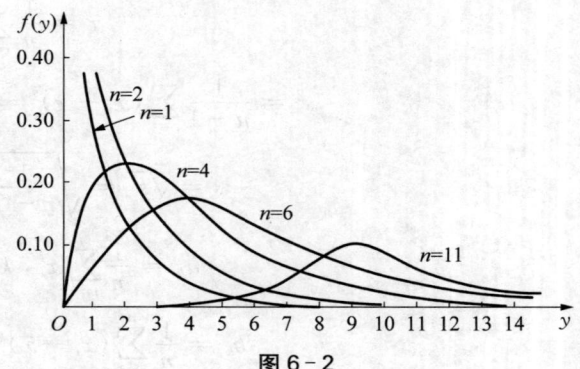

图 6-2

$$\chi^2 = \sum_{i=1}^n X_i^2 \sim \Gamma\left(\dfrac{n}{2}, \dfrac{1}{2}\right),$$

即得 χ^2 的概率密度为式(6.2).

根据 Γ 分布的可加性,易得 χ^2 分布的可加性如下:

(1) **χ^2 分布的可加性**. 设 $\chi_1^2 \sim \chi^2(n_1)$, $\chi_2^2 \sim \chi^2(n_2)$,并且 χ_1^2, χ_2^2 相互独立,则有

$$\chi_1^2 + \chi_2^2 \sim \chi^2(n_1 + n_2).$$

(2) **χ^2 分布的数学期望和方差**. 若 $\chi^2 \sim \chi^2(n)$,则有

$$E(\chi^2) = n, \quad D(\chi^2) = 2n.$$

事实上,因 $X_i \sim N(0,1)$,故

$$E(X_i^2) = D(X_i) = 1, \quad E(X_i^4) = 3,$$
$$D(X_i^2) = E(X_i^4) - [E(X_i^2)]^2 = 3 - 1 = 2, \quad i = 1, 2, \cdots, n.$$

于是

$$E(\chi^2) = E(\sum_{i=1}^{n} X_i^2) = \sum_{i=1}^{n} E(X_i^2) = n,$$

$$D(\chi^2) = D(\sum_{i=1}^{n} X_i^2) = \sum_{i=1}^{n} D(X_i^2) = 2n.$$

(3) χ^2 分布的分位点. 对于给定的正数 α, $0 < \alpha < 1$, 称满足条件

$$P\{\chi^2 > \chi_\alpha^2(n)\} = \int_{\chi_\alpha^2(n)}^{\infty} f(y) \mathrm{d}y = \alpha$$

的点 $\chi_\alpha^2(n)$ 为 $\chi^2(n)$ 分布的**上 α 分位点**, 如图 6-3 所示. 对于不同的 α, n, 上 α 分位点的值已制成表格, 可以查用 (参见附表 4). 例如, 对于 $\alpha = 0.1$, $n = 25$, 查得 $\chi_{0.1}^2(25) = 34.382$. 但该表只详列到 $n = 45$ 为止, 费歇尔 (R. A. Fisher) 曾证明, 当 n 充分大时, 近似地有

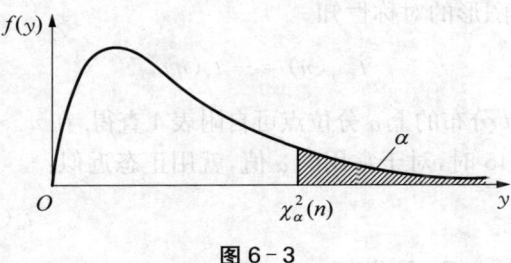

图 6-3

$$\chi_\alpha^2(n) \approx \frac{1}{2}(z_\alpha + \sqrt{2n-1})^2, \tag{6.3}$$

其中, z_α 是标准正态分布的上 α 分位点. 利用式 (6.3) 可以求得当 $n > 45$ 时 $\chi^2(n)$ 分布的上 α 分位点的近似值.

例如, 由式 (6.3) 可得 $\chi_{0.05}^2(50) \approx \frac{1}{2}(1.645 + \sqrt{99})^2 = 67.221$ [由更详细的表得 $\chi_{0.05}^2(50) = 67.505$].

2. t 分布

设 $X \sim N(0, 1)$, $Y \sim \chi^2(n)$, 且 X, Y 独立, 则称随机变量

$$t = \frac{X}{\sqrt{Y/n}}$$

服从自由度为 n 的 **t 分布**, 记为 $t \sim t(n)$.

t 分布又称**学生氏 (Student) 分布**. t 分布的概率密度函数为

$$h(t) = \frac{\Gamma[(n+1)/2]}{\sqrt{\pi n}\Gamma(n/2)}\left(1 + \frac{t^2}{n}\right)^{-(n+1)/2}, -\infty < t < \infty.$$

图 6-4 画出了 $h(t)$ 的图形. $h(t)$ 的图形关于 $t = 0$ 对称, 当 n 充分大时, 其图形类似于标准正态变量概率密度的图形. 事实上, 利用 Γ 函数的性质可得

$$\lim_{n \to \infty} h(t) = \frac{1}{\sqrt{2\pi}} \mathrm{e}^{-t^2/2}.$$

故当 n 足够大时, t 分布近似于 $N(0, 1)$

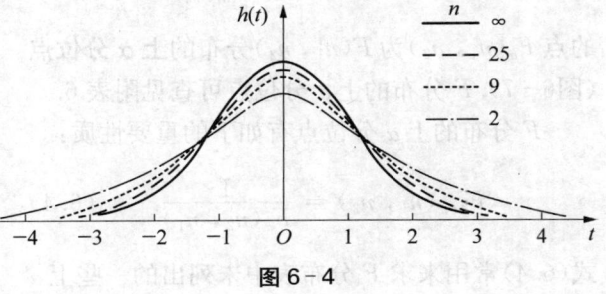

图 6-4

分布. 但对于较小的 n, t 分布与 $N(0,1)$ 分布相差较大(附表 2 与附表 4).

t 分布的分位点: 对于给定的 α, $0 < \alpha < 1$, 称满足条件

$$P\{t > t_\alpha(n)\} = \int_{t_\alpha(n)}^{\infty} h(t)\mathrm{d}t = \alpha$$

的点 $t_\alpha(n)$ 为 $t(n)$ 分布的**上 α 分位数**(图 6-5).

由 t 分布的上 α 分位点的定义及 $h(t)$ 图形的对称性知

$$t_{1-\alpha}(n) = -t_\alpha(n),$$

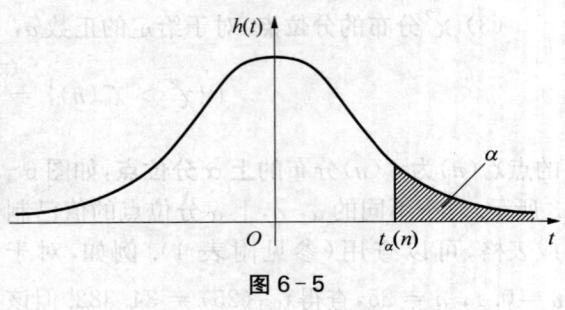

图 6-5

t 分布的上 α 分位点可自附表 4 查得. 在 $n >$ 45 时,对于常用的 α 值,就用正态近似:

$$t_\alpha(n) \approx z_\alpha.$$

3. F 分布

设 $U \sim \chi^2(n_1)$, $V \sim \chi^2(n_2)$, 且 U, V 独立, 则称随机变量

$$F = \frac{U/n_1}{V/n_2}$$

服从自由度为 (n_1, n_2) 的 **F 分布**, 记为 $F \sim F(n_1, n_2)$.

$F(n_1, n_2)$ 分布的概率密度为

$$\psi(y) = \begin{cases} \dfrac{\Gamma[(n_1+n_2)/2](n_1/n_2)^{n_1/2} y^{(n_1/2)-1}}{\Gamma(n_1/2)\Gamma(n_2/2)[1+(n_1 y/n_2)]^{(n_1+n_2)/2}}, & y > 0, \\ 0, & \text{其他.} \end{cases}$$

图 6-6 画出了 $\psi(y)$ 的图形.

由定义可知, 若 $F \sim F(n_1, n_2)$, 则

$$\frac{1}{F} \sim F(n_2, n_1).$$

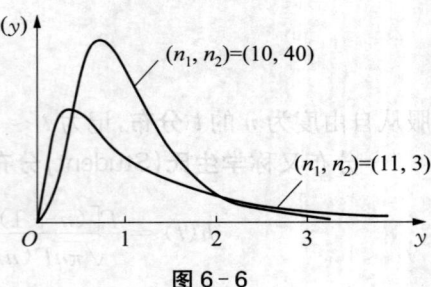

图 6-6

F 分布的分位点: 对于给定的 α, $0 < \alpha < 1$, 称满足条件

$$P\{F > F_\alpha(n_1, n_2)\} = \int_{F_\alpha(n_1, n_2)}^{\infty} \psi(y)\mathrm{d}y = \alpha$$

的点 $F_\alpha(n_1, n_2)$ 为 $F(n_1, n_2)$ 分布的**上 α 分位点** (图 6-7). F 分布的上 α 分位点可查见附表 6.

F 分布的上 α 分位点有如下的重要性质:

$$F_{1-\alpha}(n_1, n_2) = \frac{1}{F_\alpha(n_2, n_1)}. \qquad (6.4)$$

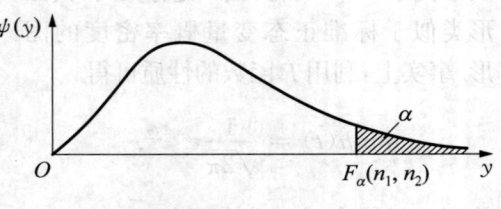

图 6-7

式(6.4)常用来求 F 分布表中未列出的一些上 α 分位点, 如

$$F_{0.95}(12, 9) = \frac{1}{F_{0.05}(9, 12)} = \frac{1}{2.80} = 0.357.$$

三、正态总体统计量的分布

设总体 X（不管服从什么分布，只要均值和方差存在）的均值为 μ，方差为 σ^2，X_1，X_2，$\cdots$，X_n 是来自 X 的一个样本，$\overline{X}$，S^2 是样本均值和样本方差，则有

$$E(\overline{X}) = \mu, \quad D(\overline{X}) = \sigma^2/n.$$

而
$$E(S^2) = E\Big[\frac{1}{n-1}\Big(\sum_{i=1}^n X_i^2 - n\overline{X}^2\Big)\Big] = \frac{1}{n-1}\Big[\sum_{i=1}^n E(X_i^2) - nE(\overline{X}^2)\Big]$$
$$= \frac{1}{n-1}\Big[\sum_{i=1}^n(\sigma^2 + \mu^2) - n(\sigma^2/n + \mu^2)\Big] = \sigma^2,$$

即
$$E(S^2) = \sigma^2.$$

进而设 $X \sim N(\mu, \sigma^2)$，则知 $\overline{X} = \frac{1}{n}\sum_{i=1}^n X_i$ 也服从正态分布，于是得到以下定理．

定理 6.1 设 X_1，X_2，$\cdots$，X_n 是来自正态总体 $N(\mu, \sigma^2)$ 的样本，$\overline{X}$ 是样本均值，则有

$$\overline{X} \sim N(\mu, \sigma^2/n).$$

对于正态总体 $N(\mu, \sigma^2)$ 的样本均值 $\overline{X}$ 和样本方差 S^2，有以下两个重要定理．

定理 6.2 设 X_1，X_2，$\cdots$，X_n 是总体 $N(\mu, \sigma^2)$ 的样本，$\overline{X}$，S^2 分别是样本均值和样本方差，则有：

(1) $\dfrac{(n-1)S^2}{\sigma^2} \sim \chi^2(n-1)$；   (2) $\overline{X}$ 与 S^2 独立．

定理 6.3 设 X_1，X_2，$\cdots$，X_n 是总体 $N(\mu, \sigma^2)$ 的样本，$\overline{X}$，S^2 分别是样本均值和样本方差，则有

$$\frac{\overline{X} - \mu}{S/\sqrt{n}} \sim t(n-1) \tag{6.5}$$

证 由定理 6.1、定理 6.2，

$$\frac{\overline{X} - \mu}{\sigma/\sqrt{n}} \sim N(0, 1), \quad \frac{(n-1)S^2}{\sigma^2} \sim \chi^2(n-1),$$

且两者相互独立．由 t 分布的定义知

$$\frac{\overline{X} - \mu}{\sigma/\sqrt{n}} \Big/ \sqrt{\frac{(n-1)S^2}{\sigma^2(n-1)}} \sim t(n-1).$$

化简上式左边，即得式 (6.5)．

对于两个正态总体的样本均值和样本方差有以下定理．

定理 6.4 设 X_1，X_2，$\cdots$，X_{n_1} 与 Y_1，Y_2，$\cdots$，Y_{n_2} 分别是来自正态总体 $N(\mu_1, \sigma_1^2)$ 与

$N(\mu_2, \sigma_2^2)$ 的样本,且这两个样本相互独立. 设 $\overline{X} = \dfrac{1}{n_1}\sum\limits_{i=1}^{n_1}X_i$, $\overline{Y} = \dfrac{1}{n_2}\sum\limits_{i=1}^{n_2}Y_i$ 分别是这两个样本的样本均值;$S_1^2 = \dfrac{1}{n_1-1}\sum\limits_{i=1}^{n_1}(X_i-\overline{X})^2$, $S_2^2 = \dfrac{1}{n_2-1}\sum\limits_{i=1}^{n_2}(Y_i-\overline{Y})^2$ 分别是这两个样本的样本方差. 则有:

(1) $\dfrac{S_1^2/S_2^2}{\sigma_1^2/\sigma_2^2} \sim F(n_1-1, n_2-1)$.

(2) 当 $\sigma_1^2 = \sigma_2^2 = \sigma^2$ 时,

$$\frac{(\overline{X}-\overline{Y})-(\mu_1-\mu_2)}{S_w\sqrt{\dfrac{1}{n_1}+\dfrac{1}{n_2}}} \sim t(n_1+n_2-2),$$

其中, $S_w^2 = \dfrac{(n_1-1)S_1^2+(n_2-1)S_2^2}{n_1+n_2-2}$, $S_w = \sqrt{S_w^2}$.

证 (1) 由定理 6.2,

$$\frac{(n_1-1)S_1^2}{\sigma_1^2} \sim \chi^2(n_1-1),$$

$$\frac{(n_2-1)S_2^2}{\sigma_2^2} \sim \chi^2(n_2-1).$$

由假设 S_1^2, S_2^2 相互独立,则由 F 分布的定义知

$$\frac{(n_1-1)S_1^2}{(n_1-1)\sigma_1^2} \bigg/ \frac{(n_2-1)S_2^2}{(n_2-1)\sigma_2^2} \sim F(n_1-1, n_2-1),$$

即

$$\frac{S_1^2/S_2^2}{\sigma_1^2/\sigma_2^2} \sim F(n_1-1, n_2-1).$$

(2) 易知 $\overline{X}-\overline{Y} \sim N\left(\mu_1-\mu_2, \dfrac{\sigma^2}{n_1}+\dfrac{\sigma^2}{n_2}\right)$,即有

$$U = \frac{(\overline{X}-\overline{Y})-(\mu_1-\mu_2)}{\sigma\sqrt{\dfrac{1}{n_1}+\dfrac{1}{n_2}}} \sim N(0, 1).$$

又由给定条件知 $\dfrac{(n_1-1)S_1^2}{\sigma_1^2} \sim \chi^2(n_1-1)$, $\dfrac{(n_2-1)S_2^2}{\sigma_2^2} \sim \chi^2(n_2-1)$,

且它们相互独立,故由 χ^2 分布的可加性知

$$V = \frac{(n_1-1)S_1^2}{\sigma_1^2} + \frac{(n_2-1)S_2^2}{\sigma_2^2} \sim \chi^2(n_1+n_2-2).$$

U 与 V 相互独立,从而按 t 分布的定义知

$$\frac{U}{\sqrt{V/(n_1+n_2-2)}} = \frac{(\overline{X}-\overline{Y})-(\mu_1-\mu_2)}{S_w\sqrt{\dfrac{1}{n_1}+\dfrac{1}{n_2}}} \sim t(n_1+n_2-2).$$

以上所介绍的几个分布以及四个定理,在下面各章中都起着重要作用.应注意,它们都是在总体为正态这一基本假设下得到的.

本章小结

一、本章主要内容与重点

本章主要内容有样本的概念、直方图、样本(经验)分布函数、常见的统计量、χ^2 分布、t 分布、F 分布、正态统计量的分布.

重点 简单随机样本及其获取方法、几个常见的统计量及其计算、正态总体样本均值的分布以及产生的统计量.

二、学习指导

1. 样本

在相同的条件下,对总体 X 进行 n 次重复的、独立的观察,得到 n 个结果 $X_1, X_2, \cdots, X_n$,称随机变量 $X_1, X_2, \cdots, X_n$ 为来自总体 X 的简单随机样本,它具有两条性质:

(1) $X_1, X_2, \cdots, X_n$ 都与总体具有相同的分布.

(2) $X_1, X_2, \cdots, X_n$ 相互独立.

就是利用来自样本的信息推断总体,得到有关总体分布的种种结论的.

2. 常见统计量

样本 $X_1, X_2, \cdots, X_n$ 的函数 $g(X_1, X_2, \cdots, X_n)$ 若不包含未知参数,则称统计量.统计量是一个随机变量,它是完全由样本所确定的.统计量是进行统计推断的工具.

样本均值 $\overline{X} = \dfrac{1}{n}\sum\limits_{k=1}^{n} X_k$ 和样本方差 $S^2 = \dfrac{1}{n-1}\sum\limits_{k=1}^{n}(X_k - \overline{X})^2$ 是两个最重要的统计量.

3. 抽样分布

统计量的分布称为抽样分布.

(1) χ^2 分布、t 分布、F 分布这三个分布统称为统计学的三大分布.对于这三个分布,掌握它们的定义和密度函数图形的轮廓,还会使用分位点表写出分位点.

(2) 关于样本均值 $\overline{X}$、样本方差 S^2,有以下的结果:

① 设 $X_1, X_2, \cdots, X_n$ 是来自总体 X(不管服从什么分布,只要它们的均值和方差存在)的样本,且有 $E(X) = \mu$,$D(X) = \sigma^2$,则有 $E(\overline{X}) = \mu$,$D(\overline{X}) = \sigma^2/n$.

② 设总体 $X \sim N(\mu, \sigma^2)$,$X_1, X_2, \cdots, X_n$ 是来自 X 的样本,则有:

$\overline{X} \sim N(\mu, \sigma^2/n)$;$\dfrac{(n-1)S^2}{\sigma^2} \sim \chi^2(n-1)$;$\overline{X}$ 与 S^2 相互独立;$\dfrac{\overline{X} - \mu}{S/\sqrt{n}} \sim t(n-1)$.

③ 对于两个正态总体 $X \sim N(\mu_1, \sigma_1^2)$,$X \sim N(\mu_2, \sigma_2^2)$,有定理 6.4 的重要结果.

习题六

1. 已知总体 $X \sim N(\mu, \sigma^2)$,其中 σ^2 已知,而 μ 未知,设 X_1, X_2, X_3 是取自总体 X 的样本.试问下面哪些是统计量?

(1) $X_1+X_2+X_3$;　(2) $X_1-3\mu$;　(3) $X_2^2+\sigma^2$;　(4) $X_1+\mu+\sigma^2$;　(5) $\max\{X_1, X_2, X_3\}$;　(6) $X_1+X_2+2\sigma$;　(7) $\sum_{i=1}^{3}\dfrac{X_i^2}{\sigma^2}$;　(8) $\dfrac{\overline{X}-\mu}{2}$.

2. 求下列各组样本值的平均值和样本方差:
   (1) 18, 20, 19, 22, 20, 21, 19, 19, 20, 21.
   (2) 54, 67, 68, 78, 70, 66, 67, 70.

3. 填空题:
   (1) 设总体 $X\sim N(0,1)$, 则 $X^2\sim$ _____.
   (2) 设随机变量 $F\sim F(n_1,n_2)$, 则 $\dfrac{1}{F}\sim$ _____.
   (3) 设总体 $X\sim N(\mu,\sigma^2)$, 则 $\overline{X}\sim$ _____, $\dfrac{(n-1)}{\sigma^2}S^2\sim$ _____, $\dfrac{\overline{X}-\mu}{S/\sqrt{n}}\sim$ _____.
   (4) 设总体 $X\sim\chi^2(10)$, $Y\sim\chi^2(15)$, 且 X 与 Y 相互独立, 则 $E(X+Y)=$ _____, $D(X+Y)=$ _____.

4. 设随机变量 X 与 Y 都服从标准正态分布, 则( ).
   A. $X+Y$ 服从正态分布　　　　　　B. X^2+Y^2 服从 χ^2 分布
   C. X^2 与 Y^2 均服从 χ^2 分布　　D. X^2/Y^2 服从 F 分布

5. 在总体 $N(52, 6.3^2)$ 中随机抽取一容量为 36 的样本, 求样本均值 $\overline{X}$ 落在 $50.8\sim53.8$ 的概率.

6. 在总体 $N(12,4)$ 中随机抽一容量为 5 的样本 X_1,X_2,X_3,X_4,X_5.
   (1) 求样本均值与总体均值之差的绝对值大于 1 的概率.
   (2) 求 $P\{\max(X_1,X_2,X_3,X_4,X_5)>15\}$, $P\{\min(X_1,X_2,X_3,X_4,X_5)<10\}$.

7. 求总体 $N(20,3)$ 的容量分别为 10,15 的两独立样本均值差的绝对值大于 0.3 的概率.

8. 设 $X_1,X_2,\cdots,X_{10}$ 为 $N(0,0.3^2)$ 的一个样本, 求 $P\{\sum_{i=1}^{10}X_i^2>1.44\}$.

9. 设样本 $X_1,X_2,\cdots,X_6$ 来自总体 $N(0,1)$, $Y=(X_1+X_2+X_3)^2+(X_4+X_5+X_6)^2$, 试确定常数 C, 使 CY 服从 χ^2 分布.

10. 设样本 X_1,X_2,X_3,X_4,X_5 来自总体 $N(0,1)$, $Y=\dfrac{C(X_1+X_2)}{(X_3^2+X_4^2+X_5^2)^{1/2}}$, 试确定常数 C 使 Y 服从 t 分布.

11. 已知 $X\sim t(n)$, 求证 $X^2\sim F(1,n)$.

12. 设 $X\sim b(1,p)$, $X_1,X_2,\cdots,X_n$ 是来自 X 的样本, 求:
    (1) $(X_1,X_2,\cdots,X_n)$ 的分布律;　(2) $\sum_{i=1}^{n}X_i$ 的分布律;　(3) $E(\overline{X}), D(\overline{X}), E(S^2)$.

13. 设总体 $X\sim\chi^2(n)$, $X_1,X_2,\cdots,X_{10}$ 是来自 X 的样本. 求 $E(\overline{X}), D(\overline{X}), E(S^2)$.

14. 设总体 $X\sim N(\mu,\sigma^2)$, $X_1,X_2,\cdots,X_{10}$ 是来自 X 的样本.
    (1) 写出 $X_1,X_2,\cdots,X_{10}$ 的联合概率密度.
    (2) 写出 $\overline{X}$ 的概率密度.

15. 设在总体 $N(\mu,\sigma^2)$ 中抽取一容量为 16 的样本, 这里的 μ,σ^2 均为未知.

(1) 求 $P\{S^2/\sigma^2 \leqslant 2.014\}$,其中 S^2 为样本方差. (2) 求 $D(S^2)$.

阅读材料

概率论的奠基人之一——拉普拉斯

皮埃尔-西蒙·拉普拉斯,1749 年 3 月 23 日生于法国西北部卡尔瓦多斯的博蒙昂诺日.拉普拉斯家境贫寒,靠邻居的接济才得到读书的机会.16 岁时进入开恩大学,并在学习期间写了十篇关于有限差分的论文.在完成学业之后,他带着介绍信到巴黎去求见大名鼎鼎的达朗贝尔,荐书投去,杳无音讯,因为达朗贝尔对只带着大人物的推荐信的年轻人不感兴趣.拉普拉斯并不气馁,随即写了一篇阐述力学一般原理的论文,求教于达朗贝尔.由于这篇论文异常出色,达朗贝尔为其才华所感,欣然回了一封热情洋溢的信,信中写道:"拉普拉斯先生,你看,我几乎没有注意你那些推荐信,你不需要什么推荐,你已经更好地介绍了自己.对我来说这就够了,你应该得到支持."达朗贝尔还很高兴地当了他的教父,并介绍他去巴黎陆军学校任教授.拉普拉斯事业上的辉煌时期便从此开始.1773 年被选为法国科学院副院士,1783 年任军事考试委员,并于 1785 年主持对一个 16 岁的唯一考生进行考试,这个考生就是后来成为皇帝的拿破仑(Nopoleon).1785 年当选为法国科学院正式院士.自 1795 年开始他先后任巴黎综合工科学校和高等师范学校教授,1816 年被选为法兰西学院院士,一年后任谅院主席.他还被拿破仑任命为内政部长、元老议员并加封伯爵.拿破仑下台后,路易十八(Louis XⅧ)重登王位,拉普拉斯又被晋升为侯爵.

拉普拉斯才华横溢、著作如林,在青年时代就发表了一系列的论著.24 岁当选为法国科学院副院士,科学院在一份报告中曾这样评论他:还没有任何一位像拉普拉斯这样年轻的科学家能在如此众多、如此困难的课题上,写出如此大量的论文.

拉普拉斯的研究领域是多方面的,有天体力学、概率论、微分方程、复变函数、势函数理论、代数、测地学、毛细现象理论等,并有卓越的创见.他是一位分析学的大师,把分析学应用到力学,特别是天体力学,获得了划时代的结果.他的代表作有《宇宙体系论》《分析概率论》《天体力学》.

《分析概率论》(1812 年)汇集了 40 年以来概率论方面的进展以及拉普拉斯自己在这方面的发现,对概率论的基本理论做了系统的整理,他在该书的引言中写道:"归根到底,概率论只不过是把常识化成计算而已."这本书包含了几何概率、伯努利定理和最小二乘法原理等.著名的拉普拉斯变换就是在此书中述及的.1814 年他还出版了《概率的哲学探讨况》.他被公认为是概率论的奠基人之一.

《天体力学》共有五卷.这部巨著把牛顿、达朗贝尔、欧拉、拉格朗日诸位大家的天文研究推向了高峰.用拉普拉斯自己的话来说,写这部书的目的在于对太阳系引起的力学问题提供一个完全的解答.它吸取了前人的大量成果,给予天体运动以严格的数学描述,对位势理论同样做了数学刻画.这对后来的物理学、引力论、流体力学、电磁学以及原子物理等都产生了极为深远的影响.在位势理论中他提出了有名的"拉普拉斯方程".这部巨著使他赢得了"法国牛顿"的美称.

拉普拉斯对解释世界的任何事情都感兴趣.他研究过流体动力学、声的传播和潮汐现象.在化学方面,他关于物质液态的论著是经典之作.他关于毛细管中使水上升的表面张力的研究以及在液体中内聚力的研究都有重大发现.他研究过复变函数求积法,并把实积分转换为复积分来计算.拉普拉斯方程更是重要的微分方程.他研究了奇解的理论,把奇解的概念推广到高阶方程和三个变量的方程,发展了解非齐次线性方程的常数变易法,探求二阶线性微分方程的完全积分.拉普拉斯也很重视研究方法,他十分爱用归纳和类比. 他曾说:"甚至在数学里, 发现真理的主要工具也是归纳和类比."

拉普拉斯作为一个科学家, 在席卷法国的政治变动中, 包括拿破仑的兴起和衰落, 都并未显著地影响他对科学的研究. 另外他也能慷慨帮助和鼓励年轻的一代. 如化学家盖·吕萨克(Gay Lussac)、旅行家和自然研究者洪堡(Humboldt)、数学家泊松、柯西都曾得到过他的帮助和鼓励. 他学识渊博, 但学而不厌. 他的遗言是:"我们知道的是微小的, 我们不知道的是无限的."

第七章

参数估计

[学习目标]

1. 了解点估计、估计量及估计值的概念.
2. 理解矩估计法和极大似然估计法的统计思想.
3. 熟练掌握矩估计法和极大似然估计法.
4. 了解估计量的无偏性、有效性和一致性(相合性)的概念及实际意义,掌握验证估计量的无偏性的方法.
5. 了解区间估计的概念及实际意义,熟练掌握单个正态总体的均值和方差的置信区间的求法,掌握求两个正态总体的均值差和方差比的置信区间的方法.
6. 了解单侧置信区间的概念.

统计推断是数理统计的一个重要内容,它包括估计问题和假设检验问题.本章介绍参数估计的点估计和区间估计方法、估计量的评选方法及估计量的评选标准.

第一节 参数的点估计

设有一个总体 X,它的分布函数的形式已知,但它含有一个或多个未知参数 $\theta_1,\theta_2,\cdots,\theta_k$,设 $X_1,X_2,\cdots,X_n$ 为总体的一个样本,参数估计问题就是利用样本 $X_1,X_2,\cdots,X_n$ 提供的信息对参数做出估计,或者对参数的某个函数做出估计.

一般的方法是:构造 k 个统计量 $\hat{\theta}_1(X_1,X_2,\cdots,X_n)$,$\hat{\theta}_2(X_1,X_2,\cdots,X_n)$,$\cdots$,$\hat{\theta}_k(X_1,X_2,\cdots,X_n)$,当得到样本 $(x_1,x_2,\cdots,x_n)$ 后,就可以计算出 $\hat{\theta}_1(x_1,x_2,\cdots,x_n)$,$\hat{\theta}_2(x_1,x_2,\cdots,x_n)$,$\cdots$,$\hat{\theta}_k(x_1,x_2,\cdots,x_n)$,称数 $\hat{\theta}_1,\hat{\theta}_2,\cdots,\hat{\theta}_k$ 为未知参数 $\theta_1,\theta_2,\cdots,\theta_k$ 的**估计值**,对应的统计量为未知参数 $\theta_1,\theta_2,\cdots,\theta_k$ 的**估计量**,这种方法称为**点估计**.下文中在不引起混淆的情况下,将估计值和估计量统称为**估计**.

点估计的方法很多,常见的有矩估计法和极大似然估计法.

一、矩估计法

矩估计法是英国统计学家卡尔·皮尔逊(Karl Pearson)在 20 世纪初提出的,其基本想法是:若 $X_1,X_2,\cdots,X_n$ 为总体 X 的样本,由辛钦大数定律可知,当 $n\to\infty$ 时,样本的原点矩会依概率收敛于总体 X 的原点矩.因而就可以用样本的原点矩作为总体原点矩的估计,建立含有待估计参数的方程,然后由此进一步来估计未知参数,这种求未知参数点估计的方法就是**矩估计法**.

矩估计的具体做法如下:设总体 X 的分布中含有 k 个未知数 $\theta_1,\theta_2,\cdots,\theta_k$,假设总体 X 的前 k 阶矩都存在,它们一般均为参数 $\theta_1,\theta_2,\cdots,\theta_k$ 的函数,即

$$\begin{cases}\mu_1=\mu_1(\theta_1,\theta_2,\cdots,\theta_k)=E(X),\\ \mu_2=\mu_2(\theta_1,\theta_2,\cdots,\theta_k)=E(X^2),\\ \quad\vdots\\ \mu_k=\mu_k(\theta_1,\theta_2,\cdots,\theta_k)=E(X^k).\end{cases}$$

用样本的前 k 阶矩 $A_r=\dfrac{1}{n}\sum_{i=1}^{n}X_i^r$ 作为总体 X 的前 k 阶矩 $\mu_r(r=1,2,\cdots,k)$ 的估计量,则得到含有 $\theta_1,\theta_2,\cdots,\theta_k$ 的方程组:

$$\begin{cases}\mu_1(\theta_1,\theta_2,\cdots,\theta_k)=A_1,\\ \mu_2(\theta_1,\theta_2,\cdots,\theta_k)=A_2,\\ \quad\vdots\\ \mu_k(\theta_1,\theta_2,\cdots,\theta_k)=A_k.\end{cases}$$

解方程组,得

$$\begin{cases} \hat{\theta}_1 = \hat{\theta}_1(A_1, A_2, \cdots, A_k) = \hat{\theta}_1(X_1, X_2, \cdots, X_n), \\ \hat{\theta}_2 = \hat{\theta}_2(A_1, A_2, \cdots, A_k) = \hat{\theta}_2(X_1, X_2, \cdots, X_n), \\ \quad\vdots \\ \hat{\theta}_k = \hat{\theta}_k(A_1, A_2, \cdots, A_k) = \hat{\theta}_k(X_1, X_2, \cdots, X_n). \end{cases}$$

这就是未知参数 $\theta_1, \theta_2, \cdots, \theta_k$ 的矩估计量. 代入一组样本值得 k 个数,即

$$\begin{cases} \hat{\theta}_1 = \hat{\theta}_1(x_1, x_2, \cdots, x_n), \\ \hat{\theta}_2 = \hat{\theta}_2(x_1, x_2, \cdots, x_n), \\ \quad\vdots \\ \hat{\theta}_k = \hat{\theta}_k(x_1, x_2, \cdots, x_n). \end{cases}$$

这就是未知参数 $\theta_1, \theta_2, \cdots, \theta_k$ 的矩估计值.

例 7.1 设某炸药厂一天中发生着火现象的次数 X 服从参数为 λ 的泊松分布,其中参数 λ 未知,现在获得一组样本值 $(x_1, x_2, \cdots, x_n)$,求参数 λ 的矩估计值.

解 由于 $E(X) = \lambda$,令 $E(X) = A_1$,可以解出

$$\hat{\lambda} = \overline{X} = \frac{1}{n}\sum_{i=1}^{n} X_i,$$

代入样本值 $(x_1, x_2, \cdots, x_n)$,得 λ 的矩估计值为

$$\hat{\lambda} = \overline{X} = \frac{1}{n}\sum_{i=1}^{n} x_i.$$

例 7.2 设总体 X 服从区间 (a, b) 上的均匀分布,a, b 为未知参数. 求 a, b 的矩估计量.

解 由于

$$\begin{cases} E(X) = \dfrac{a+b}{2}, \\ E(X^2) = D(X) + E^2(X) = \dfrac{(b-a)^2}{12} + \left(\dfrac{a+b}{2}\right)^2, \end{cases}$$

令 $E(X) = A_1$,$E(X^2) = A_2$,得到方程组

$$\begin{cases} \dfrac{a+b}{2} = A_1, \\ \dfrac{(b-a)^2}{12} + \left(\dfrac{a+b}{2}\right)^2 = A_2. \end{cases}$$

解方程组,可得 a, b 的矩估计量为

$$\begin{cases} \hat{a} = A_1 - \sqrt{3(A_2 - A_1^2)} = \overline{X} - \sqrt{\dfrac{3}{n}\sum_{i=1}^{n}(X_i - \overline{X})^2}, \\ \hat{b} = A_1 + \sqrt{3(A_2 - A_1^2)} = \overline{X} + \sqrt{\dfrac{3}{n}\sum_{i=1}^{n}(X_i - \overline{X})^2}. \end{cases}$$

例 7.3 设总体 X 的均值 μ 和方差 σ^2 都存在但未知,从总体中抽取样本 $X_1, X_2, \cdots, X_n$. 求 μ, σ^2 的矩估计量.

解 由于
$$\begin{cases} E(X) = \mu, \\ E(X^2) = D(X) + E^2(X) = \sigma^2 + \mu^2, \end{cases}$$

令 $E(X) = A_1, E(X^2) = A_2$,得到方程组
$$\begin{cases} \mu = A_1, \\ \sigma^2 + \mu^2 = A_2. \end{cases}$$

解方程组,可得 μ, σ^2 的矩估计量为
$$\begin{cases} \hat{\mu} = A_1 = \overline{X}, \\ \hat{\sigma}^2 = A_2 - A_1^2 = \frac{1}{n}\sum_{i=1}^n X_i^2 - \overline{X}^2 = \frac{1}{n}\sum_{i=1}^n (X_i - \overline{X})^2. \end{cases}$$

此例的结果表明:无论总体服从什么分布,总体均值 μ 的估计量都是样本均值,总体方差 σ^2 的估计量都是样本二阶中心矩. 例如,总体 $X \sim N(\mu, \sigma^2)$,μ, σ^2 未知,则 μ, σ^2 的矩估计量为 $\hat{\mu} = \overline{X}, \hat{\sigma}^2 = \frac{1}{n}\sum_{i=1}^n (X_i - \overline{X})^2$;又如总体 $X \sim \pi(\lambda)$,由于 $E(X) = D(X) = \lambda$,因此未知参数 λ 有两个矩估计量,即 $\hat{\lambda} = \overline{X}, \hat{\lambda} = \frac{1}{n}\sum_{i=1}^n (X_i - \overline{X})^2$,从而总体中未知参数的矩估计量没有唯一性.

二、极大似然估计法

引例 7.1 某位同学与一位猎人一起外出打猎,一只野兔从前方窜过,只听一声枪响,野兔应声倒下,问是谁打中的呢?

解 因为只发一枪便打中,猎人的命中率一般大于这位同学的命中率,看来这一枪是猎人射中的.

极大似然估计法的基本思想是,一次试验就出现事件有较大的概率,因而可以根据样本观测值,选择参数的估计,使得样本在该样本值附近出现的可能性最大.

下面就离散型随机变量和连续型随机变量分别做具体的讨论.

1. 离散型随机变量的情况

设 X 为离散型随机变量,其分布律为 $P(X = x) = p(x; \theta)$,$\theta \in \Theta$,θ 为未知参数,Θ 为 θ 的可能取值范围,称为**参数空间**. 设 $X_1, X_2, \cdots, X_n$ 为来自总体 X 的样本,则样本的联合分布律为
$$P(X_1 = x_1, X_2 = x_2, \cdots, X_n = x_n) = \prod_{i=1}^n p(x_i; \theta).$$

上式也表示样本 $X_1, X_2, \cdots, X_n$ 取到观察值 $x_1, x_2, \cdots, x_n$ 的概率. 由于这一概率随 θ 的取值而变化,它可以看作 θ 的函数,把它记为 $L(\theta)$,并称
$$L(\theta) = \prod_{i=1}^n p(x_i; \theta), \theta \in \Theta$$

为样本的**似然函数**. 似然函数 $L(\theta)$ 的值的大小意味着该样本值出现的可能性的大小,既然已经得到样本值 $x_1, x_2, \cdots, x_n$,那么它出现的可能性应该较大,即似然函数值应该较大. 因而在 θ 取值的可能范围 Θ 内选择使 $L(\theta)$ 达到最大的那个 $\hat{\theta}$ 作为 θ 的估计.

2. 连续型随机变量的情况

设 X 为连续型随机变量,其概率密度为 $f(x;\theta)$,$\theta \in \Theta$,θ 为未知参数,Θ 为 θ 的可能取值范围. 设 $X_1, X_2, \cdots, X_n$ 为来自总体 X 的样本,则样本的联合概率密度为 $\prod_{i=1}^{n} f(x_i; \theta)$. 设样本 $X_1, X_2, \cdots, X_n$ 取到观察值 $x_1, x_2, \cdots, x_n$,则随机点 $(X_1, X_2, \cdots, X_n)$ 落在以点 $(x_1, x_2, \cdots, x_n)$ 为中心,边长分别为 $\Delta x_1, \Delta x_2, \cdots, \Delta x_n$ 的 n 维立体邻域的概率近似为

$$\prod_{i=1}^{n} f(x_i; \theta) \Delta x_i.$$

当 $x_1, x_2, \cdots, x_n$ 给定时,它是 θ 的函数,仍把它记为 $L(\theta)$,并称

$$L(\theta) = \prod_{i=1}^{n} f(x_i; \theta) \Delta x_i, \theta \in \Theta$$

为样本的**似然函数**. 由于 $\prod_{i=1}^{n} \Delta x_i$ 与 θ 无关,因而似然函数常取为

$$L(\theta) = \prod_{i=1}^{n} f(x_i; \theta), \theta \in \Theta.$$

类似于上面的讨论,在 θ 的可能取值范围 Θ 内,选择使 $L(\theta)$ 达到最大的那个 $\hat{\theta}$ 作为 θ 的估计,即

$$L(\hat{\theta}) = \max_{\theta \in \Theta} L(\theta).$$

称 $\hat{\theta}(x_1, x_2, \cdots, x_n)$ 为参数 θ 的**极大似然估计值**,称统计量 $\hat{\theta}(X_1, X_2, \cdots, X_n)$ 为参数 θ 的**极大似然估计量**.

综合上面的讨论,求未知参数 θ 的极大似然估计问题,就是求似然函数 $L(\theta)$ 的最大值点. 当 $L(\theta)$ 可微时,要使 $L(\theta)$ 取到最大值,θ 必须满足方程

$$\frac{\mathrm{d}}{\mathrm{d}\theta} L(\theta) = 0.$$

这个方程称为**似然方程**. 又因为对数函数 $\ln x$ 是 x 的单调增函数,$L(\theta)$ 与 $\ln L(\theta)$ 在同一 θ 处取到最大值,因此也可以由方程

$$\frac{\mathrm{d}}{\mathrm{d}\theta} \ln L(\theta) = 0$$

求得 θ 的极大似然估计值. 这个方程称为**对数似然方程**.

更一般地,若总体 X 的分布中含有多个未知参数 $\theta_1, \theta_2, \cdots, \theta_k$,则似然函数是这些参数的函数 $L(\theta_1, \theta_2, \cdots, \theta_k)$,令

$$\frac{\mathrm{d}}{\mathrm{d}\theta_i} L(\theta_1, \theta_2, \cdots, \theta_k) = 0, i = 1, 2, \cdots, k,$$

或者令
$$\frac{\mathrm{d}}{\mathrm{d}\theta_i}\ln L(\theta_1,\theta_2,\cdots,\theta_k)=0, i=1,2,\cdots,k,$$

通过求解上述方程组,可得到各未知参数的极大似然估计值 $\hat{\theta}_i(x_1,x_2,\cdots,x_n)$,以及极大似然估计量 $\hat{\theta}_i(X_1,X_2,\cdots,X_n)$, $i=1,2,\cdots,k$.

例 7.4 设总体 X 服从二项分布 $B(m,p)$,其中 m 已知,p 未知,从总体中抽取样本 $X_1,X_2,\cdots,X_n$,求参数 p 的极大似然估计量.

解 总体 X 的分布律为
$$P(X=x)=C_m^x p^x (1-p)^{m-x}, x=0,1,2,\cdots,m.$$

设 $x_1,x_2,\cdots,x_n$ 是相应的样本值,则似然函数为
$$L(p)=\prod_{i=1}^{n}C_m^{x_i}p^{x_i}(1-p)^{m-x_i}=\Big(\prod_{i=1}^{n}C_m^{x_i}\Big)p^{\sum_{i=1}^{n}x_i}(1-p)^{nm-\sum_{i=1}^{n}x_i}.$$

取对数得到
$$\ln L(p)=\sum_{i=1}^{n}\ln C_m^{x_i}+\Big(\sum_{i=1}^{n}x_i\Big)\ln p+\Big(nm-\sum_{i=1}^{n}x_i\Big)\ln(1-p).$$

令
$$\frac{\mathrm{d}\ln L(p)}{\mathrm{d}p}=\frac{1}{p}\sum_{i=1}^{n}x_i-\frac{1}{1-p}\Big(nm-\sum_{i=1}^{n}x_i\Big)=0,$$

求解得到参数 p 的极大似然估计值为
$$\hat{p}=\frac{1}{mn}\sum_{i=1}^{n}x_i.$$

因此 p 的极大似然估计量为
$$\hat{p}=\frac{1}{mn}\sum_{i=1}^{n}X_i=\frac{1}{m}\overline{X}.$$

例 7.5 设总体 X 的分布律为

X	0	1	2
P	θ	$1-2\theta$	θ

其中 θ 为未知参数. 今对 X 进行观测,得到样本值 $0,1,2,0,2,1$. 求 θ 的极大似然估计值.

解 似然函数为
$$\begin{aligned}L(\theta)&=P(X_1=0)P(X_2=1)\cdots P(X_6=1)\\&=\theta\cdot(1-2\theta)\cdot\theta\cdot\theta\cdot\theta\cdot(1-2\theta)=\theta^4(1-2\theta)^2.\end{aligned}$$

取对数,得到

$$\ln L(\theta) = 4\ln \theta + 2\ln(1-2\theta).$$

再求导数,并令其为零,得到

$$\frac{\mathrm{d}\ln L(\theta)}{\mathrm{d}\theta} = 4\,\frac{1}{\theta} + 2 \cdot \frac{-2}{1-2\theta} = 0.$$

解出参数 θ 的极大似然估计值为 $\hat{\theta} = \frac{1}{3}$.

例 7.6 设 $X_1, X_2, \cdots, X_n$ 是取自总体 X 的一个样本,总体 X 的概率密度为

$$f(x) = \begin{cases} \theta x^{\theta-1}, & 0 < x < 1, \\ 0, & \text{其他}. \end{cases}$$

其中 $\theta > 0$ 是未知参数,求 θ 的极大似然估计量.

解 设 $x_1, x_2, \cdots, x_n$ 是相应的样本值,则似然函数为

$$L(\theta) = \begin{cases} \prod_{i=1}^{n} \theta x_i^{\theta-1}, & 0 < x_1, x_2, \cdots, x_n < 1, \\ 0, & \text{其他}. \end{cases}$$

极大似然估计只要考虑非零部分最大即可,所以

$$L(\theta) = \prod_{i=1}^{n} \theta x_i^{\theta-1} = \theta^n \Big(\prod_{i=1}^{n} x_i\Big)^{\theta-1}.$$

取对数,得

$$\ln L(\theta) = n\ln \theta + (\theta - 1)\sum_{i=1}^{n} \ln x_i.$$

再求导数,并令其为零,得

$$\frac{\mathrm{d}\ln L(\theta)}{\mathrm{d}\theta} = n\,\frac{1}{\theta} + \sum_{i=1}^{n} \ln x_i = 0.$$

解出参数 θ 的极大似然估计值为

$$\hat{\theta} = \frac{-n}{\sum_{i=1}^{n} \ln x_i}.$$

于是参数 θ 的极大似然估计量为

$$\hat{\theta} = \frac{-n}{\sum_{i=1}^{n} \ln X_i}.$$

例 7.7 设总体 X 服从正态分布 $N(\mu, \sigma^2)$,其中 μ 和 σ^2 都是未知参数,从总体中抽取样本 $X_1, X_2, \cdots, X_n$,求 μ, σ^2 的极大似然估计量.

解 设 $x_1, x_2, \cdots, x_n$ 是相应的样本值,则似然函数为

$$L(\mu, \sigma^2) = \prod_{i=1}^{n} \frac{1}{\sqrt{2\pi}\sigma} e^{-\frac{(x_i-\mu)^2}{2\sigma^2}} = (2\pi\sigma^2)^{-\frac{n}{2}} \exp\left\{-\frac{1}{2\sigma^2}\sum_{i=1}^{n}(x_i-\mu)^2\right\}.$$

取对数,得

$$\ln L(\mu, \sigma^2) = -\frac{n}{2}[\ln(2\pi) + \ln\sigma^2] - \frac{1}{2\sigma^2}\sum_{i=1}^{n}(x_i-\mu)^2.$$

将上式对 μ, σ^2 分别求偏导数,并令它们为零,得到方程组

$$\begin{cases} \dfrac{\partial \ln L}{\partial \mu} = \dfrac{1}{\sigma^2}\left(\sum_{i=1}^{n} x_i - n\mu\right) = 0, \\ \dfrac{\partial \ln L}{\partial (\sigma^2)} = -\dfrac{n}{2\sigma^2} + \dfrac{1}{2\sigma^4}\sum_{i=1}^{n}(x_i-\mu)^2 = 0. \end{cases}$$

解此方程组,得到参数 μ 和 σ^2 的极大似然估计值分别为

$$\hat{\mu} = \frac{1}{n}\sum_{i=1}^{n} x_i = \bar{x},$$

$$\hat{\sigma}^2 = \frac{1}{n}\sum_{i=1}^{n}(x_i-\bar{x})^2.$$

因此 μ 和 σ^2 的极大似然估计量分别为

$$\hat{\mu} = \overline{X},$$

$$\hat{\sigma}^2 = \frac{1}{n}\sum_{i=1}^{n}(X_i-\overline{X})^2.$$

上述结果表明,对于正态总体 $N(\mu, \sigma^2)$,μ 和 σ^2 的极大似然估计量与相应的矩估计量相同.

例 7.8 设总体 X 在区间 $[a, b]$ 上服从均匀分布,a, b 为未知参数. 从总体中抽取样本 $X_1, X_2, \cdots, X_n$,求 a, b 的极大似然估计量.

解 设 $x_1, x_2, \cdots, x_n$ 是相应的样本值,则似然函数为

$$L(a, b) = \begin{cases} \dfrac{1}{(b-a)^n}, & a \leqslant x_1, x_2, \cdots, x_n \leqslant b, \\ 0, & \text{其他.} \end{cases}$$

极大似然估计只要考虑非零部分最大即可,对 $L(a, b)$ 的非零部分取对数,得到

$$\ln L(a, b) = \ln \frac{1}{(b-a)^n} = -n\ln(b-a).$$

再将上式分别对 a, b 求偏导数,并令它们为零,得到方程组

$$\begin{cases} \dfrac{\partial \ln L(a, b)}{\partial a} = \dfrac{n}{b-a} = 0, \\ \dfrac{\partial \ln L(a, b)}{\partial b} = \dfrac{-n}{b-a} = 0. \end{cases}$$

解此方程组,可知此方程组无解. 这时要利用单调性来求极大似然估计值.

记 $x_{(1)} = \min\{x_1, x_2, \cdots, x_n\}$,$x_{(n)} = \max\{x_1, x_2, \cdots, x_n\}$.

因为 $\dfrac{\partial \ln L(a,b)}{\partial a} > 0$,因此 $\ln L(a,b)$ 是 a 的增函数,所以 $L(a,b)$ 也是 a 的增函数,当 a 取到最大值时,$L(a,b)$ 也会达到最大. 现在有 $a \leqslant x_1, x_2, \cdots, x_n \leqslant b$,因而 a 最大可以取

$$\hat{a} = \min\{x_1, x_2, \cdots, x_n\}.$$

类似地,$\dfrac{\partial \ln L(a,b)}{\partial b} < 0$,因此 $\ln L(a,b)$ 是 b 的减函数,所以 $L(a,b)$ 也是 b 的减函数,当 b 取到最小值时,$L(a,b)$ 也会达到最大. 现在有 $a \leqslant x_1, x_2, \cdots, x_n \leqslant b$,因而 b 最小可以取

$$\hat{b} = \max\{x_1, x_2, \cdots, x_n\}.$$

极大似然估计有一个简单而有用的性质.

极大似然估计值的不变性原理:设 $\hat{\theta}$ 是 θ 的极大似然估计,$g(\theta)$ 是 θ 的函数,且具有单值的反函数,则 $g(\hat{\theta})$ 是 $g(\theta)$ 的极大似然估计.

一般情况下,如果要得到参数 $\theta_1, \theta_2, \cdots, \theta_k$ 的连续函数的估计量,只需要将 $\theta_1, \theta_2, \cdots, \theta_k$ 的估计量直接代入函数中就可以了,即 $g(\theta_1, \theta_2, \cdots, \theta_k)$ 的估计量为 $g(\hat{\theta}_1, \hat{\theta}_2, \cdots, \hat{\theta}_k)$.

例如,在正态分布总体 $N(\mu, \sigma^2)$ 中,σ^2 的极大似然估计值为

$$\hat{\sigma}^2 = \frac{1}{n} \sum_{i=1}^{n} (x_i - \bar{x})^2,$$

$\sigma = \sqrt{\sigma^2}$ 是 σ^2 的函数,且具有单值的反函数,故 σ 的极大似然估计值为

$$\hat{\sigma} = \sqrt{\frac{1}{n} \sum_{i=1}^{n} (x_i - \bar{x})^2}.$$

同样地,$\ln \sigma$ 的极大似然估计值为

$$\ln \hat{\sigma} = \ln \sqrt{\frac{1}{n} \sum_{i=1}^{n} (x_i - \bar{x})^2}.$$

第二节 估计量的评选标准

对于同一个未知参数,不同的方法得到的估计量可能不同,那么在多个可能的估计量中,应该选用哪一个估计量?用什么标准来评价一个估计量的好坏呢?常用标准有三个:无偏性、有效性和一致性.下面就分别介绍它们.

一、无偏性

定义 7.1 设 $X_1, X_2, \cdots, X_n$ 是从总体 X 中抽取的样本,$\hat{\theta} = \hat{\theta}(X_1, X_2, \cdots, X_n)$ 是总体参数 θ 的估计量,如果 $E(\hat{\theta})$ 存在,且对于任意 $\theta \in \Theta$ 都有

$$E(\hat{\theta}) = \theta,$$

则称 $\hat{\theta}$ 是 θ 的**无偏估计量**.

例 7.9 设总体 X 的 k 阶矩 $\mu_k = E(X^k)$ 存在,$X_1, X_2, \cdots, X_n$ 是从总体 X 中抽取的样本.试证:不论 X 服从什么分布,$A_k = \dfrac{1}{n}\sum\limits_{i=1}^{n} X_i^k$ 是 μ_k 的无偏估计量.

证 由于 $X_1, X_2, \cdots, X_n$ 与 X 同分布,因此

$$E(X_i^k) = E(X^k) = \mu_k, \quad i = 1, 2, \cdots, n,$$

所以

$$E(A_k) = \frac{1}{n}\sum_{i=1}^{n} E(X_i^k) = \frac{1}{n}\sum_{i=1}^{n} \mu_k = \mu_k.$$

特别地,样本均值 $\overline{X}$ 是总体期望 $E(X)$ 的无偏估计量,样本二阶原点矩 $A_2 = \dfrac{1}{n}\sum\limits_{i=1}^{n} X_i^2$ 是总体二阶原点矩 $\mu_2 = E(X^2)$ 的无偏估计量.

例 7.10 设总体 X 的期望 $E(X)$ 与方差 $D(X)$ 存在,$X_1, X_2, \cdots, X_n$ 是 X 的一个样本,$n > 1$. 证明:

(1) $S_n^2 = \dfrac{1}{n}\sum\limits_{i=1}^{n}(X_i - \overline{X})^2$ 不是 $D(X)$ 的无偏估计量.

(2) $S^2 = \dfrac{1}{n-1}\sum\limits_{i=1}^{n}(X_i - \overline{X})^2$ 是 $D(X)$ 的无偏估计量.

证 由于

$$\sum_{i=1}^{n}(X_i - \overline{X})^2 = \sum_{i=1}^{n} X_i^2 - 2\sum_{i=1}^{n} X_i \overline{X} + \sum_{i=1}^{n} \overline{X}^2 = \sum_{i=1}^{n} X_i^2 - 2n\overline{X}^2 + n\overline{X}^2,$$

由例 7.9 有

$$E(\overline{X}) = E(X), \quad E\Big(\sum_{i=1}^{n} X_i^2\Big) = nE(X^2) = n[D(X) + E^2(X)]$$

特别地,

$$D(\overline{X}) = D\Big(\frac{1}{n}\sum_{i=1}^{n} X_i\Big) = \frac{1}{n^2}\sum_{i=1}^{n} D(X_i) = \frac{1}{n}D(X),$$

就得到

$$\begin{aligned}
E\Big[\sum_{i=1}^{n}(X_i - \overline{X})^2\Big] &= E\Big(\sum_{i=1}^{n} X_i^2\Big) - nE(\overline{X}^2) \\
&= n[D(X) + E^2(X)] - n[D(\overline{X}) + E^2(\overline{X})] \\
&= n[D(X) + E^2(X)] - n\Big[\frac{1}{n}D(X) + E^2(X)\Big] \\
&= (n-1)D(X),
\end{aligned}$$

所以
$$E(S_n^2) = \frac{1}{n}E\Big[\sum_{i=1}^n (X_i - \overline{X})^2\Big] = \frac{n-1}{n}D(X) \neq D(X),$$
$$E(S^2) = \frac{1}{n-1}E\Big[\sum_{i=1}^n (X_i - \overline{X})^2\Big] = D(X).$$

因此 $S_n^2 = \frac{1}{n}\sum_{i=1}^n (X_i - \overline{X})^2$ 不是 $D(X)$ 的无偏估计量,而 $S^2 = \frac{1}{n-1}\sum_{i=1}^n (X_i - \overline{X})^2$ 是 $D(X)$ 的无偏估计量.

二、有效性

定义 7.2 设 $\hat{\theta}_1 = \hat{\theta}_1(X_1, X_2, \cdots, X_n)$ 和 $\hat{\theta}_2 = \hat{\theta}_2(X_1, X_2, \cdots, X_n)$ 都是总体参数 θ 的无偏估计量,且对于任意 $\theta \in \Theta$ 都有
$$D(\hat{\theta}_1) \leqslant D(\hat{\theta}_2),$$
则称 $\hat{\theta}_1$ 比 $\hat{\theta}_2$ 有效.

例 7.11 设总体 X 的期望 $E(X) = \mu$,方差 $D(X) = \sigma^2$,$X_1, X_2, \cdots, X_n$ 是 X 的一个样本,$n > 1$. 设 $\sum_{i=1}^n c_i = 1$,且至少有一个 $c_i \neq \frac{1}{n}$. 证明:

(1) $\hat{\mu}_1 = \sum_{i=1}^n c_i X_i$ 是 μ 的无偏估计量; （2）$\hat{\mu} = \overline{X}$ 比 $\hat{\mu}_1$ 有效.

证 (1) 由于 $X_1, X_2, \cdots, X_n$ 是 X 的一个样本,所以
$$E(\hat{\mu}_1) = \sum_{i=1}^n c_i E(X_i) = \sum_{i=1}^n c_i \mu = \mu,$$
所以 $\hat{\mu}_1 = \sum_{i=1}^n c_i X_i$ 是 μ 的无偏估计量.

(2) 由于 $X_1, X_2, \cdots, X_n$ 是 X 的一个样本,所以
$$D(\hat{\mu}_1) = \sum_{i=1}^n D(c_i X_i) = \sum_{i=1}^n c_i^2 D(X_i) = D(X) \sum_{i=1}^n c_i^2,$$
$$D(\hat{\mu}) = \sum_{i=1}^n D\Big(\frac{1}{n}X_i\Big) = \sum_{i=1}^n \frac{1}{n^2} D(X) = \frac{1}{n} D(X).$$

现在 $\sum_{i=1}^n c_i = 1$,且至少有一个 $c_i \neq \frac{1}{n}$,所以
$$0 < \sum_{i=1}^n \Big(c_i - \frac{1}{n}\Big)^2 = \sum_{i=1}^n c_i^2 - \frac{2}{n}\sum_{i=1}^n c_i + \frac{1}{n} = \sum_{i=1}^n c_i^2 - \frac{1}{n}.$$

因此
$$D(\hat{\mu}_1) = D(X) \sum_{i=1}^n c_i^2 > \frac{1}{n} D(X) = D(\hat{\mu}),$$

故 $\hat{\mu} = \overline{X}$ 比 $\hat{\mu}_1$ 有效.

例如,X_1,X_2 是总体 X 的一个样本,则

$$\hat{\mu}_1 = \frac{2}{3}X_1 + \frac{1}{3}X_2, \hat{\mu}_2 = \frac{5}{4}X_1 - \frac{1}{4}X_2, \hat{\mu}_3 = \frac{1}{2}X_1 + \frac{1}{2}X_2$$

都是 $E(X)$ 的无偏估计量,而由上面的例子知道,$\hat{\mu}_3$ 最有效.

根据有效性,若 θ 的一个无偏估计 $\underline{\hat{\theta}}$ 满足对于 θ 的任意一个无偏估计 $\hat{\theta}$,都有

$$D(\hat{\theta}) \geqslant D(\underline{\hat{\theta}}),$$

则 $\underline{\hat{\theta}}$ 是 θ 的一个很好的估计. 那么如何寻求这样的估计呢? 一个方法就是求出 θ 的无偏估计量的下界,再找到一个无偏估计量,使其方差达到该下界,则该无偏估计量即为所求. 罗-克拉美(Rao-Cramer)证明了,若 $\hat{\theta}$ 是参数 θ 的无偏估计量,则

$$D(\hat{\theta}) \geqslant \frac{1}{nE\left[\frac{\partial}{\partial \theta}\ln f(X;\theta)\right]^2}.$$

其中,$f(x;\theta)$ 是总体 X 的概率分布或概率密度. 该不等式称为罗-克拉美不等式. 如果 θ 的一个无偏估计量 $\hat{\theta}$ 达到罗-克拉美不等式的下界,则称 $\hat{\theta}$ 为**最有效的估计量**,简称**有效估计量**.

三、一致性

定义 7.3 设 $\hat{\theta}(X_1, X_2, \cdots, X_n)$ 是总体参数 θ 的估计量,若对于任意 $\theta \in \Theta$,当 $n \to \infty$ 时,$\hat{\theta}(X_1, X_2, \cdots, X_n)$ 依概率收敛于 θ,即对于任意 $\varepsilon > 0$,

$$\lim_{n \to \infty} P(|\hat{\theta} - \theta| < \varepsilon) = 1,$$

则称 $\hat{\theta}(X_1, X_2, \cdots, X_n)$ 是总体参数 θ 的**一致估计量**或**相合估计量**.

例 7.12 设 $X_1, X_2, \cdots, X_n$ 是总体 X 的一个样本,给定 $k \geqslant 1$,$A_k = \frac{1}{n}\sum_{i=1}^{n} X_i^k$ 是样本的 k 阶原点矩,$\mu_k = E(X^k)$ 是总体 X 的 k 阶原点矩. 证明:A_k 是 μ_k 的一致估计量.

证 由于 $X_1, X_2, \cdots, X_n$ 是总体 X 的一个样本,所以 $X_1, X_2, \cdots, X_n$ 独立同分布,并且

$$E(X_i^k) = E(X^k) < \infty.$$

由辛钦大数定律,有

$$\lim_{n \to \infty} P\left(\left|\frac{1}{n}\sum_{i=1}^{n} X_i^k - E(X_k)\right| < \varepsilon\right) = 1,$$

即

$$\lim_{n \to \infty} P(|A_k - \mu_k| < \varepsilon) = 1.$$

所以 A_k 是 μ_k 的一致估计量.

当 $k = 1$ 时,由上面的例 7.12 可知,样本均值 $\overline{X}$ 是总体均值 μ 的一致估计量.

例7.13 设 $X_1, X_2, \cdots, X_n$ 是总体 X 的一个样本，$\hat{\theta}_n = \hat{\theta}_n(X_1, X_2, \cdots, X_n)$ 是总体参数 θ 的无偏估计量，且 $\lim\limits_{n \to \infty} D(\hat{\theta}_n) = 0$. 证明：$\hat{\theta}_n$ 是 θ 的一致估计量.

证 由于 $E(\hat{\theta}_n) = 0$，由切比雪夫不等式，对于任意 $\varepsilon > 0$，
$$\lim_{n \to \infty} P(|\hat{\theta}_n - \theta| \geqslant \varepsilon) \geqslant \frac{D(\hat{\theta}_n)}{\varepsilon^2}.$$

因为 $\lim\limits_{n \to \infty} D(\hat{\theta}_n) = 0$，故
$$\lim_{n \to \infty} P(|\hat{\theta}_n - \theta| \geqslant \varepsilon) = 0,$$

即
$$\lim_{n \to \infty} P(|\hat{\theta}_n - \theta| < \varepsilon) = 1.$$

所以 $\hat{\theta}_n$ 是 θ 的一致估计量.

一致性是对估计量的基本要求，若估计量不具有一致性，则无论样本容量 n 取得多么大，都不能将参数估计得足够准确，这样的估计量是不可取的.

值得指出，就衡量估计量的一些标准来看，参数的极大似然估计量比矩估计量具有更好的性质，因为在求矩估计量时，只涉及总体的一些数字特征，没有用到总体的分布，因此矩估计量只用到了总体的部分信息，而在求极大似然估计量时需要用到总体的分布，因而它更多地击中了总体的信息，在体现总体分布特征上常常具有较好的性质. 但是在求参数的极大似然估计时需要用到总体的分布，所以在应用中它也会比矩估计量更复杂.

第三节 参数的区间估计

参数的点估计是用一个确定的值去估计未知的参数，看来似乎精确，实际上把握不大. 为了使估计的结论更可信，需要引入区间估计.

引例7.2 为了估计湖中的鱼数而进行抽样调查，得到一个实际样本，并且根据该样本值得到鱼数 N 的极大似然估计为 1 000 条. 但实际上，N 的真值可能大于 1 000 条也可能小于 1 000 条. 为此希望确定一个区间来估计参数真值，并且满足：

(1) 能以比较高的可靠程度相信它包含真参数值. 这里所说的"可靠程度"是用概率来度量的.

(2) 区间估计的精确度高.

定义7.4 设总体 X 的分布中含有参数 θ，$X_1, X_2, \cdots, X_n$ 是来自总体 X 中的样本，α 是一个给定的数，$0 < \alpha < 1$，若能找到两个统计量 $\hat{\theta}_1 = \hat{\theta}_1(X_1, X_2, \cdots, X_n)$ 和 $\hat{\theta}_2 = \hat{\theta}_2(X_1, X_2, \cdots, X_n)$ 使得
$$P(\hat{\theta}_1 < \theta < \hat{\theta}_2) = 1 - \alpha,$$

则称区间 $(\hat{\theta}_1, \hat{\theta}_2)$ 为参数 θ 的置信度为 $1-\alpha$ 的**置信区间**. 分别称 $\hat{\theta}_1, \hat{\theta}_2$ 为置信下限和置信上限，$1-\alpha$ 称为置信水平或置信度.

把这种估计未知参数的方法称为**区间估计**.

注 (1) 置信区间的长度 $\hat{\theta}_2 - \hat{\theta}_1$ 反映了估计的精度.

(2) α 反映了估计的可靠程度,α 越小,$1-\alpha$ 越大,估计的可靠程度越高,但这时 $\hat{\theta}_2 - \hat{\theta}_1$ 往往增大,因而估计的精确度降低.

(3) α 确定后,置信区间的选取方法不唯一,常选区间长度最小的那个.

求置信区间的一般步骤如下:

(1) 寻找一个样本的函数 $T = T(X_1, X_2, \cdots, X_n; \theta)$,它含有待估参数,不含有其他未知参数,$T$ 的分布已知,且分布不依赖于待估参数. 称具有这种性质的函数 T 为**枢轴量**.

(2) 对于给定的置信水平 $1-\alpha$,根据 T 的分布定出两个常数 a, b,使得

$$P(a < T(X_1, X_2, \cdots, X_n; \theta) < b) = 1 - \alpha.$$

(3) 将 $a < T(X_1, X_2, \cdots, X_n; \theta) < b$ 等价变形为 $\hat{\theta}_1 < \theta < \hat{\theta}_2$,则

$$P(a < T(X_1, X_2, \cdots, X_n; \theta) < b) = P(\hat{\theta}_1 < \theta < \hat{\theta}_2) = 1 - \alpha,$$

于是区间 $(\hat{\theta}_1, \hat{\theta}_2)$ 为参数 θ 的置信水平为 $1-\alpha$ 的置信区间.

关于枢轴量 $T = T(X_1, X_2, \cdots, X_n; \theta)$ 的构造,通常可以从 θ 的点估计出发来考虑.

例 7.14 设 $X_1, X_2, \cdots, X_n$ 是取自正态总体 $N(\mu, \sigma^2)$ 的样本,其中 σ^2 已知,μ 未知,求参数 μ 的置信水平为 0.95 的置信区间.

解 由于 $\overline{X}$ 是 μ 的无偏估计,且有 $\overline{X} \sim N(\mu, \sigma^2/n)$,从而

$$T = \frac{\overline{X} - \mu}{\sigma/\sqrt{n}} \sim N(0, 1),$$

所以 T 就是一个枢轴量. 根据标准正态分布的上 α 分位点的定义,有

$$P\left(-1.96 < \frac{\overline{X} - \mu}{\sigma/\sqrt{n}} < 1.96\right) = \Phi(1.96) - \Phi(-1.96) = 0.95.$$

将上式等价变形为

$$P\left(\overline{X} - 1.96 \frac{\sigma}{\sqrt{n}} < \mu < \overline{X} + 1.96 \frac{\sigma}{\sqrt{n}}\right) = 0.95,$$

所以参数 μ 的置信水平为 0.95 的置信区间为

$$\left(\overline{X} - 1.96 \frac{\sigma}{\sqrt{n}}, \overline{X} + 1.96 \frac{\sigma}{\sqrt{n}}\right).$$

第四节 正态总体均值与方差的区间估计

正态总体是实际问题中常见的总体,本节讨论正态总体均值与方差的区间估计.

一、单个正态总体均值与方差的区间估计

设总体 $X \sim N(\mu, \sigma^2)$,$X_1, X_2, \cdots, X_n$ 是取自总体 X 的样本,$\overline{X}$ 是样本均值,S^2 是样本方差.

1. 方差 σ^2 已知,均值 μ 的置信区间

将上一节例 7.14 的方法一般化,由 $\overline{X} \sim N(\mu, \sigma^2/n)$,选取枢轴量

$$U = \frac{\overline{X} - \mu}{\sigma/\sqrt{n}} \sim N(0, 1),$$

对给定的置信水平 $1-\alpha$，因为标准正态分布的概率密度对称，可以确定分位数 $z_{\alpha/2}$，使得

$$P\left(-z_{\alpha/2} < \frac{\overline{X} - \mu}{\sigma/\sqrt{n}} < z_{\alpha/2}\right) = 1 - \alpha,$$

再将上式等价变形为

$$P\left(\overline{X} - z_{\alpha/2} \frac{\sigma}{\sqrt{n}} < \mu < \overline{X} + z_{\alpha/2} \frac{\sigma}{\sqrt{n}}\right) = 1 - \alpha,$$

所以参数 μ 的置信水平为 $1-\alpha$ 的置信区间为

$$\left(\overline{X} - z_{\alpha/2} \frac{\sigma}{\sqrt{n}}, \overline{X} + z_{\alpha/2} \frac{\sigma}{\sqrt{n}}\right).$$

2. 方差 σ^2 未知，均值 μ 的置信区间

由于方差 σ^2 未知，选取枢轴量

$$T = \frac{\overline{X} - \mu}{S/\sqrt{n}} \sim t(n-1),$$

给定置信水平 $1-\alpha$，因为 t 分布的概率密度对称，可以给定分位数 $t_{\alpha/2}(n-1)$，使得

$$P\left(-t_{\alpha/2}(n-1) < \frac{\overline{X} - \mu}{S/\sqrt{n}} < t_{\alpha/2}(n-1)\right) = 1 - \alpha.$$

将上式等价变形为

$$P\left(\overline{X} - t_{\alpha/2}(n-1) \frac{S}{\sqrt{n}} < \mu < \overline{X} + t_{\alpha/2}(n-1) \frac{S}{\sqrt{n}}\right) = 1 - \alpha,$$

所以参数 μ 的置信水平为 $1-\alpha$ 的置信区间为

$$\left(\overline{X} - t_{\alpha/2}(n-1) \frac{S}{\sqrt{n}}, \overline{X} + t_{\alpha/2}(n-1) \frac{S}{\sqrt{n}}\right).$$

3. 均值 μ 已知，方差 σ^2 的置信区间

选取枢轴量

$$Q = \frac{1}{\sigma^2} \sum_{i=1}^{n} (X_i - \mu)^2 \sim \chi^2(n),$$

对给定的置信水平 $1-\alpha$，确定分位数 $\chi^2_{1-\alpha/2}(n)$ 和 $\chi^2_{\alpha/2}(n)$，使得

$$P\left(\chi^2_{1-\alpha/2}(n) < \frac{1}{\sigma^2} \sum_{i=1}^{n} (X_i - \mu)^2 < \chi^2_{\alpha/2}(n)\right) = 1 - \alpha.$$

将上式等价变形为

$$P\left(\frac{1}{\chi^2_{\alpha/2}(n)} \sum_{i=1}^{n} (X_i - \mu)^2 < \sigma^2 < \frac{1}{\chi^2_{1-\alpha/2}(n)} \sum_{i=1}^{n} (X_i - \mu)^2\right) = 1 - \alpha.$$

所以参数 σ^2 的置信水平为 $1-\alpha$ 的置信区间为

$$\left(\frac{1}{\chi^2_{\alpha/2}(n)}\sum_{i=1}^{n}(X_i-\mu)^2,\ \frac{1}{\chi^2_{1-\alpha/2}(n)}\sum_{i=1}^{n}(X_i-\mu)^2\right).$$

4. 均值 μ 未知，方差 σ^2 的置信区间

选取枢轴量

$$K=\frac{(n-1)S^2}{\sigma^2}\sim\chi^2(n-1),$$

对给定的置信水平 $1-\alpha$，确定分位数 $\chi^2_{1-\alpha/2}(n-1)$ 和 $\chi^2_{\alpha/2}(n-1)$，使得

$$P\left(\chi^2_{1-\alpha/2}(n-1)<\frac{(n-1)S^2}{\sigma^2}<\chi^2_{\alpha/2}(n-1)\right)=1-\alpha.$$

将上式等价变形为

$$P\left(\frac{(n-1)S^2}{\chi^2_{\alpha/2}(n-1)}<\sigma^2<\frac{(n-1)S^2}{\chi^2_{1-\alpha/2}(n-1)}\right)=1-\alpha,$$

所以参数 σ^2 的置信水平为 $1-\alpha$ 的置信区间为

$$\left(\frac{(n-1)S^2}{\chi^2_{\alpha/2}(n-1)},\ \frac{(n-1)S^2}{\chi^2_{1-\alpha/2}(n-1)}\right).$$

例 7.15 某工厂生产一批滚珠，其直径 X（单位：mm）服从正态分布 $N(\mu,\sigma^2)$，现从某天的产品中随机抽取 6 件，测得直径为

$$15.1,\ 14.8,\ 15.2,\ 14.9,\ 14.6,\ 15.1.$$

(1) 若 $\sigma^2=0.06$，求 μ 的置信水平为 0.95 的置信区间.

(2) 若 σ^2 未知，求 μ 的置信水平为 0.95 的置信区间.

(3) 求方差 σ^2 的置信水平为 0.90 的置信区间.

解 (1) 因为 $\sigma^2=0.06$ 已知，所以 μ 的置信区间为 $\left(\bar{x}-z_{\alpha/2}\dfrac{\sigma}{\sqrt{n}},\ \bar{x}+z_{\alpha/2}\dfrac{\sigma}{\sqrt{n}}\right).$

现在 $\alpha=1-0.95$，$\alpha/2=0.025$，查表得 $z_{\alpha/2}=z_{0.025}=1.96$，根据给定数据算得 $\bar{x}=14.95$，所以 μ 的置信区间为

$$\left(14.95-1.96\frac{\sqrt{0.06}}{\sqrt{6}},\ 14.95+1.96\frac{\sqrt{0.06}}{\sqrt{6}}\right)=(14.75,\ 15.15).$$

(2) 因为 σ^2 未知，所以 μ 的置信区间为

$$\left(\overline{X}-t_{\alpha/2}(n-1)\frac{S}{\sqrt{n}},\ \overline{X}+t_{\alpha/2}(n-1)\frac{S}{\sqrt{n}}\right).$$

现在 $\alpha=1-0.95$，$\alpha/2=0.025$，查表得 $t_{\alpha/2}(n-1)=t_{0.025}(5)=2.5706$，根据给定数据算得 $\bar{x}=14.95$，$s^2=\dfrac{1}{5}\sum_{i=1}^{6}(x_i-\bar{x})^2=0.051$，所以 μ 的置信区间为

$$\left(14.95 - 2.5706\frac{\sqrt{0.051}}{\sqrt{6}},\ 14.95 + 2.5706\frac{\sqrt{0.051}}{\sqrt{6}}\right) = (14.71,\ 15.187).$$

(3) 这是 μ 未知的情形,所以 σ^2 的置信区间为

$$\left(\frac{(n-1)S^2}{\chi^2_{\alpha/2}(n-1)},\ \frac{(n-1)S^2}{\chi^2_{1-\alpha/2}(n-1)}\right).$$

现在 $\alpha = 1 - 0.90, \alpha/2 = 0.05$,查表得

$$\chi^2_{\alpha/2}(n-1) = \chi^2_{0.05}(5) = 11.071,\ \chi^2_{1-\alpha/2}(n-1) = \chi^2_{0.95}(5) = 1.145.$$

根据给定数据算得 $s^2 = \frac{1}{5}\sum_{i=1}^{6}(x_i - \bar{x})^2 = 0.051$,所以 σ^2 的置信区间为

$$\left(\frac{5 \times 0.051}{11.071},\ \frac{5 \times 0.051}{1.145}\right) = (0.023,\ 0.223).$$

二、两个正态总体均值差与方差比的区间估计

假设从两个总体 $X \sim N(\mu_1, \sigma_1^2)$ 和 $Y \sim N(\mu_2, \sigma_2^2)$ 中分别独立地抽取样本 $X_1, X_2, \cdots,$ X_{n_1} 和 $Y_1, Y_2, \cdots, Y_{n_2}, \bar{X}, \bar{Y}$ 和 S_1^2, S_2^2 分别表示两个样本的均值与方差.

1. σ_1^2, σ_2^2 已知,$\mu_1 - \mu_2$ 的置信区间

当 σ_1^2, σ_2^2 已知时,由于 $\bar{X} - \bar{Y} \sim N\left(\mu_1 - \mu_2, \frac{\sigma_1^2}{n_1} + \frac{\sigma_2^2}{n_2}\right)$,选取枢轴量

$$U = \frac{\bar{X} - \bar{Y} - (\mu_1 - \mu_2)}{\sqrt{\frac{\sigma_1^2}{n_1} + \frac{\sigma_2^2}{n_2}}} \sim N(0,\ 1),$$

对于给定的置信水平 $1 - \alpha$,可以确定分位数 $z_{\alpha/2}$,使得

$$P\left(-z_{\alpha/2} < \frac{\bar{X} - \bar{Y} - (\mu_1 - \mu_2)}{\sqrt{\frac{\sigma_1^2}{n_1} + \frac{\sigma_2^2}{n_2}}} < z_{\alpha/2}\right) = 1 - \alpha.$$

将上式等价变形为

$$P\left(\bar{X} - \bar{Y} - z_{\alpha/2}\sqrt{\frac{\sigma_1^2}{n_1} + \frac{\sigma_2^2}{n_2}} < \mu_1 - \mu_2 < \bar{X} - \bar{Y} + z_{\alpha/2}\sqrt{\frac{\sigma_1^2}{n_1} + \frac{\sigma_2^2}{n_2}}\right) = 1 - \alpha,$$

所以参数 $\mu_1 - \mu_2$ 的置信水平为 $1 - \alpha$ 的置信区间为

$$\left(\bar{X} - \bar{Y} - z_{\alpha/2}\sqrt{\frac{\sigma_1^2}{n_1} + \frac{\sigma_2^2}{n_2}},\ \bar{X} - \bar{Y} + z_{\alpha/2}\sqrt{\frac{\sigma_1^2}{n_1} + \frac{\sigma_2^2}{n_2}}\right).$$

2. σ_1^2, σ_2^2 未知,但 $\sigma_1^2 = \sigma_2^2$,$\mu_1 - \mu_2$ 的置信区间

当 σ_1^2, σ_2^2 未知,但 $\sigma_1^2 = \sigma_2^2 = \sigma^2$ 时,由于

$$\bar{X} - \bar{Y} \sim N\left(\mu_1 - \mu_2, \frac{\sigma_1^2}{n_1} + \frac{\sigma_2^2}{n_2}\right),$$

$$\frac{(n_1-1)S_1^2}{\sigma^2}+\frac{(n_2-1)S_2^2}{\sigma^2}\sim\chi^2(n_1+n_2-2),$$

并且上述两个变量独立，所以选取枢轴量

$$T=\frac{\overline{X}-\overline{Y}-(\mu_1-\mu_2)}{S_W\sqrt{\dfrac{1}{n_1}+\dfrac{1}{n_2}}}\sim t(n_1+n_2-2),$$

其中
$$S_W=\sqrt{\frac{(n_1-1)S_1^2+(n_2-1)S_2^2}{n_1+n_2-2}}.$$

于是对于给定的置信水平 $1-\alpha$，$\mu_1-\mu_2$ 置信区间为

$$\left(\overline{X}-\overline{Y}-t_{\alpha/2}(n_1+n_2-2)S_W\sqrt{\frac{1}{n_1}+\frac{1}{n_2}},\ \overline{X}-\overline{Y}+t_{\alpha/2}(n_1+n_2-2)S_W\sqrt{\frac{1}{n_1}+\frac{1}{n_2}}\right).$$

3. σ_1^2，σ_2^2 未知，但 $n_1=n_2$，$\mu_1-\mu_2$ 的置信区间

当 σ_1^2，σ_2^2 未知，但 $n_1=n_2=n$ 时，令 $Z_i=X_i-Y_i$，则 $Z_i\sim N(\mu_1-\mu_2,\sigma_1^2+\sigma_2^2)$，且 Z_1，Z_2，$\cdots$，Z_n 独立同分布，所以 Z_1，Z_2，$\cdots$，Z_n 可视为总体

$$Z\sim N(\mu_1-\mu_2,\sigma_1^2+\sigma_2^2)$$

的样本，于是得到 $\mu_1-\mu_2$ 的置信水平 $1-\alpha$ 的置信区间为

$$\left(\overline{X}-\overline{Y}-t_{\alpha/2}(n-1)\frac{S_Z}{n},\ \overline{X}-\overline{Y}+t_{\alpha/2}(n-1)\frac{S_Z}{n}\right),$$

其中
$$S_Z^2=\frac{1}{n-1}\sum_{i=1}^{n}(Z_i-\overline{Z})^2,\ \overline{Z}=\overline{X}-\overline{Y}.$$

4. μ_1，μ_2 都已知，$\dfrac{\sigma_1^2}{\sigma_2^2}$ 的置信区间

μ_1，μ_2 都已知时，由于

$$\frac{1}{\sigma_1^2}\sum_{i=1}^{n_1}(X_i-\mu_1)^2\sim\chi^2(n_1),\ \frac{1}{\sigma_2^2}\sum_{j=1}^{n_2}(Y_j-\mu_2)^2\sim\chi^2(n_2),$$

并且上述两个变量独立，所以选取枢轴量

$$F=\frac{\dfrac{1}{n_1\sigma_1^2}\sum_{i=1}^{n_1}(X_i-\mu_1)^2}{\dfrac{1}{n_2\sigma_2^2}\sum_{j=1}^{n_2}(Y_j-\mu_2)^2}\sim F(n_1,n_2).$$

对于给定的置信水平 $1-\alpha$，可以确定分位数 $F_{1-\alpha/2}(n_1,n_2)$，$F_{\alpha/2}(n_1,n_2)$ 使得

$$P\left\{F_{1-\alpha/2}(n_1,n_2)<\frac{\dfrac{1}{n_1\sigma_1^2}\sum_{i=1}^{n_1}(X_i-\mu_1)^2}{\dfrac{1}{n_2\sigma_2^2}\sum_{j=1}^{n_2}(Y_j-\mu_2)^2}<F_{\alpha/2}(n_1,n_2)\right\}=1-\alpha.$$

将上式等价变形为

$$P\left\{\frac{n_2}{n_1 F_{\alpha/2}(n_1, n_2)} \frac{\sum_{i=1}^{n_1}(X_i-\mu_1)^2}{\sum_{j=1}^{n_2}(Y_j-\mu_2)^2} < \frac{\sigma_1^2}{\sigma_2^2} < \frac{n_2}{n_1 F_{1-\alpha/2}(n_1, n_2)} \frac{\sum_{i=1}^{n_1}(X_i-\mu_1)^2}{\sum_{j=1}^{n_2}(Y_j-\mu_2)^2}\right\} = 1-\alpha,$$

所以参数 $\dfrac{\sigma_1^2}{\sigma_2^2}$ 的置信水平 $1-\alpha$ 的置信区间为

$$\left(\frac{n_2}{n_1 F_{\alpha/2}(n_1, n_2)} \frac{\sum_{i=1}^{n_1}(X_i-\mu_1)^2}{\sum_{j=1}^{n_2}(Y_j-\mu_2)^2}, \frac{n_2}{n_1 F_{1-\alpha/2}(n_1, n_2)} \frac{\sum_{i=1}^{n_1}(X_i-\mu_1)^2}{\sum_{j=1}^{n_2}(Y_j-\mu_2)^2}\right).$$

5. μ_1，μ_2 未知，$\dfrac{\sigma_1^2}{\sigma_2^2}$ 的置信区间

当 μ_1，μ_2 未知时，由于

$$\frac{(n_1-1)S_1^2}{\sigma_1^2} \sim \chi^2(n_1-1), \quad \frac{(n_2-1)S_2^2}{\sigma_2^2} \sim \chi^2(n_2-1),$$

并且上述两个变量独立，所以选取枢轴量

$$F = \frac{\sigma_2^2}{\sigma_1^2} \frac{S_1^2}{S_2^2} \sim F(n_1-1, n_2-1).$$

对于给定的置信水平 $1-\alpha$，$\dfrac{\sigma_1^2}{\sigma_2^2}$ 的置信区间为

$$\left(\frac{S_1^2}{S_2^2} \frac{1}{F_{\alpha/2}(n_1-1, n_2-1)}, \frac{S_1^2}{S_2^2} \frac{1}{F_{1-\alpha/2}(n_1-1, n_2-1)}\right).$$

例 7.16 某厂利用两条自动化流水线灌装番茄酱，现分别从两条流水线上抽取了容量(单位:g)分别为 13 与 17 的两个相互独立的样本 $X_1, X_2, \cdots, X_{13}$ 与 $Y_1, Y_2, \cdots, Y_{17}$，已知

$$\bar{x} = 10.6, \ \bar{y} = 10.6, \ s_1^2 = 2.4, \ s_2^2 = 4.7.$$

假设两条流水线上罐装的番茄酱的重量都服从正态分布，其均值分别为 μ_1，μ_2.

(1) 若它们的方差相同，即 $\sigma_1^2 = \sigma_2^2 = \sigma^2$，求均值差 $\mu_1 - \mu_2$ 的置信水平为 0.95 的置信区间.

(2) 若它们的均值 μ_1，μ_2 未知，求它们的方差比 $\dfrac{\sigma_1^2}{\sigma_2^2}$ 的置信水平为 0.90 的置信区间.

解 (1) 因为 $\sigma_1^2 = \sigma_2^2 = \sigma^2$，所以均值差 $\mu_1 - \mu_2$ 的置信区间为

$$\left(\bar{x}-\bar{y}-t_{\alpha/2}(n_1+n_2-2)S_W\sqrt{\frac{1}{n_1}+\frac{1}{n_2}}, \ \bar{x}-\bar{y}+t_{\alpha/2}(n_1+n_2-2)S_W\sqrt{\frac{1}{n_1}+\frac{1}{n_2}}\right).$$

现在 $\alpha = 1-0.95, \alpha/2 = 0.025$，查表得 $t_{\alpha/2}(n_1+n_2-2) = t_{0.025}(28) = 2.0484$，根据给定数据算得

$$S_W = \sqrt{\frac{(n_1-1)s_1^2 + (n_2-1)s_2^2}{n_1+n_2-2}} = 1.9272,$$

所以 $\mu_1 - \mu_2$ 的置信区间为

$$\left(10.6 - 9.5 - 2.0484 \times 1.9272\sqrt{\frac{1}{13}+\frac{1}{17}},\ 10.6 - 9.5 + 2.0484 \times 1.9272\sqrt{\frac{1}{13}+\frac{1}{17}}\right)$$
$$= (-0.3545,\ 2.5545).$$

(2) 因为均值 μ_1, μ_2 未知,所以方差比 $\frac{\sigma_1^2}{\sigma_2^2}$ 的置信区间为

$$\left(\frac{S_1^2}{S_2^2}\frac{1}{F_{\alpha/2}(n_1-1,\ n_2-1)},\ \frac{S_1^2}{S_2^2}\frac{1}{F_{1-\alpha/2}(n_1-1,\ n_2-1)}\right).$$

现在 $\alpha = 1 - 0.90$, $\alpha/2 = 0.05$,查表得

$$F_{0.05}(12,16) = 2.42,\ F_{0.95}(12,16) = \frac{1}{F_{0.05}(16,12)} \approx \frac{1}{2.60},$$

所以方差比 $\frac{\sigma_1^2}{\sigma_2^2}$ 的置信区间为

$$\left(\frac{2.4}{4.7} \times \frac{1}{2.42},\ \frac{2.4}{4.7} \times 2.60\right) = (0.211,\ 1.328).$$

第五节　单侧置信区间

在一些实际问题中,人们常常只关心未知参数的置信下限或置信上限.例如,估计机器设备的使用寿命,关心平均寿命的下限是多少;而对大批产品的次品率的估计,关心次品率的上限是多少.这就是单侧置信区间的问题.

定义 7.5 设总体 X 的分布中含有参数 θ, $X_1, X_2, \cdots, X_n$ 是来自总体 X 中的样本,α 是一个给定的数,$0 < \alpha < 1$,若统计量 $\hat{\theta}_1 = \hat{\theta}_1(X_1, X_2, \cdots, X_n)$ 满足

$$P(\hat{\theta}_1 < \theta) = 1 - \alpha,$$

则称区间 $(\hat{\theta}_1, +\infty)$ 为参数 θ 的置信度为 $1-\alpha$ 的**单侧置信区间**.称 $\hat{\theta}_1$ 为 θ **单侧置信下限**.

若统计量 $\hat{\theta}_2 = \hat{\theta}_2(X_1, X_2, \cdots, X_n)$ 满足

$$P(\theta < \hat{\theta}_2) = 1 - \alpha,$$

则称区间 $(-\infty, \hat{\theta}_2)$ 为参数 θ 的置信度为 $1-\alpha$ 的**单侧置信区间**.称 $\hat{\theta}_1$ 为 θ **单侧置信上限**.

下面只对正态总体的情形给出单侧置信区间的求法,其方法的核心是使用和双侧置信区间相同的枢轴量.

例 7.17 已知灯泡寿命 X(单位:h)服从正态分布,从中随机地抽取 5 只做寿命试验,测得寿命为

$$1\,050,\ 1\,100,\ 1\,120,\ 1\,250,\ 1\,280.$$

求灯泡寿命均值的置信水平为 0.95 的单侧置信下限与灯泡寿命方差的置信水平为 0.90 的单侧置信上限.

解 (1) 由题设条件，$X \sim N(\mu, \sigma^2)$，μ，σ^2 未知. 由所给的数据，计算出

$$\bar{x} = \frac{1}{5}\sum_{i=1}^{5} x_i = 1\,160,\quad s^2 = \frac{1}{4}\sum_{i=1}^{5}(x_i - \bar{x})^2 = 9\,950.$$

因为方差 σ^2 未知，选取枢轴量

$$T = \frac{\bar{X} - \mu}{S/\sqrt{n}} \sim t(n-1),$$

对给定的置信水平 $1-\alpha$，确定分位数 $t_\alpha(n-1)$，使得

$$P\Big(\frac{\bar{X} - \mu}{S/\sqrt{n}} < t_\alpha(n-1)\Big) = 1-\alpha.$$

将上式等价变形为

$$P\Big(\bar{X} - t_\alpha(n-1)\frac{S}{\sqrt{n}} < \mu\Big) = 1-\alpha,$$

所以 μ 的置信水平为 $1-\alpha$ 的单侧置信区间下限为

$$\mu_1 = \bar{X} - t_\alpha(n-1)\frac{S}{\sqrt{n}},$$

代入数据得

$$\mu_1 = 1\,160 - 2.131\,8\,\frac{\sqrt{9\,950}}{\sqrt{5}} = 1\,064.9.$$

(2) 因为方差 μ 未知，选取枢轴量

$$K = \frac{(n-1)S^2}{\sigma^2} \sim \chi^2(n-1).$$

对给定的置信水平 $1-\alpha$，确定分位数 $\chi^2_{1-\alpha}(n-1)$，使得

$$P\Big(\chi^2_{1-\alpha/2}(n-1) < \frac{(n-1)S^2}{\sigma^2}\Big) = 1-\alpha.$$

将上式等价变形为

$$P\Big(\sigma^2 < \frac{(n-1)S^2}{\chi^2_{1-\alpha/2}(n-1)}\Big) = 1-\alpha,$$

所以 σ^2 的置信水平为 $1-\alpha$ 的单侧置信上限为

$$\sigma_2^2 = \frac{(n-1)S^2}{\chi^2_{1-\alpha/2}(n-1)},$$

代入数据得

$$\sigma_2^2 = \frac{4 \times 9\,950}{0.711} = 55\,977.$$

本章小结

一、本章主要内容与重点

本章主要内容有点估计、估计量及估计值的概念,矩估计法,极大似然估计法,估计量的无偏性、有效性和一致性(相合性)的概念,区间估计的概念,单个正态总体的均值和方差的置信区间的求法,两个正态总体的均值差和方差比的置信区间的求法,单侧置信区间的概念.

重点 矩估计法,极大似然估计法,估计量的无偏性,正态总体均值与方差的区间估计.

二、学习指导

1. 参数的点估计

(1) 设总体 $X: f(\cdot, \theta), \theta \in \Theta, \theta$ 为未知参数,Θ 为 θ 的可能取值范围,$g(\cdot)$ 是一已知函数,基于样本估计 $\eta = g(\theta)$,是点估计的基本问题.

(2) 矩估计法和极大似然估计法是两个基本估计方法. 矩估计法即用样本矩估计同阶总体矩,例如 $\overline{X}$ 是均值 $E(X)$ 的矩估计、S^2 是方差 $D(X)$ 的矩估计等.

(3) 设 $X_1, X_2, \cdots, X_n$ 为来自总体 X 的样本,称

$$L(\theta) = \prod_{i=1}^{n} f(x_i; \theta), \theta \in \Theta$$

为样本的似然函数,注意到此处样本 $X_1, X_2, \cdots, X_n$ 是给定的,$L(\theta)$ 是 θ 的函数,使 $L(\theta)$ 达到最大的 θ 的那个值 $\hat{\theta} = \hat{\theta}(X_1, X_2, \cdots, X_n)$,称为参数 θ 的极大似然估计. 实际操作中,一般使用求解似然方程得到极大似然估计.

(4) 在构造点估计时,都遵从一个自助原理,即若 $\hat{\theta}$ 是 θ 的极大似然估计(矩估计),$g(\theta)$ 是 θ 的函数,且具有单值的反函数,则 $g(\hat{\theta})$ 是参数 $g(\theta)$ 的极大似然估计(矩估计).

(5) 对于正态分布来说,参数 μ 和 σ^2 的矩估计与极大似然估计是相同的. 但对于其他分布来说,这一结论并不一定成立. 如均匀分布 $(0, \theta)$ 总体,θ 的矩估计为 $2\overline{X}$,而极大似然估计为 $X_{(n)}$.

(6) 无偏性、有效性和一致性(相合性)是衡量估计量的优良性的三个重要准则.

2. 参数的区间估计

(1) 区间估计就是以不小于给定置信水平的概率将未知参数估计在一个区间范围内,如果

$$P(\hat{\theta}_1 < \theta < \hat{\theta}_2) = 1 - \alpha,$$

则称区间 $(\hat{\theta}_1, \hat{\theta}_2)$ 为参数 θ 的置信度为 $1-\alpha$ 的置信区间. 分别称 $\hat{\theta}_1, \hat{\theta}_2$ 为置信下限和置信上限,$1-\alpha$ 称为置信水平或置信度.

(2) 构造置信区间有四个步骤,其中选取适当的枢轴函数是十分重要的.

习题七

1. 某工厂生产一批零件,现要检验零件的长度(单位:mm). 随机抽取 12 个进行测量,得到如下数据:

$$232.50,\ 232.48,\ 232.15,\ 232.53,\ 232.45,\ 232.30,$$
$$232.48,\ 232.09,\ 232.45,\ 232.60,\ 232.47,\ 232.30.$$

设零件的长度服从正态分布 $N(\mu, \sigma^2)$,试求 μ 和 σ^2 的矩估计值.

2. 设某路口每 15 s 通过的车辆数为 X,并且 $E(X)$ 和 $D(X)$ 都存在. 在该路口独立观测 200 次,每次观测 15 s,并且各次观测的时间不重叠,得到下表数据.

车辆数	0	1	2	3	4
次数	92	68	29	10	1

试求 $E(X)$ 和 $D(X)$ 的矩估计值.

3. 设总体 X 的概率密度函数为

$$f(x) = \begin{cases} \theta c^\theta x^{-(1+\theta)}, & x > c, \\ 0, & \text{其他}. \end{cases}$$

其中,$c > 0$ 为已知,$\theta > 1$,θ 为未知参数,$X_1, X_2, \cdots, X_n$ 为总体的一个样本,$x_1, x_2, \cdots, x_n$ 为一组相应的样本观测值. 求未知参数的矩估计量.

4. 设总体 X 的概率密度函数为

$$f(x, \theta) = \begin{cases} \dfrac{6x(\theta - x)}{\theta^3}, & 0 < x < \theta, \\ 0, & \text{其他}. \end{cases}$$

$X_1, X_2, \cdots, X_n$ 为总体 X 的样本.

(1) 求 θ 的矩估计量 $\hat{\theta}$; (2) $\hat{\theta}$ 是 θ 的无偏估计吗?

5. 设总体 X 服从几何分布,其分布律为

$$P(X = k) = p(1-p)^{k-1},\ k = 1, 2, \cdots.$$

其中,p 是未知参数,$X_1, X_2, \cdots, X_n$ 是来自总体 X 的样本. 试求 p 的极大似然估计量.

6. 设灯泡的寿命 X(单位:h)服从正态分布 $N(\mu, \sigma^2)$,μ 和 σ^2 是未知参数,随机抽取 10 只灯泡并测量其寿命,得到如下数据:

$$1\,067,\ 919,\ 1\,196,\ 785,\ 1\,125,\ 936,\ 918,\ 1\,156,\ 920,\ 948.$$

试求 μ 和 σ^2 的极大似然估计值.

7. 设总体 X 服从参数为 λ 的泊松分布,其中 $\lambda > 0$ 未知,$X_1, X_2, \cdots, X_n$ 是来自总体 X 的样本. 求 λ 的极大似然估计量 $\hat{\lambda}$,并验证 $\hat{\lambda}$ 是 λ 的无偏估计.

8. 设总体 X 服从指数分布,其概率密度函数为

$$f(x) = \begin{cases} \dfrac{1}{\theta} e^{-x/\theta}, & x > 0, \\ 0, & x \leqslant 0. \end{cases}$$

其中,θ 是未知参数,$X_1, X_2, \cdots, X_n$ 为总体 X 的样本. 试求 θ 的极大似然估计量.

9. 设总体 X 服从正态分布 $N(\mu, \sigma^2)$,$X_1, X_2, \cdots, X_n$ 是来自总体 X 的样本. 试确定常数

K,使 $K\sum_{i=1}^{n-1}(X_{i+1}-X_i)^2$ 为 σ^2 的无偏估计.

10. 设总体 X 服从参数为 λ 的泊松分布,$X_1,X_2,\cdots,X_n$ 是来自总体 X 的样本. 求 λ^2 的一个无偏估计量.

11. 设总体 X 的均值为 μ,方差为 σ^2,$X_1,X_2,\cdots,X_n$ 是来自总体 X 的样本. 证明下列统计量:

$$\hat{\mu}_1=\frac{X_1}{2}+\frac{X_2}{3}+\frac{X_3}{6},\quad \hat{\mu}_2=\frac{X_1}{2}+\frac{X_2}{4}+\frac{X_3}{4},\quad \hat{\mu}_3=\frac{X_1}{3}+\frac{X_2}{3}+\frac{X_3}{3}$$

都是总体均值 $E(X)$ 的无偏估计量,并确定哪个估计量更有效.

12. 从面粉厂生产的袋装面粉中随机抽取 9 袋,测得重量(单位:kg)如下:

$$24.6,\ 24.7,\ 25.1,\ 24.9,\ 24.8,\ 25.0,\ 25.1,\ 25.2,\ 24.7.$$

假定袋装面粉的重量 $X\sim N(\mu,\sigma^2)$.
(1) 若已知 $\sigma^2=0.15^2$,求 μ 的置信水平为 0.95 的置信区间.
(2) 若 σ^2 未知,求 μ 的置信水平为 0.95 的置信区间.

13. 设总体 $X\sim N(\mu,\sigma^2)$,其中,μ 未知,σ^2 已知. 问样本容量 n 多大时,才能使 μ 的置信水平为 $1-\alpha$ 的置信区间的长度不大于给定的值 L?

14. 对农作物两个品种 A,B 分别测量了八个地区的亩产量(单位:kg),数据见下表:

品种 A	85	87	56	93	84	93	75	79
品种 B	79	58	91	77	82	74	66	80

假定两个品种的亩产量都服从正态分布,且方差相等. 求两个品种平均亩产之差的置信水平为 0.90 的置信区间.

15. 某自动机床加工同类套筒,假定套筒的直径(单位:mm)服从正态分布,现在从两个不同班次的产品中,各抽检 5 个套筒,测量它们的直径见下表:

甲班	2.066	2.063	2.068	2.061	2.067
乙班	2.058	2.057	2.061	2.059	2.060

求两个班次的套筒直径的方差比 $\dfrac{\sigma_甲^2}{\sigma_乙^2}$ 的置信水平为 0.90 的置信区间.

16. 设两个独立总体 $X\sim N(\mu_1,\sigma_1^2)$,$Y\sim N(\mu_2,\sigma_2^2)$,其中,$\mu_1,\mu_2,\sigma_1^2,\sigma_2^2$ 都未知. 现分别从两个总体中抽取容量为 25 和 15 的样本,计算得

$$\bar{x}=5.4,\ \bar{y}=6.5,\ s_1^2=6.38,\ s_2^2=5.15.$$

(1) 若它们的方差相同,即 $\sigma_1^2=\sigma_2^2=\sigma^2$,求均值 $\mu_1-\mu_2$ 的置信水平为 0.95 的置信区间.
(2) 若不知它们的均值 μ_1,μ_2,求它们的方差比 $\dfrac{\sigma_1^2}{\sigma_2^2}$ 的置信水平为 0.95 的置信区间.

17. 设某型号电子管的寿命(单位:h)服从正态分布 $N(\mu,\sigma^2)$,从中抽取容量为 10 的样本,计算出标准差 $s=45$. 试求 σ 的置信水平为 0.95 的单侧置信上限.

18. 从汽车轮胎厂生产的某种轮胎抽取 10 个样品进行磨损试验,直至轮胎行驶到磨坏为止,测得它们的行驶路程(单位:km)如下:

$$41\,250,\ 41\,010,\ 42\,650,\ 38\,970,\ 40\,200,$$
$$42\,550,\ 43\,500,\ 40\,400,\ 41\,870,\ 39\,800.$$

设汽车轮胎行驶路程服从正态分布 $N(\mu, \sigma^2)$,求:
(1) μ 的置信度为 0.95 的单侧置信下限; (2) σ 的置信度为 0.95 的单侧置信上限.

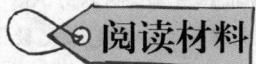

数理统计学派创始人——凯特勒

凯特勒(Lambert Adolphe Jacques Quetelet, 1796—1874)被称为国际统计会议之父、近代统计学之父,是数理统计学派创始人.

凯特勒出身于比利时甘特市的一个小商人家庭,1819 年在甘得大学获得博士学位. 1823 年建议政府建立天文台,为了筹建工作,被派往法国学习. 由此,与皮埃尔-西蒙·拉普拉斯、普阿松、傅里叶等人相识,并师从拉普拉斯学习概率论. 1827 年游学英国伦敦;1829—1830 年先后到德国、法国、瑞士、意大利等国考察. 据说,他曾偶然接触到人寿保险公司实际业务问题,促成他从事统计的研究. 1823 年天文台建成后,被任命为台长,并开始发表人口及犯罪方面的统计研究. 1841 年成立比利时中央统计委员会,由他任终身主席.

1819 年凯特勒大学毕业后,主要从事数学教学工作. 1823 年为筹建天文台,他被政府派往巴黎学习天文学. 在学习期间,凯特勒与拉普拉斯、泊松、傅里叶等概率论专家学者相识,从他们那里学到了较高水平的概率理论. 同时他还受到法国盛行的力学自然观,特别是拉普拉斯机械唯物论思想方法的影响. 1827 年他赴伦敦学习,又大量接触了政治算术学派的经济统计学和人口统计学的思想方法. 回国后,凯特勒任布鲁塞尔大学教授,讲授天文学和测量学. 1828 年他编写了《比利时综合统计手册》与《概率计算入门》. 1829 年他协助制定了荷兰人口调查计划. 1829—1830 年他先后到德国、意大利、瑞士等国从事地磁测量研究. 在德国他拜见了高斯. 其间他还接触到人寿保险业务上的实际统计问题,增加了对从事统计学研究的兴趣. 1831 年比利时从荷兰分离出来后,凯特勒参与主持新建比利时统计总局的工作. 此后五年中,他开始从事有关人口和犯罪问题的统计学研究,他发现以往被人们认为从个体来说具有偶然性、从整体来说具有杂乱无章性的社会犯罪现象也具有一定的规律性. 他根据英国、法国、俄国等的统计资料,做出了很多统计分析,结果发现如果一连观察几年的犯罪数字,如凶杀案件、行凶方法、犯罪形式、判罪比例等的数目,那么可以看出这些数字逐年都在同一范围内变动,呈一定的规律性.

此外,凯特勒在做有关人类的自杀统计、人口统计、婚姻统计、神经病患者统计时,均发现与上述雷同的现象. 于是凯特勒确认那些表面上似乎杂乱无章的、偶然性占统治地位的社会现象,如同自然现象一样也具有一定的规律性. 他认为统计学不仅要记述各国的国情,研究社会现象的静态,而且要研究社会生活的动态,研究社会现象背后的规律性. 凯特勒的这一思想为近代统计学的科学化奠定了基础. 他还认为社会现象背后的这种规律性是社会内在固有的,而不是"神定秩序";人们可以通过计算统计指标来揭示这些规律. 凯特勒的这些思想给后世统计学家以深刻的影响.

凯特勒还从实际出发,不顾当时统治阶级的偏见,提出犯罪与贫穷之间并不存在着必然联系. 他根据统计资料得出结论:鉴于最贫穷地区的犯罪数目不及经济发达地区的犯罪数目大,因此犯罪反而与经济(走向)富裕有关.凯特勒的上述工作,处处闪烁着他社会统计规律性思想的光辉,给后人以极大的启迪.

凯特勒的最大贡献就是将法国的古典概率引入统计学,用纯数学的方法对社会现象进行研究.

统计学成为近代意义上的科学的统计学,本来是从引进概率论开始的,它的奠基人正是凯特勒. 1828 年前他就从拉普拉斯等数学名家那里学到了概率论,并著有《概率计算入门》一书.他深知要在社会现象中发现规律,必须运用概率计算理论.他说:"概率论在我们将要研究的现象中,对于人们从实际或经验上命名的一切东西,将代之以具有科学性的东西."

从 1831 年开始,凯特勒搜集了大量关于人体生理测量的数据,如体重、身高与胸围等.经分析研究后,认为这些生理特征都围绕着一个平均值而上下波动,呈现出概率论中所述的正态分布.他以 5 738 名苏格兰士兵的胸围为例.这种分布规律和在射击时枪弹围着靶子中心分布的规律一样,都是以大数定律为主要内容的概率论所揭示的正态分布规律.凯特勒还进一步运用这个规律,检查出自己国家新兵身高频率曲线与理论正态分布曲线不相吻合的不正常情况,推测这可能是征兵工作中出了问题.调查结果发现,果真有几个征兵机关从中作弊.凯特勒上述统计工作实际上是拉普拉斯等人概率论中正态分布曲线、误差法则等理论的运用.

凯特勒运用概率论的方法进一步研究了社会道德中的大量统计资料,发现了以下基本原则:"在我们对于多数人进行观察的时候,人的意志就平均化起来,并且不留任何显著的痕迹.所有部分意志的作用,和纯粹受偶然原因所制约的各种现象一样,它们即被中和或抵消了."这就是凯特勒著名的"平均人"思想.他认为"不应当注意个别的人,而应当把个别的人当作种族的一部分来考察.只有把人的个性去掉之后,我们才能把存在于人们中间的所有偶然的东西摒弃殆尽.这样,那种对于大量现象仅起极小作用的或完全不起作用的个别特殊性,就自然会平均化起来,从而我们就能把握住综合的结果".同时他还认为对社会上偏离"平均人"的差异性,也要研究其发生的原因.据他研究,社会上所有的人同"平均人"的偏差愈小,社会上的矛盾也就愈缓和.而文化上的正面引导,则可以减少每个人与"平均人"的偏差,从而减少犯罪的发生.凯特勒的"平均人"思想在历史上影响很大.马克思在其《资本论》一书中也曾运用过这种思想.

凯特勒就是这样在自己的研究工作中,把统计学与概率论结合起来.他首次在社会科学的范畴内提出了他的大数律思想,并把统计学的理论建立在大数律的基础上,认为一切社会现象也受到大数律的支配.他的这种统计思想曾盛行一时,至今还有影响.

第八章

假设检验

[**学习目标**]

1. 理解假设检验的基本思想,掌握假设检验的步骤.
2. 了解假设检验可能产生的两类错误及犯错误的概率.
3. 熟练掌握单个正态总体的均值和方差的假设检验.
4. 掌握两个正态总体的均值和方差的假设检验.

统计推断就是由样本来推断总体,它包括两个基本问题:参数估计和假设检验.前一章讨论了统计推断中的参数估计问题,本章将讨论另一类统计推断问题——假设检验,将介绍假设检验的基本概念和基本原理,并着重讨论三种常用检验,即 Z 检验、t 检验和 χ^2 检验.

第一节 假设检验的概念

统计推断的另一类重要问题是假设检验问题.在总体的分布函数完全未知或只知其形式但不知其参数的情况下,为了推断总体的某些未知特性,提出某些关于总体的假设.例如提出总体服从泊松分布的假设,又如对于正态总体提出数学期望等于 μ_0 的假设等.要根据样本对所提出的假设做出是接受还是拒绝的决策.假设检验是做出这一决策的过程.这里先结合例子来说明假设检验的基本思想和做法.

例 8.1 某车间用一台包装机包装葡萄糖.袋装糖的净重是一个随机变量,它服从正态分布.当机器正常时,其均值为 0.5 kg,标准差为 0.015 kg.某日开工后为检验包装机是否正常,随机抽取其所包装的糖 9 袋,称得净重(单位:kg)如下:

0.497, 0.506, 0.518, 0.524, 0.498, 0.511, 0.520, 0.515, 0.512.

问机器是否正常?

解 以 μ,σ 分别表示这一天袋装糖的净重总体 X 的均值和标准差.由于长期实践表明标准差比较稳定,就设 $\sigma=0.015$.于是 $X\sim N(\mu,0.015^2)$,这里 μ 未知.问题是根据样本值来判断 $\mu=0.5$ 还是 $\mu\neq 0.5$,为此提出两个相互对立的假设

$$H_0:\mu=\mu_0=0.5$$

和

$$H_1:\mu\neq\mu_0.$$

然后给出一个合理的法则,根据这一法则,利用已知样本做出决策是接受假设 H_0(即拒绝假设 H_1),还是拒绝假设 H_0(即接受假设 H_1). 如果做出的决策是接受 H_0,则认为 $H_0:\mu=\mu_0$,即认为机器工作是正常的,否则则认为是不正常的.

由于要检验的假设涉及总体均值 μ,故首先想到是否可借助样本均值 $\overline{X}$ 这一统计量来进行判断.$\overline{X}$ 是 μ 的无偏估计,$\overline{X}$ 的观察值 $\bar{x}$ 的大小在一定程度上反映 μ 的大小.因此如果假设 H_0 为真,则观察值 $\bar{x}$ 与 μ_0 的偏差 $|\bar{x}-\mu_0|$ 一般不应太大.若 $|\bar{x}-\mu_0|$ 过分大,就怀疑假设 H_0 的正确性而拒绝 H_0,并考虑到 H_0 为真时,$\dfrac{\overline{X}-\mu_0}{\sigma/\sqrt{n}}\sim N(0,1)$.而衡量 $|\bar{x}-\mu_0|$ 的大小可归结为衡量 $\dfrac{|\bar{x}-\mu_0|}{\sigma/\sqrt{n}}$ 的大小.基于上面的想法,可适当选定一正数 k,使当观察值 $\bar{x}$ 满足 $\dfrac{|\bar{x}-\mu_0|}{\sigma/\sqrt{n}}\geqslant k$ 时就拒绝假设 H_0;反之,若 $\dfrac{|\bar{x}-\mu_0|}{\sigma/\sqrt{n}}<k$,就接受假设 H_0.

然而由于做出决策的依据是一个样本,当实际上 H_0 为真时仍有可能做出拒绝 H_0 的决策(这种可能性是无法消除的),这是一种错误,犯这种错误的概率记为

$$P\{\text{当 } H_0 \text{ 为真时拒绝 } H_0\} \text{ 或 } P_{\mu_0}\{\text{拒绝 } H_0\} \text{ 或 } P_{\mu \in H_0}\{\text{拒绝 } H_0\}.$$

记号 $P_{\mu_0}\{\cdot\}$ 表示参数 μ 取 μ_0 时事件 $\{\cdot\}$ 的概率,$P_{\mu \in H_0}\{\cdot\}$ 表示 μ 取 H_0 规定的值时事件 $\{\cdot\}$ 的概率. 由于无法排除这类错误的可能性,因此希望将犯这类错误的概率控制在一定限度之内,即给出一个较小的数 $\alpha(0 < \alpha < 1)$,使犯这类错误的概率不超过 α,即使得

$$P\{\text{当 } H_0 \text{ 为真时拒绝 } H_0\} \leqslant \alpha. \tag{8.1}$$

为了确定常数 k,考虑统计量 $\dfrac{|\bar{x} - \mu_0|}{\sigma/\sqrt{n}}$. 由于只允许犯这类错误的概率最大为 α,令式 (8.1) 右端取等号,即令

$$P\{\text{当 } H_0 \text{ 为真拒绝 } H_0\} = P_{\mu_0}\left\{\frac{|\bar{x} - \mu_0|}{\sigma/\sqrt{n}} \geqslant k\right\} = \alpha.$$

由于当 H_0 为真时,$Z = \dfrac{|\bar{x} - \mu_0|}{\sigma/\sqrt{n}} \sim N(0, 1)$,由标准正态分布分位点的定义得(图 8-1):

$$k = z_{\alpha/2}.$$

因而若 Z 的观察值满足

$$|z| = \left|\frac{\bar{x} - \mu_0}{\sigma/\sqrt{n}}\right| \geqslant k = z_{\alpha/2},$$

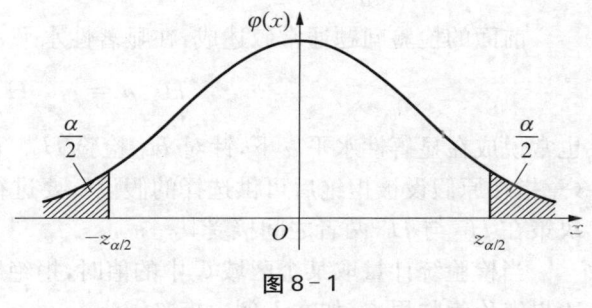

图 8-1

则拒绝 H_0,而若

$$|z| = \left|\frac{\bar{x} - \mu_0}{\sigma/\sqrt{n}}\right| < k = z_{\alpha/2},$$

则接受 H_0.

例如,在本例中取 $\alpha = 0.05$,则有 $k = z_{0.05/2} = z_{0.025} = 1.96$,又已知 $n = 9$,$\sigma = 0.015$,再由样本算得 $\bar{x} = 0.511$,即有

$$\left|\frac{\bar{x} - \mu_0}{\sigma/\sqrt{n}}\right| = 2.2 > 1.96,$$

于是拒绝 H_0,认为这天包装机工作不正常.

此例中所采用的检验法则是符合实际推断原理的. 因通常 α 总是取得较小,一般取 $\alpha = 0.01, 0.05$. 因而若 H_0 为真,即当 $\mu = \mu_0$ 时,$\left\{\left|\dfrac{\bar{x} - \mu_0}{\sigma/\sqrt{n}}\right| \geqslant z_{\alpha/2}\right\}$ 是一个小概率事件,根据实际推断原理,就可以认为,如果 H_0 为真,则由一次试验得到的观察值 $\bar{x}$,满足不等式 $\left|\dfrac{\bar{x} - \mu_0}{\sigma/\sqrt{n}}\right| \geqslant$

$z_{\alpha/2}$ 几乎是不会发生的. 现在一次观察中竟然出现了满足 $\left|\dfrac{\bar{x}-\mu_0}{\sigma/\sqrt{n}}\right| \geqslant z_{\alpha/2}$ 的 $\bar{x}$,则有理由怀疑原来的假设 H_0 的正确性,因而拒绝 H_0. 若出现的观察值 $\bar{x}$ 满足 $\left|\dfrac{\bar{x}-\mu_0}{\sigma/\sqrt{n}}\right| < z_{\alpha/2}$,此时没有理由拒绝假设 H_0,因此只能接受假设 H_0.

在此例的做法中,当样本容量固定时,选定 α 后,数 k 就可以确定,然后按照统计量 $Z=\dfrac{\bar{x}-\mu_0}{\sigma/\sqrt{n}}$ 的观察值的绝对值 $|z|$ 大于等于 k 还是小于 k 来做出决策. 数 k 是检验上述假设的一个门槛值. 如果 $|z|=\left|\dfrac{\bar{x}-\mu_0}{\sigma/\sqrt{n}}\right| \geqslant k$,则称 $\bar{x}$ 与 μ_0 的差异是显著的,这时拒绝 H_0;反之,如果 $|z|=\left|\dfrac{\bar{x}-\mu_0}{\sigma/\sqrt{n}}\right| < k$,则称 $\bar{x}$ 与 μ_0 的差异是不显著的,这时接受 H_0. 数 α 称为**显著性水平**,上面关于 $\bar{x}$ 与 μ_0 有无显著差异的判断是在显著性水平 α 下做出的.

统计量 $Z=\dfrac{\bar{x}-\mu_0}{\alpha/\sqrt{n}}$ 称为**检验统计量**.

前面的检验问题通常叙述成:在显著性水平 α 下,检验假设

$$H_0:\mu=\mu_0,\ H_1:\mu\neq\mu_0. \tag{8.2}$$

也常说成在显著性水平 α 下,针对 H_1 检验 H_0. H_0 称为**原假设**或**零假设**,H_1 称为**备择假设**(意指在原假设被拒绝后可供选择的假设). 要进行的工作是根据样本,按上述检验方法做出决策在 H_0 与 H_1 两者之间接受其一.

当检验统计量取某个区域 C 中的值时,拒绝原假设 H_0,则称区域 C 为**拒绝域**,拒绝域的边界点称为**临界点**. 如在上例中拒绝域为 $|z|\geqslant z_{\alpha/2}$,而 $z=-z_{\alpha/2}$,$z=z_{\alpha/2}$ 为临界点.

由于检验法则是根据样本做出的,总有可能做出错误的决策. 如上面所说的那样,在假设 H_0 实际上为真时,可能犯拒绝 H_0 的错误,称这类"弃真"错误为第 I 类错误. 又当 H_0 实际上不真时,也有可能接受 H_0,称这类"取伪"的错误为第 II 类错误. 犯第 II 类错误的概率记为 $P\{$当 H_0 不真时接受 $H_0\}$ 或 $P_{\mu\in H_1}\{$接受 $H_0\}$.

为此,在确定检验法则时,应尽可能使犯两类错误的概率都较小. 但是进一步讨论可知,一般来说,当样本容量固定时,若减小犯一类错误的概率,则犯另一类错误的概率往往增大. 若要使犯两类错误的概率都减小,除非增加样本容量. 在给定样本容量的情况下,一般来说,总是控制犯第 I 类错误的概率,使它不大于 α. α 的大小视具体情况而定,通常 α 取 0.1,0.05,0.01,0.005 等值. 这种只对犯第 I 类错误的概率加以控制,而不考虑犯第 II 类错误的概率的检验,称为**显著性检验**.

形如式(8.2)中的备择假设 H_1,表示 μ 可能大于 μ_0,也可能小于 μ_0,称为**双边备择假设**,而称形如式(8.2)的假设检验为**双边假设检验**.

有时只关心总体均值是否增大,例如试验新工艺以提高材料的强度. 这时所考虑的总体的均值应该越大越好. 如果能判断在新工艺下总体均值较以往正常生产的大,则可考虑采用新工艺. 此时需要检验假设

$$H_0:\mu\leqslant\mu_0,\ H_1:\mu>\mu_0. \tag{8.3}$$

形如式(8.3)的假设检验,称为**右边检验**. 类似地,有时需要检验假设

$$H_0: \mu \geqslant \mu_0,\ H_1: \mu < \mu_0. \tag{8.4}$$

形如式(8.4)的假设检验,称为**左边检验**. 右边检验和左边检验统称为**单边检验**.

下面来讨论单边检验的拒绝域.

设总体 $X \sim N(\mu, \sigma^2)$, μ 未知, σ 已知, $X_1, X_2, \cdots, X_n$ 是来自 X 的样本. 给定显著性水平 α, 求检验问题式(8.3)的拒绝域.

因 H_0 中的全部 μ 都比 H_1 中的 μ 要小, 当 H_1 为真时, 观察值 $\bar{x}$ 往往偏大, 因此拒绝域的形式为

$$\bar{x} \geqslant k\ (k\ \text{是某一正常数}).$$

下面来确定常数 k, 其做法与例 8.1 中的做法类似:

$$P\{\text{当}\ H_0\ \text{为真时拒绝}\ H_0\} = P_{\mu \in H_0}\{\overline{X} \geqslant k\}$$

$$= P_{\mu \leqslant \mu_0}\left\{\frac{\overline{X} - \mu_0}{\sigma/\sqrt{n}} \geqslant \frac{k - \mu_0}{\sigma/\sqrt{n}}\right\}$$

$$\leqslant P_{\mu \leqslant \mu_0}\left\{\frac{\overline{X} - \mu}{\sigma/\sqrt{n}} \geqslant \frac{k - \mu_0}{\sigma/\sqrt{n}}\right\}.$$

上式不等号成立是由于 $\mu \leqslant \mu_0$, $\frac{\overline{X} - \mu}{\sigma/\sqrt{n}} \geqslant \frac{\overline{X} - \mu_0}{\sigma/\sqrt{n}}$, 事件 $\left\{\frac{\overline{X} - \mu_0}{\sigma/\sqrt{n}} \geqslant \frac{k - \mu_0}{\sigma/\sqrt{n}}\right\} \subset \left\{\frac{\overline{X} - \mu}{\sigma/\sqrt{n}} \geqslant \frac{k - \mu_0}{\sigma/\sqrt{n}}\right\}$, 要控制 $P\{\text{当}\ H_0\ \text{为真时拒绝}\ H_0\} \leqslant \alpha$, 只需令

$$P_{\mu \leqslant \mu_0}\left\{\frac{\overline{X} - \mu}{\sigma/\sqrt{n}} \geqslant \frac{k - \mu_0}{\sigma/\sqrt{n}}\right\} = \alpha. \tag{8.5}$$

由于 $\frac{\overline{X} - \mu}{\sigma/\sqrt{n}} \sim N(0, 1)$, 由式(8.5)得到 $\frac{k - \mu_0}{\sigma/\sqrt{n}} = z_\alpha$ (图 8-2), $k = \mu_0 + \frac{\sigma}{\sqrt{n}} z_\alpha$, 即得检验问题式(8.3)的拒绝域为 $\bar{x} \geqslant \mu_0 + \frac{\sigma}{\sqrt{n}} z_\alpha$, 即

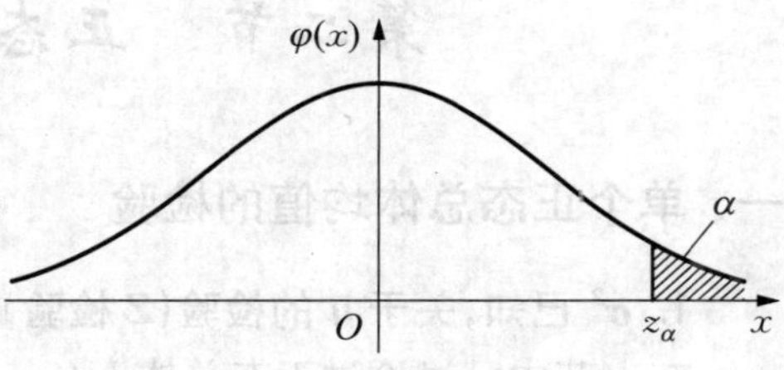

$$z = \frac{\bar{x} - \mu_0}{\sigma/\sqrt{n}} \geqslant z_\alpha. \tag{8.6}$$

图 8-2

类似地, 可得左边检验问题式(8.4)

$$H_0: \mu \geqslant \mu_0,\ H_1: \mu < \mu_0$$

的拒绝域为

$$z = \frac{\bar{x} - \mu_0}{\sigma/\sqrt{n}} \leqslant -z_\alpha. \tag{8.7}$$

例 8.2 公司从生产商处购买牛奶. 公司怀疑生产商在牛奶中掺水以谋利. 通过测定牛

奶的冰点,可以检验出牛奶是否掺水.天然牛奶的冰点温度近似服从正态分布,均值 $\mu_0 = -0.545\,℃$,标准差 $\sigma = 0.008\,℃$. 牛奶掺水可使冰点温度升高而接近于水的冰点温度($0\,℃$). 测得生产商提交的五批牛奶的冰点温度,其均值为 $\bar{x} = -0.535\,℃$. 问是否可以认为生产商在牛奶中掺了水(取 $\alpha = 0.05$)?

解 按题意需检验假设

$$H_0: \mu \leqslant \mu_0 = -0.545 \text{(即假设牛奶未掺水)},$$
$$H_1: \mu > \mu_0 \text{(即假设牛奶已掺水)}.$$

这是右边检验问题,其拒绝域如式(8.6)所示,即为

$$z = \frac{\bar{x} - \mu_0}{\sigma/\sqrt{n}} \geqslant z_{0.05} = 1.645.$$

现在 $z = \dfrac{-0.535 - (-0.545)}{0.008/\sqrt{5}} = 2.7951 > 1.645$,$z$ 的值落在拒绝域中. 所以在显著性水平 $\alpha = 0.05$ 下拒绝 H_0,即认为牛奶商在牛奶中掺了水.

综上所述,可得处理参数的假设检验问题的步骤如下:
(1) 根据实际问题的要求,提出原假设 H_0 及备择假设 H_1.
(2) 给定显著性水平 α 以及样本容量 n.
(3) 确定检验统计量以及拒绝域的形式.
(4) 按 $P\{当 H_0 为真时拒绝 H_0\} = \alpha$ 求出拒绝域.
(5) 取样,根据样本观察值做出决策,是接受 H_0 还是拒绝 H_0.

下面只讨论正态总体参数的假设检验问题.

第二节 正态总体均值的假设检验

一、单个正态总体均值的检验

1. σ^2 已知,关于 μ 的检验(Z 检验)

在上节中已讨论过正态总体 $N(\mu, \sigma^2)$ 当 σ^2 已知时关于 μ 的检验问题式(8.2)、式(8.3)、式(8.4). 在这些检验问题中,都是利用统计量 $Z = \dfrac{\bar{x} - \mu_0}{\sigma/\sqrt{n}}$ 来确定拒绝域的. 这种检验法常称为 Z 检验法.

2. σ^2 未知,关于 μ 的检验(t 检验)

设总体 $X \sim N(\mu, \sigma^2)$,其中 μ, σ^2 未知,求检验问题 $H_0: \mu = \mu_0$,$H_1: \mu \neq \mu_0$ 的拒绝域(显著性水平为 α).

设 $X_1, X_2, \cdots, X_n$ 是来自总体 X 的样本. 由于 σ^2 未知,现在不能利用 $\dfrac{\bar{x} - \mu_0}{\sigma/\sqrt{n}}$ 来确定拒绝域了. 注意到 S^2 是 σ^2 的无偏估计,用 S 来代替 σ,采用

$$t = \frac{\overline{X} - \mu_0}{S/\sqrt{n}}$$

作为检验统计量. 当观察值 $|t| = \left|\dfrac{\bar{x} - \mu_0}{s/\sqrt{n}}\right|$ 过分大时就拒绝 H_0, 拒绝域的形式为

$$|t| = \left|\frac{\bar{x} - \mu_0}{s/\sqrt{n}}\right| \geqslant k.$$

由第六章第三节定理 6.3 知,当 H_0 为真时,$\dfrac{\overline{X} - \mu_0}{S/\sqrt{n}} \sim t(n-1)$,故由

$$P\{\text{当 } H_0 \text{ 为真时拒绝 } H_0\} = P_{\mu_0}\left\{\left|\frac{\overline{X} - \mu_0}{S/\sqrt{n}}\right| \geqslant k\right\} = \alpha,$$

得 $k = t_{\alpha/2}(n-1)$,即得拒绝域为

$$|t| = \left|\frac{\bar{x} - \mu_0}{s/\sqrt{n}}\right| \geqslant t_{\alpha/2}(n-1) \tag{8.8}$$

对于正态总体 $N(\mu, \sigma^2)$,当 σ^2 未知时,关于 μ 的单边检验的拒绝域在表 8-1 中给出.
上述利用 t 统计量得出的检验法称为 t 检验法.

表 8-1

序号	原假设 H_0	检验统计量	备择假设 H_1	拒绝域
1	$\mu \leqslant \mu_0$ $\mu \geqslant \mu_0$ $\mu = \mu_0$ (σ^2 已知)	$Z = \dfrac{\overline{X} - \mu_0}{\sigma/\sqrt{n}}$	$\mu > \mu_0$ $\mu < \mu_0$ $\mu \neq \mu_0$	$z \geqslant z_\alpha$ $z \leqslant -z_\alpha$ $|z| \geqslant z_{\alpha/2}$
2	$\mu \leqslant \mu_0$ $\mu \geqslant \mu_0$ $\mu = \mu_0$ (σ^2 未知)	$t = \dfrac{\overline{X} - \mu_0}{S/\sqrt{n}}$	$\mu > \mu_0$ $\mu < \mu_0$ $\mu \neq \mu_0$	$t \geqslant t_\alpha(n-1)$ $t \leqslant -t_\alpha(n-1)$ $|t| \geqslant t_{\alpha/2}(n-1)$
3	$\mu_1 - \mu_2 \leqslant \delta$ $\mu_1 - \mu_2 \geqslant \delta$ $\mu_1 - \mu_2 = \delta$ (σ_1^2, σ_2^2 已知)	$Z = \dfrac{\overline{X} - \overline{Y} - \delta}{\sqrt{\dfrac{\sigma_1^2}{n_1} + \dfrac{\sigma_2^2}{n_2}}}$	$\mu_1 - \mu_2 > \delta$ $\mu_1 - \mu_2 < \delta$ $\mu_1 - \mu_2 \neq \delta$	$z \geqslant z_\alpha$ $z \leqslant -z_\alpha$ $|z| \geqslant z_{\alpha/2}$
4	$\mu_1 - \mu_2 \leqslant \delta$ $\mu_1 - \mu_2 \geqslant \delta$ $\mu_1 - \mu_2 = \delta$ ($\sigma_1^2 = \sigma_2^2 = \sigma^2$ 未知)	$t = \dfrac{\overline{X} - \overline{Y} - \delta}{S_w\sqrt{\dfrac{1}{n_1} + \dfrac{1}{n_2}}}$ $S_w^2 = \dfrac{(n_1-1)S_1^2 + (n_2-1)S_2^2}{n_1 + n_2 - 2}$	$\mu_1 - \mu_2 > \delta$ $\mu_1 - \mu_2 < \delta$ $\mu_1 - \mu_2 \neq \delta$	$t \geqslant t_\alpha(n_1 - n_2 - 2)$ $t \leqslant -t_\alpha(n_1 + n_2 - 2)$ $|t| \geqslant t_{\alpha/2}(n_1 + n_2 - 2)$

(续表)

序号	原假设 H_0	检验统计量	备择假设 H_1	拒绝域
5	$\sigma^2 \leq \sigma_0^2$ $\sigma^2 \geq \sigma_0^2$ $\sigma^2 = \sigma_0^2$ (μ 未知)	$\chi^2 = \dfrac{(n-1)S^2}{\sigma_0^2}$	$\sigma^2 > \sigma_0^2$ $\sigma^2 < \sigma_0^2$ $\sigma^2 \neq \sigma_0^2$	$\chi^2 \geq \chi_\alpha^2(n-1)$ $\chi^2 \leq \chi_{1-\alpha}^2(n-1)$ $\chi^2 \geq \chi_{\alpha/2}^2(n-1)$ 或 $\chi^2 \leq \chi_{1-\alpha/2}^2(n-1)$
6	$\sigma_1^2 \leq \sigma_2^2$ $\sigma_1^2 \geq \sigma_2^2$ $\sigma_1^2 = \sigma_2^2$ (μ_1, μ_2 未知)	$F = \dfrac{S_1^2}{S_2^2}$	$\sigma^2 > \sigma_0^2$ $\sigma^2 < \sigma_0^2$ $\sigma^2 \neq \sigma_0^2$	$F \geq F_\alpha(n_1-1, n_2-1)$ $F \leq F_{1-\alpha}(n_1-1, n_2-1)$ $F \geq F_{\alpha/2}(n_1-1, n_2-1)$ 或 $F \leq F_{1-\alpha/2}(n_1-1, n_2-1)$
7	$\mu_D \leq 0$ $\mu_D \geq 0$ $\mu_D = 0$ (成对数据)	$t = \dfrac{\overline{D} - 0}{S_D/\sqrt{n}}$	$\mu_D > 0$ $\mu_D < 0$ $\mu_D \neq 0$	$t \geq t_\alpha(n-1)$ $t \leq -t_\alpha(n-1)$ $\lvert t \rvert \geq t_{\alpha/2}(n-1)$

在实际中,正态总体的方差常为未知,所以常用 t 检验法来检验关于正态总体均值的检验问题.

例 8.3 某种元件的寿命 X(以 h 计)服从正态分布 $N(\mu, \sigma^2)$,μ, σ^2 均未知,现测得 16 只元件的寿命如下:

$$159, 280, 101, 212, 224, 379, 179, 264,$$
$$222, 362, 168, 250, 149, 260, 485, 170.$$

问是否有理由认为元件的平均寿命大于 225 h?

解 按题意需检验

$$H_0: \mu \leq \mu_0 = 225, \quad H_1: \mu > 225,$$

取 $\alpha = 0.05$,由表 8-1 知此检验问题的拒绝域为

$$t = \dfrac{\bar{x} - \mu_0}{s/\sqrt{n}} \geq t_\alpha(n-1).$$

现在 $n = 16$,$t_{0.05}(15) = 1.7531$,又算得 $\bar{x} = 241.5$,$s = 98.7259$,即有

$$t = \dfrac{\bar{x} - \mu_0}{s/\sqrt{n}} = 0.6685 < 1.7531.$$

t 没有落在拒绝域中,故接受 H_0,即认为元件的平均寿命不大于 225 h.

二、两个正态总体均值差的检验

还可以用 t 检验法检验具有相同方差的两正态总体均值差的假设,设 $X_1, X_2, \cdots,$

X_{n_1} 是来自正态总体 $N(\mu_1,\sigma^2)$ 的样本,$Y_1,Y_2,\cdots,Y_{n_2}$ 是来自正态总体 $N(\mu_2,\sigma^2)$ 的样本,且设两样本独立. 又分别记它们的样本均值为 $\overline{X},\overline{Y}$,记样本方差为 S_1^2,S_2^2,设 μ_1,μ_2,σ^2 均为未知. 要特别引起注意的是,在这里假设两总体的方差是相等的. 现在来求检验问题

$$H_0:\mu_1-\mu_2=\delta,\ H_1:\mu_1-\mu_2\ne\delta(\delta\text{ 为已知常数}).$$

的拒绝域. 取显著性水平为 α.

引用下述 t 统计量作为检验统计量:

$$t=\frac{(\overline{X}-\overline{Y})-\delta}{S_w\sqrt{\dfrac{1}{n_1}+\dfrac{1}{n_2}}}.$$

其中,$S_w^2=\dfrac{(n_1-1)S_1^2+(n_2-1)S_2^2}{n_1+n_2-2}$,$S_w=\sqrt{S_w^2}$.

当 H_0 为真时,由第六章第三节定理 6.4 知 $t\sim t(n_1+n_2-2)$. 与单个总体的 t 检验法相仿,其拒绝域的形式为

$$\left|\frac{(\bar{x}-\bar{y})-\delta}{S_w\sqrt{\dfrac{1}{n_1}+\dfrac{1}{n_2}}}\right|\geqslant k.$$

由 $\quad P\{\text{当 }H_0\text{ 为真时拒绝 }H_0\}=P_{\mu_1-\mu_2=\delta}\left\{\left|\dfrac{(\overline{X}-\overline{Y})-\delta}{S_w\sqrt{\dfrac{1}{n_1}+\dfrac{1}{n_2}}}\right|\geqslant k\right\}=\alpha$

可得 $k=t_{\alpha/2}(n_1+n_2-2)$. 于是得拒绝域为

$$|t|=\frac{|(\bar{x}-\bar{y})-\delta|}{s_w\sqrt{\dfrac{1}{n_1}+\dfrac{1}{n_2}}}\geqslant t_{\alpha/2}(n_1+n_2-2). \tag{8.9}$$

关于均值差的两个单边检验问题的拒绝域在表 8-1 中给出. 常用的是 $\delta=0$ 的情况.

当两个正态总体的方差均为已知(不一定相等)时,可用 Z 检验法来检验两正态总体均值差的假设问题,见表 8-1.

例 8.4 用两种方法(A 和 B)测定冰自 $-0.72\ ^\circ\text{C}$ 转变为 $0\ ^\circ\text{C}$ 的水的融化热(以 cal/g 计). 测得以下的数据:

方法 A:79.98,80.04,80.02,80.04,80.03,80.03,

80.04,79.97,80.05,80.03,80.02,80.00,80.02.

方法 B:80.02,79.94,79.98,79.97,79.97,80.03,79.95,79.97.

设这两个样本相互独立,且分别来自正态总体 $N(\mu_1,\sigma^2)$ 和 $N(\mu_2,\sigma^2)$,μ_1,μ_2,σ^2 均未知. 试检验假设(取显著性水平 $\alpha=0.05$)

$$H_0:\mu_1-\mu_2\leqslant 0,\ H_1:\mu_1-\mu_2>0.$$

解 分别画出对应于方法 A 和方法 B 的数据的箱线图(图 8-3).这两种方法所得的结果是有明显差异的,现在来检验上述假设:

$$n_1 = 13, \bar{x}_A = 80, s_A^2 = 0.024^2,$$
$$n_2 = 8, \bar{x}_B = 79.98, s_B^2 = 0.031^2,$$
$$s_w^2 = \frac{12 \times s_A^2 + 7 \times s_B^2}{19} = 0.0007178.$$
$$t = \frac{\bar{x}_A - \bar{x}_B}{s_w\sqrt{1/13 + 1/8}} = 3.323 > t_{0.05}(13+8-2) = 1.7291.$$

故拒绝 H_0,认为方法 A 比方法 B 测得的融化热要大.

三、基于成对数据的检验

有时为了比较两种产品、两种仪器、两种方法等的差异,常在相同条件下做对比试验,得到一批成对的观察值,然后分析观察数据做出推断.这种方法常称为**逐对比较法**.

例 8.5 有两台光谱仪 I_x,I_y,用来测量材料中某种金属的含量,为鉴定它们的测量结果有无显著的差异,制备了 9 件试块(它们的成分、金属含量、均匀性等均各不相同).现在分别用这两台仪器对每一试块测量一次,得到 9 对观察值如下:

$x(\%)$	0.20	0.30	0.40	0.50	0.60	0.70	0.80	0.90	1.0
$y(\%)$	0.10	0.21	0.52	0.32	0.78	0.59	0.68	0.77	0.89
$d=x-y(\%)$	0.10	0.09	-0.12	0.18	-0.18	0.11	0.12	0.13	0.11

问能否认为这两台仪器的测量结果有显著性的差异(取 $\alpha = 0.01$)?

解 本例中的数据是成对的,即对同一试块测出一对数据.一对与另一对之间的差异是由各种因素,如材料成分、金属含量、均匀性等引起的.由于各试块的特性有广泛的差别,就不能将仪器 I_x 对 9 个试块的测量结果(即表中第一行)看成是同分布随机变量的观察值.因而表中第一行不能看成是一个样本的样本值.同样,表中第二行也不能看成是一个样本的样本值.再者,对于每一对数据而言,它们是同一试块用不同仪器 I_x,I_y 测得的结果,因此它们不是两个独立的随机变量的观察值.综上所述,不能用表 8-1 中第四栏的检验法来做检验,而同一对中两个数据的差异则可看成是仅由这两台仪器性能的差异所引起的.局限于各对中两个数据来比较就能排除种种其他因素,而只考虑单独由仪器的性能所产生的影响.从而能比较这两台仪器的测量结果是否有显著的差异.

一般设有 n 对相互独立的观察结果 $(X_1, Y_1), (X_2, Y_2), \cdots, (X_n, Y_n)$,令 $D_1 = X_1 - Y_1, D_2 = X_2 - Y_2, \cdots, D_n = X_n - Y_n$,则 $D_1, D_2, \cdots, D_n$ 相互独立.又由于 $D_1, D_2, \cdots, D_n$ 是由同一因素所引起的,可认为它们服从同一分布.今假设 $D_i \sim N(\mu_D, \sigma_D^2)$,$i = 1, 2, \cdots, n$.这就是说 $D_1, D_2, \cdots, D_n$ 构成正态总体 $N(\mu_D, \sigma_D^2)$ 的一个样本,其中 μ_D,σ_D^2 未知.需要基于这一样本检验假设:

(1) $H_0: \mu_D = 0$,$H_1: \mu_D \neq 0$;(2) $H_0: \mu_D \leqslant 0$,$H_1: \mu_D > 0$;(3) $H_0: \mu_D \geqslant 0$,$H_1: \mu_D < 0$.

分别记 $D_1, D_2, \cdots, D_n$ 的样本均值和样本方差的观察值为 $\bar{d}, s_D^2$, 按表 8-1 第二栏中关于单个正态总体均值的 t 检验, 知检验问题(1), (2), (3)的拒绝域分别为(显著性水平为 α)

$$|t| = \left|\frac{\bar{d}}{s_D/\sqrt{n}}\right| \geqslant t_{\alpha/2}(n-1),$$

$$|t| = \frac{\bar{d}}{s_D/\sqrt{n}} \geqslant t_{\alpha}(n-1),$$

$$|t| = \frac{\bar{d}}{s_D/\sqrt{n}} \leqslant -t_{\alpha}(n-1).$$

现在回过来讨论本例的检验问题. 先做出同一试块分别由仪器 I_x, I_y 测得的结果之差, 列于上表的第三行. 按题意需检验假设

$$H_0: \mu_D = 0, \quad H_1: \mu_D \neq 0,$$

现在 $n=9$, $t_{\alpha/2}(8) = t_{0.005}(8) = 3.3554$, 即知拒绝域为

$$|t| = \left|\frac{\bar{d}}{s_D/\sqrt{n}}\right| \geqslant 3.3554.$$

由观察值得 $\bar{d} = 0.06$, $s_D = 0.1227$, $|t| = \dfrac{0.06}{0.1227/\sqrt{9}} = 1.467 < 3.3554$. 现在 $|t|$ 的值不落在拒绝域内, 故接受 H_0, 认为两台仪器的测量结果无显著性差异.

例 8.6 做以下的试验以比较人对红光或绿光的反应时间(以 s 计). 试验在点亮红光或绿光的同时, 启动计时器, 要求受试者见到红光或绿光点亮时就按下按钮, 切断计时器, 这就能测得反应时间. 测量的结果如下

红光 x	0.30	0.23	0.41	0.53	0.24	0.36	0.38	0.51
绿光 y	0.43	0.32	0.58	0.46	0.27	0.41	0.38	0.61
$d=x-y$	-0.13	-0.09	-0.17	0.07	-0.03	-0.05	0.00	-0.10

设 $D_i = X_i - Y_i (i=1, 2, \cdots, 8)$ 是来自正态总体 $N(\mu_D, \sigma_D^2)$ 的样本, μ_D, σ_D^2 均未知. 试检验假设 $H_0: \mu_D \geqslant 0$, $H_1: \mu_D < 0$ (取显著性水平 $\alpha = 0.05$).

解 现在 $n=8$, $\bar{x}_d = -0.0625$, $s_d = 0.0765$, 而

$$\frac{\bar{x}_d}{s_d/\sqrt{8}} = -2.311 < -t_{0.05}(7) = -1.8946,$$

故拒绝 H_0, 认为 $\mu_D < 0$, 即认为人对红光的反应时间小于对绿光的反应时间, 也就是人对红光的反应要比绿光快.

第三节 正态总体方差的假设检验

现在来讨论有关正态总体方差的假设检验问题. 以下分单个总体和两个总体的情况来讨论.

一、单个正态总体方差的检验

设总体 $X \sim N(\mu, \sigma^2)$, μ, σ^2 均未知,$X_1, X_2, \cdots, X_n$ 是来自 X 的样本,要求检验假设(显著性水平为 α)

$$H_0: \sigma^2 = \sigma_0^2, \quad H_1: \sigma^2 \neq \sigma_0^2,$$

σ_0^2 为已知常数.

由于 S^2 是 σ^2 的无偏估计,当 H_0 为真时,观察值 s^2 与 σ_0^2 的比值 $\dfrac{s^2}{\sigma_0^2}$ 一般来说应在 1 附近摆动,而不应过分大于 1 或过分小于 1. 由第六章第三节定理 6.2 知,当 H_0 为真时,

$$\frac{(n-1)S^2}{\sigma_0^2} \sim \chi^2(n-1),$$

取

$$\chi^2 = \frac{(n-1)S^2}{\sigma_0^2}$$

作为检验统计量,如上所说知道上述检验问题的拒绝域具有以下的形式:

$$\frac{(n-1)s^2}{\sigma_0^2} \leqslant k_1 \text{ 或 } \frac{(n-1)s^2}{\sigma_0^2} \geqslant k_2.$$

此处 k_1, k_2 的值由下式确定:

$$P\{\text{当 } H_0 \text{ 为真时拒绝 } H_0\}$$
$$= P_{\sigma_0^2}\left\{\left(\frac{(n-1)S^2}{\sigma_0^2} \leqslant k_1\right) \cup \left(\frac{(n-1)S^2}{\sigma_0^2} \geqslant k_2\right)\right\} = \alpha.$$

为计算方便起见,习惯上取

$$P_{\sigma_0^2}\left\{\frac{(n-1)S^2}{\sigma_0^2} \leqslant k_1\right\} = \frac{\alpha}{2}, \quad P_{\sigma_0^2}\left\{\frac{(n-1)S^2}{\sigma_0^2} \geqslant k_2\right\} = \frac{\alpha}{2},$$

故得 $k_1 = \chi^2_{1-\alpha/2}(n-1)$, $k_2 = \chi^2_{\alpha/2}(n-1)$. 于是得拒绝域为

$$\frac{(n-1)s^2}{\sigma_0^2} \leqslant \chi^2_{1-\alpha/2}(n-1) \text{ 或 } \frac{(n-1)s^2}{\sigma_0^2} \geqslant \chi^2_{\alpha/2}(n-1) \tag{8.10}$$

这里指的是 $\dfrac{(n-1)s^2}{\sigma_0^2} \leqslant \chi^2_{1-\alpha/2}(n-1)$ 与 $\dfrac{(n-1)s^2}{\sigma_0^2} \geqslant \chi^2_{\alpha/2}(n-1)$ 的并集.

下面来求单边检验问题(显著性水平为 α)

$$H_0: \sigma^2 \leqslant \sigma_0^2, \quad H_1: \sigma^2 > \sigma_0^2 \tag{8.11}$$

的拒绝域. 因 H_0 中的全部 σ^2 都比 H_1 中的要小,当 H_1 为真时,S^2 的观察值 s^2 往往偏大,因此拒绝域的形式为

$$s^2 \geqslant k.$$

下面来确定常数 k:

$$P\{\text{当 } H_0 \text{ 为真时拒绝 } H_0\} = P_{\sigma^2 \leq \sigma_0^2}\{S^2 \geq k\} =$$
$$P_{\sigma^2 \leq \sigma_0^2}\left\{\frac{(n-1)S^2}{\sigma_0^2} \geq \frac{(n-1)k}{\sigma_0^2}\right\} \leq P_{\sigma^2 \leq \sigma_0^2}\left\{\frac{(n-1)S^2}{\sigma^2} \geq \frac{(n-1)k}{\sigma_0^2}\right\} (\text{因为 } \sigma^2 \leq \sigma_0^2).$$

要控制 $P\{\text{当 } H_0 \text{ 为真时拒绝 } H_0\} \leq \alpha$，只需令

$$P_{\sigma^2 \leq \sigma_0^2}\left\{\frac{(n-1)S^2}{\sigma^2} \geq \frac{(n-1)k}{\sigma_0^2}\right\} = \alpha, \tag{8.12}$$

因 $\frac{(n-1)S^2}{\sigma^2} \sim \chi^2(n-1)$，由式(8.12)得 $\frac{(n-1)k}{\sigma_0^2} = \chi_\alpha^2(n-1)$ (图 8-4).

于是 $k = \frac{\sigma_0^2}{n-1}\chi_\alpha^2(n-1)$，得检验问题式(8.11)的拒绝域为

$$\chi^2 = \frac{(n-1)s^2}{\sigma_0^2} \geq \chi_\alpha^2(n-1). \tag{8.13}$$

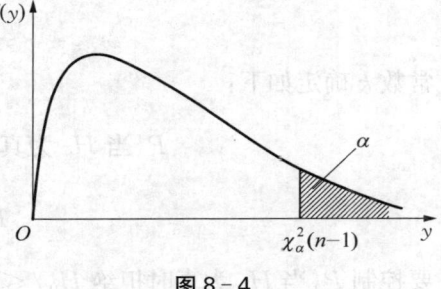

图 8-4

类似地，可得左边检验问题

$$H_0: \sigma^2 \geq \sigma_0^2, \quad H_1: \sigma^2 < \sigma_0^2$$

的拒绝域为

$$\chi^2 = \frac{(n-1)s^2}{\sigma_0^2} \leq \chi_\alpha^2(n-1). \tag{8.14}$$

以上检验法称为 χ^2 **检验法**.

例 8.7 某厂生产的某种型号的电池其寿命(以 h 计)长期以来服从方差为 $\sigma^2 = 5\,000$ 的正态分布. 现有一批这种电池, 从它的生产情况来看, 寿命的波动性有所改变. 现随机取 26 节电池, 测出其寿命的样本方差 $s^2 = 9\,200$. 问根据这一数据能否推断这批电池的寿命的波动性较以往有显著的变化(取 $\alpha = 0.02$)?

解 本例要求在水平 $\alpha = 0.02$ 下检验假设

$$H_0: \sigma^2 = 5\,000, \quad H_1: \sigma^2 \neq 5\,000.$$

现在 $n = 26$, $\chi_{\alpha/2}^2(n-1) = \chi_{0.01}^2(25) = 44.314$, $\chi_{1-\alpha/2}^2(25) = \chi_{0.99}^2(25) = 11.524$. 由式(8.10)得拒绝域为

$$\frac{(n-1)s^2}{\sigma_0^2} \geq 44.314 \text{ 或 } \frac{(n-1)s^2}{\sigma_0^2} \leq 11.524,$$

由观察值 $s^2 = 9\,200$ 得 $\frac{(n-1)s^2}{\sigma_0^2} = 46 > 44.314$，所以拒绝 H_0，认为这批电池寿命的波动性较以往有显著的变化.

二、两个正态总体方差的检验

设 $X_1, X_2, \cdots, X_{n_1}$ 是来自总体 $N(\mu_1, \sigma_1^2)$ 的样本, $Y_1, Y_2, \cdots, Y_{n_2}$ 是来自总体 $N(\mu_2,$

σ_2^2)的样本,且两样本独立. 其样本方差分别为 S_1^2, S_2^2,且设 μ_1, μ_2, σ_1^2, σ_2^2 均为未知. 现在需要检验假设(显著性水平为 α)

$$H_0: \sigma_1^2 \leqslant \sigma_2^2, \quad H_1: \sigma_1^2 > \sigma_2^2. \tag{8.15}$$

当 H_0 为真时,$E(S_1^2) = \sigma_1^2 \leqslant \sigma_2^2 = E(S_2^2)$;当 H_1 为真时,$E(S_1^2) = \sigma_1^2 > \sigma_2^2 = E(S_2^2)$,观察值 $\dfrac{S_1^2}{S_2^2}$ 有偏大的趋势,故拒绝域具有形式

$$\frac{s_1^2}{s_2^2} \geqslant k.$$

常数 k 确定如下:

$$P\{\text{当 } H_0 \text{ 为真时拒绝 } H_0\} = P_{\sigma_1^2 \leqslant \sigma_2^2}\left\{\frac{S_1^2}{S_2^2} \geqslant k\right\} \leqslant$$

$$P_{\sigma_1^2 \leqslant \sigma_2^2}\left\{\frac{S_1^2/S_2^2}{\sigma_1^2/\sigma_2^2} \geqslant k\right\}.$$

要控制 $P\{\text{当 } H_0 \text{ 为真时拒绝 } H_0\} \leqslant \alpha$,只需令

$$P_{\sigma_1^2 \leqslant \sigma_2^2}\left\{\frac{S_1^2/S_2^2}{\sigma_1^2/\sigma_2^2} \geqslant k\right\} = \alpha, \tag{8.16}$$

由第六章定理 6.4 知 $\dfrac{S_1^2/S_2^2}{\sigma_1^2/\sigma_2^2} \sim F(n_1 - 1, n_2 - 1)$,由式(8.16)得 $k = F_\alpha(n_1 - 1, n_2 - 1)$,即得检验问题式(8.15)的拒绝域为

$$F = \frac{s_1^2}{s_2^2} \geqslant F_\alpha(n_1 - 1, n_2 - 1). \tag{8.17}$$

上述检验法称为 **F 检验法**. 关于 σ_1^2, σ_2^2 的另外两个检验问题的拒绝域在表 8-1 中给出.

例 8.8 设例 8.4 中的两个样本分别来自总体 $N(\mu_A, \sigma_A^2)$, $N(\mu_B, \sigma_B^2)$,且两样本独立. 试检验 $H_0: \sigma_A^2 = \sigma_B^2$, $H_1: \sigma_A^2 \neq \sigma_B^2$,以说明假设 $\sigma_A^2 = \sigma_B^2$ 是合理的(取显著性水平 $\alpha = 0.01$).

解 此处 $n_1 = 13$, $n_2 = 8$, $\alpha = 0.01$,拒绝域为

$$\frac{s_A^2}{s_B^2} \geqslant F_{0.005}(12, 7) = 8.18,$$

或

$$\frac{s_A^2}{s_B^2} \leqslant F_{0.995}(12, 7) = \frac{1}{F_{0.005}(7, 12)} = \frac{1}{5.52} = 0.18.$$

现在 $s_A^2 = 0.024^2$, $s_B^2 = 0.031^2$, $s_A^2/s_B^2 = 0.60$, $0.18 < 0.60 < 8.18$,故接受 H_0,认为两总体方差相等. 两总体方差相等也称两总体具有**方差齐性**,这也表明例 8.4 中假设两总体方差相等是合理的.

第四节 置信区间与假设检验之间的关系

置信区间与假设检验之间有明显的联系,先考察置信区间与双边检验之间的对应关系.

设 $X_1, X_2, \cdots, X_n$ 是一个来自总体的样本，$x_1, x_2, \cdots, x_n$ 是相应的样本值，Θ 是参数 θ 的可能取值范围.

设 $(\underline{\theta}(X_1, X_2, \cdots, X_n), \bar{\theta}(X_1, X_2, \cdots, X_n))$ 是参数 θ 的一个置信水平为 $1-\alpha$ 的置信区间，则对于任意 $\theta \in \Theta$，有

$$P_\theta\{\underline{\theta}(X_1, X_2, \cdots, X_n) < \theta < \bar{\theta}(X_1, X_2, \cdots, X_n)\} \geqslant 1-\alpha, \tag{8.18}$$

考虑显著性水平为 α 的双边检验

$$H_0: \theta = \theta_0, \quad H_1: \theta \neq \theta_0. \tag{8.19}$$

由式(8.18)

$$P_{\theta_0}\{\underline{\theta}(X_1, X_2, \cdots, X_n) < \theta_0 < \bar{\theta}(X_1, X_2, \cdots, X_n)\} \geqslant 1-\alpha,$$

即有

$$P_{\theta_0}\{(\theta_0 \leqslant \underline{\theta}(X_1, X_2, \cdots, X_n)) \cup (\theta_0 \geqslant \bar{\theta}(X_1, X_2, \cdots, X_n))\} \leqslant \alpha.$$

按显著性水平为 α 的假设检验的拒绝域的定义，检验式(8.19)的拒绝域为

$$\theta_0 \leqslant \underline{\theta}(x_1, x_2, \cdots, x_n) \text{ 或 } \theta_0 \geqslant \bar{\theta}(x_1, x_2, \cdots, x_n),$$

接受域为

$$\underline{\theta}(x_1, x_2, \cdots, x_n) < \theta_0 < \bar{\theta}(x_1, x_2, \cdots, x_n).$$

这就是说，当要检验假设式(8.19)时，先求出 θ 的置信水平为 $1-\alpha$ 的置信区间 $(\underline{\theta}, \bar{\theta})$，然后考察区间 $(\underline{\theta}, \bar{\theta})$ 是否包含 θ_0，若 $\theta_0 \in (\underline{\theta}, \bar{\theta})$ 则接受 H_0，若 $\theta_0 \notin (\underline{\theta}, \bar{\theta})$ 则拒绝 H_0.

反之，对任意 $\theta_0 \in \Theta$，考虑显著性水平为 α 的假设检验问题

$$H_0: \theta = \theta_0, \quad H_1: \theta \neq \theta_0.$$

假设它的接受域为

$$\underline{\theta}(x_1, x_2, \cdots, x_n) < \theta_0 < \bar{\theta}(x_1, x_2, \cdots, x_n),$$

即有

$$P_{\theta_0}\{\underline{\theta}(X_1, X_2, \cdots, X_n) < \theta_0 < \bar{\theta}(X_1, X_2, \cdots, X_n)\} \geqslant 1-\alpha.$$

由 θ_0 的任意性，由上式知对于任意 $\theta \in \Theta$，有

$$P_\theta\{\underline{\theta}(X_1, X_2, \cdots, X_n) < \theta < \bar{\theta}(X_1, X_2, \cdots, X_n)\} \geqslant 1-\alpha.$$

因此 $(\underline{\theta}(X_1, X_2, \cdots, X_n), \bar{\theta}(X_1, X_2, \cdots, X_n))$ 是参数 θ 的一个置信水平为 $1-\alpha$ 的置信区间.

这就是说，为要求出参数 θ 的置信水平为 $1-\alpha$ 的置信区间，先求出显著性水平为 α 的假设检验问题 $H_0: \theta = \theta_0$，$H_1: \theta \neq \theta_0$ 的接受域 $\underline{\theta}(x_1, x_2, \cdots, x_n) < \theta_0 < \bar{\theta}(x_1, x_2, \cdots, x_n)$，那么就是 θ 的置信水平为 $1-\alpha$ 的置信区间.

还可验证，置信水平为 $1-\alpha$ 的单侧置信区间 $(-\infty, \bar{\theta}(X_1, X_2, \cdots, X_n))$ 与显著性水平为 α 的左边检验问题 $H_0: \theta \geqslant \theta_0$，$H_1: \theta < \theta_0$ 有类似的对应关系. 即若已求得单侧置信区间

$(-\infty, \bar{\theta}(X_1, X_2, \cdots, X_n))$,则当 $\theta_0 \in (-\infty, \bar{\theta}(X_1, X_2, \cdots, X_n))$ 时接受 H_0,当 $\theta_0 \notin (-\infty, \bar{\theta}(X_1, X_2, \cdots, X_n))$ 时拒绝 H_0;反之,若已求得检验问题 $H_0: \theta \geqslant \theta_0$,$H_1: \theta < \theta_0$ 的接受域为 $-\infty < \theta_0 \leqslant \bar{\theta}(X_1, X_2, \cdots, X_n)$,则可得 θ 的一个单侧置信区间.

置信水平为 $1-\alpha$ 的单侧置信区间 $(\underline{\theta}(X_1, X_2, \cdots, X_n), +\infty)$ 与显著性水平为 α 的右边检验问题 $H_0: \theta \leqslant \theta_0$,$H_1: \theta > \theta_0$ 也有类似的对应关系. 即若已求得单侧置信区间 $(\underline{\theta}(X_1, X_2, \cdots, X_n), +\infty)$,则当 $\theta_0 \in (\underline{\theta}(X_1, X_2, \cdots, X_n), +\infty)$ 时接受 H_0,当 $\theta_0 \notin (\underline{\theta}(X_1, X_2, \cdots, X_n), +\infty)$ 时拒绝 H_0;反之,若已求得检验问题 $H_0: \theta \leqslant \theta_0$,$H_1: \theta > \theta_0$ 的接受域为 $\underline{\theta}(X_1, X_2, \cdots, X_n) \leqslant \theta_0 < +\infty$,则可得 θ 的一个单侧置信区间 $(\underline{\theta}(X_1, X_2, \cdots, X_n), +\infty)$.

例 8.9 设 $X \sim N(\mu, 1)$,μ 未知,$\alpha = 0.05$,$n = 16$,且由一样本算得 $\bar{x} = 5.20$,于是得到参数 μ 的一个置信水平为 0.95 的置信区间

$$\left(\bar{x} - \frac{1}{\sqrt{16}} z_{0.025}, \bar{x} + \frac{1}{\sqrt{16}} z_{0.025}\right) = (5.20 - 0.49, 5.20 + 0.49) = (4.71, 5.69).$$

现在考虑检验问题 $H_0: \mu = 5.5$,$H_1: \mu \neq 5.5$. 由于 $5.5 \in (4.71, 5.69)$,故接受 H_0.

例 8.10 数据如例 8.9. 试求右边检验问题 $H_0: \mu \leqslant \mu_0$,$H_1: \mu > \mu_0$ 的接受域,并求 μ 的单侧置信下限($\alpha = 0.05$).

解 检验问题的拒绝域为 $z = \dfrac{\bar{x} - \mu_0}{1/\sqrt{16}} \geqslant z_{0.05}$,即 $\mu_0 \leqslant 4.79$. 于是检验问题的接受域为 $\mu_0 > 4.79$. 这样就得到 μ 的单侧置信区间 $(4.79, +\infty)$,单侧置信下限 $\underline{\mu} = 4.79$.

第五节 样本容量的选取

以上在进行假设检验时,总是根据问题的要求预先给出显著性水平以控制犯第 I 类错误的概率,而犯第 II 类错误的概率则依赖于样本容量的选择. 在一些实际问题中,除了希望控制犯第 I 类错误的概率外,往往还希望控制犯第 II 类错误的概率. 在这一节将阐明如何选取样本的容量使得犯第 II 类错误的概率控制在预先给定的限度之内. 为此引入施行特征函数.

定义 8.1 若 C 是参数 θ 的某检验问题的一个检验法,

$$\beta(\theta) = P_\theta(\text{接受 } H_0) \tag{8.20}$$

称为检验法 C 的**施行特征函数**或 OC **函数**,其图形称为 OC **曲线**.

由定义知,若此检验法的显著性水平为 α,那么当真值 $\theta \in H_0$ 时,$\beta(\theta)$ 就是做出正确判断(即 H_0 为真时接受 H_0)的概率,故此时 $\beta(\theta) \geqslant 1-\alpha$;而当 $\theta \in H_1$ 时,则 $\beta(\theta)$ 就是犯第 II 类错误的概率,而 $1-\beta(\theta)$ 是做出正确判断(即 H_0 为不真时拒绝 H_0)的概率. 函数 $1-\beta(\theta)$ 称为检验法 C 的**功效函数**. 当 $\theta^* \in H_1$ 时,值 $1-\beta(\theta^*)$ 称为检验法 C 在点 θ^* 的**功效**. 它表示当参数 θ 的真值为 θ^* 时,检验法 C 做出正确判断的概率.

本书只介绍正态总体均值的检验法的 OC 函数及其图形.

1. Z 检验法的 OC 函数

右边检验问题 $H_0: \mu \leqslant \mu_0$,$H_1: \mu > \mu_0$ 的 OC 函数是

$$\beta(\mu) = P_\mu\{\text{接受 } H_0\} = P_\mu\left\{\frac{\overline{X}-\mu_0}{\sigma/\sqrt{n}} < z_\alpha\right\}$$

$$= P_\mu\left\{\frac{\overline{X}-\mu}{\sigma/\sqrt{n}} < z_\alpha - \frac{\mu-\mu_0}{\sigma/\sqrt{n}}\right\}$$

$$= \Phi(z_\alpha - \lambda), \tag{8.21}$$

其中，$\lambda = \dfrac{\mu-\mu_0}{\sigma/\sqrt{n}}$. 其图形如图 8-5 所示. 此 OC 函数 $\beta(\mu)$ 有如下性质：

(1) 它是 $\lambda = \dfrac{\mu-\mu_0}{\sigma/\sqrt{n}}$ 的单调递减连续函数.

(2) $\lim\limits_{\mu \to \mu_0^+}\beta(\mu) = 1-\alpha$, $\lim\limits_{\mu \to \infty}\beta(\mu) = 0$.

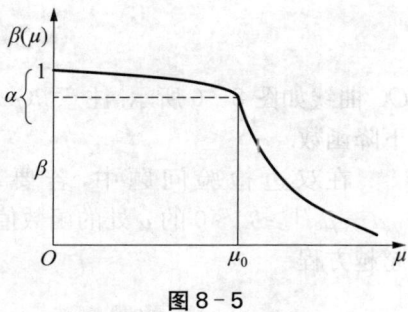

图 8-5

由 $\beta(\mu)$ 的连续性可知,当参数的真值 $\mu(\mu>\mu_0)$ 在 μ_0 附近时,检验法的功效很低,即 $\beta(\mu)$ 的值很大,亦即犯第 II 类错误的概率很大. 因为 α 通常取得比较小,而不管 σ 多么小,n 多么大,只要 n 给定,总存在 μ_0 附近的点 $\mu(\mu>\mu_0)$ 使 $\beta(\mu)$ 几乎等于 $1-\alpha$.

这表明,无论样本容量 n 多么大,要想对所有 $\mu \in H_1$,即真值为 H_1 所规定的任一点时,控制犯第 II 类错误的概率都很小是不可能的. 但是可以使用 OC 函数 $\beta(\mu)$ 以确定样本容量 n,使当真值 $\mu \geq \mu_0+\delta$ ($\delta>0$ 为取定的值) 时,犯第 II 类错误的概率不超过给定的 β. 这是由于 $\beta(\mu)$ 是 μ 的递减函数,故当 $\mu \geq \mu_0 + \delta$ 时,有

$$\beta(\mu_0+\delta) \geq \beta(\mu).$$

于是只要 $\beta(\mu_0+\delta) = \Phi(z_\alpha - \sqrt{n}\delta/\sigma) \leq \beta$,亦即只要 n 满足

$$z_\alpha - \sqrt{n}\delta/\sigma \leq -z_\beta$$

即可. 这就是说,只要

$$\sqrt{n} \geq \frac{(z_\alpha+z_\beta)\sigma}{\delta}, \tag{8.22}$$

就能使当 $\mu \in H_1$ 且 $\mu \geq \mu_0 + \delta$ 时(即真值 $\mu \geq \mu_0+\delta$ 时)犯第 II 类错误的概率不超过 β.

类似地,可得左边检验问题 $H_0: \mu \geq \mu_0$, $H_1: \mu < \mu_0$ 的 OC 函数为

$$\beta(\mu) = \Phi(z_\alpha+\lambda), \quad \lambda = \frac{\mu-\mu_0}{\sigma/\sqrt{n}}. \tag{8.23}$$

当真值 $\mu \geq \mu_0$ 时,$\beta(\mu)$ 为做出正确判断的概率;当真值 $\mu < \mu_0$ 时,$\beta(\mu)$ 给出犯第 II 类错误的概率. 只要样本容量 n 满足

$$\sqrt{n} \geq \frac{(z_\alpha+z_\beta)\sigma}{\delta}, \tag{8.24}$$

就能使当 $\mu \in H_1$ 且 $\mu \leq \mu_0 - \delta$ ($\delta>0$,为取定的值) 时,犯第 II 类错误的概率不超过给定的值 β.

双边检验问题 $H_0:\mu=\mu_0$, $H_1:\mu\neq\mu_0$ 的 OC 函数是

$$\begin{aligned}\beta(\mu) &= P_\mu\{\text{接受 } H_0\} = P_\mu\left\{-z_{\alpha/2} < \frac{\overline{X}-\mu_0}{\sigma/\sqrt{n}} < z_{\alpha/2}\right\} \\ &= P_\mu\left\{-\lambda - z_{\alpha/2} < \frac{\overline{X}-\mu}{\sigma/\sqrt{n}} < -\lambda + z_{\alpha/2}\right\} \\ &= \Phi(z_{\alpha/2}-\lambda) + \Phi(z_{\alpha/2}+\lambda) - 1, \lambda = \frac{\mu-\mu_0}{\sigma/\sqrt{n}} \end{aligned} \quad (8.25)$$

OC 曲线如图 8-6 所示. 注意 $\beta(\mu)$ 是 $|\lambda|$ 的严格单调下降函数.

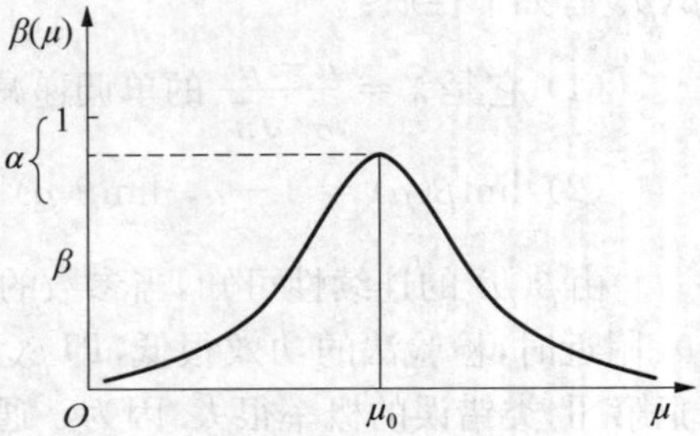

在双边检验问题中, 若要求对 H_1 中满足 $|\mu-\mu_0| \geqslant \delta > 0$ 的 μ 处的函数值 $\beta(\mu) \leqslant \beta$, 则需解超越方程

$$\beta = \Phi(z_{\alpha/2} - \sqrt{n}\delta/\sigma) + \Phi(z_{\alpha/2} + \sqrt{n}\delta/\sigma) - 1$$

才能确定 n. 通常, 因 n 较大, 故总可以认为 $z_{\alpha/2} + \sqrt{n}\delta/\sigma \geqslant 4$, 于是 $\Phi(z_{\alpha/2}+\sqrt{n}\delta/\sigma) \approx 1$, 故近似地有

$$\beta \approx \Phi(z_{\alpha/2} - \sqrt{n}\delta/\sigma).$$

图 8-6

由此知只要样本容量 n 满足

$$z_{\alpha/2} - \sqrt{n}\delta/\sigma \leqslant -z_\beta,$$

即只要 n 满足

$$\sqrt{n} \geqslant (z_{\alpha/2} + z_\beta)\frac{\sigma}{\delta}, \quad (8.26)$$

就能使当 $\mu \in H_1$ 且 $|\mu-\mu_0| \geqslant \delta$ ($\delta > 0$, 为取定的值) 时, 犯第 II 类错误的概率不超过给定的值 β.

例 8.11 (工业产品质量抽验方案) 设有一大批产品, 产品质量指标 $X \sim N(\mu, \sigma^2)$. 以 μ 小者为佳, 厂方要求所确定的验收方案对高质量的产品 ($\mu \leqslant \mu_0$) 能以高概率 $1-\alpha$ 为买方所接受. 买方则要求低质产品 ($\mu \geqslant \mu_0+\delta, \delta>0$) 能以高概率 $1-\beta$ 被拒绝. α, β 由厂方与买方协商给出, 并采取一次抽样以确定该批产品是否为买方所接受. 问应怎样安排抽样方案? 已知 $\mu_0 = 120, \delta = 20$, 且由工厂长期经验知 $\sigma^2 = 900$. 又经商定 α, β 均取为 0.05.

解 检验问题可表达为

$$H_0: \mu \leqslant \mu_0, \; H_1: \mu > \mu_0, \quad (8.27)$$

且要求当 $\mu \geqslant \mu_0 + \delta$ 时能以 $1-\beta = 0.95$ 的概率拒绝 H_0. 由 Z 检验, 拒绝域为

$$\frac{\overline{x}-\mu_0}{\sigma/\sqrt{n}} \geqslant z_\alpha,$$

故 OC 函数为

$$\beta(\mu) = P_\mu \left\{ \frac{\overline{X} - \mu_0}{\sigma/\sqrt{n}} < z_\alpha \right\} = P_\mu \left\{ \frac{\overline{X} - \mu}{\sigma/\sqrt{n}} < z_\alpha - \frac{\mu - \mu_0}{\sigma/\sqrt{n}} \right\}$$

$$= \Phi\left(z_\alpha - \frac{\mu - \mu_0}{\sigma/\sqrt{n}}\right). \tag{8.28}$$

现要求当 $\mu \geqslant \mu_0 + \delta$ 时 $\beta(\mu) \leqslant \beta$, 因 $\beta(\mu)$ 是 μ 的递减函数, 故只需 $\beta(\mu_0 + \delta) = \beta$ 即可. 此时由式(8.28) 可得

$$\sqrt{n} \geqslant \frac{(z_\alpha + z_\beta)\sigma}{\delta}.$$

按给定的数据算得 $n \geqslant 24.35$, 故取 $n = 25$. 且当 $\bar{x}$ 满足 $\dfrac{\bar{x} - \mu_0}{\sigma/\sqrt{n}} \geqslant z_\alpha = z_{0.05} = 1.645$ 时, 即当 $\bar{x} \geqslant 129.87$ 时, 买方就拒绝这批产品; 而当 $\bar{x} < 129.87$ 时, 买方接受这批产品.

2. t 检验法的 OC 函数

右边检验问题 $H_0 : \mu \leqslant \mu_0$, $H_1 : \mu > \mu_0$ 的 t 检验法的 OC 函数是

$$\beta(\mu) = P_\mu(\text{接受 } H_0) = P_\mu \left\{ \frac{\overline{X} - \mu_0}{S/\sqrt{n}} < t_\alpha(n-1) \right\}, \tag{8.29}$$

其中, 变量

$$\frac{\overline{X} - \mu_0}{S/\sqrt{n}} = \left(\frac{\overline{X} - \mu}{\sigma/\sqrt{n}} + \lambda \right) \Big/ \left(\frac{S}{\sigma} \right), \quad \lambda = \frac{\mu - \mu_0}{\sigma/\sqrt{n}}. \tag{8.30}$$

称变量 $\dfrac{\overline{X} - \mu_0}{S/\sqrt{n}}$ 服从非中心参数为 λ、自由度为 $n-1$ 的**非中心 t 分布**. 在 $\lambda = 0$ 时, 它是通常的 $t(n-1)$ 变量.

若给定 α, β 以及 $\delta > 0$, 则可从本书末附表 7 查得所需容量 n, 使得当 $\mu \in H_1$ 且 $\dfrac{\mu - \mu_0}{\sigma} \geqslant \delta$ 时犯第 II 类错误的概率不超过 β.

若给定 α, β 以及 $\delta > 0$, 对于左边检验问题 $H_0 : \mu \geqslant \mu_0$, $H_1 : \mu < \mu_0$ 的 t 检验法, 也可从附表 7 查得所需容量 n, 使得当 $\mu \in H_1$ 且 $\dfrac{\mu - \mu_0}{\sigma} \leqslant -\delta$ 时犯第 II 类错误的概率不超过 β. 对于双边检验问题 $H_0 : \mu = \mu_0$, $H_1 : \mu \neq \mu_0$ 的 t 检验法也可从附表 7 查得所需容量 n, 使得当 $\mu \in H_1$ 且 $\dfrac{|\mu - \mu_0|}{\sigma} \geqslant \delta$ 时犯第 II 类错误的概率不超过 β.

例 8.12 考虑在显著性水平 $\alpha = 0.05$ 下进行 t 检验

$$H_0 : \mu = 68, \quad H_1 : \mu > 68.$$

(1) 要求在 H_1 中 $\mu \geqslant \mu_1 = 68 + \sigma$ 时犯第 II 类错误的概率不超过 $\beta = 0.05$, 求所需的样本容量.

(2) 若样本容量为 $n = 30$, 问在 H_1 中 $\mu = \mu_1 = 68 + 0.75\sigma$ 时犯第 II 类错误的概率是多少?

解 (1) 此处 $\alpha = \beta = 0.05$, $\mu_0 = 68$, $\delta = \dfrac{\mu_1 - \mu_0}{\sigma} = \dfrac{(68 + \sigma) - 68}{\sigma} = 1$, 查附表 7

得 $n = 13$.

(2) 现在 $\alpha = 0.05$, $n = 30$, $\delta = \dfrac{\mu_1 - \mu_0}{\sigma} = \dfrac{(68 + 0.75\sigma) - 68}{\sigma} = 0.75$, 查附表 7 得 $\beta = 0.01$.

例 8.13 考虑在显著性水平 $\alpha = 0.05$ 下进行 t 检验 $H_0: \mu = 14$, $H_1: \mu \neq 14$, 要求在 H_1 中 $\dfrac{|\mu - 14|}{\sigma} \geqslant 0.4$ 时犯第 II 类错误的概率不超过 $\beta = 0.1$, 求所需样本容量.

解 此处 $\alpha = 0.05$, $\beta = 0.1$, $\delta = 0.4$, 查附表 7 得 $n = 68$.

在实际问题中,有时只给出 α, β 及 $|\mu_1 - \mu_0|$ 的值,而需要确定所需的样本容量 n. 这时由于 σ 未知,不能确定 $\delta = |\mu_1 - \mu_0|/\sigma$ 的值,因而不能直接查表以确定样本容量. 此时可采用下述近似方法. 先适当取一值 n_1,抽取容量为 n_1 的样本,根据这一样本计算 s^2 的值,以 s^2 作为 σ^2 的估计,算出 δ 的近似值. 由 α, β, δ 的值查附表 7 定出样本的容量,记为 n_2,若 $n_1 \geqslant n_2$,则取 n_1 作为所求的容量,即取 $n = n_1$. 否则再抽 $n_2 - n_1$ 个独立观察值与原来抽得的观察值合并,重新计算 δ 的近似值. 然后用 δ 的新近似值和 α, β 查附表 7,再次定出样本容量,记为 n_3. 若 $n_2 \geqslant n_3$,则取 $n = n_2$,否则再按上法重复进行. 一般只需试少数几次就可得到所求的样本容量 n.

下面考虑两个正态总体均值差的 t 检验.

若两个正态总体 $N(\mu_1, \sigma_1^2)$, $N(\mu_2, \sigma_2^2)$ 中 $\sigma_1^2 = \sigma_2^2 = \sigma^2$, 而 σ^2 未知. 在均值差 $\mu_1 - \mu_2$ 的检验问题 $H_0: \mu_1 - \mu_2 = 0$, $H_1: \mu_1 - \mu_2 \neq 0$ (或 $H_0: \mu_1 - \mu_2 \leqslant 0$, $H_1: \mu_1 - \mu_2 > 0$, 或 $H_0: \mu_1 - \mu_2 \geqslant 0$, $H_1: \mu_1 - \mu_2 < 0$) 的 t 检验法中,当分别自两个总体取得的相互独立的样本其容量 $n_1 = n_2 = n$ 时,给定 α, β 以及 $\delta = |\mu_1 - \mu_2|/\sigma$ 的值后可以查附表 8 得到所需样本容量,使当 $|\mu_1 - \mu_2|/\sigma \geqslant \delta$ 时犯第 II 类错误的概率小于或等于 β. 当仅给出 α, β 以及 $|\mu_1 - \mu_2|$ 的值时,可按类似于上面所说的方法处理.

例 8.14 需要比较两种汽车用的燃料的辛烷值,得数据如下:

燃料 A	81	84	79	76	82	83	84	80	79	82	81	79
燃料 B	76	74	78	79	80	79	82	76	81	79	82	78

燃料的辛烷值越高,燃料的质量越好. 因燃料 B 较燃料 A 价格便宜,因此若两者辛烷值相同时,则使用燃料 B;但若含量的均值差 $\mu_A - \mu_B \geqslant 5$,则使用燃料 A. 设两总体的分布均可认为是正态的,而两个样本相互独立. 问应采用哪种燃料 (取 $\alpha = 0.01$, $\beta = 0.01$)?

解 按题意需要在显著性水平 $\alpha = 0.01$ 下检验假设

$$H_0: \mu_A - \mu_B \leqslant 0, \quad H_1: \mu_A - \mu_B > 0,$$

并要求在 $\mu_A - \mu_B \geqslant 5$ 时,犯第 II 类错误的概率不超过 $\beta = 0.01$.

所取的样本容量为 $n_A = n_B = 12$,且有 $\bar{x}_A = 80.83$, $\bar{x}_B = 78.67$, $s_A^2 = 5.61$, $s_B^2 = 6.06$. 经显著性水平为 0.1 的 F 检验知,可认为两总体的方差相等,即有 $\sigma_A^2 = \sigma_B^2$,记为 σ^2. 因 $n_A = n_B$,取 $\hat{\sigma}^2 = (s_A^2 + s_B^2)/2 = 5.835$ 作为 σ^2 的点估计,取 $\hat{\sigma} = \sqrt{\hat{\sigma}^2}$,于是 $\delta = 5/\hat{\sigma} = 2.07$. 查表,当 $\alpha = 0.01$, $\beta = 0.01$, $\delta = 2.07$ 时, $n \geqslant 8$. 现 $n = 12$,故已近似地满足要求. 而右边检验的拒绝域为

$$t = \frac{\bar{x}_A - \bar{x}_B}{s_w \sqrt{1/n_A + 1/n_B}} \geqslant t_{0.01}(n_A + n_B - 2) = 2.5083,$$

由样本观察值算得 $t = 2.19 < 2.5083$,故接受 H_0,即采用燃料 B.

第六节 分布拟合检验

上面介绍的各种检验法都是在总体分布形式为已知的前提下进行讨论的,但在实际问题中,有时不能知道总体服从什么类型的分布,这时就需要根据样本来检验关于分布的假设.本节介绍χ^2拟合检验法,它可以用来检验总体是否具有某一个指定的分布或属于某一个分布族,还介绍专用于检验分布是否为正态的"偏度、峰度检验法".

一、单个分布的χ^2拟合检验

设总体 X 的分布未知,$x_1, x_2, \cdots, x_n$ 是来自 X 的样本值.来检验假设

$$\begin{aligned} H_0 &: 总体 X 的分布函数为 F(x), \\ H_1 &: 总体 X 的分布函数不是 F(x), \end{aligned} \tag{8.31}$$

其中,设 $F(x)$ 不含未知参数[也常以分布律或概率密度代替 $F(x)$].

下面来定义检验统计量. 将 H_0 下 X 可能取值的全体 Ω 分成互不相交的子集 $A_1, A_2, \cdots, A_k$,以 $f_i (i = 1, 2, \cdots, k)$ 记样本观察值 $x_1, x_2, \cdots, x_n$ 中落在 A_i 的个数,这表示事件 $A_i = \{X$ 的值落在子集 A_i 内$\}$ 在 n 次独立试验中发生 f_i 次,于是在这 n 次试验中,事件 A_i 发生的频率为 f_i/n. 另一方面,当 H_0 为真时,可以根据 H_0 中所假设的 X 的分布函数来计算事件 A_i 的概率,得到 $p_i = P(A_i), i = 1, 2, \cdots, k$. 频率 f_i/n 与概率 p_i 会有差异,但一般来说,当 H_0 为真且试验次数又甚多时,这种差异不应太大,因此 $\left(\dfrac{f_i}{n} - p_i\right)^2$ 不应太大. 采用形如

$$\sum_{i=1}^{k} C_i \left(\frac{f_i}{n} - p_i\right)^2 \tag{8.32}$$

的统计量来度量样本与 H_0 中所假设的分布的吻合程度,其中 $C_i (i = 1, 2, \cdots, k)$ 为给定的常数. 皮尔逊证明,如果选取 $C_i = n/p_i, i = 1, 2, \cdots, k$[这里在每一项前乘以 C_i,是为了能够适当选择 C_i,使得统计量式(8.32)有一个理想的极限分布],则由式(8.32)定义的统计量具有下述定理中所述的简单性质. 于是就采用

$$\chi^2 = \sum_{i=1}^{k} \frac{n}{p_i} \left(\frac{f_i}{n} - p_i\right)^2 = \sum_{i=1}^{k} \frac{f_i^2}{np_i} - n \tag{8.33}$$

作为检验统计量.

定理 8.1 若 n 充分大 ($n \geqslant 50$),则当 H_0 为真时,统计量式(8.33)近似服从 $\chi^2(k-1)$ 分布(证略).

据以上的讨论,当 H_0 为真时,式(8.33)中 χ^2 不应太大,如 χ^2 过分大就拒绝 H_0,拒绝域的形式为

$$\chi^2 \geqslant G \ (G\ \text{为正常数}).$$

对于给定的显著性水平 α,确定 G 使

$$P\{\text{当}\ H_0\ \text{为真时拒绝}\ H_0\} = P_{H_0}\{\chi^2 \geqslant G\} = \alpha,$$

由上述定理得 $G = \chi_\alpha^2(k-1)$,即当样本观察值使式(8.33)中的 χ^2 的值有

$$\chi^2 \geqslant \chi_\alpha^2(k-1).$$

则在显著性水平 α 下拒绝 H_0;否则就接受 H_0. 这就是单个分布的 χ^2 **拟合检验法**.

χ^2 拟合检验法是基于上述定理得到的,所以使用时必须注意 n 不能小于 50. 另外 np_i 不能太小,应有 $np_i \geqslant 5$,否则应适当合并 A_i,以满足这个要求(见例 8.15).

例 8.15 某一地区在夏季的一个月中由 100 个气象站报告的雷暴雨的次数如下:

i	0	1	2	3	4	5	$\geqslant 6$
f_i	22	37	20	13	6	2	0
A_i	A_0	A_1	A_2	A_3	A_4	A_5	A_6

其中,f_i 是报告雷暴雨次数为 i 的气象站数. 试用 χ^2 拟合检验法检验雷暴雨的次数 X 是否服从均值 $\lambda = 1$ 的泊松分布(取显著性水平 $\alpha = 0.05$).

解 按题意需检验假设

$$H_0: P\{X = i\} = \frac{\lambda^i \mathrm{e}^{-\lambda}}{i!} = \frac{\mathrm{e}^{-1}}{i!},\ i = 0, 1, \cdots.$$

在 H_0 下 X 所有可能取的值为 $\Omega = \{0, 1, 2, \cdots\}$,将 Ω 分成上述两两不相交的子集 A_0,A_1,$\cdots$,A_6,则有 $P\{X = i\}$ 为

$$p_i = P\{X = i\} = \frac{\mathrm{e}^{-1}}{i!},\ i = 0, 1, \cdots, 5.$$

例如

$$p_0 = P\{X = 0\} = \mathrm{e}^{-1},$$

$$p_3 = P\{X = 3\} = \frac{\mathrm{e}^{-1}}{e!} = 0.061\,31,$$

$$p_6 = P\{X \geqslant 6\} = 1 - \sum_{i=0}^{5} p_i = 0.000\,59,$$

表 8-2

A_i	f_i	p_i	np_i	$f_i^2 (np_i)$
$A_0: \{X = 0\}$	22	e^{-1}	36.788	13.16
$A_1: \{X = 1\}$	37	e^{-1}	36.788	37.21

（续表）

A_i	f_i	p_i	np_i	$f_i^2/(np_i)$
$A_2:\{X=2\}$	20	$e^{-1}/2$	18.394	21.75
$A_3:\{X=3\}$	13	$e^{-1}/6$	6.131 ⎫	
$A_4:\{X=4\}$	6	$e^{-1}/24$	1.533 ⎬ 8.03	54.92
$A_5:\{X=5\}$	2	$e^{-1}/120$	0.307 ⎪	
$A_6:\{X\geqslant 6\}$	0	$1-\sum_{i=0}^{5}p_i$	0.059 ⎭	
				$\sum = 127.04$

计算结果见表 8-2，其中有些 $np_i<5$ 的组予以适当合并，使得每组均有 $np_i\geqslant 5$，如表中第四列大括号所示. 并组后 $k=4$，χ^2 的自由度为 $k-1=4-1=3$，$\chi^2_{0.05}(k-1)=\chi^2_{0.05}(3)=7.815$. 现在 $\chi^2=127.04-100=27.04>7.815$，故在显著性水平 0.05 下拒绝 H_0，认为样本不是来自均值 $\lambda=1$ 的泊松分布.

例 8.16 在研究牛的毛色与牛角的有无这样两对性状分离现象时，用黑色无角牛与红色有角杂交，子二代出现黑色无角牛 192 头、黑色有角牛 78 头、红色无角牛 72 头、红色有角牛 18 头，共 360 头. 问这两对性状是否符合孟德尔遗传规律中 9：3：3：1 的遗传比例？

解 现将题中的数据整理如下：

序号	1	2	3	4
种类	黑色无角	黑色有角	红色无角	红色有角
数量	192	78	72	18
A_i	A_1	A_2	A_3	A_4

以 X 记各种牛的序号，按题意需检验各类牛的头数符合比例 9：3：3：1，即 (9/16)：(3/16)：(3/16)：(1/16). 需检验假设：$H_0:X$ 的分布律为

X	1	2	3	4
p_k	9/16	3/16	3/16	1/16

取显著性水平为 0.1. 所需计算列在表 8-3 中 ($n=360$).

表 8-3

A_i	f_i	p_i	np_i	$f_i^2/(np_i)$
A_1	192	9/16	$360\times 9/16=202.5$	$192^2/202.5=182.04$
A_2	78	3/16	$360\times 3/16=67.5$	$78^2/67.5=90.13$
A_3	72	3/16	$360\times 3/16=67.5$	$72^2/67.5=76.8$

(续表)

A_i	f_i	p_i	np_i	$f_i^2(np_i)$
A_4	18	1/16	$360 \times 1/16 = 22.5$	$18^2/22.5 = 14.4$
				$\sum = 363.37$

现在 $\chi^2 = 363.37 - 360 = 3.37$, $k=4$, $\chi^2_{0.1}(4-1) = 6.251 > 3.37$, 故接受 H_0, 认为两性状符合孟德尔遗传规律中 9∶3∶3∶1 的遗传比例.

二、分布族的 χ^2 拟合检验

在上文中要检验的假设是 H_0：总体 X 的分布函数是 $F(x)$, 其中 $F(x)$ 是已知的, 这种情况是不多的. 经常遇到的所需检验的原假设是

$$H_0: 总体 X 的分布函数是 F(x; \theta_1, \theta_2, \cdots, \theta_r), \tag{8.34}$$

其中, F 的形式已知, 而 $\boldsymbol{\theta} = (\theta_1, \theta_2, \cdots, \theta_r)$ 是未知参数, 它们在某一个范围取值. 在 $F(x; \theta_1, \theta_2, \cdots, \theta_r)$ 中当参数 $\theta_1, \theta_2, \cdots, \theta_r$ 取不同的值时, 就得到不同的分布, 因而 $F(x; \theta_1, \theta_2, \cdots, \theta_r)$ 代表一族分布. 式(8.34)中的 H_0 表示总体 X 的分布属于分布族 $F(x; \theta_1, \theta_2, \cdots, \theta_r)$, 采用类似上文中的方法来定义检验统计量, 将在 H_0 下 X 可能取值的全体 Ω 分成 $k(k > r+1)$ 个互不相交的子集 $A_1, A_2, \cdots, A_k$, 以 $f_i(i=1,2,\cdots,k)$ 记样本观察值 $x_1, x_2, \cdots, x_n$ 落在 A_i 的个数, 则事件 $A_i = \{X$ 的值落在 A_i 内$\}$ 的频率为 f_i/n. 另一方面, 当 H_0 为真时, 由 H_0 所假设的分布函数来计算 $P(A_i)$, 得到 $P(A_i) = p_i(\theta_1, \theta_2, \cdots, \theta_r) = p_i(\boldsymbol{\theta}) = p_i$. 此时需先利用样本求出未知参数的最大似然估计(在 H_0 下), 以估计值作为参数值, 求出 p_i 的估计值 $\hat{p}_i = \hat{P}(A_i)$, 在式(8.33)中以 $\hat{p}_i$ 代替 p_i, 取

$$\chi^2 = \sum_{i=1}^{k} \frac{f_i^2}{n\hat{p}_i} - n \tag{8.35}$$

作为检验假设 H_0 的统计量. 可以证明, 在某些条件下, 在 H_0 为真时近似地有

$$\chi^2 = \sum_{i=1}^{k} \frac{f_i^2}{n\hat{p}_i} - n \sim \chi^2(k-r-1),$$

与在上文中一样可得假设检验问题式(8.34)的拒绝域为

$$\chi^2 \geqslant \chi^2_\alpha(k-r-1), \tag{8.36}$$

α 为显著性水平. 以上就是用来检验分布族的 χ^2 拟合检验法.

例 8.17 在一试验中, 每隔一定时间观察一次由某种铀所放射的到达计数器上的 α 粒子数 X, 共观察了 100 次, 得结果如下:

i	0	1	2	3	4	5	6	7	8	9	10	11	$\geqslant 12$
f_i	1	5	16	17	26	11	9	9	2	1	2	1	0
A_i	A_0	A_1	A_2	A_3	A_4	A_5	A_6	A_7	A_8	A_9	A_{10}	A_{11}	A_{12}

其中，f_i 是观察到有 i 个 α 粒子的次数. 从理论上考虑知 X 应服从泊松分布

$$P\{X=i\}=\frac{\lambda^i \mathrm{e}^{-\lambda}}{i!}, \quad i=0,1,2,\cdots. \tag{8.37}$$

问式(8.37)是否符合实际（取 $\alpha=0.05$）？

即在显著性水平 0.05 下检验假设

$$H_0: 总体 X 服从泊松分布,$$
$$P\{X=i\}=\frac{\lambda^i \mathrm{e}^{-\lambda}}{i!}, \quad i=0,1,2,\cdots.$$

解 因在 H_0 中参数 λ 未具体给出，所以先估计 λ. 由最大似然估计法得 $\hat{\lambda}=\bar{x}=4.2$. 在 H_0 假设下，即在 X 服从泊松分布的假设下，X 所有可能取的值为 $\Omega=\{0,1,2,\cdots\}$，将 Ω 分成两两不相交的子集 $A_0, A_1, \cdots, A_{12}$，则 $P\{X=i\}$ 有估计

$$\hat{p}_i = \hat{P}\{X=i\} = \frac{4.2^i \mathrm{e}^{-4.2}}{i!}, \quad i=0,1,2,\cdots.$$

例如

$$\hat{p}_0 = \hat{P}\{X=0\} = \mathrm{e}^{-4.2} = 0.015,$$
$$\hat{p}_3 = \hat{P}\{X=3\} = \frac{4.2^3 \mathrm{e}^{-4.2}}{3!} = 0.185,$$
$$\hat{p}_{12} = \hat{P}\{X \geqslant 12\} = 1 - \sum_{i=0}^{11} \hat{p}_i = 0.002.$$

表 8-4

A_i	f_i	$\hat{p}_i$	$n\hat{p}_i$	$f_i^2/n\hat{p}_i$
A_0	1	0.015	1.5	4.615
A_1	5	0.063	6.3	19.394
A_2	16	0.132	13.2	19.394
A_3	17	0.185	18.5	15.622
A_4	26	0.194	19.4	34.845
A_5	11	0.163	16.3	7.423
A_6	9	0.114	11.4	7.105
A_7	9	0.069	6.9	11.739
A_8	2	0.036	3.6	
A_9	1	0.017	1.7	
A_{10}	2	0.007	0.7	5.538
A_{11}	1	0.003	0.3	
A_{12}	0	0.002	0.2	

计算结果见表 8-4,其中有些 $n\hat{p}_i < 5$ 的组予以适当合并,使得每组均有 $n\hat{p}_i \geqslant 5$,如表中第四列花括号所示. 此处并组后 $k = 8$,但因在计算概率时,估计了一个参数 λ,故 $r = 1$,χ^2 的自由度为 $8 - 1 - 1 = 6$,$\chi^2_{0.05}(k - r - 1) = \chi^2_{0.05}(6) = 12.592$. 现在 $\chi^2 = 106.281 - 100 = 6.281 < 12.592$,故在显著性水平 0.05 下接受 H_0,即认为样本来自泊松分布总体. 也就是说认为理论上的结论是符合实际的.

注 本例答案是:"接受 H_0,认为总体 X 的分布属于泊松分布族,即认为 $X \sim \pi(\lambda)$",亦即"认为必有某一个参数 λ_0,$X \sim \pi(\lambda_0)$",而不能将答案误写成"X 服从以 $\lambda = 4.2$ 为参数的泊松分布".

三、偏度、峰度检验

根据第五章关于中心极限定理的论述知道,正态分布随机变量是较广泛地存在的,因此当研究一连续型总体时,人们往往先考察它是否服从正态分布. 上面介绍的 χ^2 拟合检验法虽然是检验总体分布的较一般的方法,但用它来检验总体的正态性时,犯第 II 类错误的概率往往较大. 为此,统计学家们对检验正态总体的种种方法进行了比较,根据奥野忠一等人在 20 世纪 70 年代进行的大量模拟计算的结果,认为正态性检验方法中,总的来说,以"偏度、峰度检验法"及"夏皮罗-威尔克法"较为有效. 在这里仅介绍偏度、峰度检验法.

随机变量 X 的偏度和峰度指的是 X 的标准化变量 $[X - E(X)]/\sqrt{D(X)}$ 的三阶矩和四阶矩:

$$v_1 = E\left[\left(\frac{X - E(X)}{\sqrt{D(x)}}\right)^3\right] = \frac{E[(X - E(X))^3]}{(D(x))^{3/2}},$$

$$v_2 = E\left[\left(\frac{X - E(X)}{\sqrt{D(x)}}\right)^4\right] = \frac{E[(X - E(X))^4]}{(D(x))^2}.$$

当随机变量 X 服从正态分布时,$v_1 = 0$ 且 $v_2 = 3$.

设 $X_1, X_2, \cdots, X_n$ 是来自总体 X 的样本,则 v_1, v_2 的矩估计量分别是

$$G_1 = B_3/B_2^{3/2}, \quad G_2 = B_4/B_2^2,$$

其中,$B_k = (k = 2, 3, 4)$ 是样本 k 阶中心矩,并分别称 G_1, G_2 为样本**偏度**和样本**峰度**.

若总体 X 为正态变量,则可证当 n 充分大时,近似地有

$$G_1 \sim N\left(0, \frac{6(n-2)}{(n+1)(n+3)}\right), \tag{8.38}$$

$$G_2 \sim N\left(3 - \frac{6}{n+1}, \frac{24n(n-2)(n-3)}{(n+1)^2(n+3)(n+5)}\right). \tag{8.39}$$

设 $X_1, X_2, \cdots, X_n$ 是来自总体 X 的样本,现在来检验假设

$$H_0: X \text{ 为正态总体}.$$

记

$$\sigma_1 = \sqrt{\frac{6(n-2)}{(n+1)(n+3)}}, \quad \sigma_2 = \sqrt{\frac{24n(n-2)(n-3)}{(n+1)^2(n+3)(n+5)}}.$$

$\mu_2 = 3 - \frac{6}{n+1}$,$U_1 = G_1/\sigma_1$,$U_2 = (G_2 - \mu_2)/\sigma_2$. 当 H_0 为真且 n 充分大时,近似地有

$$U_1 \sim N(0,1), U_2 \sim N(0,1).$$

由第六章第三节知样本偏度 G_1、样本峰度 G_2 分别依概率收敛于总体偏度 v_1 和总体峰度 v_2，因此当 H_0 为真且 n 充分大时，一般来说，G_1 与 $v_1=0$ 的偏离不应太大，而 G_2 与 $v_2=3$ 的偏离不应太大. 故从直观来看，当 $|U_1|$ 的观察值 $|u_1|$ 或 $|U_2|$ 的观察值 $|u_2|$ 过大时就拒绝 H_0. 取显著性水平为 α，H_0 的拒绝域为

$$|u_1| \geqslant k_1 \text{ 或 } |u_2| \geqslant k_2 \tag{8.40}$$

其中，k_1，k_2 由以下两式确定：

$$P_{H_0}\{|U_1| \geqslant k_1\} = \frac{\alpha}{2}, \quad P_{H_0}\{|U_2| \geqslant k_2\} = \frac{\alpha}{2}.$$

这里记号 $P_{H_0}\{\cdot\}$ 表示当 H_0 为真时事件 $\{\cdot\}$ 的概率，即有 $k_1 = z_{\alpha/4}$，$k_2 = z_{\alpha/4}$，于是得拒绝域为

$$|u_1| \geqslant z_{\alpha/4} \text{ 或 } |u_2| \geqslant z_{\alpha/4} \tag{8.41}$$

下面来验证当 n 充分大时上述检验法近似地满足显著性水平为 α 的要求. 事实上，当 n 充分大时，有

$$P\{\text{当 } H_0 \text{ 为真时拒绝 } H_0\} = P_{H_0}\{|U_1| \geqslant z_{\alpha/4}\} \cup (|U_2| \geqslant z_{\alpha/4})\}$$
$$\leqslant P_{H_0}\{|U_1| \geqslant z_{\alpha/4}\} + P_{H_0}\{|U_2| \geqslant z_{\alpha/4}\}$$
$$= \frac{\alpha}{2} + \frac{\alpha}{2} = \alpha.$$

例 8.18 试用偏度、峰度检验法检验下面的数据是否来自正态总体（取 $\alpha = 0.1$）：

141	148	132	138	154	142	150	146	155	158
150	140	147	148	144	150	149	145	149	158
143	141	144	144	126	140	144	142	141	140
145	135	147	146	141	136	140	146	142	137
148	154	137	139	143	140	141	131	143	149
148	135	148	152	143	144	141	143	147	146
150	132	142	142	143	153	149	146	149	138
142	149	142	137	134	144	146	147	140	142
140	137	152	145						

解 现在来检验假设

$$H_0: \text{数据来自正态总体}.$$

这里 $\alpha = 0.1$，$n = 84$，

$$\sigma_1 = \sqrt{\frac{6(n-2)}{(n+1)(n+3)}} = 0.2579,$$

$$\sigma_2 = \sqrt{\frac{24n(n-2)(n-3)}{(n+1)^2(n+3)(n+5)}} = 0.4892,$$

$\mu_2 = 3 - \dfrac{6}{n+1} = 2.9294$. 下面来计算样本中心矩 B_2，B_3，B_4，计算时可利用以下关系式：

$$B_2 = A_2 - A_1^2,$$
$$B_3 = A_3 - 3A_2A_1 + 2A_1^3,$$
$$B_4 = A_4 - 4A_3A_1 + 6A_2A_1^2 - 3A_1^4,$$

其中,$A_k = \dfrac{1}{n}\sum_{i=1}^{n}X_i^k (k=1,2,3,4)$ 为 k 阶样本矩. 经计算得 $A_k(k=1,2,3,4)$,$B_k(k=2,3,4)$ 的观察值分别为

$$A_1 = 143.7738, A_2 = 20706.13, A_3 = 2987099, A_4 = 4.316426 \times 10^8,$$
$$B_2 = 35.2246, B_3 = -28.5, B_4 = 3840.$$

样本偏度和样本峰度的观察值分别为

$$G_1 = -0.1363, G_2 = 3.0948,$$

而 $z_{\alpha/4} = z_{0.025} = 1.96$. 由式(8.41),拒绝域为

$$|u_1| = |G_1/\sigma_1| \geqslant 1.96 \text{ 或 } |u_2| = |G_2 - \mu_2|/\sigma_2 \geqslant 1.96,$$

现算得 $|u_1| = 0.5285 < 1.96$,$|u_2| = 0.3381 < 1.96$,故接受 H_0,认为数据来自正态分布的总体.

上述检验法称为**偏度、峰度检验法**. 使用这一检验法时样本容量以大于 100 为宜.

本章小结

一、本章主要内容与重点

本章主要内容有假设检验的基本思想、假设检验的步骤、假设检验可能产生的两类错误及犯错误的概率、单个正态总体的均值和方差的假设检验、两个正态总体的均值和方差的假设检验.

重点 单个正态总体的均值和方差的假设检验、两个正态总体的均值和方差的假设检验.

二、学习指导

(1) 有关总体分布的未知参数或未知分布形式的种种论断叫统计假设,人们要根据样本所提供的信息对所考虑的假设做出接受或拒绝的决策.假设检验就是做出这一决策的过程.

(2) 一般来说,人们总是对原假设 H_0 做出接受或拒绝的决策.由于做出判断原假设 H_0 是否为真的依据是一个样本,鉴于样本的随机性,当 H_0 为真时,检验统计量的观察值也会落入拒绝域,致使做出拒绝 H_0 的错误决策;而当 H_0 为不真时,检验统计量的观察值也会落入拒绝域,致使做出接受 H_0 的错误决策.假设检验可能犯的两类错误见下表:

真实情况(未知)	所做决策	
	接受 H_0	拒绝 H_0
H_0 为真	正确	犯第Ⅰ类错误
H_0 不真	犯第Ⅱ类错误	正确

(3) 使用"接受假设"或"拒绝假设"这样的术语. 接受一个假设并不意味着确信它是真的,它只意味着决定采取某种行动(例如 A);拒绝一个假设也不意味着它是假的,这也仅是做出采取另一种不同的行动(例如 B). 不论哪一种情况,都存在做出错误选择的可能性.

(4) 当样本容量 n 固定时,减小犯第 I 类错误的概率,就会增大犯第 II 类错误的概率,反之亦然. 一般的做法是控制犯第 I 类错误的概率,使

$$P\{当 H_0 为真时拒绝 H_0\} \leqslant \alpha,$$

其中 $0 < \alpha < 1$ 是给定的很小的数. α 称为检验的显著性水平. 这种只对犯第 I 类错误的概率加以控制而不考虑犯第 II 类错误的概率的检验称为显著性检验.

(5) 在进行显著性检验时,犯第 I 类错误的概率是由人工控制的. α 取得小,则概率 $P\{当 H_0 为真时拒绝 H_0\}$ 就小,这保证了当 H_0 为真时错误地拒绝 H_0 的可能性很小. 这意味着 H_0 是受到保护的,也表明 H_0,H_1 的地位是不对等的. 于是在一对对立假设中,选哪一个作为 H_0 需要小心. 注意:拒绝域的形式是由 H_1 确定的.

(6) 知道了置信区间就能容易判明是否接受原假设;反之,知道了检验的接受域就得到了相应的置信区间.

习题八

1. 某批矿砂的 5 个样品中的镍含量(单位:%)经测定如下所示:

$$3.25, 3.27, 3.24, 3.26, 3.24.$$

设测定值总体服从正态分布,但参数均未知. 问在 $\alpha = 0.01$ 下能否接受假设:这批矿砂的镍含量的均值为 3.25?

2. 如果一个矩形的宽度 w 与长度 l 的比 $w/l = \frac{1}{2}(\sqrt{5} - 1) \approx 0.618$,这样的矩形称为黄金矩形. 这种尺寸的矩形使人们看上去有良好的感觉. 现代的建筑构件(如窗架)、工艺品(如图片镜框),甚至司机的执照、商业的信用卡等常常都是采用黄金矩形. 下面列出某工艺品厂随机取的 20 个矩形的宽度与长度的比值:

0.693, 0.749, 0.654, 0.670, 0.662, 0.672, 0.615, 0.606, 0.690, 0.628,
0.668, 0.611, 0.606, 0.609, 0.601, 0.553, 0.570, 0.844, 0.576, 0.933.

设这一工厂生产的矩形的宽度与长度的比值总体服从正态分布,其均值为 μ,方差为 σ^2,μ,σ^2 均未知. 试检验假设(取 $\alpha = 0.05$)

$$H_0: \mu = 0.618, \quad H_1: \mu \neq 0.618.$$

3. 要求一种元件平均使用寿命不得低于 1 000 h,生产者从一批这种元件中随机抽取 25 件,测得其寿命的平均值为 950 h. 已知该种元件寿命服从标准差为 $\sigma = 100$ h 的正态分布,试在显著性水平 $\alpha = 0.05$ 下判断这批元件是否合格. 设总体均值为 μ,μ 未知,即需检验假设 $H_0: \mu \geqslant 1 000$,$H_1: \mu < 1 000$.

4. 下面列出的是某工厂随机选取的 20 只部件的装配时间(单位:min):

9.8, 10.4, 10.6, 9.6, 9.7, 9.9, 10.9, 11.1, 9.6, 10.2,
10.3, 9.6, 9.9, 11.2, 10.6, 9.8, 10.5, 10.1, 10.5, 9.7.

设装配时间的总体服从正态分布 $N(\mu, \sigma^2)$，μ, σ^2 均未知. 是否可以认为装配时间的均值显著大于 10(取 $\alpha = 0.05$)?

5. 按规定，100 g 罐头番茄中的平均维生素 C 含量不得少于 21 mg/g，现从工厂的产品中抽取 17 个罐头，其 100 g 番茄汁中，测得维生素 C 含量(单位: mg/g)记录如下：

16, 25, 21, 20, 23, 21, 19, 15, 13, 23, 17, 20, 29, 18, 22, 16, 22.

设维生素含量服从正态分布 $N(\mu, \sigma^2)$，μ, σ^2 均未知. 问这批罐头是否符合要求(取显著性水平 $\alpha = 0.05$)?

6. 两位文学家马克·吐温的 8 篇小品文以及斯诺特格拉斯的 10 篇小品文中由 3 个字母组成的单字的比例如下：

马克·吐温	0.225	0.262	0.217	0.240	0.230	0.229	0.235	0.217		
斯诺特格拉斯	0.209	0.205	0.196	0.210	0.202	0.207	0.224	0.223	0.220	0.201

设两组数据分别来自正态总体，且两总体方差相等，但参数均未知. 两样本相互独立. 问两位作家所写的小品文中包含由 3 个字母组成的单词的比例是否有显著的差异(取 $\alpha = 0.05$)?

7. 20 世纪 70 年代后期人们发现，在酿造啤酒时，在麦芽干燥过程中会形成致癌物质亚硝基二甲胺(NDMA). 到了 20 世纪 80 年代初期开发了一种新的麦芽干燥过程. 下面给出分别在新老两种过程中形成的 NDMA 含量(以 10 亿份中的份数计):

老过程	6	4	5	5	6	5	5	6	4	6	7	4
新过程	2	1	2	2	1	0	3	2	1	0	1	3

设两样本分别来自正态总体，且两总体的方差相等，但参数均未知. 两样本独立. 分别以 μ_1, μ_2 记对应于老、新过程的总体的均值，试检验假设 ($\alpha = 0.05$)

$$H_0 : \mu_1 - \mu_2 \leqslant 2, \quad H_1 : \mu_1 - \mu_2 > 2.$$

8. 随机选 8 个人，分别测量他们在早晨起床时和晚上就寝时的身高(单位: cm)，得到以下的数据：

序号	1	2	3	4	5	6	7	8
早上(x_i)	172	168	180	181	160	163	165	177
晚上(y_i)	172	167	177	179	159	161	166	175

设各种数据的差 $D_i = X_i - Y_i$，$i = 1, 2, \cdots, 8$ 是来自正态总体 $N(\mu_D, \sigma_D^2)$ 的样本，μ_D，σ_D^2 均未知. 问是否可以认为早晨的身高比晚上的身高要高(取 $\alpha = 0.05$)?

9. 为了比较用来做鞋子后跟的两种材料的质量，选取了 15 名男子(他们的生活条件各不相同),每人穿一双新鞋,其中一只是以材料 A 做后跟,另一只以材料 B 做后跟,其厚度均为 10 mm. 过了一个月再测量厚度,得到数据如下:

男子	1	2	3	4	5	6	7	8	9	10	11	12	13	14	15
材料 A(x_i)	6.6	7.0	8.3	8.2	5.2	9.3	7.9	8.5	7.8	7.5	6.1	8.9	6.1	9.4	9.1
材料 B(y_i)	7.4	5.4	8.8	8.0	6.8	9.1	6.3	7.5	7.0	6.5	4.4	7.7	4.2	9.4	9.1

设 $D_i = X_i - Y_i$,$i = 1, 2, \cdots, 15$ 是来自正态总体 $N(\mu_D, \sigma_D^2)$ 的样本,μ_D,σ_D^2 均未知. 问是否可以认为以材料 A 制成的后跟比材料 B 的耐穿(取 $\alpha = 0.05$)?

10. 为了试验两种不同的谷物的种子的优劣,选取了 10 块土质不同的土地,并将每块土地分为面积相同的两部分分别种植这两种种子. 设在每块土地的两部分人工管理等条件完全一样. 下面给出各块土地上的单位面积产量:

土地编号 i	1	2	3	4	5	6	7	8	9	10
种子 A(x_i)	23	35	29	42	39	29	37	34	35	28
种子 B(y_i)	26	39	35	40	38	24	36	27	41	27

设 $D_i = X_i - Y_i$,$i = 1, 2, \cdots, 10$ 是来自正态总体 $N(\mu_D, \sigma_D^2)$ 的样本,μ_D,σ_D^2 均未知. 问以这两种种子种植的谷物的产量是否有显著的差异(取 $\alpha = 0.05$)?

11. 一种混杂的小麦品种,株高的标准差为 $\sigma_0 = 14$ cm,经提纯后随机抽取 10 株,它们的株高(以 cm 计)为 90, 105, 101, 95, 100, 100, 101, 105, 93, 97.
考察提纯后群体是否比原群体整齐? 取显著性水平 $\alpha = 0.01$,并设小麦株高服从 $N(\mu, \sigma^2)$.

12. 要求某种导线的电阻的标准差不得超过 0.005 Ω. 今在生产的一批导线中取样品 9 根,测得 $s = 0.007$ Ω,设总体为正态分布,参数均未知. 问在显著性水平 $\alpha = 0.05$ 下能否认为这批导线的标准差显著地偏大?

13. 在第 2 题中记总体的标准差为 σ,试检验假设(取 $\alpha = 0.05$)
$$H_0: \sigma^2 = 0.11^2, \quad H_1: \sigma^2 \neq 0.11^2.$$

14. 测定某种溶液中的水分,它的 10 个测定值给出 $s = 0.037\%$,设测定值总体为正态分布,σ^2 为总体方差,σ^2 未知. 试在显著性水平 $\alpha = 0.05$ 下检验假设
$$H_0: \sigma \geq 0.04\%, \quad H_1: \sigma < 0.04\%.$$

15. 在第 6 题中分别记两个总体的方差为 σ_1^2 和 σ_2^2. 试检验假设(取 $\alpha = 0.05$)
$$H_0: \sigma_1^2 = \sigma_2^2, \quad H_1: \sigma_1^2 \neq \sigma_2^2,$$
以说明在第 6 题中假设 $\sigma_1^2 = \sigma_2^2$ 是合理的.

16. 在第 7 题中分别记两个总体的方差为 σ_1^2 和 σ_2^2. 试检验假设(取 $\alpha = 0.05$)
$$H_0: \sigma_1^2 = \sigma_2^2, \quad H_1: \sigma_1^2 \neq \sigma_2^2,$$
以说明在第 7 题中假设 $\sigma_1^2 = \sigma_2^2$ 是合理的.

17. 两种小麦品种从播种到抽穗所需的天数如下:

x	101	100	99	99	98	100	98	99	99	99
y	100	98	100	99	98	99	98	98	99	100

设两样本依次来自正态总体 $N(\mu_1, \sigma_1^2)$, $N(\mu_2, \sigma_2^2)$, μ_i, σ_i^2 均未知 $(i=1,2)$, 两样本相互独立.

(1) 试检验假设 $H_0: \sigma_1^2 = \sigma_2^2$, $H_1: \sigma_1^2 \neq \sigma_2^2$ (取 $\alpha = 0.05$).

(2) 若接受 H_0, 接着检验假设 $H_0': \mu_1 = \mu_2$, $H_1': \mu_1 \neq \mu_2$ (取 $\alpha = 0.05$).

18. 用一种叫"混乱指标"的尺度去衡量工程师的英语文章的可理解性,对混乱指标的打分越低表示可理解性越高. 分别随机选取 13 篇刊载在工程杂志上的论文, 以及 10 篇未出版的学术报告, 对它们的打分如下:

工程杂志上的论文(数据 I)	未出版的学术报告(数据 II)
1.79　1.75　1.67　1.65	2.39　2.51　2.86
1.87　1.74　1.94	2.56　2.29　2.49
1.62　2.06　1.33	2.36　2.58
1.96　1.69　1.70	2.62　2.41

设数据 I, II 分别来自正态总体 $N(\mu_1, \sigma_1^2)$, $N(\mu_2, \sigma_2^2)$, μ_1, μ_2, σ_1^2, σ_2^2 均未知, 两样本独立.

(1) 试检验假设 $H_0: \sigma_1^2 = \sigma_2^2$, $H_1: \sigma_1^2 \neq \sigma_2^2$ (取 $\alpha = 0.1$).

(2) 若能接受 H_0, 接着检验假设 $H_0': \mu_1 = \mu_2$, $H_1': \mu_1 \neq \mu_2$ (取 $\alpha = 0.1$).

19. 有两台机器生产金属部件. 分别在两台机器所生产的部件中各取一容量 $n_1 = 60$, $n_2 = 40$ 的样本. 测得部件重量(以 kg 计)的样本方差分别为 $s_1^2 = 15.46$, $s_2^2 = 9.66$. 设两样本相互独立. 两总体分别服从 $N(\mu_1, \sigma_1^2)$, $N(\mu_2, \sigma_2^2)$ 分布, μ_i, σ_i^2 均未知 $(i=1,2)$. 试在显著性水平 $\alpha = 0.05$ 下检验假设

$$H_0: \sigma_1^2 \leq \sigma_2^2, \quad H_1: \sigma_1^2 > \sigma_2^2.$$

20. 设需要对某一正态总体的均值进行假设检验

$$H_0: \mu \geq 15, \quad H_1: \mu < 15.$$

已知 $\sigma^2 = 2.5$, 取 $\alpha = 0.05$. 若要求当 H_1 中的 $\mu \leq 13$ 时犯第 II 类错误的概率不超过 $\beta = 0.1$, 求所需的样本容量.

21. 电池在货架上滞留的时间不能太长. 下面给出某商店随机选取的 8 节电池的货架滞留时间(以 d 计):

$$108, 124, 124, 106, 138, 163, 159, 134.$$

设数据来自正态总体 $N(\mu, \sigma^2)$, μ, σ^2 未知.

(1) 试检验假设 $H_0: \mu \leq 125$, $H_1: \mu > 125$ (取 $\alpha = 0.05$).

(2) 若要求在上述 H_1 中 $(\mu - 125)/\sigma \geq 1.4$ 时, 犯第 II 类错误的概率不超过 $\beta = 0.1$, 求所需的样本容量.

22. 一药厂生产一种新的止痛药, 厂方希望验证服用新药后至开始起作用的时间间隔较原有

止痛药至少缩短一半,因此厂方提出需检验假设

$$H_0:\mu_1 \leqslant 2\mu_2, \quad H_1:\mu_1 > 2\mu_2.$$

此处 μ_1,μ_2 分别是服用原有止痛药和服用新止痛药后至起作用的时间间隔的总体的均值. 设两总体均为正态且方差分别为已知值 σ_1^2,σ_2^2, 现分别在两总体中取一样本 $X_1, X_2, \cdots, X_{n_1}$ 和 $Y_1, Y_2, \cdots, Y_{n_2}$, 设两个样本独立. 试给出上述假设 H_0 的拒绝域, 取显著性水平为 α.

23. 检查了一本书的 100 页, 记录各页中印刷错误的个数, 其结果如下:

错误个数 f_i	0	1	2	3	4	5	6	$\geqslant 7$
含 f_i 个错误的页数	36	40	19	2	0	2	1	0

问能否认为一页的印刷错误的个数服从泊松分布(取 $\alpha=0.05$)?

24. 在一批灯泡中抽取 300 只做寿命试验, 其结果如下:

寿命 t(h)	$0 \leqslant t \leqslant 100$	$100 < t \leqslant 200$	$200 < t \leqslant 300$	$t > 300$
灯泡数	121	78	43	58

取 $\alpha=0.05$, 试检验假设 H_0: 灯泡寿命服从指数分布

$$f(t) = \begin{cases} 0.005\mathrm{e}^{-0.005t}, & t \geqslant 0; \\ 0, & t < 0. \end{cases}$$

25. 下面给出随机选取的某大学一年级学生(200名)一次数学考试的成绩.
(1) 画出数据的直方图.
(2) 试取 $\alpha=0.1$ 检验数据是否来自正态总体 $N(60,15^2)$:

分数 x	$20 \leqslant x \leqslant 30$	$30 < x \leqslant 40$	$40 < x \leqslant 50$	$50 < x \leqslant 60$
学生数	5	15	30	51
分数 x	$60 < x \leqslant 70$	$70 < x \leqslant 80$	$80 < x \leqslant 90$	$90 < x \leqslant 100$
学生数	60	23	10	6

26. 袋中装有 8 只球, 其中红球数未知. 在其中任取 3 只, 记录红球的只数 X, 然后放回, 再任取 3 只, 记录红球的只数, 然后放回. 如此重复进行了 112 次, 其结果如下:

X	0	1	2	3
次数	1	31	55	25

试取 $\alpha=0.05$, 检验假设 $H_0:X$ 服从超几何分布

$$P\{X=k\} = \frac{C_5^k C_3^{3-k}}{C_8^3}, \quad k=0,1,2,3,$$

即检验假设 H_0: 红球的只数为 5.

27. 一农场十年前在一鱼塘中按比例 20∶15∶40∶25 投放了四种鱼的鱼苗：鲑鱼、鲈鱼、朱夹鱼和鲇鱼. 现在在鱼塘里获得一样本如下：

序号	1	2	3	4	
种类	鲑鱼	鲈鱼	朱夹鱼	鲇鱼	
数量（条）	132	100	200	168	$\sum = 600$

试取 $\alpha = 0.05$，检验各类鱼数量的比例较十年前是否有显著的改变.

28. 某种鸟在起飞前双足齐跳的次数 X 服从几何分布，其分布律为

$$P\{X = x\} = p^{x-1}(1-p), \quad x = 1, 2, \cdots.$$

今获得一样本如下：

x	1	2	3	4	5	6	7	8	9	10	11	12	≥13
观察到 x 的次数	48	31	20	9	6	5	4	2	1	1	2	1	0

(1) 求 p 的最大似然估计值.
(2) 取 $\alpha = 0.05$，检验假设 H_0：数据来自总体 $P\{X = x\} = p^{x-1}(1-p)$，$x = 1, 2, \cdots$.

阅读材料

近代描述统计的开创者——卡尔·皮尔逊

英国数学家卡尔·皮尔逊(Karl Pearson, 1857—1936)发明了一种系统地处理数据的方法——标准频率分布，也就是今天高中生都熟悉的频率分布图. 这种方法为不同数据集做对比和汇总分析提供了可能. 卡尔·皮尔逊提出的数据处理方法以及他修改的统计方法形成了数理统计研究的基础，之后一步一步达到了描述性统计的巅峰.

卡尔·皮尔逊1857年3月27日出生于伦敦，父亲威廉·皮尔逊是一位智慧超群的王室法律顾问. 在父亲潜移默化的影响下，卡尔从小兴趣广泛、聪慧异常，9岁就进入伦敦大学学院学习，然而16岁时却因病退学，接下来的一年里卡尔在家由家庭教师教学. 1875年卡尔获得了剑桥大学国王学院奖学金而入学学习. 四年后他毕业获数学学士学位，并且在剑桥数学荣誉学位考试中获得了第三名的优异成绩. 然后凭借此成绩他得到了国王学院的研究会员身份，经济上已然独立，衣食无忧，于是尝试了很多事情，并开始了游学生涯. 第一站他去了英格兰著名的林肯法学院学习法律，在1881年拿到了律师资格. 1882年又拿到了文学硕士. 随后他去德国海德堡大学和柏林大学学习了一段时期. 后又获得苏格兰圣安德鲁斯大学法学博士和伦敦大学理学博士学位. 他充分利用了这一时机按照自己的爱好读书学习，通过信件、诗歌、批判性的评论、随笔和讲演展示自己的才智. 一位当代统计学家沃克(Helen Walker)在描述卡尔小时候的一则轶事时，生动地显示出他往后在事业中所表现出的特色. 有人问卡尔他所记得最早的事，他说："我不记得那时是几岁，但是我记得是坐在高椅子上吸吮着大拇指，有人告诉

我最好停止吮它，不然被吮的大拇指会变小．我把两手的大拇指并排看了很久，它们似乎是一样的，我对自己说：我看不出来被吸吮的大拇指比另一个小，我怀疑她是否在骗我．"在这个单纯的故事中，沃克指出："不盲信权威，要求实证，对于自己对观测数据的意义的解释深具信心，和怀疑与他的判断不同的人态度是否公平．"这些就是卡尔·皮尔逊一生独具的特征．

在任伦敦大学学院的应用数学力学教授时，卡尔开始研究那后人看来造就了统计史中一个时代转折点的"偏态问题"，首先是为了一种纯实用的目的，即找出一些分布去拟合从实际问题中来的数据，以便在正态分布不适用时可供选择使用．他这项工作进行于 1892—1895 年，成果以《进化的数学理论》为总题目发表出来．在卡尔·皮尔逊眼里，统计学关心的基本问题是"由过去预测未来"；所需要的是一种方法，能把观测所得数据转化为一个预测模型．他解决这个问题的做法是发展出一族曲线，不过最初把卡尔的注意力引向这个方面的，还是当时的一个偶发事件．1892 年动物学家兼生物统计学家威尔登（他与高尔顿、卡尔·皮尔逊等人有联系）测量了一些"那波里蟹"的体宽，得到一个双峰分布，他觉得这有些不平常，将其发现告知了卡尔·皮尔逊等人．卡尔认为可能是两个正态分布的混合，他企图用形的函数去拟合该组数据，这里涉及五个未知参数，他提出用矩法来处理这个问题，即计算数据的前五阶矩，让它们等于由分布算出的对应阶矩，从所得方程组解出这五个参数，这涉及很高阶的方程，在当时的条件下不易处理．值得注意的是，这是卡尔第一次使用样本矩去估计分布的参数，这个方法也被称为"矩估计"，至今在数据分析中仍很常用，是卡尔·皮尔逊对数理统计方法的重要贡献之一．"矩"一词来源于物理学，是力与距离的乘积，用来描述旋转的趋势．在统计学里，矩是平均的含义．求矩的计算过程和求算术平均值类似．在该式中，卡尔将概率的分布类比为力的分布．一阶矩计算的是加权平均值，也称期望值（他将均值比喻为一个杠杆平衡时支点的位置，当支点处于杠杆的重心位置时，它就平衡了．如果在杠杆上施加力，计算一阶矩就得到了力矩）；二阶矩计算的是方差；三阶矩计算的是中心偏差的立方和，也叫偏度，可以表示偏斜状况；四阶矩计算的是中心偏差的四次方和，也叫峰度，表示的是尖削或平坦．由此，皮尔逊考察了许多生物学方面的数据，发现不少数据是显著偏倚的．1894 年他在"关于不对称频率曲线的分解"中根据大量的数据特征，提出创立曲线族的两个条件：①在峰顶处，即众值处切线的斜率为 0；②曲线两端或一端以横轴为渐近线，或与横轴相切．根据上述条件，建立出下列的概率密度曲线的微分方程：这里可以按照泰勒公式展开成无穷级数的，但是为了简化问题，卡尔仅仅保留到二次项．卡尔·皮尔逊注意到参数是密度函数前四阶矩的函数．因此他再次使用矩法，提出用已知的样本矩去估计一至四阶矩，并且把它们代入到这些函数中去，可以解得参数的估计值，然后解出这一微分方程，所得的函数就构成了皮尔逊曲线族．统计学中重要分布如人们熟知的正态分布、γ 分布、指数分布、卡方分布、t 分布，甚至于幂律分布等无不包罗其内．不过有趣的是，在 20 世纪 30 年代末期，当卡尔·皮尔逊临近他漫长生命的终点之际，一位杰出的波兰年轻数学家耶日·奈曼（Jerzy Neyman）表明，卡尔·皮尔逊的偏斜分布体系并没有包含所有可能存在的分布，许多重要问题不能用卡尔·皮尔逊的体系解决．如今人们针对各种不同的统计需求，也引进了一些不属于皮尔逊分布族的分布，如对数正态分布、处理统计可靠性问题的威布尔分布、处理极值数据的极值分布等．

为了估计上面皮尔逊曲线族的拟合程度，皮尔逊引入了一个重要的统计量——卡方统计量．其直观意义十分显然，是各组的实际观测频数与理论期望频数的相对平方偏差的总和，若统计量的值充分大，则应认为样本提供了理论分布与统计分布不同的显著证据，即假设的总体分布与总体的实际分布不符，从而应否定所假定的理论分布．所以应当在分布密度曲线图的右尾部建立拒绝域．这就是现代推断统计的开始，是统计方法中很重要的假设检验的开端．这一理论无疑又是皮尔逊一生在统计学领域做出的最大贡献之一．为什么要说"又"呢？因为除此之外，他还提出或是发展了相关性、回归、极差、标准差、变异系数、积矩相关、多元统计、二列相关等诸多统计学领域．可以毫无悬念地说，是他开创了近代描述统计的新纪元．

第九章

方差分析与回归分析

[学习目标]

1. 了解单因素方差分析问题的提法.
2. 熟练掌握单因素方差分析模型的检验方法.
3. 了解单因素方差分析模型中各统计量的统计性质.
4. 掌握双因素方差分析模型的检验方法.
5. 了解回归分析问题的提法.
6. 熟练掌握一元线性回归模型中参数的最小二乘估计.
7. 了解回归方程的显著性检验.
8. 了解预测与控制.

前面介绍了统计推断的基本内容——参数估计和假设检验.在此基础上,本章介绍数理统计中具有广泛实际应用的两个内容——方差分析和回归分析.

本章所要讨论的问题都是在数理统计学中应用很广泛的分支.它们有一个共同点,即都是研究变量之间的关系的.这些变量可以是随机的,也可以是非随机(可以理解为能够被认为掌控)的,但不能全部为非随机的.它们的不同之处在于:方差分析着重考虑一个或一些变量对一特定变量有无影响及影响程度的大小,由于其方法基于样本方差的分解,故而得名;回归分析则着重在寻求变量之间近似的函数关系,回归分析中"回归"一词的由来将在后面加以解释.

第一节 单因素试验的方差分析

前面几章讨论的都是一个总体或两个总体的统计分析问题,在实际工作中还会经常碰到多个总体均值的比较问题,处理这类问题通常采用所谓的**方差分析方法**.方差分析是根据试验数据推断一个或多个因素在其状态变化时是否会对试验指标有显著影响,从而选出对试验指标起最好影响的试验条件的一种数理统计方法.

在工农业生产和科学试验中,经常会遇到要研究如何提高产品质量和数量的问题.而影响产品质量和数量的因素很多,例如在化工生产中,影响化工产品质量的因素就有原料成分、配方比例、设备、温度、时间、压力、催化剂、操作人员水平等多种因素.通常需要通过观察或试验来判断哪些因素是重要的、有显著影响的.为此需要找出对产品有显著影响的因素.

在试验中将要考察的指标称为**试验指标**,影响试验指标的可以控制的条件称为**试验的因素**.为了考察一个因素对试验指标的影响,一般将它控制在几个不同的状态上,每个状态称为因素的一个**水平**.若在一项试验的过程中只有一个因素在改变的称为**单因素试验**,多于一个因素在改变的称为**多因素试验**.

方差分析就是鉴别各因素效应的一种有效的统计方法,它是在 20 世纪 20 年代由英国统计学家费希尔(R. A. Fisher)首先应用到农业试验中去的.后来发现这种方法的应用范围十分广泛,可以成功地应用在试验工作的很多方面.

本节将叙述这个方法.先看一个例子.

例 9.1 在饲料养鸡增肥的研究中,某研究所提出三种饲料配方:A_1 是以鱼粉为主的饲料,A_2 是以槐树粉为主的饲料,A_3 是以苜蓿粉为主的饲料.为比较三种饲料的效果,特选 24 只相似的雏鸡随机均分为三组,每组各喂一种饲料,60 d 后观察它们的重量.试验结果见表 9-1.

表 9-1

饲料	鸡重(g)							
A_1	1 073	1 009	1 060	1 001	1 002	1 012	1 009	1 028
A_2	1 107	1 092	990	1 109	1 090	1 074	1 122	1 001
A_3	1 093	1 029	1 080	1 021	1 022	1 032	1 029	1 048

这里要比较的是三种饲料对鸡的增肥作用是否相同. 试验的指标是 60 d 后鸡的重量, 饲料是因素, 记为 A, 三种不同的饲料配方代表因素 A 的三个水平, 记为 A_1, A_2, A_3. 使用配方 A_i 下第 j 只鸡 60 d 后的重量用 y_{ij} 表示, $i=1, 2, 3$, $j=1, 2, \cdots, 8$. 目的是比较三种饲料配方下鸡的平均重量是否相等. 为此需要做一些基本假定, 把所研究的问题归结为一个统计问题, 然后用方差分析的方法进行解决.

一、单因素方差分析的统计模型

(一) 统计模型

例 9.1 中只考察了一个因素, 因而是单因素试验. 通常在单因素试验中, 把因素记为 A, 设其有 r 个水平, 记为 A_1, A_2, $\cdots$, A_r. 在每个水平 A_i 下考察的指标可以看作一个总(母)体, 现有 r 个水平, 故有 r 个总体. 假定:

(1) 每个 A_i 下的总体均为正态总体, 记为 $y_i \sim N(\mu_i, \sigma_i^2)$, $i = 1, 2, \cdots, r$.
(2) 各总体的方差相同, 记为 $\sigma_1^2 = \sigma_2^2 = \cdots = \sigma_r^2 = \sigma^2$.
(3) 从每一总体中抽取的样本是相互独立的, 即所有的试验结果 y_{ij} 都相互独立.

下面要做的工作是比较各水平下的均值是否相同, 即要对下述假设进行检验:

$$H_0: \mu_1 = \mu_2 = \cdots = \mu_r \quad H_1: \mu_1, \mu_2, \cdots, \mu_r \text{ 不全相等}. \tag{9.1}$$

如果 H_0 成立, 说明因素 A 的 r 个水平均值相同, 称因素 A 的 r 个水平之间**没有显著差异**, 简称因素 A **不显著**; 反之, 当 H_0 不成立时, 说明因素 A 的 r 个水平均值不全相同, 称因素 A 的 r 个水平之间**有显著差异**, 简称 A **显著**.

显然, 检验假设 H_0 可以用 t 检验法, 只要检验任何相邻两个总体平均数相等就可以了, 但是这样做要检验 $r-1$ 次, 非常烦琐, 所以采用离差分解法.

为对假设式 (9.1) 进行检验, 需要从每一水平下的总体抽取样本, 为方便讨论, 设从第 i 个水平 A_i 下的总体都获得 m 个试验结果.

记 y_{ij} 表示第 i 个总体的第 j 次重复试验结果, 共得如下 $r \times m$ 个试验结果(表 9-2):

$$y_{ij}, i = 1, 2, \cdots, r, j = 1, 2, \cdots, m.$$

表 9-2

水平	A_1	A_2	$\cdots$	A_r
总体	y_1	y_2	$\cdots$	y_r
样本	y_{11}	y_{21}	$\cdots$	y_{r1}
	y_{12}	y_{22}	$\cdots$	y_{r2}
	$\vdots$	$\vdots$	$\vdots$	$\vdots$
	y_{1m}	y_{2m}	$\cdots$	y_{rm}
样本总和	$T_1.$	$T_2.$	$\cdots$	$T_r.$
样本均值	$\bar{y}_1.$	$\bar{y}_2.$	$\cdots$	$\bar{y}_r.$
总体均值	μ_1	μ_2	$\cdots$	μ_r

在水平 A_i 下的试验结果 y_{ij} 与该水平下的指标均值 μ_i 一般总有差距的,记 $\varepsilon_{ij} = y_{ij} - \mu_i$,称为**随机误差**. 于是有

$$y_{ij} = \mu_i + \varepsilon_{ij}. \tag{9.2}$$

式(9.2)称为试验结果 y_{ij} 的**数据结构式**,把三个假定都用于数据结构式,就可以写出单因素方差分析的统计模型:

$$\left.\begin{array}{l} y_{ij} = \mu_i + \varepsilon_{ij}, i = 1, \cdots, r, j = 1, \cdots, m, \\ \text{诸 } \varepsilon_{ij} \text{ 相互独立,且同服从 } N(0, \sigma^2). \end{array}\right\} \tag{9.3}$$

显然 $y_{ij} \sim N(\mu_i, \sigma^2)$. 为了能更好地描述数据,引入

$$\mu = \frac{1}{r}(\mu_1 + \mu_2 + \cdots + \mu_r) = \frac{1}{r}\sum_{i=1}^{r}\mu_i, \tag{9.4}$$

称其为**总均值**,并称

$$\alpha_i = \mu_i - \mu, i = 1, 2, \cdots, r \tag{9.5}$$

为**因素 A 的第 i 水平 A_i 的主效应**,简称为 A_i 的效应.

显然,

$$\sum_{i=1}^{r}\alpha_i = 0,$$

因此模型式(9.3)可以改写为

$$\left.\begin{array}{l} y_{ij} = \mu + \alpha_i + \varepsilon_{ij}, i = 1, \cdots, r, j = 1, \cdots, m, \\ \sum_{i=1}^{r}\alpha_i = 0, \\ \text{诸 } \varepsilon_{ij} \text{ 相互独立,且同服从 } N(0, \sigma^2). \end{array}\right\} \tag{9.6}$$

假设式(9.1)可改写为

$$H_0: \alpha_1 = \alpha_2 = \cdots = \alpha_r = 0 \quad H_1: \alpha_1, \alpha_2, \cdots, \alpha_r \text{ 不全为 } 0.$$

(二) 平方和分解

1. 平方和的自由度

统计学中,把 k 个数据 $y_1, y_2, \cdots, y_k$ 分别对其均值 $\bar{y} = \frac{1}{k}\sum_{i=1}^{k}y_i$ 的偏差的平方和

$$Q = \sum_{i=1}^{k}(y_i - \bar{y})^2$$

称为 k 个数据的**离差平方和**,有时简称**平方和**. 离差平方和常用来度量若干个数据集中或分散的程度,它是用来度量若干个数据间差异(即波动的大小)的一个重要的统计量.

显然,在构成离差平方和 Q 的 k 个离差 $y_1 - \bar{y}, \cdots, y_k - \bar{y}$ 间有一个恒等式

$$\sum_{i=1}^{k}(y_i-\bar{y})=0,$$

这说明在 Q 中独立的离差只有 $k-1$ 个. 在统计学中,把平方和中独立的离差的个数称为该平方和的**自由度**,常记为 f. 如上述的 Q 的自由度为 $f_Q=k-1$.

2. 平方和分解式

下面从平方和的分解着手,导出假设检验问题式(9.8)的检验统计量.

引入**总离差平方和**

$$S_T=\sum_{i=1}^{r}\sum_{j=1}^{m}(y_{ij}-\bar{y})^2, \tag{9.7}$$

其中,

$$\bar{y}=\frac{1}{n}\sum_{i=1}^{r}\sum_{j=1}^{m}y_{ij},\ n=r\times m. \tag{9.8}$$

$\bar{y}$ 是全体数据的**总平均**. S_T 能反映全部试验数据之间的差异,因此 S_T 又称为**总变差**.

又记水平 A_i 下的总体的样本平均值(又称**组内平均**)为

$$\bar{y}_{i\cdot}=\frac{1}{m}\sum_{j=1}^{m}y_{ij},\ i=1,2,\cdots,r, \tag{9.9}$$

显然,

$$\bar{y}=\frac{1}{m\times r}\sum_{i=1}^{r}m\bar{y}_{i\cdot}.$$

将 S_T 写成

$$S_T=\sum_{i=1}^{r}\sum_{j=1}^{m}[(y_{ij}-\bar{y}_{i\cdot})+(\bar{y}_{i\cdot}-\bar{y})]^2$$

$$=\sum_{i=1}^{r}\sum_{j=1}^{m}(y_{ij}-\bar{y}_{i\cdot})^2+2\sum_{i=1}^{r}\sum_{j=1}^{m}(y_{ij}-\bar{y}_{i\cdot})(\bar{y}_{i\cdot}-\bar{y})+\sum_{i=1}^{r}\sum_{j=1}^{m}(\bar{y}_{i\cdot}-\bar{y})^2,$$

注意到上式右端第二项

$$2\sum_{i=1}^{r}\sum_{j=1}^{m}(y_{ij}-\bar{y}_{i\cdot})(\bar{y}_{i\cdot}-\bar{y})=2\sum_{i=1}^{r}[(\bar{y}_{i\cdot}-\bar{y})(m\bar{y}_{i\cdot}-m\bar{y}_{i\cdot})]=0.$$

于是就将 S_T 分解为

$$S_T=\sum_{i=1}^{r}\sum_{j=1}^{m}(y_{ij}-\bar{y}_{i\cdot})^2+\sum_{i=1}^{r}\sum_{j=1}^{m}(\bar{y}_{i\cdot}-\bar{y})^2,$$

记

$$S_E=\sum_{i=1}^{r}\sum_{j=1}^{m}(y_{ij}-\bar{y}_{i\cdot})^2,\ S_A=\sum_{i=1}^{r}\sum_{j=1}^{m}(\bar{y}_{i\cdot}-\bar{y})^2,$$

分别称 S_E 与 S_A 为**组内离差平方和**与**组间离差平方和**,则

$$S_T = S_E + S_A. \tag{9.10}$$

式(9.10)表明,总离差平方和等于组内离差(平方和)加上组间离差(平方和). 称式(9.10)为**平方和分解**.

显然,S_E 表示在各个水平 A_i 下,样本观察值与样本均值的差异之和,S_E 的各项 $(y_{ij} - \bar{y}_{i\cdot})^2$ 仅反映组内数据与组内平均的随机误差,这是由随机误差引起的试验结果的差异,故 S_E 叫作**误差平方和**; $S_A = \sum_{i=1}^{r}\sum_{j=1}^{m}(\bar{y}_{i\cdot} - \bar{y})^2 = \sum_{i=1}^{r}m(\bar{y}_{i\cdot} - \bar{y})^2$ 的各项表示在各个水平 A_i 下的样本均值与数据总平均值的差异,除了反映随机误差外,还反映了第 i 水平 A_i 的效应,即 S_A 是由各个水平 A_i 的效应的差异以及随机误差引起的,故 S_A 叫作**效应平方和**.

综上分析,有以下定理.

定理 9.1 总离差平方和等于误差平方和加上效应平方和,即

$$S_T = S_E + S_A.$$

其中

$$S_T = \sum_{i=1}^{r}\sum_{j=1}^{m}(y_{ij} - \bar{y})^2, \quad S_E = \sum_{i=1}^{r}\sum_{j=1}^{m}(y_{ij} - \bar{y}_{i\cdot})^2, \quad S_A = \sum_{i=1}^{r}\sum_{j=1}^{m}(\bar{y}_{i\cdot} - \bar{y})^2.$$

方差分析检验的思想就是要分析在总离差平方和中究竟是 S_A 所占的比例大,还是 S_E 所占的比例大. 若是前者,就说明因素 A 的水平显著;否则就说明因素 A 的水平不显著.

3. S_E, S_A 的统计特性

定理 9.2 在单因素方差分析模型式(9.6)及前述记号下,有:

(1) $\dfrac{S_E}{\sigma^2} \sim \chi^2(n-r)$,从而 $E(S_E) = (n-r)\sigma^2$.

(2) $E(S_A) = (r-1)\sigma^2 + m\sum_{i=1}^{r}\alpha_i^2$,进一步,若 H_0 成立,则有 $\dfrac{S_A}{\sigma^2} \sim \chi^2(r-1)$.

(3) S_A 与 S_E 相互独立.

(三) 检验方法

离差平方和 $Q = \sum_{i=1}^{k}(y_i - \bar{y})^2$ 的大小与数据 $y_1, y_2, \cdots, y_k$ 的个数(或自由度)有关,一般说来,数据越多,其离差平方和越大. 为了便于在离差平方和之间进行比较,统计上引入**均方和**的概念,它定义为

$$MS = Q/f_Q.$$

其意为平均每个自由度上有多少平方和,它比较好地反映了一组数据 $y_1, y_2, \cdots, y_k$ 的离散程度. 如今要对效应平方和与误差平方和之间进行比较,用其均方和

$$MS_A = S_A/f_A, \quad MS_E = S_E/f_E$$

进行比较更为合理,因为均方和排除了自由度不同所产生的干扰. 故用

$$F = \frac{MS_A}{MS_E} = \frac{S_A/f_A}{S_E/f_E} \tag{9.11}$$

作为检验 H_0 的统计量.

1. 检验统计量的分布及拒绝域

定理 9.3 在单因素方差分析模型式(9.6)及前述记号下，有：

(1) $F = \dfrac{MS_A}{MS_E} = \dfrac{S_A/f_A}{S_E/f_E} \sim F(f_A, f_E)$，即 $\dfrac{S_A/(r-1)}{S_E/(n-r)} \sim F(r-1, n-r)$.

(2) H_0 拒绝域为 $W = \{F \geqslant F_{1-\alpha}(f_A, f_E)\}$，即 $W = \{F \geqslant F_{1-\alpha}(n-r, r-1)\}$. 其中，$F_{1-\alpha}(f_A, f_E)$ 为 $F(f_A, f_E)$ 的上侧 $1-\alpha$ 分位数.

即对于给定的显著性水平 α，可做如下判断：

(1) 如果 $F < F_{1-\alpha}(f_A, f_E)$，则否定 H_0，即认为因素 A 显著.

(2) 如果 $F \leqslant F_{1-\alpha}(f_A, f_E)$，则接受 H_0，即认为因素 A 不显著.

2. 方差分析表

为便于计算，通常将计算过程列成一张表，称为**方差分析表**(表 9-3).

表 9-3

方差来源	平方和	自由度	均方	F 比
因素 A	S_A	$r-1$	$MS_A = S_A/(r-1)$	$F = MS_A/MS_E$
误差	S_E	$n-r$	$MS_E = S_E/(n-r)$	
总和	S_T	$n-1$		

上述离差各平方和的计算公式如下：

$$\left.\begin{aligned}
T_i &= \sum_{j=1}^{m} y_{ij}, \\
\bar{y}_{i\cdot} &= \frac{1}{m}\sum_{j=1}^{m} y_{ij} = \frac{1}{m}T_i, \\
T &= \sum_{i=1}^{r} T_i, \\
\bar{y} &= \frac{1}{n}T, \\
S_T &= \sum_{i=1}^{r}\sum_{j=1}^{m} y_{ij}^2 - \frac{T^2}{n}, \\
S_A &= \frac{1}{m}\sum_{i=1}^{r} T_i^2 - \frac{T^2}{n}, \\
S_E &= S_T - S_A.
\end{aligned}\right\} \tag{9.12}$$

一般可将计算过程列表进行，见例 9.2.

例 9.2 采用例 9.1 的数据，对鸡饲料进行方差分析(表 9-4).

表 9-4

因子水平	数据(原始数据 — 1 000)								T_i	T_i^2	$\sum_{j=1}^{m} y_{ij}^2$
A_1	73	9	60	1	2	12	9	28	194	37 636	10 024
A_2	107	92	−10	109	90	74	122	1	585	342 225	60 335
A_3	93	29	80	21	22	32	29	48	354	125 316	20 984
总计									1 133	505 177	91 363

利用式(9.12),可算得各离差平方和:

$$S_T = \sum_{i=1}^{r} \sum_{j=1}^{m} y_{ij}^2 - \frac{T^2}{n} = 91\,363 - \frac{1}{24} \times 1\,133^2 = 37\,876.04,$$

$$f_T = n - 1 = 24 - 1;$$

$$S_A = \frac{1}{m} \sum_{i=1}^{r} T_i^2 - \frac{T^2}{n} = \frac{1}{8} \times 505\,177 - \frac{1}{24} \times 1\,133^2 = 9\,660.08,$$

$$f_A = r - 1 = 3 - 1 = 2;$$

$$S_E = S_T - S_A = 37\,876.04 - 9\,660.08 = 28\,215.96,$$

$$f_E = f_T - f_A = 23 - 2 = 21.$$

把上述诸平方和及其自由度填入方差分析表,并继续计算得到各均方和以及 F 比,见表 9-5.

表 9-5

来源	平方和	自由度	均方	F 比
因子 A	9 660.08	2	4 830.04	3.59
误差 e	28 215.96	21	1 343.62	
总和 T	37 876.04	23		

若取 $\alpha = 0.05$,则 $F_{1-\alpha}(r-1, n-r) = F_{0.95}(2, 21) = 3.47$.

由于 $F = 3.59 > 3.47$,故认为因素 A(饲料)是显著的,即三种饲料对鸡的增肥作用有明显的差别.

二、参数估计

在检验结果为显著时,可以进一步求出总体均值 μ、各主效应 α_i 和误差方差 σ^2 的估计.仍以各因素水平下试验次数相同的情形为例.

1. 点估计

由模型式(9.6)知,诸 y_{ij} 相互独立,且 $y_{ij} \sim N(\mu + \alpha_i, \sigma^2)$.因此可使用极大似然方法求出一般平均 μ、主效应 α_i 和误差 σ^2 的估计:

$$\hat{\mu} = \bar{y};$$

$$\hat{a}_i = \overline{y_{i\cdot}} - \bar{y}, \quad i = 1, \cdots, r;$$

$$\hat{\sigma}_M^2 = \frac{1}{n} \sum_{i=1}^{r} \sum_{j=1}^{m} (y_{ij} - \bar{y}) = \frac{S_E}{n}.$$

由极大似然估计的不变性,各水平均值 μ_i 的极大似然估计为

$$\hat{\mu}_i = \hat{\mu} + \hat{a}_i = \bar{y} + (\overline{y_{i\cdot}} - \bar{y}) = \overline{y_{i\cdot}}.$$

由于 $\hat{\sigma}_M^2$ 不是 σ^2 的无偏估计,实用中通常采用如下的误差方差的无偏估计:

$$\hat{\sigma}^2 = \frac{1}{n-r} \sum_{i=1}^{r} \sum_{j=1}^{m} (y_{ij} - \overline{y_{i\cdot}})^2 = MS_E.$$

2. μ_i 的置信区间

由定理 9.2 知,$\overline{y_{i\cdot}} \sim N\left(\mu_i, \frac{\sigma^2}{m}\right)$,$\frac{S_E}{\sigma^2} \sim \chi^2(f_E)$,且两者独立,故

$$\frac{\sqrt{m}(\overline{y_{i\cdot}} - \mu_i)}{\sqrt{S_E/f_E}} \sim t(f_E).$$

由此给出水平 A_i 的均值 μ_i 的 $1-\alpha$ 置信区间为

$$[\overline{y_{i\cdot}} - \hat{\sigma} t_{1-\frac{\alpha}{2}}(f_E)/\sqrt{m}, \; \overline{y_{i\cdot}} + \hat{\sigma} t_{1-\frac{\alpha}{2}}(f_E)/\sqrt{m}]. \tag{9.13}$$

例 9.1 中已经指出各饲料因素是显著的,此处再给出各水平均值的估计.

因素 A 的三个水平均值的估计分别为

$$\hat{\mu}_1 = 1\,000 + \frac{194}{8} = 1\,024.25,$$

$$\hat{\mu}_2 = 1\,000 + \frac{585}{8} = 1\,073.13,$$

$$\hat{\mu}_3 = 1\,000 + \frac{354}{8} = 1\,044.25.$$

从点估计来看,水平 A_2(以槐树粉为主的饲料)是最优的. 误差方差的无偏估计为

$$\hat{\sigma}^2 = \frac{1}{n-r} \sum_{i=1}^{r} \sum_{j=1}^{m} (y_{ij} - \overline{y_{i\cdot}})^2 = MS_E = 1\,343.62.$$

进一步,利用式 (9.13) 可给出各水平 A_i 的均值 μ_i 的 $1-\alpha$ 置信区间. 此处,$\hat{\sigma} = \sqrt{1\,343.62} = 36.66$,若取 $\alpha = 0.05$,查 t 分位数表,得

$$t_{1-\alpha/2}(f_E) = t_{0.975}(21) = 2.079\,6,$$

$$\hat{\sigma} t_{0.975}(21)/\sqrt{8} = 26.95.$$

于是因素 A 的三个水平均值的 0.95 置信区间分别为

$$\hat{\mu}_1 = 1\,024 \mp 26.95 = [997.30, \; 1\,051.21],$$

$$\hat{\mu}_2 = 1\,073.13 \mp 26.95 = [1\,046.18, \; 1\,100.08],$$

$$\hat{\mu}_3 = 1\,044.25 \mp 26.95 = [1\,017.30, \; 1\,071.21].$$

至此可以看到,在单因素试验的数据分析中可得到如下三个结果:

(1) 因素 A 是显著的.
(2) 试验的误差方差 σ^2 的估计.
(3) 诸水平均值 μ_i 的点估计与区间估计.

需要说明的是,因素 A 显著的情况下,通常只需要对较优的水平均值做参数估计;在因素 A 不显著的情况下,则无须做参数估计.

第二节 双因素试验的方差分析

本节介绍双因素试验的方差分析.

一、双因素等重复试验的方差分析

(一) 统计模型

假设要考虑两个因素 A,B 对某项指标值的影响. 因素 A 有 r 个水平 A_1,$\cdots$,A_r;因素 B 有 s 个水平 B_1,$\cdots$,B_s. 现对因素 A,B 的水平的每对组合 (A_i,B_j),$i=1,\cdots,r$,$j=1,\cdots,s$ 都做 $m(m\geqslant 2)$ 次试验(称为**等重复试验**),得到表 9-6 的结果.

表 9-6

因素A \ 因素B	B_1	B_2	$\cdots$	B_s
A_1	y_{111},y_{112},$\cdots$,y_{11m}	y_{121},y_{122},$\cdots$,y_{12m}	$\cdots$	y_{1s1},y_{1s2},$\cdots$,y_{1sm}
A_2	y_{211},y_{212},$\cdots$,y_{21m}	y_{221},y_{222},$\cdots$,y_{22m}	$\cdots$	y_{2s1},y_{2s2},$\cdots$,y_{2sm}
$\vdots$	$\vdots$	$\vdots$	$\vdots$	$\vdots$
A_r	y_{r11},y_{r12},$\cdots$,y_{r1m}	y_{r21},y_{r22},$\cdots$,y_{r2m}	$\cdots$	y_{rs1},y_{rs2},$\cdots$,y_{rsm}

在每对水平组合 (A_i,B_j) 下考察的指标可以看作一个总体,现有 $r\times s$ 对水平组合,故共有 $r\times s$ 个总体. 假定:

(1) 每对组合 (A_i,B_j) 下的总体均为正态总体,记为 $N(\mu_{ij},\sigma_{ij}^2)$,$i=1,\cdots,r$,$j=1,\cdots,s$.

(2) 各总体的方差相同,均为 σ^2.

(3) 从每一总体中抽取的样本是相互独立的,即所有的试验结果 y_{ij} 都相互独立.

这三个假定都可以用统计方法进行验证.

在水平组合 (A_i,B_j) 下的试验结果 y_{ijk} 与该水平组合下的指标均值 μ_{ij} 一般总有差距的,记 $\varepsilon_{ijk}=y_{ijk}-\mu_{ij}$,称为**随机误差**. 于是有

$$y_{ijk}=\mu_{ij}+\varepsilon_{ijk},\ k=1,\cdots,m,\ i=1,\cdots,r,\ j=1,\cdots,t. \quad (9.14)$$

其中,μ_{ij},σ^2 均为未知参数.

式(9.14)称为试验结果 y_{ijk} 的**数据结构式**,把三个假定都用于数据结构式,就可以写出

双因素方差分析的统计模型：

$$\left.\begin{array}{l} y_{ijk} = \mu_{ij} + \varepsilon_{ijk},\ i=1,2,\cdots,r,\ j=1,2,\cdots,s,\ k=1,2,\cdots,m,\\ \varepsilon_{ijk} \sim N(0,\sigma^2),\\ \text{诸 } \varepsilon_{ijk} \text{ 相互独立}. \end{array}\right\} \quad (9.15)$$

为了能更好地描述数据，引入

$$\mu = \frac{1}{rs}\sum_{i=1}^{r}\sum_{j=1}^{s}\mu_{ij},$$

称其为**总均值**.

$$\mu_{i\cdot} = \frac{1}{s}\sum_{j=1}^{s}\mu_{ij},\ i=1,2,\cdots,r,\ i\text{ 固定},$$

$$\mu_{\cdot j} = \frac{1}{r}\sum_{i=1}^{r}\mu_{ij},\ j=1,2,\cdots,s,\ j\text{ 固定},$$

并称 $\alpha_i = \mu_{i\cdot} - \mu$, $i=1,2,\cdots,r$ 为**因素 A 的第 i 水平 A_i 的主效应**，简称为 A_i 的效应；$\beta_j = \mu_{\cdot j} - \mu$, $j=1,2,\cdots,s$ 为**因素 B 的第 j 水平 B_j 的主效应**，简称为 B_j 的效应.

易见

$$\sum_{i=1}^{r}\alpha_i = 0,\ \sum_{j=1}^{s}\beta_j = 0,$$

这样可将 μ_{ij} 表示为

$$\mu_{ij} = \mu + \alpha_i + \beta_j + (\mu_{ij} - \mu_{i\cdot} - \mu_{\cdot j} + \mu),$$

记

$$\gamma_{ij} = \mu_{ij} - \mu_{i\cdot} - \mu_{\cdot j} + \mu,$$

称 γ_{ij} 为**水平 A_i 和水平 B_j 的交互效应**，这是由 A_i, B_j 搭配起来联合起作用而引起的. 易见

$$\sum_{i=1}^{r}\gamma_{ij} = 0,\ j=1,2,\cdots,s,\ j\text{ 固定},$$

$$\sum_{j=1}^{s}\gamma_{ij} = 0,\ i=1,2,\cdots,r,\ i\text{ 固定}.$$

因此模型式(9.15)可以改写为

$$\left.\begin{array}{l} y_{ijk} = \mu + \alpha_i + \beta_j + \gamma_{ij} + \varepsilon_{ijk},\ i=1,\cdots,r,\ j=1,\cdots,s,\ k=1,\cdots,m,\\ \text{诸 } \varepsilon_{ijk} \text{ 相互独立},\\ \sum_{i=1}^{r}\alpha_i = 0,\ \sum_{j=1}^{s}\beta_j = 0,\\ \sum_{i=1}^{r}\gamma_{ij} = 0,\ j=1,\cdots,s,\\ \sum_{j=1}^{s}\gamma_{ij} = 0,\ i=1,\cdots,r. \end{array}\right\} \quad (9.16)$$

其中,μ, α_i, β_j, γ_{ij} 及 σ^2 都是未知参数.

式(9.16)就是所要研究的**双因素试验方差分析的数学模型**,对于这一模型要检验以下三个假设:

$$H_{01}:\alpha_1 = \alpha_2 = \cdots = \alpha_r = 0, \quad H_{11}:\alpha_1, \alpha_2, \cdots, \alpha_r \text{ 不全为零}; \tag{9.17}$$

$$H_{02}:\beta_1 = \beta_2 = \cdots = \beta_s = 0, \quad H_{12}:\beta_1, \beta_2, \cdots, \beta_s \text{ 不全为零}; \tag{9.18}$$

$$H_{03}:\gamma_{11} = \gamma_{12} = \cdots = \gamma_{rs} = 0, \quad H_{13}:\gamma_{11}, \gamma_{12}, \cdots, \gamma_{rs} \text{ 不全为零}. \tag{9.19}$$

如果 H_{01} 成立,那么 μ_{ij} 与 i 无关,这表明因素 A 对试验结果无显著影响;如果 H_{02} 成立,那么 μ_{ij} 与 j 无关,这表明因素 B 对试验结果无显著影响.

(二) 平方和分解

与单因素情况类似,对这些问题的检验方法也是建立在平方和分解上的.

1. 平方和分解式

下面从离差平方和的分解着手,导出假设检验问题式(9.17)~式(9.19)的检验统计量. 引入下述记号:

$$\bar{y} = \frac{1}{rsm}\sum_{i=1}^{r}\sum_{j=1}^{s}\sum_{k=1}^{m}y_{ijk},$$

$$\bar{y}_{ij\cdot} = \frac{1}{m}\sum_{k=1}^{m}y_{ijk}, \quad i=1,\cdots,r, \quad j=1,\cdots,s, \quad i,j \text{ 固定},$$

$$\bar{y}_{i\cdot} = \frac{1}{sm}\sum_{j=1}^{s}\sum_{k=1}^{m}y_{ijk}, \quad i=1,\cdots,r, \quad i \text{ 固定},$$

$$\bar{y}_{\cdot j} = \frac{1}{rm}\sum_{i=1}^{r}\sum_{k=1}^{m}y_{ijk}, \quad j=1,\cdots,s, \quad j \text{ 固定}.$$

再引入总离差平方和

$$S_T = \sum_{i=1}^{r}\sum_{j=1}^{s}\sum_{k=1}^{m}(y_{ijk} - \bar{y})^2$$

S_T 能反映全部试验数据之间的差异. 将 S_T 写成

$$S_T = \sum_{i=1}^{r}\sum_{j=1}^{s}\sum_{k=1}^{m}[(y_{ijk} - \bar{y}_{ij\cdot}) + (\bar{y}_{i\cdot} - \bar{y}) + (\bar{y}_{\cdot j} - \bar{y}) + (\bar{y}_{ij\cdot} - \bar{y}_{i\cdot} - \bar{y}_{\cdot j} + \bar{y})]^2$$

则 $\quad S_T = \sum_{i=1}^{r}\sum_{j=1}^{s}\sum_{k=1}^{m}(y_{ijk} - \bar{y}_{ij\cdot})^2 + sm\sum_{i=1}^{r}(\bar{y}_{i\cdot} - \bar{y})^2 + rm\sum_{j=1}^{s}(\bar{y}_{\cdot j} - \bar{y})^2 +$

$$m\sum_{i=1}^{r}\sum_{j=1}^{s}(\bar{y}_{ij\cdot} - \bar{y}_{i\cdot} - \bar{y}_{\cdot j} + \bar{y})^2$$

即得(离差)平方和的分解式:

$$S_T = S_E + S_A + S_B + S_{A\times B}. \tag{9.20}$$

其中

$$S_E = \sum_{i=1}^{r} \sum_{j=1}^{s} \sum_{k=1}^{m} (y_{ijk} - \bar{y}_{ij\cdot})^2,$$

$$S_A = sm \sum_{i=1}^{r} (\bar{y}_{i\cdot\cdot} - \bar{y})^2,$$

$$S_B = rm \sum_{j=1}^{s} (\bar{y}_{\cdot j\cdot} - \bar{y})^2,$$

$$S_{A\times B} = m \sum_{i=1}^{r} \sum_{j=1}^{s} (\bar{y}_{ij\cdot} - \bar{y}_{i\cdot\cdot} - \bar{y}_{\cdot j\cdot} + \bar{y})^2.$$

S_E 称为**误差平方和**;S_A,S_B 分别称为**因素 A,B 的效应平方和**;$S_{A\times B}$ 称为**因素 A,B 的交互效应平方和**.

下面给出前述几个平方和的解释.

S_E 是由随机误差引起的,故称 S_E 为**误差平方和**;S_A 的各项除了反映随机误差外,还反映了第 i 水平 A_i 的效应 α_i,即 S_A 是由各个水平 A_i 的效应 α_i 的差异以及随机误差引起的,故 S_A 叫作**因素 A 的效应平方和**;S_B 的各项除了反映随机误差外,还反映了第 j 水平 B_j 的效应,即 S_B 是由各个水平 B_j 的效应的差异以及随机误差引起的,故 S_B 叫作**因素 B 的效应平方和**;$S_{A\times B}$ 是由两因素的各对水平组合 (A_i, B_j) 的交互效应的差异以及随机误差引起的,故 $S_{A\times B}$ 叫作**因素 A 与因素 B 的交互效应平方和**.

2. S_A,S_B,$S_{A\times B}$,S_E 的统计特性

定理 9.4 在双因素试验方差分析的数学模型式(9.16)的离差平方和分解式 $S_T = S_E + S_A + S_B + S_{A\times B}$ 中,$\dfrac{S_A}{\sigma^2}$,$\dfrac{S_B}{\sigma^2}$,$\dfrac{S_{A\times B}}{\sigma^2}$,$\dfrac{S_E}{\sigma^2}$ 分别服从自由度为 $r-1$,$s-1$,$(r-1)(s-1)$,$rs(m-1)$ 的 χ^2 分布,且它们相互独立.

推论 在双因素方差分析模型式(9.16)及前述记号下,若 H_{01},H_{02},H_{03} 都成立,则

(1) $$F_A = \frac{MS_A}{MS_E} = \frac{S_A/(r-1)}{S_E/rs(m-1)} \sim F(r-1, rs(m-1)).$$

(2) $$F_B = \frac{MS_B}{MS_E} = \frac{S_B/(s-1)}{S_E/rs(m-1)} \sim F(s-1, rs(m-1)).$$

(3) $$F_{A\times B} = \frac{MS_{A\times B}}{MS_E} = \frac{S_{A\times B}/(r-1)(s-1)}{S_E/rs(m-1)} \sim F((r-1)(s-1), rs(m-1)).$$

(三) 检验方法

给定 α,查表得 $F_\alpha(r-1, rs(m-1))$,$F_\alpha(s-1, rs(m-1))$,$F_\alpha((r-1)(s-1), rs(m-1))$ 的值.由一次抽样后所得的子样值算得 F_A,F_B,$F_{A\times B}$ 的值.

(1) 若 $F_A \geqslant F_\alpha(r-1, rs(m-1))$,则拒绝 H_{01},即认为因素 A 对试验结果有影响;否则接受 H_{01},即认为因素 A 对试验结果没有显著影响.

(2) 若 $F_B \geqslant F_\alpha(s-1, rs(m-1))$,则拒绝 H_{02},即认为因素 B 对试验结果有影响;否则接受 H_{02},即认为因素 B 对试验结果没有显著影响.

(3) 若 $F_{A\times B} \geqslant F_\alpha((r-1)(s-1), rs(m-1))$,则拒绝 H_{03},即认为因素 A,B 的交互作

用对试验结果有影响；否则接受 H_{03}，即认为因素 A，B 的交互作用对试验结果没有显著影响. 计算 F_A，F_B，$F_{A\times B}$ 的数值可用下面双因素试验的方差分析表(表 9-7).

表 9-7

方差来源	平方和	自由度	均方	F 比
因素 A	S_A	$r-1$	$MS_A = \dfrac{S_A}{r-1}$	$F_A = \dfrac{MS_A}{MS_E}$
因素 B	S_B	$s-1$	$MS_B = \dfrac{S_B}{s-1}$	$F_B = \dfrac{MS_B}{MS_E}$
交互作用	$S_{A\times B}$	$(r-1)(s-1)$	$MS_{A\times B} = \dfrac{S_{A\times B}}{(r-1)(s-1)}$	$F_{A\times B} = \dfrac{MS_{A\times B}}{MS_E}$
误差	S_E	$rs(m-1)$	$MS_E = \dfrac{S_E}{rs(m-1)}$	
总和	S_T	$rsm-1$		

记

$$T_{\cdots} = \sum_{i=1}^{r}\sum_{j=1}^{s}\sum_{k=1}^{m} y_{ijk},$$

$$T_{ij\cdot} = \sum_{k=1}^{m} y_{ijk}, \quad i=1,2,\cdots,r, \quad j=1,2,\cdots,s,$$

$$T_{i\cdot\cdot} = \sum_{j=1}^{s}\sum_{k=1}^{m} y_{ijk}, \quad i=1,2,\cdots,r,$$

$$T_{\cdot j\cdot} = \sum_{i=1}^{r}\sum_{k=1}^{m} y_{ijk}, \quad j=1,2,\cdots,s.$$

可以按照下述各式计算表 9-7 中的各平方和：

$$S_T = \sum_{i=1}^{r}\sum_{j=1}^{s}\sum_{k=1}^{m} y_{ijk}^2 - \frac{T_{\cdots}^2}{rsm},$$

$$S_A = \frac{1}{sm}\sum_{i=1}^{r} T_{i\cdot\cdot}^2 - \frac{T_{\cdots}^2}{rsm},$$

$$S_B = \frac{1}{rm}\sum_{j=1}^{s} T_{\cdot j\cdot}^2 - \frac{T_{\cdots}^2}{rsm},$$

$$S_{A\times B} = \left(\frac{1}{m}\sum_{i=1}^{r}\sum_{j=1}^{s} T_{ij\cdot}^2 - \frac{T_{\cdots}^2}{rsm}\right) - S_A - S_B,$$

$$S_E = S_T - S_A - S_B - S_{A\times B}.$$

例 9.3 一种火箭使用四种燃料、三种推进器做射程试验. 每种燃料与每种推进器的组合各发射火箭两次，得射程见表 9-8(以海里计). 假设此例符合双因素方差分析模型所需的条件.

表 9-8

推进器(B)		B_1	B_2	B_3
燃料(A)	A_1	58.2	56.2	65.3
		52.6	41.2	60.8
	A_2	49.1	54.1	51.6
		42.8	50.5	48.4
	A_3	60.1	70.9	39.2
		58.3	73.2	40.7
	A_4	75.8	58.2	48.7
		71.5	51.0	41.4

试在显著性水平 $\alpha = 0.05$ 下,检验不同的燃料(因素 A)、不同的推进器(因素 B)下的射程是否有显著差异,交互作用是否显著?

解 需要检验 H_{01}, H_{02}, H_{03} [式(9.17)～式(9.19)]. $T_{...}$, $T_{ij\cdot}$, $T_{i\cdot\cdot}$, $T_{\cdot j\cdot}$ 的计算见表 9-9.

表 9-9

A \ B	B_1	B_2	B_3	$T_{i\cdot\cdot}$
A_1	58.2 52.6 (110.8)	56.2 41.2 (97.4)	65.3 60.8 (126.1)	334.3
A_2	49.1 42.8 (91.9)	54.1 50.5 (104.6)	51.6 48.4 (100)	296.5
A_3	60.1 58.3 (118.4)	70.9 73.2 (144.1)	39.2 40.7 (79.9)	342.4
A_4	75.8 71.5 (147.3)	58.2 51.0 (109.2)	48.7 41.4 (90.1)	346.6
$T_{\cdot j\cdot}$	468.4	455.3	396.1	1 319.8

表 9-9 中括号内的数是 $T_{ij\cdot}$. 现在 $r = 4$, $s = 3$, $m = 2$, 故有

$$T_{...} = \sum_{i=1}^{r}\sum_{j=1}^{s}\sum_{k=1}^{m} y_{ijk} = \sum_{i=1}^{r} T_{i\cdot\cdot} = 334.3 + 296.5 + 342.4 + 346.6 = 1\,319.8,$$

或 $T_{...} = \sum_{i=1}^{r}\sum_{j=1}^{s}\sum_{k=1}^{m} y_{ijk} = \sum_{j=1}^{s} T_{\cdot j\cdot} = 468.4 + 455.3 + 396.1 = 1\,319.8.$

$$S_T = \sum_{i=1}^{r}\sum_{j=1}^{s}\sum_{k=1}^{m} y_{ijk}^2 - \frac{T_{...}^2}{rsm} = (58.2^2 + \cdots + 41.4^2) - \frac{1\,319.8^2}{24} = 2\,638.298\,33,$$

$$S_A = \frac{1}{sm}\sum_{i=1}^{r} T_{i\cdot\cdot}^2 - \frac{T_{...}^2}{rsm} = \frac{1}{6}(334.3^2 + 296.5^2 + 342.4^2 + 346.6^2) - \frac{1\,319.8^2}{24} = 261.675\,00,$$

$$S_B = \frac{1}{rm}\sum_{i=1}^{r} T^2_{\cdot j \cdot} - \frac{T^2_{\cdots}}{rsm} = \frac{1}{8}(468.4^2 + 455.3^2 + 396.1^2) - \frac{1\,319.8^2}{24} = 370.980\,83,$$

$$S_{A \times B} = \left(\frac{1}{m}\sum_{i=1}^{r}\sum_{j=1}^{s} T^2_{ij\cdot} - \frac{T^2_{\cdots}}{rsm}\right) - S_A - S_B$$

$$= \left[\frac{1}{2}(110.8^2 + 91.9^2 + \cdots + 90.1^2) - \frac{1\,319.8^2}{24}\right] - S_A - S_B = 1\,768.692\,50,$$

$$S_E = S_T - S_A - S_B - S_{A \times B} = 236.950\,00.$$

根据上述数据得方差分析表(表 9-10).

表 9-10

方差来源	平方和	自由度	均方	F 比
因素 A	$S_A = 261.675$	3	87.225	4.42
因素 B	$S_B = 370.980$	2	185.490	9.39
交互作用 $A \times B$	$S_{A \times B} = 1\,768.692$	6	294.78	14.9
误差	$S_E = 236.950$	12	19.745\,8	
总和	$S_T = 2\,638.298$	23		

由于 $F_{0.05}(3, 12) = 3.49 < F_A$, $F_{0.05}(2, 12) = 3.89 < F_B$, 所以在显著性水平 $\alpha = 0.05$ 下, 拒绝 H_{01}, H_{02}, 即认为不同燃料或不同推进器下的射程有显著差异, 也就是说, 燃料和推进器这两个因素对射程的影响都是显著的.

又 $F_{0.05}(6, 12) = 3.00 < F_{A \times B}$, 故拒绝 H_{03}. 值得注意的是, $F_{0.001}(6, 12) = 8.38$ 也远小于 $F_{A \times B} = 14.9$, 故交互作用是高度显著的.

从表 9-10 可看出, A_4 与 B_1 或 A_3 与 B_2 的搭配都使火箭射程较之其他水平的搭配要远得多, 在实际中就选最优的搭配方式来实施.

二、双因素无重复试验的方差分析

在以上的讨论中, 考虑了双因素的交互作用. 为要检查交互作用是否显著, 对于两个因素的每一对组合 (A_i, B_j) 至少要做两次试验, 这是因为在模型式(9.16)中, 若 $k = 1$, $r_{ij} + \varepsilon_{ijk}$ 总以结合在一起的形式出现, 这样就不能将交互作用与误差分离开来. 如果在处理实际问题时, 已经知道不存在交互作用, 或已知交互作用对试验的指标影响很小, 则可以不考虑交互作用. 此时, 即使 $k = 1$, 也能对因素 A, B 的效应进行分析. 对于两个因素的每一对组合 (A_i, B_j) 只做一次试验, 所得结果见表 9-11.

表 9-11

因素 A \ 因素 B	B_1	B_2	$\cdots$	B_s
A_1	y_{11}	y_{12}	$\cdots$	y_{1s}
A_2	y_{21}	y_{22}	$\cdots$	y_{2s}
$\vdots$	$\vdots$	$\vdots$	$\vdots$	$\vdots$
A_r	y_{r1}	y_{r2}	$\cdots$	y_{rs}

并设 $y_{ij} \sim N(\mu_{ij}, \sigma^2)$，各 y_{ij} 相互独立，$i=1,2,\cdots,r$, $j=1,2,\cdots,s$. 其中，μ_{ij}, σ^2 均为未知的参数. 或写成

$$\left.\begin{array}{l} y_{ij} = \mu_{ij} + \varepsilon_{ij}, \\ i=1,2,\cdots,r, j=1,2,\cdots,s, \\ \varepsilon_{ij} \sim N(0, \sigma^2), \\ \text{各 } \varepsilon_{ij} \text{ 独立}. \end{array}\right\} \quad (9.21)$$

沿用上文中的记号，注意到现在假设交互效应不存在，此时，$\gamma_{ij}=0$, $i=1,2,\cdots,r$, $j=1,2,\cdots,s$. 故 $\mu_{ij}=\mu+\alpha_i+\beta_j$，于是式(9.21)可写成

$$\left.\begin{array}{l} y_{ij} = \mu + \alpha_i + \beta_j + \varepsilon_{ij}, \\ \varepsilon_{ij} \sim N(0, \sigma^2), \text{各 } \varepsilon_{ij} \text{ 独立}, \\ i=1,2,\cdots,r, j=1,2,\cdots,s, \\ \sum_{i=1}^{r} \alpha_i = 0, \sum_{j=1}^{s} \beta_j = 0. \end{array}\right\} \quad (9.22)$$

这就是现在要研究的方差分析的模型. 对这个模型所要检验的假设有以下两个：

$$\left.\begin{array}{l} H_{01}: \alpha_1 = \alpha_2 = \cdots = \alpha_r = 0, \\ H_{11}: \alpha_1, \alpha_2, \cdots, \alpha_r \text{ 不全为 } 0; \end{array}\right\} \quad (9.23)$$

$$\left.\begin{array}{l} H_{02}: \beta_1 = \beta_2 = \cdots = \beta_s = 0, \\ H_{12}: \beta_1, \beta_2, \cdots, \beta_s \text{ 不全为 } 0. \end{array}\right\} \quad (9.24)$$

无需赘述，与双因素重复试验完全类似，同样的讨论可得双因素无重复试验的方差分析表见表 9-12.

表 9-12

方差来源	平方和	自由度	均方	F 比
因素 A	S_A	$r-1$	$MS_A = \dfrac{S_A}{r-1}$	$F_A = \dfrac{MS_A}{MS_E}$
因素 B	S_B	$s-1$	$MS_B = \dfrac{S_B}{s-1}$	$F_B = \dfrac{MS_B}{MS_E}$
误差	S_E	$(r-1)(s-1)$	$MS_E = \dfrac{S_E}{(r-1)(s-1)}$	
总和	S_T	$rs-1$		

给定显著水平 α，查表可得 $F_\alpha(r-1,(r-1)(s-1))$, $F_\alpha(s-1,(r-1)(s-1))$ 的值. 由一次抽样后所得的子样值算得 F_A, F_B, F_E 的值.

(1) 若 $F_A \geqslant F_\alpha(r-1,(r-1)(s-1))$，则拒绝 H_{01}，即认为因素 A 对试验结果有影响；否则接受 H_{01}，即认为因素 A 对试验结果没有显著影响.

(2) 若 $F_B \geqslant F_\alpha(s-1,(r-1)(s-1))$，则拒绝 H_{02}，即认为因素 B 对试验结果有影响；否则接受 H_{02}，即认为因素 B 对试验结果没有显著影响.

记 $$T_{..} = \sum_{i=1}^{r}\sum_{j=1}^{s} y_{ij},\ T_{i\cdot} = \sum_{j=1}^{s} y_{ij},\ i=1,2,\cdots,r,$$
$$T_{\cdot j} = \sum_{i=1}^{r} y_{ij},\ j=1,2,\cdots,s.$$

表 9-12 中的数据可用下述式子来计算：

$$\left.\begin{aligned} S_T &= \sum_{i=1}^{r}\sum_{j=1}^{s} y_{ij}^2 - \frac{T_{..}^2}{rs}, \\ S_A &= \frac{1}{s}\sum_{i=1}^{r} T_{i\cdot}^2 - \frac{T_{..}^2}{rs}, \\ S_B &= \frac{1}{r}\sum_{i=1}^{r} T_{\cdot j}^2 - \frac{T_{..}^2}{rs}, \\ S_E &= S_T - S_A - S_B. \end{aligned}\right\} \quad (9.25)$$

例 9.4 下面给出了某 5 个不同地点、不同时间空气中的颗粒状物（以 mg/m^3 计）含量的数据，见表 9-13.

表 9-13

		因素 B					$T_{i\cdot}$
		1	2	3	4	5	
因素 A（时间）	1975 年 10 月	76	67	81	56	51	331
	1976 年 1 月	82	69	96	59	70	376
	1976 年 5 月	68	59	67	54	42	290
	1996 年 8 月	63	56	64	58	37	278
$T_{\cdot j}$		289	251	308	227	200	1 275

设本题符合模型式(9.22)中的条件. 试在显著性水平 $\alpha=0.05$ 下检验：在不同时间下颗粒状物含量的均值有无显著差异；在不同地点下颗粒状物含量的均值有无显著差异.

解 按题意需要检验假设式(9.23)、式(9.24). $T_{i\cdot}$，$T_{\cdot j}$ 已算出载于表 9-13 中. 现在 $r=4$，$s=5$. 由式(9.25)得到

$$\begin{cases} S_T = \sum_{i=1}^{r}\sum_{j=1}^{s} y_{ij}^2 - \dfrac{T_{..}^2}{rs} = 76^2 + 67^2 + \cdots + 37^2 - \dfrac{1\,275^2}{20} = 3\,571.75, \\ S_A = \dfrac{1}{s}\sum_{i=1}^{r} T_{i\cdot}^2 - \dfrac{T_{..}^2}{rs} = \dfrac{1}{5}(331^2 + 376^2 + 290^2 + 278^2) - \dfrac{1\,275^2}{20} = 1\,182.95, \\ S_B = \dfrac{1}{r}\sum_{i=1}^{r} T_{\cdot j}^2 - \dfrac{T_{..}^2}{rs} = \dfrac{1}{4}(289^2 + 251^2 + 290^2 + 200^2) - \dfrac{1\,275^2}{20} = 1\,947.50, \\ S_E = S_T - S_A - S_B = 441.30. \end{cases}$$

得方差分析表 9-14.

表 9-14

方差来源	平方和	自由度	均方	F 比
因素 A	$S_A = 1\,182.95$	3	394.32	$F_A = 10.72$
因素 B	$S_B = 1\,947.50$	4	486.88	$F_B = 13.24$
误差	$S_E = 441.30$	12	36.78	
总和	$S_T = 3\,571.75$	19		

由于 $F_{0.05}(3,12) = 3.49 < 10.72$,$F_{0.05}(4,12) = 3.26 < 13.24$,所以在显著性水平 $\alpha = 0.05$ 下,拒绝 H_{01},H_{02},即认为不同时间下或不同地点下的颗粒状物含量的均值有显著差异,即认为在本例中,时间和地点对颗粒状物含量的影响均为显著.

第三节 一元线性回归分析

在现实世界中存在着大量这样的情况:两个或多个变量之间有一些联系,但这种联系并没有确切到可以严格地互相决定的程度. 例如,人的身高 x 与体重 y 有联系,一般表现为 x 大时,相应地 y 也大,但由 x 的取值并不能严格地决定 y 的取值. 再如,一种农作物的亩产量 y 与其播种量 x_1 及施肥量 x_2 均有联系,但 x_1,x_2 的取值也不能严格地决定 y 的取值.

回归分析是一种处理变量的统计相关关系的数理统计方法. 回归分析的基本思想是,虽然自变量和因变量之间没有严格的、确定性的函数关系,但可以设法找出最能代表它们之间关系的数学表达形式.

回归分析有很广泛的应用,例如试验数据的一般处理、经验公式的求得、因素分析、产品质量的控制、气象及地震预报、自动控制中数学模型的制定等. 本节将介绍一元线性回归分析.

一、回归分析的概念

一切事物都是相互联系和具有内部规律的. 这些关系表现在量上,主要有两种类型:一是变量之间存在着完全确定性的关系,最简单和常见的就是微积分中遇到的函数关系;另一类是统计关系或称相关关系. 有时两变量之间虽存在着一定关系,但由其中一个变量的确定值并不能完全得出另一个变量相应的确定值.

回归分析为研究及度量两个或两个以上变量之间相关关系的一种统计方法,是最常用的统计方法之一. 在进行分析、建立数学模型时,常需选择其中之一为**因变量**,而其余的作为**自变量**,然后根据样本资料,研究及测定自变量与因变量之间的关系.

如果变量中的一个变量是人力可控制的、非随机的,简称**控制变量**,另一个变量是随机的,而且随着控制变量的变化而变化的,则这两个变量之间的关系就称作**回归关系**. 在下面的讨论中,都认为自变量是确定性的量,而不管它是随机变量还是控制变量.

由一个或一组非随机变量来估计或预测某一个随机变量的观察值时,所建立的数学模型以及进行的统计分析,叫作**回归分析**. 如果这个数学模型是线性的,称为**线性回归分析**.

二、一元线性回归分析方程

设随机变量 y 与控制变量 x 之间存在着相关关系,反映 y 与 x 之间关系的最重要的数字特征当然是 y 的数学期望与 x 之间的关系,称 $\mu(x) = E(y)$ 为 y 对 x 的**回归函数**. 回归分析的一个重要内容就是估计 $\mu(x) = E(y)$,然后利用估计结果做预测和控制.

为估计 $\mu(x)$,通常指定 x 的 n 个观察值 $x_1, x_2, \cdots, x_n$,做 n 次独立试验,取得 y 的相应的观察值 $y_1, y_2, \cdots, y_n$,再由 n 对数据 $(x_1, y_1), (x_2, y_2), \cdots, (x_n, y_n)$ 来估计 $\mu(x) = E(y)$.

实际中常先用近似作图法描绘 $\mu(x)$ 的图形:将 n 对观察数据 $(x_1, y_1), (x_2, y_2), \cdots, (x_n, y_n)$ 看成 xOy 平面上的 n 个点,并把这些点描在 xOy 平面上,这种图称作**散点图**;然后在平面上引一条直线或曲线,使它最好地与这些散点分布相吻合,即使这些散点最大可能地分布在所引直线或曲线上或其附近,这一直线或曲线就近似地描绘出函数 $y = \mu(x)$ 的图形. 当然这是很粗糙的描述方法,回归分析提供了研究回归函数 $y = \mu(x)$ 的精确的统计推断方法.

本节讨论最简单的但常用的一元正态线性回归分析,这里 y 为正态变量,回归函数 $\mu(x) = \beta_0 + \beta_1 x$ 为 x 的线性函数.

1. 一元线性回归模型

设 y 是可观测的随机变量,x 是一般变量,它们之间存在着如下关系:

$$\left.\begin{array}{l} y = \beta_0 + \beta_1 x + \varepsilon, \\ \varepsilon \sim N(0, \sigma^2). \end{array}\right\} \tag{9.26}$$

其中,未知参数 $\beta_0, \beta_1, \sigma^2$ 不依赖于 x. 称线性函数

$$y = \beta_0 + \beta_1 x$$

为随机变量 y 对 x 的**线性回归函数**;称变量 x 为**回归变量**,β_0, β_1 为**回归系数**.

由模型式(9.26)可知,随机变量 $y \sim N(\beta_0 + \beta_1 x, \sigma^2)$ 依赖于 x 的值. 假设 $x_1, x_2, \cdots, x_n$ 为 x 的任意 n 个值(可以有部分相同的,但假定不完全相同),而 $y_1, y_2, \cdots, y_n$ 分别是 $x_1, x_2, \cdots, x_n$ 处对 y 独立观测的结果,那么 $y_i \sim N(\beta_0 + \beta_1 x_i, \sigma^2)$,$i = 1, \cdots, n$,且相互独立. 由此可得

$$\left.\begin{array}{l} y_i = \beta_0 + \beta_1 x_i + \varepsilon_i, \\ \varepsilon_i \sim N(0, \sigma^2), \end{array} \quad i = 1, 2, \cdots, n.\right\} \tag{9.27}$$

且 $\varepsilon_1, \varepsilon_2, \cdots, \varepsilon_n$ 相互独立.

式(9.26)和式(9.27)都称为**一元正态线性回归模型**. 今后也称 $(y_1, y_2, \cdots, y_n)$ 为取自随机变量 y 的独立的随机样本. 但需注意,$(y_1, y_2, \cdots, y_n)$ 不是简单随机样本,因为 $(y_1, y_2, \cdots, y_n)$ 不是同分布的.

2. 未知参数的估计

采用极大似然估计法来估计线性回归模型中的未知参数. 由式(9.27)知,y_i 的概率密度为

$$f(y_i; \beta_0, \beta_1) = \frac{1}{\sqrt{2\pi}\sigma} \exp\left\{-\frac{1}{2\sigma^2}(y_i - \beta_0 - \beta_1 x_i)^2\right\}, \quad i = 1, \cdots, n.$$

故似然函数为

$$L(y_1, y_2, \cdots, y_n; \beta_0, \beta_1) = \prod_{i=1}^{n} f(y_i; \beta_0, \beta_1)$$
$$= (2\pi\sigma^2)^{-\frac{n}{2}} \exp\left\{-\frac{1}{2\sigma^2}\sum_{i=1}^{n}(y_i - \beta_0 - \beta_1 x_i)^2\right\},$$

于是

$$\ln L = -\frac{n}{2}\ln(2\pi\sigma^2) - \frac{1}{2\sigma^2}\sum_{i=1}^{n}(y_i - \beta_0 - \beta_1 x_i)^2.$$

令

$$\left.\begin{array}{l}\dfrac{\partial \ln L}{\partial \beta_0} = \dfrac{1}{\sigma^2}\sum_{i=1}^{n}(y_i - \beta_0 - \beta_1 x_i) = 0, \\ \dfrac{\partial \ln L}{\partial \beta_1} = \dfrac{1}{\sigma^2}\sum_{i=1}^{n}(y_i - \beta_0 - \beta_1 x_i)x_i = 0,\end{array}\right\} \quad (9.28)$$

则

$$\left.\begin{array}{l}n\beta_0 + n\beta_1 \bar{x} = n\bar{y}, \\ n\beta_0 \bar{x} + \sum_{i=1}^{n}\beta_1 x_i^2 = \sum_{i=1}^{n} x_i y_i.\end{array}\right\} \quad (9.29)$$

称式(9.29)为**正规方程组**. 由式(9.29)解得

$$\left.\begin{array}{l}\hat{\beta}_0 = \bar{y} - \hat{\beta}_1 \bar{x}, \\ \hat{\beta}_1 = \dfrac{\sum_{i=1}^{n}(x_i - \bar{x})(y_i - \bar{y})}{\sum_{i=1}^{n}(x_i - \bar{x})^2}.\end{array}\right\} \quad (9.30)$$

未知参数 σ^2 的似然估计可由似然方程

$$\frac{\partial \ln L}{\partial \sigma^2} = -\frac{n}{2\sigma^2} + \frac{1}{2\sigma^4}\sum_{i=1}^{n}(y_i - \beta_0 - \beta_1 x_i)^2 = 0$$

与式(9.28)联立解出:

$$\hat{\sigma}^2 = \frac{1}{n}\sum_{i=1}^{n}(y_i - \hat{\beta}_0 - \hat{\beta}_1 x_i)^2 \stackrel{\triangle}{=} \frac{1}{n}Q \quad (9.31)$$

其中, $Q = \sum_{i=1}^{n}(y_i - \hat{\beta}_0 - \hat{\beta}_1 x_i)^2$ 称为**残差平方和**, $\hat{\beta}_0, \hat{\beta}_1$ 由式(9.30)确定.

如果把线性回归函数中的系数换成相应的估计值 $\hat{\beta}_0, \hat{\beta}_1$, 则得

$$\hat{y} = \hat{\beta}_0 + \hat{\beta}_1 x$$

称此方程为随机变量 y 对 x 的**经验线性回归方程**, 简称回归方程; 其图形称为**回归直线**. 给定 x_0 后, 称 $\hat{y}_0 = \hat{\beta}_0 + \hat{\beta}_1 x_0$ 为**回归值**(在不同场合也叫**拟合值**、**预测值**). 回归方程式为线性回归函数 $y = \beta_0 + \beta_1 x$ 的估计.

为计算方便, 引入记号

$$L_{xx} = \sum_{i=1}^n (x_i - \bar{x})^2 = \sum_{i=1}^n x_i^2 - n\bar{x}^2,$$
$$L_{xy} = \sum_{i=1}^n (x_i - \bar{x})(y_i - \bar{y}) = \sum_{i=1}^n x_i y_i - n\bar{x}\,\bar{y}, \quad (9.32)$$
$$L_{yy} = \sum_{i=1}^n (y_i - \bar{y})^2 = \sum_{i=1}^n y_i^2 - n\bar{y}^2.$$

利用这些记号,由式(9.30)、式(9.31)可得

$$\hat{\beta}_1 = \frac{L_{xy}}{L_{xx}},$$
$$\hat{\sigma}^2 = \frac{1}{n}(L_{yy} - \hat{\beta}_1 L_{xy}).$$

3. $\hat{\beta}_0$ 和 $\hat{\beta}_1$ 的数学期望与方差 σ^2 的无偏估计

定理 9.5 关于线性回归函数 $y = \beta_0 + \beta_1 x$ 中回归系数的估计 $\hat{\beta}_0$ 和 $\hat{\beta}_1$ 及 σ^2,有下述结论:

(1) $E(\hat{\beta}_1) = \beta_1$,$D(\hat{\beta}_1) = \dfrac{\sigma^2}{L_{xx}}$,从而 $\hat{\beta}_1 \sim N\left(\beta_1, \dfrac{\sigma^2}{L_{xx}}\right)$. (9.33)

(2) $E(\hat{\beta}_0) = \beta_0$,$D(\hat{\beta}_0) = \sigma^2\left(\dfrac{1}{n} + \dfrac{\bar{x}^2}{L_{xx}}\right)$,从而 $\hat{\beta}_0 \sim N\left(\beta_0, \left(\dfrac{1}{n} + \dfrac{\bar{x}^2}{L_{xx}}\right)\sigma^2\right)$. (9.34)

(3) $\mathrm{cov}(\hat{\beta}_0, \hat{\beta}_1) = -\dfrac{\bar{x}}{L_{xx}}\sigma^2$. (9.35)

(4) 对于给定的 x_0,有 $\hat{y}_0 \sim N\left(\beta_0 + \beta_1 x_0, \left(\dfrac{1}{n} + \dfrac{(x_0 - \bar{x})^2}{L_{xx}}\right)\sigma^2\right)$.

注 (1) 由式(9.33)、式(9.34)可知,$\hat{\beta}_0$,$\hat{\beta}_1$ 分别是 β_0,β_1 的无偏估计,且它们波动的大小(即方差)不仅与随机变量 y 的方差 σ^2 有关,而且还与回归变量 x 的取值的分散程度有关. 如果 x 的取值的分散程度较大(即 L_{xx} 较大),那么它们的波动就比较小,也就是估计比较精确;反之,若 x 在一个比较小的范围内取值,那么对 β_0,β_1 的估计 $\hat{\beta}_0$,$\hat{\beta}_1$ 就不会很精确.

(2) 由式(9.34)可知,观测数据的个数 n 越大,$D(\hat{\beta}_0)$ 越小,这些对安排试验都有一定的指导意义.

(3) 对于给定的 x_0,$\hat{y}_0$ 是 $E(y_0) = \beta_0 + \beta_1 x_0$ 的无偏估计.

(4) 由式(9.35)可知,除 $\bar{x}$ 等于零外,$\hat{\beta}_0$,$\hat{\beta}_1$ 是线性相关的.

(5) 但 $\hat{\sigma}^2 = \dfrac{1}{n}(L_{yy} - \hat{\beta}_1 L_{xy})$ 不是 σ^2 的无偏估计,而它的修正量 $S^2 = \dfrac{n}{n-2}\hat{\sigma}^2$ 才是 σ^2 的无偏估计. 在实际中常用 S^2 去估计 σ^2.

例 9.5 在一段时间内,分 5 次测得某种商品的价格 x(单位:万元)和需求量 y(单位:t)之间的一组数据如下:

	1	2	3	4	5
价格 x	1.4	1.6	1.8	2	2.2
需求量 y	12	10	7	5	3

已知 $\sum_{i=1}^{5} x_i y_i = 62, \sum_{i=1}^{5} x_i^2 = 16.6.$

(1) 画出散点图.

(2) 求出 y 对 x 的回归方程.

(3) 如价格定为 1.9 万元, 预测需求量大约是多少(精确到 0.01 t)?

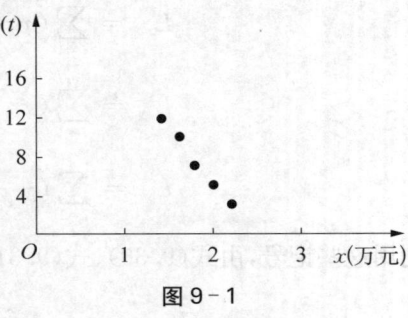

图 9-1

解 (1) 散点图如图 9-1 所示.

(2) 这里 $n = 5$. 因为

$$\bar{x} = \frac{1}{n} \sum_{i=1}^{n} x_i = \frac{1}{5} \times (1.4 + 1.6 + 1.8 + 2 + 2.2) = \frac{1}{5} \times 9 = 1.8,$$

$$\bar{y} = \frac{1}{n} \sum_{i=1}^{n} y_i = \frac{1}{5} \times (12 + 10 + 7 + 5 + 3) = \frac{1}{5} \times 37 = 7.4,$$

$$\sum_{i=1}^{n} x_i y_i = 1.4 \times 12 + 1.6 \times 10 + 1.8 \times 7 + 2 \times 5 + 2.2 \times 3 = 62,$$

$$\sum_{i=1}^{n} x_i^2 = 1.4^2 + 1.6^2 + 1.8^2 + 2^2 + 2.2^2 = 16.6,$$

故

$$L_{xx} = \sum_{i=1}^{n} (x_i - \bar{x})^2 = \sum_{i=1}^{n} x_i^2 - n(\bar{x})^2 = 16.6 - 5 \times 1.8^2 = 0.4,$$

$$L_{xy} = \sum_{i=1}^{n} (x_i - \bar{x})(y_i - \bar{y}) = \sum_{i=1}^{n} x_i y_i - n \bar{x} \bar{y} = 62 - 5 \times 1.8 \times 7.4 = -4.6,$$

$$\hat{\beta}_1 = \frac{L_{xy}}{L_{xx}} = \frac{-4.6}{0.4} = -11.5, \quad \hat{\beta}_0 = \bar{y} - \hat{\beta}_1 \bar{x} = 7.4 - (-11.5) \times 1.8 = 28.1.$$

于是 y 对 x 的回归方程为 $\hat{y} = \hat{\beta}_0 + \hat{\beta}_1 x = 28.1 - 11.5 x.$

(3) 当价格定为 1.9 万元, 即 $x = 1.9$ 时, 由回归方程可预测需求量大约为

$$\hat{y} = 28.1 - 11.5 \times 1.9 = 6.25 (\text{t}).$$

三、回归方程的显著性检验

从回归系数的似然估计可以看出, 对任意给出的 n 对数据 (x_i, y_i) 都可以求出 $\hat{\beta}_0, \hat{\beta}_1$, 从而给出回归方程 $\hat{y} = \hat{\beta}_0 + \hat{\beta}_1 x$, 但是这样给出的回归方程不一定有意义.

对回归方程是否有意义做判断就是要做出如下的显著性检验:

$$H_0 : \beta_1 = 0 \quad H_0 : \beta_1 \neq 0.$$

拒绝 $H_0 : \beta_1 = 0$ 表示回归方程显著. 在一元回归方程中有三种等价的检验方法, 使用其中任何一种即可. 下面分别加以介绍.

1. F 检验

采用方差分析的思想, 从数据出发研究各 y_i 不同的原因. 首先引入记号:

记 $\hat{y}_i = \hat{\beta}_0 + \hat{\beta}_1 x_i$ 称为**回归值**, $y_i - \hat{y}_i$ 称为**残差**. 数据总的波动用**总偏差平方和**

$$S_T = \sum_{i=1}^{n}(y_i - \bar{y})^2 = L_{yy}$$

表示,引起 y_i 不同的原因主要有两个因素:其一是 $H_0: \beta_1 = 0$ 可能不真,$E(y) = \beta_0 + \beta_1 x$ 随 x 的变化而变化,从而在不同的 x 的观察值处的回归值不同,其波动用回归平方和

$$S_R = \sum_{i=1}^{n}(\hat{y}_i - \bar{y})^2$$

来表示;其二是其他一切因素,包括随机误差、x 对 $E(y)$ 的非线性影响等,这样在得到回归值以后,y 的观测值与回归值之间还有差距,这可用残差平方和

$$S_E = \sum_{i=1}^{n}(y_i - \hat{y}_i)^2$$

来表示. 注意到 $\hat{\beta}_0, \hat{\beta}_1$ 满足正规方程组

$$\begin{cases} n\beta_0 + n\beta_1 \bar{x} = n\bar{y}, \\ n\beta_0 \bar{x} + \sum_{i=1}^{n}\beta_1 x_i^2 = \sum_{i=1}^{n} x_i y_i. \end{cases}$$

利用

$$\hat{y}_i = \hat{\beta}_0 + \hat{\beta}_1 x_i = (\bar{y} - \hat{\beta}_1 \bar{x}) + \hat{\beta}_1 x_i = \bar{y} + \hat{\beta}_1(x_i - \bar{x}),$$

于是有

$$\begin{aligned} S_T &= \sum_{i=1}^{n}(y_i - \bar{y})^2 = \sum_{i=1}^{n}[(y_i - \hat{y}_i) + (\hat{y}_i - \bar{y})]^2 \\ &= \sum_{i=1}^{n}(y_i - \hat{y}_i)^2 + \sum_{i=1}^{n}(\hat{y}_i - \bar{y})^2 = S_E + S_R. \end{aligned} \tag{9.36}$$

称式(9.36)为一元线性回归的**平方和分解式**. 关于 S_R, S_E 所含有的成分,可由如下定理说明.

定理 9.6 在一元线性回归场合下的平方和分解式 $S_T = S_E + S_R$ 中:
(1) $E(S_R) = \sigma^2 + \beta_1^2 L_{xx}$;(2) $E(S_E) = (n-2)\sigma^2$.
进一步讲,有关 S_R, S_E 的分布,有如下的定理.

定理 9.7 (1) $\dfrac{S_E}{\sigma^2} \sim \chi^2(n-2)$.

(2) 若 H_0 成立,则有 $\dfrac{S_R}{\sigma^2} \sim \chi^2(1)$.

(3) S_R 与 S_E 相互独立(或 $\hat{\beta}_1$ 与 $S_E, \bar{y}$ 相互独立).
如同方差分析那样,可以考虑采用 F 作为统计量:

$$F = \frac{S_R}{S_E/(n-2)}.$$

在 $H_0: \beta_1 = 0$ 成立时,$F = \dfrac{S_R}{S_E/(n-2)} = \dfrac{\dfrac{S_R}{\sigma^2}}{\dfrac{S_E}{\sigma^2}/(n-2)} \sim F(1, n-2)$.

其中，$f_R = 1$，$f_E = n-2$. 给定显著性水平 α，拒绝域为 $F > F_\alpha(1, n-2)$.

例9.6 由专业知识知道，合金的强度 y(单位：$\times 10^7$ Pa) 与合金中碳的含量 x(单位：%) 有关. 为了生产强度满足用户需要的合金，在冶炼时如何控制碳的含量？能否预测这炉合金的强度？为了解决这个问题，就需要研究两个变量之间的关系. 首先是收集数据，把收集到的数据记录为 (x_i, y_i)，$i = 1, 2, \cdots, n$. 本例中收集了 12 组数据，列于表 9-15.

表 9-15

序号	x(%)	y($\times 10^7$ Pa)	序号	x(%)	y($\times 10^7$ Pa)
1	0.10	42.0	7	0.16	49.0
2	0.11	43.0	8	0.17	53.0
3	0.12	45.0	9	0.18	50.0
4	0.13	45.0	10	0.20	55.0
5	0.14	45.0	11	0.21	55.0
6	0.15	47.5	12	0.23	60.0

为了找出两个变量之间的回归函数的形式，可以画一张散点图（图略）：把每一对数 (x_i, y_i)，$i = 1, 2, \cdots, n$ 看成直角坐标系中的一个点，在图上画 n 个点. 从散点图可以发现 12 个点基本上在一条直线附近，这说明两个变量之间有一个线性相关关系，若记 y 轴方向上的误差为 ε，这个关系式可以表示为 $y = \beta_0 + \beta_1 x + \varepsilon$，这便是 y 关于 x 的一元线性回归的数据结构式. 这里总假定 x 为一般的变量，是非随机变量，其值是可以精确测量或严格控制的，β_0，β_1 为未知参数，通常假定

$$E(\varepsilon) = 0, \quad Var(\varepsilon) = \sigma^2,$$

在对未知参数做区间估计或假设检验时，还需要假定随机误差服从正态分布，即

$$y \sim N(\beta_0 + \beta_1 x, \sigma^2).$$

由于 β_0，β_1 未知，需要从收集到的数据 (x_i, y_i)，$i = 1, 2, \cdots, n$ 出发进行估计. 在收集数据时，一般要求观察独立地进行，即假定 $y_1, y_2, \cdots, y_n$ 相互独立，综合上述诸项假定，本例就对应一个最简单、常用的一元线性回归模型：

$$\begin{cases} y_i = \beta_0 + \beta_1 x_i + \varepsilon_i, \\ \varepsilon_i \sim N(0, \sigma^2), \end{cases} \quad i = 1, 2, \cdots, n.$$

（1）下面列表估计 β_0，β_1（表 9-16）.

表 9-16

$\sum\limits_{i=1}^{n} x_i = 1.90$	$n = 12$	$\sum\limits_{i=1}^{n} y_i = 590.5$
$\bar{x} = 0.1583$		$\bar{y} = 49.2083$
$\sum\limits_{i=1}^{n} x_i^2 = 0.3194$	$\sum\limits_{i=1}^{n} x_i y_i = 95.9250$	$\sum\limits_{i=1}^{n} y_i^2 = 29392.75$

(续表)

$n\bar{x}^2 = 0.3008$	$n\bar{x}\bar{y} = 93.4958$	$n\bar{y}^2 = 29057.52$
$L_{xx} = 0.0186$	$L_{xy} = 2.4292$	$L_{yy} = 335.23$

$$\hat{\beta}_1 = \frac{L_{xy}}{L_{xx}} = 130.6$$

$$\hat{\beta}_0 = \bar{y} - \hat{\beta}_1 \bar{x} = 28.53$$

由此给出回归方程为 $\hat{y} = 28.53 + 130.60x$.

(2) 回归方程显著性的假设检验. 经计算,

$$S_R = \hat{\beta}_1^2 L_{xx} = 130.60^2 \times 0.0186 = 317.26, f_R = 1;$$
$$S_T = L_{yy} = 335.23, f_T = 11.$$
$$S_E = S_T - S_R = 335.23 - 317.26 = 17.97, f_E = 10.$$

下面列出用于假设检验的方差分析表(表 9-17).

表 9-17

来源	平方和	自由度	均方和	F 比
回归	$S_R = 317.26$	$f_R = 1$	$MS_R = 317.62$	176.55
残差	$S_E = 17.97$	$f_E = 10$	$MS_E = 1.797$	
总计	$S_T = 335.23$	$f_T = 11$		

若取 $\alpha = 0.01$,则 $F_\alpha(1, n-2) = F_{0.01}(1, 10) = 10.04$. 由于 $F = 176.55 > 10.4$,因此在显著性水平 $\alpha = 0.01$ 下回归方程是显著的.

2. t 检验

对 $H_0: \beta_1 = 0$ 和 $H_1: \beta_1 \neq 0$ 的检验也可基于 t 分布进行.

由于 $\hat{\beta}_1 \sim N\left(\beta_1, \frac{\sigma^2}{L_{xx}}\right)$, $\frac{S_E}{\sigma^2} \sim \chi^2(n-2)$,且 $\hat{\beta}_1$ 与 $\frac{S_E}{\sigma^2}$ 相互独立,故在 H_0 为真时,有

$$t = \frac{\hat{\beta}_1}{\hat{\sigma}/\sqrt{L_{xx}}} \sim t(n-2). \tag{9.37}$$

其中,$\hat{\sigma} = \sqrt{S_E/(n-2)}$,由于 $\sigma_{\hat{\beta}_1} = \sigma/\sqrt{L_{xx}}$,故称 $\hat{\sigma}_{\hat{\beta}_1} = \hat{\sigma}/\sqrt{L_{xx}}$ 为 $\hat{\beta}_1$ 的标准误差,即 $\hat{\beta}_1$ 的标准差的估计. 式(9.37) 表示的 t 统计量可以用来检验假设 $H_0: \beta_1 = 0$ 和 $H_1: \beta_1 \neq 0$,对给定的显著性水平 α,拒绝域为

$$W = \{t \mid |t| > t_\alpha(n-2)\}$$

注意到 $t^2 = F$,因此 t 检验与 F 检验是等同的. 比如对本例,若使用 t 检验可算得 $t = \frac{130.6022}{\sqrt{1.7970/0.0186}} = 13.2872$,若取 $\alpha = 0.01$ 则 $t_\alpha(n-2) = t_{0.01}(10) = 3.169$. 由于 $t = 13.2872 > 3.169$,因此在显著性水平 $\alpha = 0.01$ 下回归方程是显著的.

3. 相关系数检验

当一元线性回归方程是反映两个随机变量 x 与 y 间的线性相关关系时,它的显著性检验还可以通过二维总体相关系数 ρ 的检验来进行.它的一对假设是

$$H_0:\rho = 0 \text{ 和 } H_1:\rho \neq 0. \tag{9.38}$$

所用的检验统计量为样本相关系数

$$r = \frac{L_{xy}}{\sqrt{L_{xx}}\sqrt{L_{yy}}}.$$

其中,(x_i, y_i),$i = 1, 2, \cdots, n$ 是容量为 n 的二维样本.利用施瓦茨不等式可以证明:样本相关系数也满足 $|r| \leqslant 1$,其中等号成立的条件是存在两个数 a, b,使得对 $i = 1, 2, \cdots, n$,有 $y_i = a + bx_i$.

由此可见,n 个点 (x_i, y_i),$i = 1, 2, \cdots, n$ 在散布图上的位置与样本相关系数 r 有关.

(1) $r = \pm 1$,n 个点完全在一条上升或下降的直线上.
(2) $r > 0$,当 x 增加时,y 有线性增加趋势,此时称**正相关**.
(3) $r < 0$,当 x 增加时,y 反而有线性减少趋势,此时称**负相关**.
(4) $r = 0$,n 个点可能毫无规律,也可能呈某种曲线趋势,此时称**不相关**.

根据样本相关系数的上述性质,假设式(9.38)中原假设 $H_0:\rho = 0$ 的拒绝域为

$$W = \{r \mid |r| \geqslant c\},$$

其中的临界值 c 可由 $H_0:\rho = 0$ 成立时样本相关系数的分布给出,该分布与自由度 $n-2$ 有关.对给定的显著性水平 α,由 $P(W) = P\{|r| \geqslant c\} = \alpha$ 可知,临界值 c 应是 $H_0:\rho = 0$ 成立下 $|r|$ 的双侧 α 分位数,记为 $c = r_\alpha(n-2)$.

其实可以用 F 分布来确定临界值 c.由样本相关系数的定义可知统计量 r,F 间的关系:

$$r^2 = \frac{L_{xy}^2}{L_{xx}L_{yy}} = \frac{[L_{xy}/L_{xx}]^2 L_{xx}}{L_{yy}} = \frac{\hat{\beta}_1^2 L_{xx}}{L_{yy}} = \frac{S_R}{S_T} = \frac{S_R}{S_R + S_E} = \frac{S_R/S_E}{S_R/S_E + 1}. \tag{9.39}$$

而

$$F = \frac{MS_R}{MS_E} = \frac{S_R/1}{S_E/(n-2)} = \frac{(n-2)S_R}{S_E}, \tag{9.40}$$

综合式(9.39)与式(9.40),可得

$$r^2 = \frac{F}{F + (n-2)}. \tag{9.41}$$

式(9.41)表明,$|r|$ 是 F 的严格单调增函数,故可由 F 分布的上侧 α 分位数 $F_\alpha(1, n-1)$ 得到 $|r|$ 的上侧 α 分位数为

$$c = r_\alpha(n-2) = \sqrt{\frac{F_\alpha(1, n-2)}{F_\alpha(1, n-2) + 1}}.$$

比如:$\alpha = 0.01$,$n = 12$,查表知 $F_\alpha(1, n-2) = F_{0.01}(10) = 10.04$,于是

$$r_\alpha(n-2) = r_{0.01}(10) = \sqrt{\frac{10.04}{10.04 + 1}} = 0.708.$$

为方便实际使用,人们已对 $r_\alpha(n-2)$ 编制了专门的表.仍以例 9.6 为例,可以计算得到

$$r = \frac{L_{xy}}{\sqrt{L_{xx}L_{yy}}} = \frac{2.429\,2}{\sqrt{0.018\,6 \times 335.23}} = 0.972\,8.$$

若取 $\alpha = 0.01$,由附表 7,查得 $r_{0.01}(10) = 0.708$. 由于 $r_{0.01}(10) > 0.708$,因此在显著性水平 $\alpha = 0.01$ 下回归方程是显著的.

四、估计与预测

1. 预测 y 的值

回归方程的一个重要应用是,对于给定的点 $x = x_0$,可以一定的置信度预测对应的 y 的观测值的取值范围,即所谓**预测区间**,预测区间的求法如下.

设 y_0 是在 $x = x_0$ 处对随机变量 y 的观察结果,则它满足

$$y_0 = \beta_0 + \beta_1 x_0 + \varepsilon_0, \quad \varepsilon_0 \sim N(0, \sigma^2).$$

可以取 x_0 处的回归值 $\hat{y}_0 = \hat{\beta}_0 + \hat{\beta}_1 x_0$ 作为 $y_0 = \beta_0 + \beta_1 x_0 + \varepsilon_0$ 的预测值,得到

$$t = \frac{y_0 - \hat{y}_0}{\hat{\sigma}\sqrt{1 + \frac{1}{n} + \frac{(x_0 - \bar{x})^2}{L_{xx}}}} \sim t(n-2).$$

因此,对给定的显著性水平 α,有

$$P\left\{ \frac{|y_0 - \hat{y}_0|}{\hat{\sigma}\sqrt{1 + \frac{1}{n} + \frac{(x_0 - \bar{x})^2}{L_{xx}}}} < t_\alpha(n-2) \right\} = 1 - \alpha,$$

或

$$P\left\{ \hat{y}_0 - t_\alpha(n-2)\hat{\sigma}\sqrt{1 + \frac{1}{n} + \frac{(x_0 - \bar{x})^2}{L_{xx}}} < y_0 < \hat{y}_0 + t_\alpha(n-2)\hat{\sigma}\sqrt{1 + \frac{1}{n} + \frac{(x_0 - \bar{x})^2}{L_{xx}}} \right\} = 1 - \alpha.$$

区间

$$\left(\hat{y}_0 - t_\alpha(n-2)\hat{\sigma}\sqrt{1 + \frac{1}{n} + \frac{(x_0 - \bar{x})^2}{L_{xx}}},\ \hat{y}_0 + t_\alpha(n-2)\hat{\sigma}\sqrt{1 + \frac{1}{n} + \frac{(x_0 - \bar{x})^2}{L_{xx}}} \right)$$

(9.42)

称为 y_0 的**置信度为 $1-\alpha$ 的预测区间**. 由此可见,预测区间与置信区间的意义相似,只是后者是对未知参数而言,而前者是对随机变量而言.

由式(9.42)知,预测区间的长度与样本容量 n, x 的偏差平方和 L_{xx}, x_0 到 $\bar{x}$ 的距离 $|x_0 - \bar{x}|$ 都有关系. 对于给定的置信度 $1 - \alpha$ 而言,当 x_0 愈靠近 $\bar{x}$,预测区间的宽度就愈窄,预测就愈精密. 另外,若 $x_1, \cdots, x_n$ 较为集中时,那么 L_{xx} 就会较小,也会导致预测精度降低. 因此,在收集数据时,要使 $x_1, \cdots, x_n$ 尽量分散,这对提高精度有利. 由此可见,在 $x = \bar{x}$ 处预测区间最短,远离 $\bar{x}$ 的预测区间愈来愈长,呈喇叭状. 记

$$\delta(x_0) = t_\alpha(n-2)\hat{\sigma}\sqrt{1 + \frac{1}{n} + \frac{(x_0 - \bar{x})^2}{L_{xx}}},$$

则上述预测区间可写成

$$(\hat{y}_0(x_0) - \delta(x_0), \ \hat{y}_0(x_0) + \delta(x_0)). \tag{9.43}$$

对于给定的样本观察值,作出曲线 $y_1(x) = \hat{y}(x) - \delta(x)$ 和 $y_2(x) = \hat{y}(x) + \delta(x)$,则这两条曲线形成包含回归直线 $\hat{y} = \hat{\beta}_0 + \hat{\beta}_1 x$ 的带域,这一带域在 $x = \bar{x}$ 处最窄.

例 9.7 求例 9.6 中碳含量 $x_0 = 0.16$ 时合金钢强度 y_0 的预测区间(取 $1 - \alpha = 0.95$).

解 由例 9.6,合金钢强度 y 对碳含量 x 的回归方程为 $\hat{y} = 28.53 + 130.60x$,将 $x_0 = 0.16$ 代入上式,得预测值 $\hat{y}_0 = 28.5364 + 130.6022 \times 0.16 = 49.4328$.

查表得 $t_\alpha(n-2) = t_{0.05}(10) = 2.2281$,又 $\hat{\sigma} = \sqrt{\dfrac{S_E}{n-2}} = \sqrt{\dfrac{17.9703}{12-2}} = 1.3405$,

$$\delta = t_\alpha(n-2)\hat{\sigma}\sqrt{1 + \frac{1}{n} + \frac{(x_0 - \bar{x})^2}{L_{xx}}}$$

$$= 2.2281 \times 1.3405 \times \sqrt{1 + \frac{1}{12} + \frac{(0.16 - 0.19)^2}{0.0186}} = 3.18.$$

故由式(9.42)可算得,当 $x_0 = 0.16$ 时,y_0 的置信度为 0.95 的预测区间为

$$(49.43 - 3.18, \ 49.43 + 3.18) = (46.25, \ 52.61).$$

2. $E(y_0)$ 的估计

在 $x = x_0$ 时,其对应的因变量 y_0 是一个随机变量,有一个分布,经常需要对该分布的均值给出估计. 该分布的均值 $E(y_0) = \beta_0 + \beta_1 x_0$,因此一个直观的估计应为

$$\hat{E}(y_0) = \hat{\beta}_0 + \hat{\beta}_1 x_0.$$

为简单起见,习惯上将上述估计记为 $\hat{y}_0$[注意,这里的 $\hat{y}_0$ 表示的是 $E(y_0)$ 的估计,而不表示 y_0 的估计,因为 y_0 是随机变量,它是没有估计的]. 由于 $\hat{\beta}_0$,$\hat{\beta}_1$ 分别是 β_0,β_1 的无偏估计,因此 $\hat{y}_0$ 也是 $E(y_0)$ 的估计.

为得到 $E(y_0)$ 的区间估计,需要知道 $\hat{y}_0$ 的分布. 由定理 9.5 可得

$$\hat{y}_0 \sim N\left(\beta_0 + \beta_1 x_0, \ \left[\frac{1}{n} + \frac{(x_0 - \bar{x})^2}{L_{xx}}\right]\sigma^2\right).$$

又由定理 9.7 知,$\dfrac{S_E}{\sigma^2} \sim \chi^2(n-2)$ 且与 $\hat{y}_0 = \bar{y} + \hat{\beta}_1(x_0 - \bar{x})$ 相互独立,则

$$\left.\frac{\hat{y}_0 - E(y_0)}{\sigma\sqrt{\dfrac{1}{n} + \dfrac{(x_0 - \bar{x})^2}{L_{xx}}}} \middle/ \sigma\sqrt{\dfrac{S_E}{n-2}} \right. = \frac{\hat{y}_0 - E(y_0)}{\hat{\sigma}\sqrt{\dfrac{1}{n} + \dfrac{(x_0 - \bar{x})^2}{L_{xx}}}} \sim t(n-2).$$

于是 $E(y_0)$ 的 $1 - \alpha$ 置信区间为

$$(\hat{y}_0(x_0) - \delta_0, \ \hat{y}_0(x_0) + \delta_0). \tag{9.44}$$

其中,$\delta_0 = t_\alpha(n-2)\hat{\sigma}\sqrt{\dfrac{1}{n} + \dfrac{(x_0 - \bar{x})^2}{L_{xx}}}$.

注意,上述 $E(y_0)$ 的 $1 - \alpha$ 置信区间式(9.44)与 y_0 的预测区间式(9.43)的差别就在于根

号里少一个1,计算时要注意这个差别. 这个差别导致置信区间要比预测区间窄一些.

例9.8 求例9.6中碳含量 $x_0 = 0.16$ 时,对应因变量 y_0 的均值 $E(y_0)$ 的 0.95 置信区间.

解 由例9.6,合金钢强度 y 对碳含量 x 的回归方程为 $\hat{y} = 28.53 + 130.60x$,将 $x_0 = 0.16$ 代入式(9.44),得预测值

$$\hat{y}_0 = 28.5364 + 130.6022 \times 0.16 = 49.4328.$$

查表得 $t_\alpha(n-2) = t_{0.05}(10) = 2.2281$,又

$$\hat{\sigma} = \sqrt{\frac{S_E}{n-2}} = \sqrt{\frac{17.9703}{12-2}} = 1.3405,$$

$$\delta_0 = t_\alpha(n-2)\hat{\sigma}\sqrt{\frac{1}{n} + \frac{(x_0 - \bar{x})^2}{L_{xx}}}$$

$$= 2.2281 \times 1.3405 \times \sqrt{\frac{1}{12} + \frac{(0.16-0.19)}{0.0186}} = 1.08.$$

故 $x_0 = 0.16$ 时,y_0 的置信度为 0.95 的置信区间为

$$(49.43 - 1.08, 49.43 + 1.08) = (48.35, 50.51).$$

下面以一个完整的例子把本节内容重新梳理一遍.

例9.9 在动物学研究中,有时需要找出某种动物的体积与重量的关系. 因为动物的重量相对而言容易测量,而测量体积比较困难,因此人们希望用动物的重量去预测其体积. 下面是18只某种动物的体积与重量数据:动物重量被看作自变量,用 x 表示;动物的体积则作为因变量,用 y 表示. 18组数据列于表 9-18 中.

表 9-18

序号	x	y	序号	x	y
1	10.4	10.2	10	15.7	15.7
2	10.5	10.4	11	15.8	15.2
3	11.9	11.6	12	16.0	15.8
4	12.1	11.9	13	16.5	15.9
5	13.8	13.5	14	16.7	16.6
6	15.0	14.5	15	17.1	16.7
7	15.1	14.8	16	17.1	16.7
8	15.1	15.1	17	17.8	17.6
9	15.1	14.5	18	18.4	18.3

解 为能用动物重量估计动物体积,必须建立动物体积 y 关于动物重量 x 的回归方程.

(1) 用这18组数据画出散点图(图略). 从散点图发现18个点基本上在一条直线附近,这说明两个变量之间有一个线性相关关系. 下面求该线性回归方程 $\hat{y} = \hat{\beta}_0 + \hat{\beta}_1 x$.

在对未知参数做区间估计或假设检验时,还需要假定随机误差服从正态分布,即计算过程见表 9-19.

表 9-19

$\sum_{i=1}^{n} x_i = 270.1 \quad n = 18$	$\sum_{i=1}^{n} y_i = 265.0$	
$\bar{x} = 15.0056$	$\bar{y} = 14.7222$	
$\sum_{i=1}^{n} x_i^2 = 4149.39$	$\sum_{i=1}^{n} x_i y_i = 4071.71$	$\sum_{i=1}^{n} y_i^2 = 3996.14$
$n\bar{x}^2 = 4053.0006$	$n\bar{x}\bar{y} = 3976.4722$	$n\bar{y}^2 = 3091.3889$
$L_{xx} = 96.3894$	$L_{xy} = 95.2378$	$L_{yy} = 94.7511$
$\hat{\beta}_1 = \dfrac{L_{xy}}{L_{xx}} = 0.9881$	$\hat{\beta}_0 = \bar{y} - \hat{\beta}_1 \bar{x} = -0.1048$	

由此给出回归方程为 $\hat{y} = -0.1048 + 0.9881x$.

(2) 考虑回归方程的显著性检验.

经计算,$S_R = \hat{\beta}_1^2 L_{xx} = 0.9881^2 \times 96.3894 = 94.1090$,$f_R = 1$;

$$S_T = L_{yy} = 94.7511,\ f_T = 17.$$
$$S_E = S_T - S_R = 0.6421,\ f_E = 16.$$

把诸平方和移入方差分析表中继续计算,具体见表 9-20.

表 9-20

来源	平方和	自由度	均方和	F 比
回归	$S_R = 94.1090$	$f_R = 1$	$MS_R = 94.1090$	2346.9
残差	$S_E = 0.6421$	$f_E = 16$	$MS_E = 0.0401$	
总计	$S_T = 94.7511$	$f_T = 17$		

若取 $\alpha = 0.01$,则 $F_\alpha(1, n-2) = F_{0.01}(1, 16) = 8.53$. 由于 $F = 2346.9 > 8.53$,因此在显著性水平 $\alpha = 0.01$ 下回归方程是显著的.

(3) y_0 的估计值 $\hat{y}_0$,y_0 的预测区间.

如果测得某动物的重量为 $x_0 = 17.6$,则该动物的体积的估计值为 $\hat{y}_0 = -0.1048 + 0.9881 \times 17.6 = 17.2858$. 查表得 $t_\alpha(n-2) = t_{0.05}(16) = 2.120$,又

$$\hat{\sigma} = \sqrt{\dfrac{S_E}{n-2}} = \sqrt{\dfrac{0.6421}{18-2}} = 0.2002,$$

$$\delta_0 = t_\alpha(n-2)\hat{\sigma}\sqrt{1 + \dfrac{1}{n} + \dfrac{(x_0 - \bar{x})^2}{L_{xx}}}$$

$$= 0.2002 \times 2.120 \times \sqrt{1 + \dfrac{1}{18} + \dfrac{(17.6 - 15.0056)^2}{96.3894}} = 0.4776.$$

从而该动物体积的置信度为 0.95 的预测区间为

$$(17.2858 - 0.4776,\ 17.2858 + 0.4776) = (16.8082,\ 17.7634).$$

第四节 一元非线性回归分析

有时回归函数并非是自变量的线性函数,但通过变换可以将之化为线性函数,从而利用一元线性回归对其进行分析,这样的问题是**非线性回归问题**.下面以一个例子说明上述非线性回归的分析步骤.

例 9.10 某地区不同身高的未成年男性的体重平均值见表 9-21.

表 9-21

身高 x(cm)	体重 y(kg)	身高 x(cm)	体重 y(kg)
60	6.13	120	20.92
70	7.90	130	26.36
80	9.99	140	31.11
90	12.15	150	38.85
100	15.02	160	47.25
110	17.50	170	55.05

试建立 y 与 x 之间的回归方程.

解 根据表中的数据画出散点图(图 9-2).

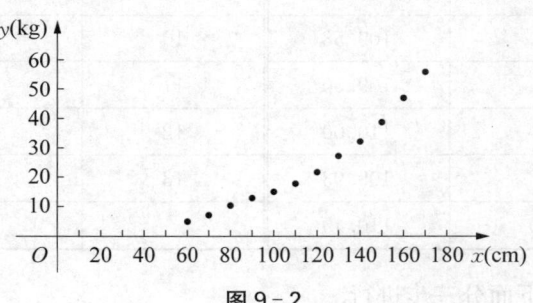

图 9-2

由图看出,样本点分布在某条指数函数曲线 $y = c_1 e^{c_2 x}$ 的周围,于是令 $z = \ln y$,得表 9-22.

表 9-22

x	z	x	z
60	1.81	120	3.04
70	2.07	130	3.29
80	2.30	140	3.44
90	2.50	150	3.66
100	2.71	160	3.86
110	2.86	170	4.01

根据表画出散点图(图9-3).

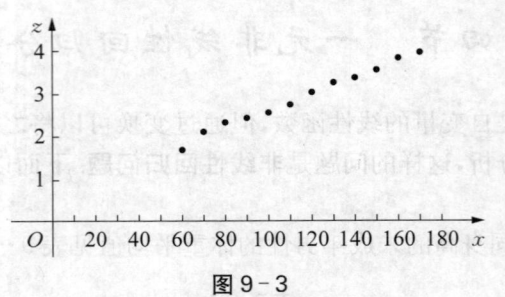

图9-3

从散点图可以看出z与x具有线性相关关系,因此用一元线性回归分析方法,由表9-22中的数据可得z与x之间的回归直线方程$\hat{z} = 0.693 + 0.020x$,所以有$\hat{y} = e^{0.693+0.020x}$.

下面以例9.11更加详尽地介绍一元非线性回归分析的一般解题方法和步骤.

例9.11 炼钢厂出钢水时用的钢包,在使用过程中由于钢水及炉渣对耐火材料的浸蚀,其容积不断增大,现在钢包的容积用盛满钢水时的质量y(单位:kg)表示,相应的试验次数用x表示,相关数据见表9-23.试找出y与x的定量关系表达式.

表9-23

序号	x	y	序号	x	y
1	2	106.42	8	11	110.59
2	3	108.20	9	14	110.60
3	4	109.58	10	15	110.90
4	5	109.50	11	16	110.76
5	7	110.00	12	18	111.00
6	8	109.93	13	19	111.20
7	10	110.49			

为了解决例9.11,下面分三步进行.

(1) 确定可能的函数形式.

为对数据进行分析,首先描出数据散点图(图略),判断两个变量之间可能的函数关系,从散点图可以看到它们并不接近一条直线,用曲线拟合这些点应该是更合适的.这里就涉及如何选择曲线函数形式的问题:如果能由专业知识确定回归函数形式,则应尽可能利用专业知识;若不能由专业知识确定函数形式,可将散点图与一些常见的函数关系的图形进行比较,选择几个可能的函数形式,然后使用统计方法在这些函数形式之间进行比较,最后确定合适的曲线回归方程.为此必须了解常见的函数图形.

在本例中,散点图呈现一个明显的向上且上凸的趋势,可能选择的函数关系有很多,可以给出如下四个曲线函数:

① $\dfrac{1}{y} = a + b/x$;② $y = a + b\ln x$;③ $y = a + b\sqrt{x}$;④ $y - 100 = ae^{-\frac{x}{b}}(b>0)$.

(2) 参数估计.

以式①为例,为了能采用一元线性回归分析方法,做如下的变换:$X = 1/x$,$Y = 1/y$. 则式①的曲线函数就化为如下的直线:$Y = a + bX$.

这是理论回归函数. 对数据而言,回归方程为

$$Y_i = \beta_0 + \beta_1 X_i + \varepsilon_i.$$

于是可用一元线性回归的方法估计出 a,b. 从变换后的数据的散点图不难看出,所有的点近似在一条直线上上下波动,因此建立一元线性回归方程是可行的. 整个计算过程及估计列于表 9-24、表 9-25 中.

表 9-24

$\sum_{i=1}^{n} X_i = 2.05088194$ $\qquad n = 13$

$\sum_{i=1}^{n} Y_i = 0.11826672$

$\overline{X} = 0.15776015$ $\qquad \overline{Y} = 0.00909744$

$\sum_{i=1}^{n} X_i^2 = 0.53721798$ $\qquad \sum_{i=1}^{n} X_i Y_i = 0.01883495$

$n\overline{X}^2 = 0.32354744$ $\qquad n\overline{X}\,\overline{Y} = 0.01865778$

$L_{XX} = 0.21367054$ $\qquad L_{XY} = 0.00017717$

$\hat{\beta}_1 = \dfrac{L_{XY}}{L_{XX}} = 0.00082917$ $\qquad \hat{\beta}_0 = \overline{Y} - \hat{\beta}_1 \overline{X} = 0.00896663$

$\hat{y} = \dfrac{x}{0.00082917 + 0.00896663 x}$

表 9-25

x	y	$X=1/x$	$Y=1/y$	X^2	XY
2	106.42	0.500 000	0.009 397	0.250 000	0.004 698
3	108.20	0.333 333	0.009 242	0.111 111	0.003 081
4	109.58	0.250 000	0.009 126	0.062 500	0.002 281
5	109.50	0.200 000	0.009 132	0.040 000	0.001 826
7	110.00	0.142 857	0.009 091	0.020 408	0.001 299
8	109.93	0.125 000	0.009 097	0.015 625	0.001 137
10	110.49	0.100 000	0.009 051	0.010 000	0.000 905
11	110.59	0.090 909	0.009 042	0.008 264	0.000 822
14	110.60	0.071 429	0.009 042	0.005 102	0.000 646
15	110.90	0.066 667	0.009 017	0.004 444	0.000 601

(续表)

x	y	$X=1/x$	$Y=1/y$	X^2	XY
16	110.76	0.062 500	0.009 029	0.003 906	0.000 564
18	111.00	0.055 556	0.009 009	0.003 086	0.000 501
19	111.20	0.052 632	0.008 993	0.002 770	0.000 473
	合计	2.050 881 94	0.118 266 72	0.537 217 98	0.018 834 95
	均值	0.157 760 15	0.009 097 44		

用类似的方法可以得出其他三个曲线回归方程,它们分别是:

$$\hat{y} = 106.314\ 7 + 3.946 \ln x;$$
$$\hat{y} = 106.301\ 3 + 1.194\ 7\sqrt{x};$$
$$\hat{y} = 100 + 11.750\ 6 e^{-1.125\ 6x}.$$

上面得到了四个曲线回归方程,在这四个曲线回归方程中判断哪一个更好一点,通常可以采用如下两个指标进行选择.

(1) **决定系数** R^2. 类似于一元线性回归方程中相关系数,决定系数定义为

$$R^2 = 1 - \frac{\sum_{i=1}^{n}(y_i - \hat{y}_i)^2}{\sum_{i=1}^{n}(y_i - \bar{y})^2}.$$

R^2 越大,说明残差越小,回归曲线拟合得越好,R^2 从总体上给出了拟合好坏程度的度量.

(2) **剩余标准差** s. 类似于一元线性回归中标准差的估计公式,此剩余标准差可用残差平方和来获得,即

$$s = \sqrt{\frac{\sum_{i=1}^{n}(y_i - \hat{y}_i)^2}{n-2}}.$$

s 为诸观测点 y_i 与由曲线给出的拟合值 $\hat{y}_i$ 间的平均偏离程度的度量,s 越小,方程越好. 在观测数据给定后,不同的曲线选择不会影响 $\sum_{i=1}^{n}(y_i - \bar{y})^2$ 的取值,但会影响到残差平方和 $\sum_{i=1}^{n}(y_i - \hat{y}_i)^2$ 的取值. 因此对选择的曲线而言,决定系数和剩余标准差都取决于残差平方和 $\sum_{i=1}^{n}(y_i - \hat{y}_i)^2$,从而两种选择准则是一致的,只是从不同的侧面做出评价.

表 9-26 给出第一个曲线回归方程的残差平方和的计算过程,由于 $n=13$,$\sum_{i=1}^{13}(y_i - \hat{y}_i)^2$,故其决定系数及其剩余标准差分别为

$$R^2 = 1 - \frac{\sum_{i=1}^{13}(y_i - \hat{y}_i)^2}{\sum_{i=1}^{13}(y_i - \bar{y})^2} = 1 - \frac{0.5743}{21.2105} = 0.9729,$$

$$s = \sqrt{\frac{\sum_{i=1}^{13}(y_i - \hat{y}_i)^2}{n-2}} = \sqrt{\frac{0.5743}{13-2}} = 0.2285.$$

表 9-26

y_i	$\hat{y}_i$	$\hat{e}_i = y_i - \hat{y}_i$	$\hat{e}_i^2$	y_i	$\hat{y}_i$	$\hat{e}_i = y_i - \hat{y}_i$	$\hat{e}_i^2$
106.42	106.596	−0.176 001	0.030 976	110.59	110.595	−0.004 890	0.000 024
108.20	108.190	0.010 252	0.000 105	110.60	110.793	−0.192 810	0.037 176
109.58	109.005	0.575 373	0.331 054	110.90	110.841	0.508 701	0.003 446
109.50	109.499	0.000 526	0.000 000	110.76	110.884	−0.123 761	0.015 317
110.00	110.071	−0.070 543	0.004 976	111.00	110.955	0.045 397	0.002 061
109.93	110.250	−0.320 225	0.102 544	111.20	110.984	0.215 541	0.046 458
110.49	110.503	−0.012 769	0.000 163				

其他三个方程的决定系数及其剩余标准差可同样计算,将它们列在表 9-27 中.

表 9-27

模型编号	1	2	3	4
R^2	0.972 9	0.877 3	0.785 1	0.962 3
s	0.228 5	0.486 4	0.643 7	0.269 6

从表 9-27 可以看出,第一个曲线方程的决定系数最大,剩余标准差最小,在这四个曲线回归方程中,不论哪个标准,都是第一个方程拟合得最好. 因此近似的比较好的定量关系式就是 $\hat{y} = \dfrac{x}{0.000\,829\,17 + 0.008\,966\,63x}$.

第五节 多元线性回归分析

多元回归分析是研究多个变量之间关系的回归分析方法. 按因变量和自变量的数量对应关系,可划分为一个因变量对多个自变量的回归分析(简称为"一对多"回归分析)及多个因变量对多个自变量的回归分析(简称为"多对多"回归分析);按回归模型类型,可划分为线性回归分析和非线性回归分析. 限于篇幅,本节仅研究"一对多"回归分析,今后简称回归分析.

一、线性回归分析的数学模型

1. 多元线性回归模型的相关概念

在实际问题中,随机变量 y 往往与多个普通变量 $x_1, x_2, \cdots, x_p(p>1)$ 有关. 对于自变量 $x_1, x_2, \cdots, x_p$ 的一组确定的值,y 有它的分布. 若 y 的数学期望存在,则它是 $x_1, x_2, \cdots, x_p$ 的函数,记为 $E(y) = \mu(x_1, x_2, \cdots, x_p)$,它就是 y 关于 $x_1, x_2, \cdots, x_p$ 的回归. 令人感兴趣的是 $E(y) = \mu(x_1, x_2, \cdots, x_p)$ 是 $x_1, x_2, \cdots, x_p$ 的线性函数的情况.

设随机变量 y 与 p 个自变量 $x_1, x_2, \cdots, x_p$ 存在线性关系

$$y = \beta_0 + \beta_1 x_1 + \cdots + \beta_p x_p + \varepsilon, \tag{9.45}$$

其中,$\beta_0, \beta_1, \cdots, \beta_p, \sigma^2$ 都是与 $x_1, x_2, \cdots, x_p$ 无关的未知参数,ε 仍为随机误差.

式(9.45)称为回归方程,β_0 称为**常数项**或**截距**,β_k 称为 y 对 x_k 的回归系数或偏回归系数. 其中,$x_1, x_2, \cdots, x_p$ 称为解释变量或自变量,y 称为被解释变量或因变量,误差项 ε 解释了因变量的变动中不能完全被自变量所解释的部分.

设有 n 组样本观测数据

$$(x_{11}, x_{12}, \cdots, x_{1p}, y_1), \cdots, (x_{n1}, x_{n2}, \cdots, x_{np}, y_n),$$

其中,x_{ij} 表示 x_j 在第 i 次的估观测值($i = 1, 2, \cdots, n; j = 1, 2, \cdots, p$). 于是有

$$\left.\begin{array}{l} y_1 = \beta_0 + \beta_1 x_{11} + \beta_2 x_{12} + \cdots + \beta_p x_{1p} + \varepsilon_1, \\ y_2 = \beta_0 + \beta_1 x_{21} + \beta_2 x_{22} + \cdots + \beta_p x_{2p} + \varepsilon_2, \\ \vdots \\ y_n = \beta_0 + \beta_1 x_{n1} + \beta_2 x_{n2} + \cdots + \beta_p x_{np} + \varepsilon_n. \end{array}\right\} \tag{9.46}$$

式(9.46)称为**一对多(p)元总体线性回归的数学模型**,或**多(p)元随机总体线性回归函数**,简称**多元线性回归的数学模型**.

在多元线性回归模型式(9.46)中参数 $\beta_0, \beta_1, \beta_2, \cdots, \beta_p$ 是未知的,ε_i 是不可观察的. 统计量分析的目标之一就是估计模型式(9.46)中的未知参数,即利用给定的一组随机样本 $(y_i, x_{i1}, x_{i2}, \cdots, x_{ip})$,$i = 1, 2, \cdots, n$,对

$$E(y_i \mid x_{i1}, x_{i2}, \cdots, x_{ip}) = \beta_0 + \beta_1 x_{i1} + \beta_2 x_{i2} + \cdots + \beta_p x_{ip}$$

中的参数进行估计,若 $E(y_i|x_{i1}, x_{i2}, \cdots, x_{ip})$,$\beta_0, \beta_1, \beta_2, \cdots, \beta_p$ 的估计量分别记为 $\hat{y}_i, \hat{\beta}_0, \hat{\beta}_1, \cdots, \hat{\beta}_p$,则称

$$\hat{y}_i = \hat{\beta}_0 + \hat{\beta}_1 x_{i1} + \hat{\beta}_2 x_{i2} + \cdots + \hat{\beta}_p x_{ip}, i = 1, 2, \cdots, n$$

为**样本回归函数**.

注 样本回归函数随着样本的不同而不同,也就是说 $\hat{\beta}_0, \hat{\beta}_1, \cdots, \hat{\beta}_p$ 是随机变量,它们的随机性是由于 $\hat{y}_i$ 的随机性[同一组 $(x_{i1}, x_{i2}, \cdots, x_{ip})$ 可能对应不同的 y_i],$x_1, x_2, \cdots, x_p$ 各自的变异,以及 $x_1, x_2, \cdots, x_p$ 之间的相关性共同引起的. 定义 $y_i - \hat{y}_i$ 为**残差**,记为 e_i,即 $e_i = y_i - \hat{y}_i$,这样 $y_i = \hat{y}_i + e_i$,或

$$y_i = \hat{\beta}_0 + \hat{\beta}_1 x_{i1} + \hat{\beta}_2 x_{i2} + \cdots + \hat{\beta}_p x_{ip} + e_i, i = 1, 2, \cdots, n. \tag{9.47}$$

式(9.47)称为**样本回归模型**或者**随机样本回归函数**. 样本回归模型中残差 e_i 可视为总体回归模型中误差 ε_i 的估计量 $\hat{\varepsilon}_i$.

2. 多元线性回归模型的矩阵表示

多元线性回归模型比一元线性回归模型要复杂得多,故而引入矩阵这一工具简化计算和分析. 设

$$X = \begin{bmatrix} 1 & x_{11} & x_{12} & \cdots & x_{1p} \\ 1 & x_{21} & x_{22} & \cdots & x_{2p} \\ \vdots & \vdots & \vdots & \cdots & \vdots \\ 1 & x_{n1} & x_{n2} & \cdots & x_{np} \end{bmatrix}_{n \times (p+1)}, \quad y = \begin{bmatrix} y_1 \\ y_2 \\ \vdots \\ y_n \end{bmatrix}_{n \times 1}, \quad \beta = \begin{bmatrix} \beta_0 \\ \beta_1 \\ \vdots \\ \beta_p \end{bmatrix}_{(p+1) \times 1}, \quad \varepsilon = \begin{bmatrix} \varepsilon_1 \\ \varepsilon_2 \\ \vdots \\ \varepsilon_n \end{bmatrix}_{n \times 1},$$

则式(9.46)变为

$$y = X\beta + \varepsilon. \tag{9.48}$$

式(9.48)称为**多(p)元线性回归模型的矩阵形式**. 记

$$\hat{\beta} = \begin{bmatrix} \hat{\beta}_0 \\ \hat{\beta}_1 \\ \vdots \\ \hat{\beta}_p \end{bmatrix}_{(p+1) \times 1}, \quad e = \begin{bmatrix} e_1 \\ e_2 \\ \vdots \\ e_n \end{bmatrix},$$

则样本回归模型的矩阵表示为

$$y = X\hat{\beta} + e.$$

二、回归系数的最小二乘法估计

1. 参数的最小二乘法估计

设 $\hat{\beta}_0, \hat{\beta}_1, \cdots, \hat{\beta}_p$ 分别为 $\beta_0, \beta_1, \cdots, \beta_p$ 的最小二乘法估计值,于是 y 的观测值为

$$y_i = \beta_0 + \beta_1 x_{i1} + \cdots + \beta_p x_{ip} + \varepsilon_i,$$

令 $\hat{y}_i$ 为 y_i 的估计值,则有

$$\hat{y}_i = \hat{\beta}_0 + \hat{\beta}_1 x_{i1} + \cdots + \hat{\beta}_p x_{ip}, \quad i = 1, 2, \cdots n.$$

令

$$e_i = y_i - \hat{y}_i, \quad i = 1, 2, \cdots n,$$

称 e_i 为**残差**,它表示实际观测值 y_i 与估计值 $\hat{y}_i$ 的**偏离程度**.

和一元线性回归的情况一样,用极大似然估计法来估计参数,即取 $\hat{\beta}_0, \hat{\beta}_1, \cdots, \hat{\beta}_p$,使当 $\beta_0 = \hat{\beta}_0, \beta_1 = \hat{\beta}_1, \cdots, \beta_p = \hat{\beta}_p$ 时,

$$Q = \sum_{i=1}^{n} e_i^2 = \sum_{i=1}^{n} (y_i - \beta_0 - \beta_1 x_{i1} - \cdots - \beta_p x_{ip})^2$$

达到最小. 取 Q 分别关于 $\beta_0, \beta_1, \cdots, \beta_p$ 的偏导数,并令它们等于零,得

$$\left.\begin{aligned}\frac{\partial Q}{\partial \beta_0} &= -2\sum_{i=1}^n (y_i - \beta_0 - \beta_1 x_{i1} - \beta_2 x_{i2} - \cdots - \beta_p x_{ip}) = 0,\\ \frac{\partial Q}{\partial \beta_1} &= -2\sum_{i=1}^n (y_i - \beta_0 - \beta_1 x_{i1} - \beta_2 x_{i2} - \cdots - \beta_p x_{ip})x_{i1} = 0,\\ \frac{\partial Q}{\partial \beta_2} &= -2\sum_{i=1}^n (y_i - \beta_0 - \beta_1 x_{i1} - \beta_2 x_{i2} - \cdots - \beta_p x_{ip})x_{i2} = 0,\\ &\vdots\\ \frac{\partial Q}{\partial \beta_p} &= -2\sum_{i=1}^n (y_i - \beta_0 - \beta_1 x_{i1} - \beta_2 x_{i2} - \cdots - \beta_p x_{ip})x_{ip} = 0.\end{aligned}\right\} \quad (9.49)$$

化简式(9.49),得

$$\left.\begin{aligned} n\beta_0 + \beta_1 \sum_{i=1}^n x_{i1} + \beta_2 \sum_{i=1}^n x_{i2} + \cdots + \beta_p \sum_{i=1}^n x_{ip} &= \sum_{i=1}^n y_i,\\ \beta_0 \sum_{i=1}^n x_{i1} + \beta_1 \sum_{i=1}^n x_{i1}^2 + \beta_2 \sum_{i=1}^n x_{i1}x_{i2} + \cdots + \beta_p \sum_{i=1}^n x_{i1}x_{ip} &= \sum_{i=1}^n x_{i1}y_i,\\ &\vdots\\ \beta_0 \sum_{i=1}^n x_{ip} + \beta_1 \sum_{i=1}^n x_{ip}x_{i1} + \beta_2 \sum_{i=1}^n x_{ip}x_{i2} + \cdots + \beta_p \sum_{i=1}^n x_{ip}^2 &= \sum_{i=1}^n x_{ip}y_i.\end{aligned}\right\} \quad (9.50)$$

式(9.50)称为**正规方程组**. 为了求解正规方程组的方便,将式(9.50)写成矩阵形式. 引入矩阵

$$X = \begin{bmatrix} 1 & x_{11} & x_{12} & \cdots & x_{1p} \\ 1 & x_{21} & x_{22} & \cdots & x_{2p} \\ \vdots & \vdots & \vdots & & \vdots \\ 1 & x_{n1} & x_{n2} & \cdots & x_{np} \end{bmatrix}_{n\times(p+1)}, Y = \begin{bmatrix} y_1 \\ y_2 \\ \vdots \\ y_n \end{bmatrix}_{n\times 1}, \beta = \begin{bmatrix} \beta_0 \\ \beta_1 \\ \vdots \\ \beta_p \end{bmatrix}_{(p+1)\times 1},$$

于是式(9.50)即可写成

$$X^T X \beta = X^T Y. \quad (9.51)$$

这就是**正规方程组的矩阵形式**.

如果线性方程组(9.51)系数矩阵 $A = X^T X$ 满秩,则 A^{-1} 存在,此时在式(9.51)两边左乘 $X^T X$ 的逆矩阵 $(X^T X)^{-1}$,得到式(9.51)的解为

$$\hat{\beta} = \begin{bmatrix} \hat{\beta}_0 \\ \hat{\beta}_1 \\ \vdots \\ \hat{\beta}_p \end{bmatrix} = (X^T X)^{-1} X^T Y.$$

这就是要求的 $(\beta_0, \beta_1, \cdots, \beta_p)^T$ 的极大似然估计.

"使 Q 达到最小"这个估计方法,称为"**最小二乘法**". 这个重要的方法一般归功于德国大数学家**高斯**在 1799—1809 年间的工作. 这个方法在数理统计学中有广泛的应用. 其好处之一在于计算简便,且如即将看到的,这种方法导出的估计颇有些良好的性质. 取

$$\hat{y} = \hat{\beta}_0 + \hat{\beta}_1 x_1 + \cdots + \hat{\beta}_p x_p \tag{9.52}$$

作为 $E(y) = \mu(x_1, x_2, \cdots, x_p) = \beta_0 + \beta_1 x_1 + \cdots + \beta_p x_p$ 的估计,方程(9.52)称为 p **元线性回归方程**,简称**回归方程**.

例 9.12 下面给出了某种产品每件平均单价 y(单位:元)与批量 x(单位:件)之间的关系的一组数据:

x	20	25	30	35	40	50	60	65	70	75	80	90
y	1.81	1.70	1.65	1.55	1.48	1.40	1.30	1.26	1.24	1.21	1.20	1.18

画出散点图(图略),选取模型

$$y = \beta_0 + \beta_1 x + \beta_2 x^2 + \varepsilon, \varepsilon \sim N(0, \sigma^2).$$

令 $x_1 = x$,$x_2 = x^2$,则上式可写成

$$y = \beta_0 + \beta_1 x_1 + \beta_2 x_2 + \varepsilon, \varepsilon \sim N(0, \sigma^2).$$

这是一个二元线性回归模型,现在有

$$X = \begin{bmatrix} 1 & 20 & 400 \\ 1 & 25 & 625 \\ 1 & 30 & 900 \\ 1 & 35 & 1\ 225 \\ 1 & 40 & 1\ 600 \\ 1 & 50 & 2\ 500 \\ 1 & 60 & 3\ 600 \\ 1 & 65 & 4\ 225 \\ 1 & 70 & 4\ 900 \\ 1 & 75 & 5\ 625 \\ 1 & 80 & 6\ 400 \\ 1 & 90 & 8\ 100 \end{bmatrix}, Y = \begin{bmatrix} 1.81 \\ 1.70 \\ 1.65 \\ 1.55 \\ 1.48 \\ 1.40 \\ 1.30 \\ 1.26 \\ 1.24 \\ 1.21 \\ 1.20 \\ 1.18 \end{bmatrix}, B = \begin{bmatrix} \beta_0 \\ \beta_1 \\ \beta_2 \end{bmatrix}.$$

经计算,

$$XX^T = \begin{bmatrix} 12 & 640 & 40\ 100 \\ 640 & 40\ 100 & 2\ 779\ 000 \\ 40\ 100 & 2\ 779\ 000 & 204\ 702\ 500 \end{bmatrix}.$$

因为 $\Delta = |XX^T| = 1.419\ 18 \times 10^{11} \neq 0$,故 XX^T 可逆,且

$$(XX^T)^{-1} = \begin{bmatrix} 4.857\ 292\ 5 & -1.957\ 17 \times 10^{10} & 170\ 550\ 000 \\ -1.957\ 17 \times 10^{10} & 848\ 420\ 000 & -7\ 664\ 000 \\ 170\ 550\ 000 & -7\ 684\ 000 & 204\ 702\ 500 \end{bmatrix},$$

即得正规方程组的解为

$$B = \begin{bmatrix} \beta_0 \\ \beta_1 \\ \beta_2 \end{bmatrix} = (X^T X)^{-1} X^T Y = (x^T X)^{-1} \begin{bmatrix} 16.98 \\ -0.022\,522\,36 \\ 0.001\,250\,7 \end{bmatrix} = \begin{bmatrix} 2.198\,266\,29 \\ -0.022\,522\,36 \\ 0.000\,125\,07 \end{bmatrix}.$$

于是得到回归方程为

$$\hat{y} = 2.198\,266\,29 - 0.022\,522\,36x + 0.000\,125x^2.$$

2. 参数的最小二乘法估计量的性质

性质 9.1 $\hat{\beta} = [\hat{\beta}_0, \hat{\beta}_1, \cdots, \hat{\beta}_p]^T$ 是 $\beta = [\beta_0, \beta_1, \cdots, \beta_p]^T$ 的线性无偏估计, 即

$$E(\hat{\beta}) = \beta.$$

也就是说, $\hat{\beta}_i$ 是 β_i ($i=0, 1, 2, \cdots, p$) 的线性无偏估计.

性质 9.2 $\hat{\beta} = [\hat{\beta}_0, \hat{\beta}_1, \cdots, \hat{\beta}_p]^T$ 的协方差阵为

$$\mathrm{cov}(\hat{\beta}, \hat{\beta}) = \sigma^2 (X^T X)^{-1}.$$

三、回归方程及回归系数的显著性检验

设变量 y 对 $x_1, x_2, \cdots, x_p$ 的线性回归模型为

$$y = \beta_0 + \beta_1 x_1 + \cdots + \beta_p x_p + \varepsilon,$$

其中, $\varepsilon \sim N(0, \sigma^2)$. 与一元回归一样, 模型往往是一种假定, 为了考察这一假定是否符合实际观察结果, 还需要进行以下的假设检验:

$$H_0: \beta_1 = \beta_2 = \cdots = \beta_p = 0 \quad H_1: \beta_1, \beta_2, \cdots, \beta_p \text{ 不全为零}.$$

若在水平 α 下拒绝 $H_0: \beta_1 = \beta_2 = \cdots = \beta_p = 0$, 就认为回归效果是**显著的**.

另外, 与一元线性回归一样, 多元线性回归方程的一个很重要的应用是, 确定给定点 $(x_{01}, x_{02}, \cdots, x_{0p})$ 处对应的 y 的观察值的预测区间.

最后指出, 在实际问题中, 与 y 有关的因素往往很多, 如果将它们都取作自变量必然会导致所得到的回归方程很庞大. 实际上, 有些自变量对 y 的影响很小, 如果将这些自变量剔除, 不但能使回归方程较为简洁, 便于使用, 且能明确哪些因素(即自变量)的改变对 y 有显著的影响, 从而使人们对事物有进一步的认识. 通常可用逐步回归法达到这一目的.

在实际中, 需要考虑的、影响 y 的因素较多, 即自变量的个数较多. 要求解一个多元线性回归问题, 计算工作量是相当大的, 这就需要借助于计算机来进行. 一般地, 在计算机标准程序库中都有多元线性回归、逐步回归方法的标准程序可供直接使用.

本章小结

一、本章主要内容与重点

本章主要内容有单因素方差分析、单因素方差分析模型的检验方法、单因素方差分析模型中各统计量的统计性质、双因素方差分析、回归分析、一元线性回归模型中参数的最小二

乘估计法、回归方程的显著性检验、预测与控制、一元非线性回归、多元线性回归.

重点 单因素方差分析、一元线性回归分析、最小二乘法估计.

二、学习指导

(1) 方差分析是根据试验数据推断一个或多个因素在其状态变化时是否会对试验指标有显著影响,从而选出对试验指标起最好影响的试验条件的一种数理统计方法.

方差分析主要是利用方差分析表进行计算.

(2) 回归分析主要解决以下几个方面的问题：

① 确定几个特定的变量之间是否存在相关关系,如果存在的话,找出它们之间合适的数学表达式.

② 根据一个或几个变量的值,预测或控制另一个变量的取值,并且可以知道这种预测或控制能达到什么样的精确度.

(3) 在一元线性回归模型中,可观测的变量 y 总是随机的,而变量 x 是可以给定的,y 与 x 之间存在一种关联,其关系用

$$y = \beta_0 + \beta_1 x + \varepsilon$$

来描述.其中,ε 是随机的,且假定对任何给定的 x,ε 服从均值为 0、方差为 σ^2 的正态分布.称线性函数

$$y = \beta_0 + \beta_1 x$$

为随机变量 y 对 x 的线性回归函数,称变量 x 为回归变量,β_0,β_1 为回归系数,ε 为随机误差,它表示 y 的观测与回归直线对应值的偏差.因此诸观测样本点 (x_i, y_i),$i = 1, 2, \cdots, n$ 并不是正好落在回归直线上.

(4) 最小二乘直线 $\hat{y}_0 = \hat{\beta}_0 + \hat{\beta}_1 x_0$ 是使偏差平方和 $Q = \sum\limits_{i=1}^{n}(y_i - \hat{\beta}_0 - \hat{\beta}_1 x_i)^2$ 达到最小的那条直线.其中,$\hat{\beta}_0$,$\hat{\beta}_1$ 由式

$$\begin{cases} \hat{\beta}_0 = \bar{y} - \hat{\beta}_1 \bar{x}, \\ \hat{\beta}_1 = \dfrac{\sum\limits_{i=1}^{n}(x_i - \bar{x})(y_i - \bar{y})}{\sum\limits_{i=1}^{n}(x_i - \bar{x})^2} \end{cases}$$

确定,分别为参数 β_0,β_1 的最小二乘估计.

(5) 在建立了回归模型以后,回归分析首先要回答的问题是回归系数是否显著,即进行假设 $H_0: \beta_1 = 0$ 的显著性检验.常用的检验是 t 检验或等价的 F 检验;当回归是显著时,还需要建立回归系数的置信区间.

(6) 基于观测样本,对给定自变量的值 x_0,去预测变量 y_0 的值是多少,是回归分析的重要应用.通常使用最小二乘法回归直线做预测,即确定 y_0 的预测值为 $\hat{y}_0 = \hat{\beta}_0 + \hat{\beta}_1 x_0$,

$$\left(\hat{y}_0 - t_\alpha(n-2)\hat{\sigma}\sqrt{1 + \frac{1}{n} + \frac{(x_0 - \bar{x})^2}{L_{xx}}},\ \hat{y}_0 + t_\alpha(n-2)\hat{\sigma}\sqrt{1 + \frac{1}{n} + \frac{(x_0 - \bar{x})^2}{L_{xx}}} \right)$$

给出了具有置信水平为 $1-\alpha$ 的 y_0 的预测区间,其区间的长度可以作为度量预测精度的指标.

习题九

1. 电视机工程师对不同类型外壳的彩色显像管与传导率是否有差异感兴趣,测得四种类型的显像管,得传导率数据如下:

类型 1	143	141	150	146
类型 2	152	144	137	143
类型 3	134	136	133	129
类型 4	129	128	134	129

问外壳类型对传导率有显著影响吗($\alpha = 0.05$)?

2. 教师对学生智力的评价是否影响学生智力的发展?为此任意抽取 18 名学生进行试验,将这 18 名学生随机分为 3 组,每组 6 名,先对每名学生测试智商,然后教师对第一组学生宣称他们在今后一年中智力不可能有较大提高,对第二组学生宣称有中等程度提高,对第三组学生宣称他们将有很大提高. 一年后再对这些学生测试智商,两次智商测试成绩的差如下:

第一组	3	3	6	9	11	5
第二组	10	4	11	15	6	3
第三组	20	10	16	15	9	8

据此能否认为教师的评估影响了学生智力的发展($\alpha = 0.05$)?

3. 在 4 台不同的纺织机上,用 3 种不同的加压水平测得不同的纺织机在不同加压水平下的纱支强度数据如下:

加压	机器			
	B_1	B_2	B_3	B_4
A_1	1 577	1 690	1 800	1 642
A_2	1 535	1 640	1 783	1 621
A_3	1 592	1 652	1 810	1 663

问不同机器和不同加压水平对纱支强度有无显著影响($\alpha = 0.05$)?

4. 下表是统计的某些地区不同行业的职工工资水平及年人均收入. 试分析:
(1) 不同行业的职工工资水平是否有显著差异?
(2) 不同地区、不同行业的职工工资水平是否有显著差异?

地区	工业	建筑业	交通运输、 邮电通信业	教育、文化艺术和 广播电视业
上海	1 327	1 737	1 529	1 244
重庆	1 161	1 631	1 503	1 162

(续表)

地区	工业	建筑业	交通运输、邮电通信业	教育、文化艺术和广播电视业
湖北	1 113	1 428	1 245	1 026
江西	1 210	1 493	1 297	1 108
贵州	1 246	1 499	1 332	1 199

5. 某炼铜厂测得铜的硬度与抗张强度的数据如下所示. 试建立回归模型, 对模型和回归系数进行检验, 给出硬度为 65 时的抗张强度和置信区间.

硬度	68	53	70	84	60	72	51	83	70	64
抗张强度	268	298	349	343	290	354	283	324	340	286

6. 在服装标准的制作过程中, 调查了很多人的身材, 得到了一系列服装各部位的尺寸与身高、胸围等的关系. 下面给出的是一组女青年的身高 x 与裤长 y 的数据:

x	168	162	160	160	156	157	159	168	159	162	158	156	165	158	166
y	107	103	103	102	100	100	101	107	110	102	100	99	105	101	105
x	162	150	152	156	159	156	164	168	165	162	158	157	172	147	155
y	105	97	98	101	103	99	107	108	106	103	101	101	110	95	99

（1）求裤长 y 与身高 x 之间的线性回归方程.
（2）在显著性水平 0.01 下检验回归方程的显著性.

7. 以家庭为单位, 某种商品的月需求量与该商品的价格之间的一组调查数据如下:

价格(元)	2	4	4	4.6	5	5.2	5.6	6	6.6	7
需求量(kg)	5	3.5	3	2.7	2.4	2.5	2	1.5	1.2	1.2

试根据上述数据建立该商品需求量与价格之间的关系.

8. 比萨斜塔是一建筑奇迹, 工程师关于塔的稳定性做了大量研究工作, 塔的斜度的测量值随时间变化的关系提供了很多有用的信息. 下面给出了 1975—1987 年的测量值. 变量"斜度"表示塔上某一点的实际位置与假如塔为垂直时它所处位置之偏差再减去 29 000. 数据是按 $\frac{1}{10}$ mm 记录的.

年份 x	75	76	77	78	79	80	81	82	83	84	85	86	87
斜度 y	642	644	656	667	673	688	696	698	713	717	725	742	757

试求出斜度 y 关于年份 x 的线性回归方程.

9. 一反应过程的中间步骤是在一个大气压下进行的, 反应温度和相应的得率数据如下:

温度 x(℃)	1	2	3	4	5	6	7	8	9	10
得率 y(%)	3	5	7	10	11	14	15	17	20	21

(1) 求出 y 关于 x 的线性回归方程.

(2) 检验假设 $H_0: \beta_1 = 0$ 和 $H_0: \beta_1 \neq 0$ ($\alpha = 0.05$).

(3) 若回归效果显著,写出 $x=4$ 处 y 的预测值,并求 $x=4$ 处观测值 y 的置信水平 0.95 的预测区间.

10. 已知鱼的体重 y 与体长 x 有关系式 $y = \alpha x^\beta$. 测得尼罗尼非鱼的生长数据如下,求尼罗尼非鱼体重与体长的经验公式.

体长 x(mm)	29	60	124	155	170	185	190
体重 y(g)	0.5	34	75	122.5	170	192	195

阅读材料

第一个在概率统计方面具有国际声望的中国数学家——许宝騄

许宝騄 1910 年出生于北京. 原籍浙江杭州,祖父曾任苏州知府,父亲曾任两浙盐运使,系名门世家. 兄弟姐妹共 7 人,他最幼. 其兄许宝驹、许宝騤均为专家,姐夫俞平伯是著名的文学家、红学家.

许宝騄幼年随父赴任,曾在天津、杭州等地留居,大部分时间都由父亲聘请家庭教师传授,攻读《四书》《五经》、历史及古典文学,10 岁后就学作文言文,因此他的文学修养很深,用语、写作都很精练、准确. 1925 年才进中学,在北京汇文中学从高一读起,1928 年汇文中学毕业后考入燕京大学理学院. 由于中学期间受表姐夫徐传元的影响,对数学颇有兴趣,入大学后了解到清华大学数学系最好,决心转学念数学. 1929 年入清华大学数学系,仍从一年级读起. 当时的老师有熊庆来、孙光远、杨武之等,一起学习的有华罗庚、柯召等人. 1933 年毕业获理学士学位,经考试录取赴英留学,体检时发现体重太轻不合格,未能成行. 于是下决心休养一年. 1934 年任北京大学数学系助教,担任正在访问北京大学的美国哈佛大学教授奥斯古德的助教,前后共两年,这两年内他在分析和代数两方面都打下了扎实的基础. 1936 年许宝騄再次考取了赴英留学,派往伦敦大学学院,在统计系学习数理统计,攻读博士学位. 1938 年许宝騄共发表了三篇论文. 当时伦敦大学规定数理统计方向要取得哲学博士的学位,必须寻找一个新的统计量,编制一张统计量的临界值表,而许宝騄因成绩优异,研究工作突出,第一个被破格用统计实习的口试来代替. 1938 年他获得了哲学博士学位. 同年系主任内曼受聘去美国加州大学伯克利分校,他推荐将许宝騄提升为讲师,接替他在伦敦大学讲课. 1939 年,许宝騄又发表了两篇论文,1940 年又发表了三篇. 其中两篇文章是数理统计学科的重要文献,在多元统计分析和内曼-皮尔逊理论中是奠基性的工作,因此他获得了科学博士的学位.

抗日战争爆发后,他决定回国效劳,终于在 1940 年到昆明,在西南联大学任教. 钟开莱、王寿仁、徐利治等均是他的学生. 在 1945 年秋,他应邀去美国加州大学伯克利分校和哥伦比亚大学任访问教授. 1946 年到北卡罗来纳大学任教. 一年后他决心回国,谢绝了一些大学的聘任,回到北京大学任教授.

1948年他当选为中央研究院院士.回国后不久就发现已患肺结核.他长期带病工作,教学科研一直未断,在矩阵论、概率论和数理统计方面发表了十余篇论文.1955年他当选为中国科学院学部委员.1963年发现肺部有空洞,他的结核菌已有抗药性时,组织屡次安排他休养,他均谢绝,并且一个人领导三个讨论班(平稳过程、马氏过程、数理统计),带领青年人搞科研.他在20世纪60年代中期对组合数学有浓厚的兴趣,1966年初与段学复教授联合主持组合数学的讨论班,后因故而被迫中断.然而他自己不顾条件如何,始终坚持科研,在1970年12月逝世时,他床边的小茶几上还放着一支钢笔和未完成的手稿.1983年德国施普林格出版社刊印了《许宝騄全集》,全集是由钟开莱主编的,共收集了已发表的、未被发表的论文40篇.1980年与1990年秋北京大学两次举办纪念会,并出版了《许宝騄文集》.

20世纪50年代,他已是著名的大教授了,一旦看到好的书,他就仔细阅读,大量做题,他曾逐章逐题去解答那汤松著的《实变函数论》和安德森的《多元统计分析引论》的练习题.他能把一些习题深化,变成小的研究习作,有的就可以变成论文.他对论文的发表要求很严,他曾说过这样一句话:"我不希望自己的文章登在有名的杂志上而出名,我希望杂志因为登了我的文章而出名."尽管他自己是学部委员,可以推荐论文尽快在《科学记录》上刊登,然而他自己的论文大部分都刊登在北京大学的学报上.他的论文有的长达几十页,有的短到一页多一点,都是以解决问题为目的,朴实无华、简明扼要.他一生正式被刊出的论文在生前只有30多篇,然而其中绝大部分都是很有分量的工作.一些小的结果他往往批注在书的边页上,并不认为是值得发表的.

1962年他在讨论班上讲授正态变量二次型分布是x^2的充分必要条件时,对退化的情况已做了处理,而这一结果在1966年在国外才作为一篇论文单独发表.他对引用的结果都非常认真,自己必须能完全给出证明.他在研究工作中有两点是非常明显的:一是追求初等的证明,他认为初等的方法比艰深的方法更有意义,所以他的讲课能吸引很多人来听,他把问题剖析得非常清楚,问题的解决似乎是自然而容易的;另一特点是要求证明演算化,不要借助任何几何的直觉.为了充分阐明他的这一观点,1964年冬,他在讨论班上系统讲授点集拓扑时,每个证明都是由集合运算导出的,后来因故未能讲完就中断了.在教学上,他主张"良工示人以朴",应把原始的、真实的思想讲解给学生,而在形式上、在证明方法上要力求简明,无冗言赘文.他的讲课是深刻思想与完美形式良好的结合,他的中外学生称赞说:"他的讲授是完美的."作为教师和科学家,他对于学生和同行都有强烈的影响.一些人回忆说:"许宝騄坚持深入浅出,毫不回避困难.特别是沉着、明确而又默默地献身于学术的最高目标和最高水平,这种精神吸引了我们."

他顽强地长期带病搞科研和教学,为祖国的科学事业工作到最后一刻.1970年12月18日清晨,他病逝于北京大学的勺园佟府.

施普林格出版社刊印《许宝騄全集》后,书评中有这样一句话:"许宝騄被公认为在数理统计和概率论方面第一个具有国际声望的中国数学家."

第十章

Excel 在数理统计中的应用

[学习目标]

1. 了解 Excel 电子表格在数理统计中的应用.
2. 会用直方图功能做数据分析.
3. 会用 Excel 求样本的均值、方差等描述性统计量.
4. 会用 Excel 进行假设检验.
5. 会用 Excel 进行方差分析.
6. 会用 Excel 进行回归分析.

在对数据进行统计分析时,经常需要做大量的计算,对于这类计算靠手工进行是不可能的.利用专门的统计软件,在大多数情况下也不现实,因为正版的统计软件大多非常昂贵.微软的办公软件 Office 是一套被广泛使用的办公软件,其中的电子表格应用程序 Excel,不仅具有强大的表格处理功能,还具有非常强大的科学计算功能.在本章中,专门介绍 Excel 在数理统计中的应用.如果在计算机中安装了微软的 Microsoft Office 办公软件,只要在"工具"选项中选择"加载宏",选中"分析工具库",然后在"工具"中选择"数据分析",就可以进行一些常用的统计分析了.其中包括方差分析(单因素方差分析、可重复双因素方差分析、无重复双因素分析)、相关系数、协方差、描述统计、指数平滑、F 检验(双样本方差)、傅里叶分析、直方图、移动平均、回归、抽样、t 检验、z 检验等.下面介绍几个与本书有关的统计分析.

第一节 直方图

将 120 个原始数据输入 A 到 J 的 10 列中,如图 10-1 所示,利用直方图功能做数据分析.

	A	B	C	D	E	F	G	H	I	J	K
1	211	214	208	194	200	202	205	210	211	194	
2	204	209	209	216	198	208	214	210	201	217	
3	207	207	197	206	212	199	218	200	201	197	
4	216	206	209	210	198	212	195	196	206	208	
5	204	214	199	195	204	195	212	208	209	212	
6	211	210	207	197	207	213	216	198	199	215	
7	198	199	212	210	218	215	218	203	211	215	
8	200	202	208	198	200	196	195	198	217	215	
9	199	199	206	206	216	202	201	209	199	208	
10	197	210	217	208	194	194	203	216	194	191	
11	215	210	201	195	215	212	199	209	219	200	
12	209	195	215	205	218	197	197	199	220	208	
13											
14											
15											
16											
17											
18											

图 10-1

选择"工具"中的"数据分析",如图 10-2 所示.在"数据分析"中选择"直方图",如图 10-3

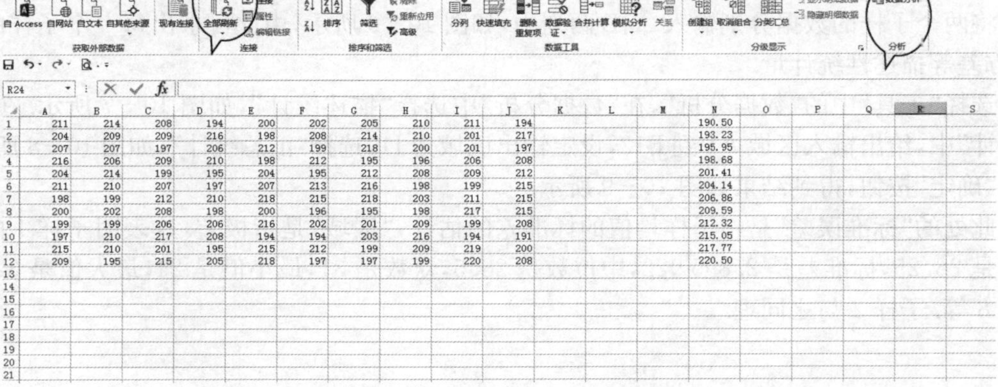

图 10-2

所示. 在"直方图"中,给出输入区域 A1 到 J12,设定接收区域为 N1 到 N12,把分组区间的端点值输入,输出区域选在 A13 到 J50,放在此表格的下方,如图 10-4 所示. 选中"图表输出C",单击"确定"按钮,得到输出结果,如图 10-5 所示.

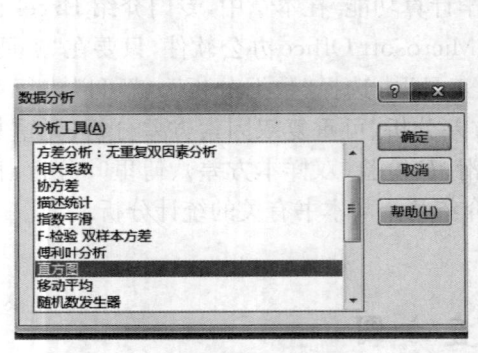

图 10-3   图 10-4

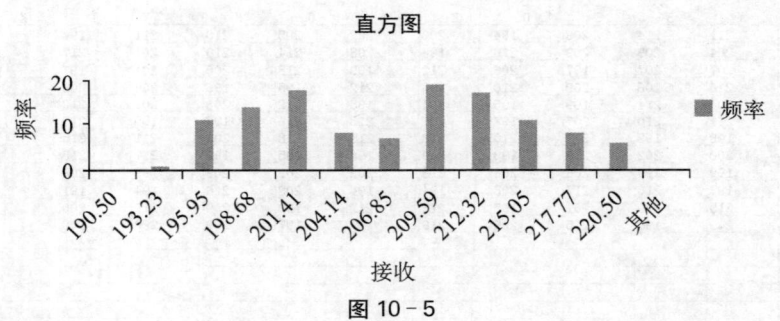

图 10-5

第二节　描述统计

将两个子样的数据分别输入 A、B 两列中,如图 10-6 所示,由此可求出每一个子样的均值、方差等描述性统计量.

选择"工具"中的"数据分析",在"数据分析"中选择"描述统计",如图 10-7 所示. 在"描述统计"中,给出输入区域 A1 到 B12,设定输出区域为 J1,选择"汇总统计",如图 10-8 所示. 单击"确定"按钮,得到结果如图 10-9 所示.

此处的"标准误差"是指子样均值的标准差的估计,"区域"是指极差. 这表明子样 1 的平均值是 28.25,标准差是 2.895 922,中位数是 28.5,众数是 31,最小值是 24,最大值是 32,极差是 8 等. 子样 2 与之同理.

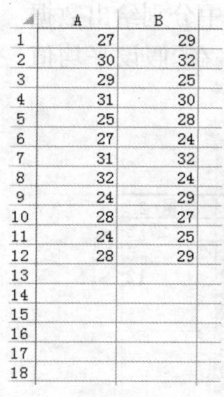 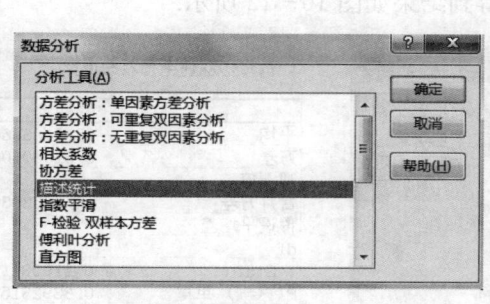 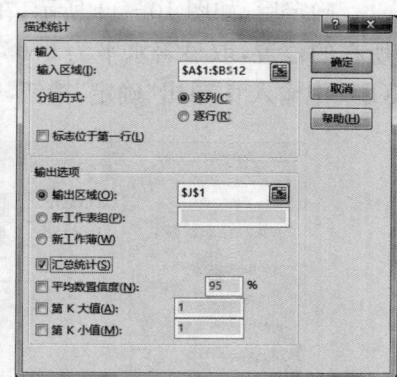

图 10-6　　　　　　　　图 10-7　　　　　　　　图 10-8

	J	K	L	M
	列1		列2	
平均		28.25	平均	28.41666667
标准误差		0.835980644	标准误差	0.811455233
中位数		28.5	中位数	28
众数		31	众数	28
标准差		2.895921897	标准差	2.810963385
方差		8.386363636	方差	7.901515152
峰度		-1.414801595	峰度	-0.761653502
偏度		-0.352050998	偏度	-0.218634419
区域		8	区域	8
最小值		24	最小值	24
最大值		32	最大值	32
求和		339	求和	341
观测数		12	观测数	12

图 10-9

第三节　t 检验：双样本等方差假设

例 10.1　对用两种不同热处理方法加工的金属材料做抗拉强度试验，得到的试验数据如下：

方法 1：27　30　29　31　25　27　31　32　24　28　24　28

方法 2：29　32　25　30　28　24　32　24　29　27　25　29

设两种热处理加工的金属材料的抗拉强度都服从正态分布，且方差相等，比较两种方法所得金属材料的抗拉强度有无显著差异（显著性水平 $\alpha = 0.05$）.

对例 10.1 做两个总体均值相等性检验，因为假设方差相等，故可以在数据分析中选"t-检验：双样本等方差假设"，如图 10-10 所示.

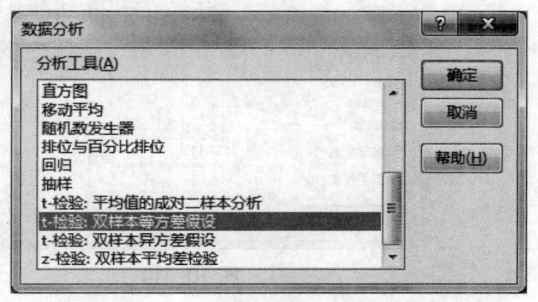

图 10-10

确定后,如图 10-11 所示,在"变量 1 的区域(1)"与"变量 2 的区域(2)"中分别给出数据所在的位置,取显著水平为 0.05,"输出区域(O)"处,输入开始位置是 A15,在"假设平均值(E)"中输入 0,单击"确定"按钮,得到结果如图 10-12 所示.

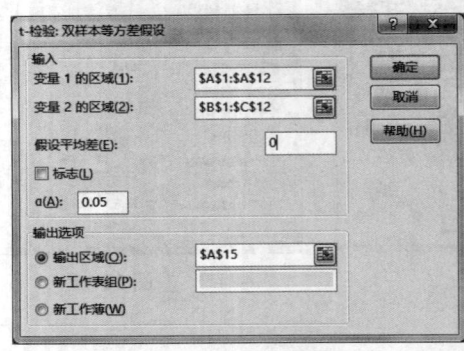

图 10-11　　　　　　　　　　图 10-12

这表明在等方差场合,共同方差的估计为 5.905 303 03,检验假设 $H_0:\mu_1 = \mu_2$,$H_1:\mu_1 \neq \mu_2$ 的 t 统计量的观测值为 0.419 994 196,自由度为 22,因为是双侧检验,故其临界值 $t_{\frac{\alpha}{2}}(22) = t_{0.025}(22) = 2.073 873 068$,进行比较后可知,应拒绝原假设 H_0.

第四节　F 检验:双样本方差

上节中,假定方差相等,这一点可以利用 F 检验进行检验. 在"数据分析"中选择"F-检验双样本方差",如图 10-13 所示.

单击"确定",得到输出结果如图 10-14 所示,在"变量 1 的区域(1)"与"变量 2 的区域(2)"中分别给出数据所在的位置,取显著性水平为 0.05,"输出区域(O)"处,输入开始位置是 A15.

单击"确定",得到如图 10-15 所示结果.

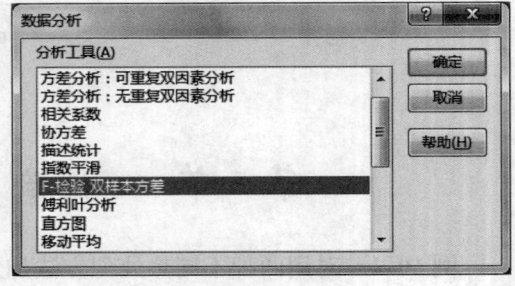

图 10-14　　　　　　　　　　图 10-15

这表明检验两个总体方差是否相等的 F 统计量的观测值是 1.085 135，由于该值大于 1，与 $F_{0.025}(11, 11) = 2.817\ 930\ 47$ 相比，不能拒绝原假设，从而可以认为两总体的方差相等.

第五节　方差分析

例 10.2　为考察种子品种对作物产量的影响，同一作物选用三个命名为 A、B、C 的种子，分别在条件大体相同的 5 块等面积的小田块上试种，其作物产量（单位：kg）见表 10－1，试分析种子的不同品种对作物产量的影响.

表 10－1

种子品种代号	重复试验序号及作物产量(kg)				
	1	2	3	4	5
A	128	126	139	130	142
B	125	137	125	117	106
C	148	132	139	125	151

在 Excel 表中输入数据，如图 10－16 所示.

在“数据分析”中选“方差分析：单因素方差分析”，如图 10－17 所示. 给出数据所在区域，一个水平下的数据在一列上，取显著性水平为 0.05，结果放在 F10 开始的区域，如图 10－18 所示. 单击“确定”，得到分析结果如图 10－19 所示.

	A	B	C	D
1		种子A	种子B	种子C
2	实验田1	128	125	148
3	实验田2	126	137	132
4	实验田3	139	125	139
5	实验田4	130	117	125
6	实验田5	142	106	151
7				

图 10－16

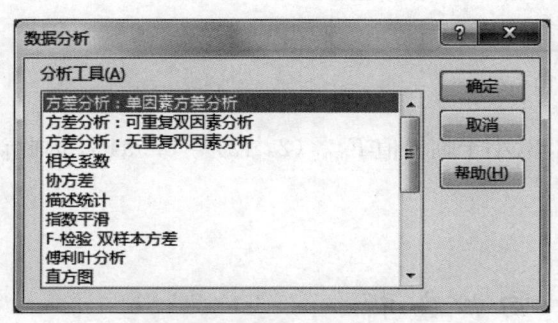

图 10－17

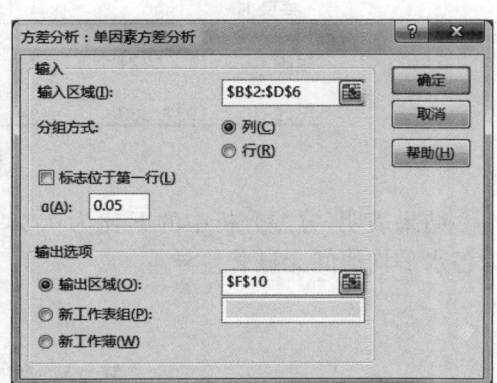

图 10－18

方差分析：单因素方差分析						
SUMMARY						
组	观测数	求和	平均	方差		
列 1	5	665	133	50		
列 2	5	610	122	131		
列 3	5	695	139	117.5		
方差分析						
差异源	SS	df	MS	F	P-value	F crit
组间	743.3333	2	371.6667	3.735343	0.054802	3.885294
组内	1194	12	99.5			
总计	1937.333	14				

图 10-19

方差分析表中的"差异源"即为"来源"，"SS"即为"平方和"，"df"即为自由度，"MS"即为"均方和"，"F"即为"F 比"，"F crit"即为 F 分布的临界值.

结果表明，方差分析中的 F 比为 3.735 343，小于临界值 $F_{0.025}(2, 12) = 3.885294$，因此认为各水平均值间无显著差异.

同理，对上述数据，给出数据所在区域，一个水平下的数据在一行上，取显著性水平为0.05，结果放在 F10 开始的区域，单击"确定"，得到分析结果如图 10-20 所示.

方差分析：单因素方差分析						
SUMMARY						
组	观测数	求和	平均	方差		
行 1	3	401	133.6667	156.3333		
行 2	3	395	131.6667	30.33333		
行 3	3	403	134.3333	65.33333		
行 4	3	372	124	43		
行 5	3	399	133	567		
方差分析						
差异源	SS	df	MS	F	P-value	F crit
组间	213.3333	4	53.33333	0.309358	0.865287	5.994339
组内	1724	10	172.4			
总计	1937.333	14				

图 10-20

结果表明，方差分析中的 F 比为 0.309 358，小于临界值 $F_{0.005}(2, 12) = 5.9943$，因此认为各水平均值间无显著差异.

第六节 回归分析

以下面例子中的数据为依据来叙述.

例 10.3 小麦基本苗数 x 及有效穗数 y（单位：万个）的五组观察数据见表 10-2，试求线性回归方程,并检验 y 与 x 之间的相关性($\alpha = 0.05$).

表 10 - 2

基本苗数 x_i(万个)	15.0	25.8	30.0	36.6	44.4
有效穗数 y_i(万个)	39.4	41.9	41.0	43.1	49.2

输入数据,如图 10 - 21 所示,在"数据分析"中选"回归"(图 10 - 22),给出"Y 值输入区域(Y)""X 值输入区域(X)","输出区域(O)"位置(图 10 - 23).

图 10 - 21

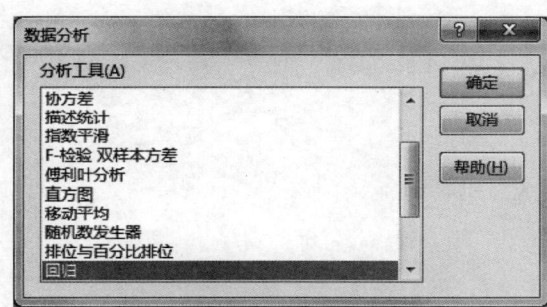

图 10 - 22

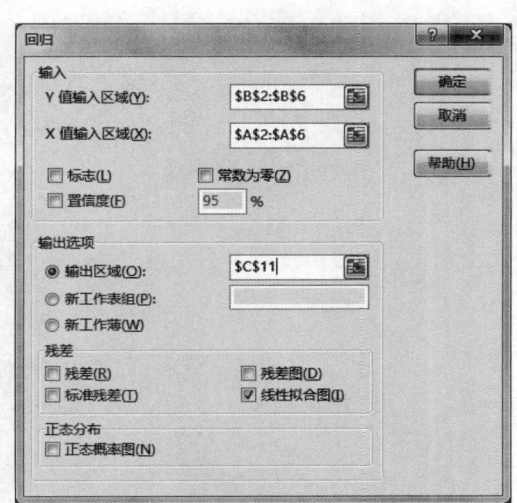

图 10 - 23

单击"确定"按钮,得分析结果如图 10 - 24 所示.

```
SUMMARY OUTPUT

       回归统计
Multiple R     0.890380793
R Square       0.792777956
Adjusted R Sq  0.723703941
标准误差        1.977058509
观测值          5

方差分析
              df         SS          MS           F        Significance F
回归分析        1     44.86171896  44.86171896  11.47722423   0.042844078
残差           3     11.72628104   3.908760347
总计           4     56.588

             Coefficients   标准误差      t Stat      P-value    Lower 95%    Upper 95%   下限 95.0%   上限 95.0%
Intercept     33.76085305  2.844469776  11.8689442  0.001286015  24.70848072  42.81322538  24.70848072  42.81322538
X Variable 1   0.301684682  0.089050185   3.387805223  0.042844078  0.01828725   0.585082114   0.01828725   0.585082114


RESIDUAL OUTPUT

观测值     预测 Y        残差
  1     38.28612328   1.113876716
  2     41.54431785   0.35568215
  3     42.81139351  -1.811393514
  4     44.80251242  -1.702512416
  5     47.15565294   2.044347064
```

图 10 - 24

其中"Multiple R"是指因变量与自变量间的复相关系数,"R Square"是指 R 的平方,"Adjusted R Square"是指修正的复相关系数,"标准误差"是指 σ 的估计,"Coefficients"中给出的是最小二乘估计.

在这里建立的一元线性回归方程是 $\hat{y} = 33.76085 + 0.30168x$.

对回归方程做显著性检验的 F 值是 11.477,虽然此处没有给出检验的临界值,但是给出了"Significance F",这是一个检验的 p 值,它指的是检验统计量 F 大于观测值的概率为 0.0428,这就是前述的检验的 p 值. 若取显著性水平为 $\alpha = 0.05$,那么 F 的观测值必定落在拒绝域中. 此时应拒绝 H_0,回归方程在 $\alpha = 0.05$ 水平下显著有效.

习题答案与提示

习题一

1. (1) $\Omega = \{(+,+),(+,-),(-,+),(-,-)\}$, $A = \{(+,+),(-,-)\}$. (2) 记 X 为 1 min 内接到的呼叫次数,则 $\Omega = \{X=k \mid k=0,1,2,\cdots\}$, $A = \{X=k \mid k=0,1,2,3\}$. (3) 记 X 为抽到的灯泡的寿命(单位:h),则 $\Omega = \{X \in (0,+\infty)\}$, $A = \{X \in (2\,000, 2\,500)\}$.

2. (1) $A \cup B = \Omega$ 是必然事件; (2) $AB = \varnothing$ 是不可能事件; (3) $AC = \{$取得球的号码是 2,4$\}$; (4) $\overline{AC} = \{$取得球的号码是 1,3,5,6,7,8,9,10$\}$; (5) $\overline{A}\,\overline{C} = \{$取得球的号码为 5,7,9$\}$; (5) $\overline{B \cup C} = \{$取得球的号码为 6,8,10$\}$; (7) $A - C = \{$取得球的号码为 6,8,10$\}$.

3. (1) $A \cup B = \left\{ x \mid \dfrac{1}{4} \leqslant x \leqslant \dfrac{3}{2} \right\}$; (2) $\overline{A}B = \left\{ x \mid \dfrac{1}{4} \leqslant x \leqslant \dfrac{1}{2} \right\} \cup \left\{ x \mid 1 < x \leqslant \dfrac{3}{2} \right\}$;

   (3) $A\overline{B} = \varnothing$; (4) $\overline{A \cup \overline{B}} = \left\{ x \mid 0 \leqslant x < \dfrac{1}{4} \text{ 或 } \dfrac{1}{2} < x \leqslant 1 \text{ 或 } \dfrac{3}{2} < x \leqslant 2 \right\}$.

4. (1) $E_1 = A\overline{B}\overline{C}$; (2) $E_2 = AB\overline{C}$; (3) $E_3 = ABC$; (4) $E_4 = A \cup B \cup C$; (5) $E_5 = \overline{A}\,\overline{B}\,\overline{C}$;
   (6) $E_6 = \overline{A}\overline{B}C \cup A\overline{B}\overline{C} \cup \overline{A}B\overline{C} \cup \overline{A}\overline{B}\overline{C}$; (7) $E_7 = \overline{ABC} = \overline{A} \cup \overline{B} \cup \overline{C}$; (8) $E_8 = AB \cup AC \cup BC$.

5. (1) $A_1 \cup A_2$; (2) $A_1 \overline{A_2}\,\overline{A_3}$; (3) $A_1 A_2 A_3$; (4) $\overline{A_1} \cup \overline{A_2} \cup \overline{A_3}$; (5) $A_1 A_2 \overline{A_3} \cup A_1 \overline{A_2} A_3 \cup \overline{A_1} A_2 A_3$.

6. $B = A_1 A_2 \overline{A_3} \cup A_1 \overline{A_2} A_3 \cup \overline{A_1} A_2 A_3$, $C = A_1 A_2 \cup A_1 A_3 \cup A_2 A_3$.

7. $\dfrac{99}{392}$. 8. (1) $P(A) = \dfrac{25}{49}$; (2) $P(B) = \dfrac{10}{49}$; (3) $P(C) = \dfrac{20}{49}$; (4) $P(D) = \dfrac{3}{7}$.

9. (1) $\dfrac{1}{5}$; (2) $\dfrac{2}{15}$.

10. (1) $P(A) = \dfrac{2}{5}$; (2) $P(B) = \dfrac{8}{15}$; (3) $P(C) = \dfrac{14}{15}$.

11. (1) $P(A) = \dfrac{1}{6}$; (2) $P(B) = \dfrac{5}{18}$; (3) $P(C) = \dfrac{1}{2}$. 12. $P(A) = \dfrac{12}{25}$.

13. (1) $P(A) = \dfrac{3}{5}$; (2) $P(B) = \dfrac{3}{10}$; (3) $P(C) = \dfrac{9}{10}$.

14. $P(A) = \dfrac{5}{9}$. 15. (1) $\dfrac{1}{4}$; (2) $\dfrac{5}{8}$. 16. 30%. 17. $\dfrac{3}{8}$.

18. (1) $P(\overline{A}) = 0.6, P(\overline{B}) = 0.4$; (2) $P(A \cup B) = 0.6$; (3) $P(AB) = 0.4$; (4) $P(\overline{B}A) = 0, P(\overline{A}B) = 0.4$;
    (5) $P(\overline{AB}) = 0.2$.

19. $P(A-B) = 0.1, P(B-A) = 0.3$.

20. $P(AB) = 0.4, P(\overline{A}\,\overline{B}) = 0.3$.

21. $p = \dfrac{9}{1\,078}$. 22. (1) 0.328; (2) 0.679.

23. 略.

24. $P(B) = 0.145$. 25. (1) $\dfrac{41}{70}$; (2) $\dfrac{7}{12}$.

26. 3.45%. 27. (1) 0.52; (2) $\dfrac{12}{13}$.

28. $P(A\mid D) = 0.362$; $P(B\mid D) = 0.406$; $P(C\mid D) = 0.232$.

29. (1) $P(A\cup B) = p+q-pq$; (2) $P(A\cup \overline{B}) = 1-q+pq$; (3) $P(\overline{A}\cup \overline{B}) = 1-pq$.

30. $P(B) = P(A) = 2/3$. **31.** $\dfrac{8}{9}$.

32. $3(1-p)^2 - 3(1-p)^4 + (1-p)^6$. **33.** $p = 0.0512$.

34. $p = 0.104$. **35.** $1/3$. **36.** 0.097. **37.** 0.7075.

38. $\dfrac{63}{256}$; $21/32$. **39.** (1) $\dfrac{255}{256}$; (2) $\dfrac{27}{128}$; (3) $\dfrac{81}{256}$.

习题二

1. (1) $p_i = \dfrac{i}{15} \geqslant 0$, $i = 0, 1, 2, 3, 4, 5$,且$\sum_i p_i = 1$,故该数列可以是随机变量的分布律; (2) $p_i = \dfrac{(5-i)^2}{6} > 1$, $i = 0$,故该数列不是随机变量的分布律.

2. $C = \dfrac{16}{31}$, $P\{X \leqslant 2\} = \dfrac{28}{31}$, $P\left\{\dfrac{1}{2} < X < \dfrac{5}{2}\right\} = \dfrac{12}{31}$.

3. X 的分布律为

X	1	2	3	4	5	6
p_k	$\dfrac{11}{36}$	$\dfrac{9}{36}$	$\dfrac{7}{36}$	$\dfrac{5}{36}$	$\dfrac{3}{36}$	$\dfrac{1}{36}$

4. (1) X 的分布律为

X	0	1	2
p_k	$\dfrac{22}{35}$	$\dfrac{12}{35}$	$\dfrac{1}{35}$

5. (1) $P\{X = k\} = q^{k-1}p$, $k = 1, 2, \cdots$. (2) $Y = r+n$,这里表示最后一次试验前$r+n-1$次有n次失败,且最后一次成功,$P\{Y = r+n\} = C_{r+n-1}^n q^n p^r$, $n = 0, 1, 2, \cdots$,其中,$q = 1-p$,或记$r+n = k$,则 $P\{Y = k\} = C_{k-1}^{r-1} p^r (1-p)^{k-r}$, $k = r, r+1, \cdots$. (3) $P\{X = k\} = (0.55)^{k-1} 0.45$, $k = 1, 2, \cdots$, $P\{X$ 取偶数$\} = \dfrac{11}{31}$.

6. (1) $P\{X = 2\} = 0.0729$. (2) $P\{X > 3\} = 0.00856$. (3) $P\{X \leqslant 3\} = 0.99954$. (4) $P\{X \geqslant 1\} = 0.40951$.

7. (1) $P\{X \geqslant 3\} \approx 0.163$. (2) $P\{X \geqslant 3\} \approx 0.353$.

8. (1) $P\{X = 2\} \approx 0.2965$. (2) $P\{X \geqslant 2\} \approx 0.7447$.

9. (1) $P\{X = 0\} \approx 0.349$; (2) $P\{X \leqslant 2\} \approx 0.581$; (3) $P\{Y = 0\} \approx 0.590$; (4) 0.343; (5) 0.692.

10. (1) $P\{A\} = \dfrac{1}{70}$. (2) $P\{X = 3\} \approx 0.0003$. 此概率仅有$3/10\,000$,概率太小,由实际推断原理得他确有区分的能力.

11. (1) $P\{X = 8\} \approx 0.0298$(查$\lambda = 4$泊松分布表); (2) $P\{X > 3\} \approx 0.5665$.

12. (1) $P\{X = 0\} = e^{-\frac{3}{2}}$; (2) $P\{X = 1\} = \dfrac{5}{2} e^{-\frac{5}{2}}$.

13. (1) 可以; (2) 不可以; (3) 不可以.

14. (1) $k = 2$; (2) $P\{0.3 < X < 0.7\} = 0.4$.

15. (1) $A = \dfrac{1}{\pi}$; (2) $P\left\{-\dfrac{1}{2} < X < \dfrac{1}{2}\right\} = \dfrac{1}{3}$.

16. (1) $C = \dfrac{1}{2}$; (2) $P\{0 < X < 1\} = \dfrac{1}{2}(1 - e^{-1}) \approx 0.316$.

17. $P\{X > 0.8\} = 0.0272$, $P\{X > 0.9\} = 0.0037$.

18. (1) $P\{X \leqslant 150\} = \dfrac{1}{3}$, $P\{X > 150\} = \dfrac{2}{3}$, $P\{Y=0\} = \dfrac{8}{27}$; (2) $P\{Y=1\} = \dfrac{4}{9}$.

19. $P\{Y=k\} = C_5^k (e^{-2})^k (1-e^{-2})^{5-k}$, $k=0,1,2,3,4,5$. $P\{Y \geqslant 1\} = 0.5167$.

20. (1) $F(x) = \begin{cases} 0, & x<0, \\ \dfrac{1}{3}, & 0 \leqslant x < 1, \\ \dfrac{1}{2}, & 1 \leqslant x < 2, \\ 1, & x \geqslant 2. \end{cases}$ (2) $P\{X \leqslant \dfrac{1}{2}\} = \dfrac{1}{3}$. (3) $P\{\dfrac{1}{2} < X \leqslant \dfrac{3}{2}\} = \dfrac{1}{6}$.

21. $F(x) = \begin{cases} \dfrac{1}{2} e^x, & x < 0, \\ \dfrac{1}{2} + \dfrac{1}{4} x, & 0 \leqslant x < 2, \\ 1, & x \geqslant 2. \end{cases}$

22. (1) $A=1$. (2) $f(x) = \begin{cases} 2x, & 0<x<1; \\ 0, & 其他. \end{cases}$ (3) $P\{0.3 \leqslant X \leqslant 1.3\} = 0.91$.

23. (1) $f(x) = \begin{cases} \dfrac{2}{25} x, & 0<x<5; \\ 0, & 其他. \end{cases}$ (2) $P\{3<X<6\} = \dfrac{16}{25}$.

24. (1) $P\{X \leqslant 1.48\} = 0.9306$; (2) $P\{-0.5 < X < 2.4\} = 0.6833$; (3) $P\{|X|<0.8\} = 0.5762$; (4) $P\{|X|>1.5\} = 0.0136$.

25. (1) $P\{2<X<5\} = 0.5328$; (2) $P\{-4<X<10\} = 0.9996$; (3) $P\{X>3\} = 0.5$; (4) $P\{|X|>2\} = 0.6977$.

26. (1) $0.3372, 0.594$; (2) $x \geqslant 129.74$. **27.** 0.9974. **28.** (1) 0.8665; (2) 这批材料符合这个要求.

29. $Y=X^2$ 的分布律为

$Y=X^2$	0	1	4	9
p_k	$\dfrac{1}{5}$	$\dfrac{7}{30}$	$\dfrac{1}{5}$	$\dfrac{11}{30}$

30. (1) $f_Y(y) = \begin{cases} \dfrac{1}{y}, & 1<y<e, \\ 0, & 其他. \end{cases}$ (2) $f_Z(z) = \begin{cases} \dfrac{1}{2} e^{-z/2}, & z>0, \\ 0, & z \leqslant 0. \end{cases}$

31. $f_W(w) = \begin{cases} \dfrac{\sqrt{2}}{8\sqrt{w}}, & 162<w<242, \\ 0, & 其他. \end{cases}$

习题三

1. (1) X 和 Y 的联合分布律为

X \ Y	0	1	2
0	0	0	$\dfrac{1}{35}$
1	0	$\dfrac{6}{35}$	$\dfrac{6}{35}$
2	$\dfrac{3}{35}$	$\dfrac{12}{35}$	$\dfrac{3}{35}$
3	$\dfrac{2}{35}$	$\dfrac{2}{35}$	0

(2) $P\{X>Y\} = \dfrac{19}{35}$, $P\{Y=2X\} = \dfrac{6}{35}$, $P\{X+Y=3\} = \dfrac{4}{7}$, $P\{X+Y<3\} = \dfrac{2}{7}$.

2. 联合分布律及边缘分布律如下：

X \ Y	0	1	2	3	$P_i.$
0	$\dfrac{1}{27}$	$\dfrac{3}{27}$	$\dfrac{3}{27}$	$\dfrac{1}{27}$	$\dfrac{8}{27}$
1	$\dfrac{3}{27}$	$\dfrac{6}{27}$	$\dfrac{3}{27}$	0	$\dfrac{12}{27}$
2	$\dfrac{3}{27}$	$\dfrac{3}{27}$	0	0	$\dfrac{6}{27}$
3	$\dfrac{1}{27}$	0	0	0	$\dfrac{1}{27}$
$P._j$	$\dfrac{8}{27}$	$\dfrac{12}{27}$	$\dfrac{6}{27}$	$\dfrac{1}{27}$	1

3. (X,Y) 的联合分布律及 Y 的边缘分布律如下：

X \ Y	1	2	3	4	5	6
1	$\dfrac{1}{36}$	$\dfrac{1}{36}$	$\dfrac{1}{36}$	$\dfrac{1}{36}$	$\dfrac{1}{36}$	$\dfrac{1}{36}$
2	0	$\dfrac{2}{36}$	$\dfrac{1}{36}$	$\dfrac{1}{36}$	$\dfrac{1}{36}$	$\dfrac{1}{36}$
3	0	0	$\dfrac{3}{36}$	$\dfrac{1}{36}$	$\dfrac{1}{36}$	$\dfrac{1}{36}$
4	0	0	0	$\dfrac{4}{36}$	$\dfrac{1}{36}$	$\dfrac{1}{36}$
5	0	0	0	0	$\dfrac{5}{36}$	$\dfrac{1}{36}$
6	0	0	0	0	0	$\dfrac{6}{36}$
$P._j$	$\dfrac{1}{36}$	$\dfrac{3}{36}$	$\dfrac{5}{36}$	$\dfrac{7}{36}$	$\dfrac{9}{36}$	$\dfrac{11}{36}$

4. (1) (X,Y) 的联合分布律及边缘分布律如下：

X \ Y	0	1	2	3	$P_i.$
0	$\dfrac{1}{8}$	$\dfrac{1}{8}$	0	0	$\dfrac{2}{8}$
1	0	$\dfrac{2}{8}$	$\dfrac{2}{8}$	0	$\dfrac{4}{8}$
2	0	0	$\dfrac{1}{8}$	$\dfrac{1}{8}$	$\dfrac{2}{8}$
$P._j$	$\dfrac{1}{8}$	$\dfrac{3}{8}$	$\dfrac{3}{8}$	$\dfrac{1}{8}$	1

(2) $P\{Y \geqslant 2X\} = \dfrac{1}{2}$.   (3) X 与 Y 不是相互独立的. 因为 $P\{X=0, Y=0\} \neq P\{X=0\}P\{Y=0\}$.

5. 证略.

6. (1) (X, Y) 的边缘分布律为

X \ Y	0	1	2	3	4	5	$p_i.$
0	0.00	0.01	0.03	0.05	0.07	0.09	0.25
1	0.01	0.02	0.04	0.05	0.06	0.08	0.26
2	0.01	0.03	0.05	0.05	0.05	0.06	0.25
3	0.01	0.02	0.04	0.06	0.06	0.05	0.24
$p._j$	0.03	0.08	0.16	0.21	0.24	0.28	

(2) X 与 Y 不相互独立. 因为 $P\{X=0, Y=0\} \neq P\{X=0\}P\{Y=0\}$.

(3) $V = \max(X, Y)$ 的分布律为

V	0	1	2	3	4	5
P	0	0.04	0.16	0.28	0.24	0.28

(4) $U = \min(X, Y)$ 的分布律为

U	0	1	2	3
P	0.28	0.30	0.25	0.17

(5) $W = X + Y$ 的分布律为

W	0	1	2	3	4	5	6	7	8
P	0	0.02	0.06	0.13	0.19	0.24	0.19	0.12	0.05

7. (1) (X, Y) 的联合分布律为

X \ Y	1	2	3	4
1	$\dfrac{1}{4}$	0	0	0
2	$\dfrac{1}{8}$	$\dfrac{1}{8}$	0	0
3	$\dfrac{1}{12}$	$\dfrac{1}{12}$	$\dfrac{1}{12}$	0
4	$\dfrac{1}{16}$	$\dfrac{1}{16}$	$\dfrac{1}{16}$	$\dfrac{1}{16}$

(2) $X = 1$ 条件下 Y 的分布律为

k	1
$P\{Y = k \mid X = 1\}$	1

$X = 2$ 条件下 Y 的分布律为

k	1	2
$P\{Y = k \mid X = 2\}$	$\dfrac{1}{2}$	$\dfrac{1}{2}$

$X = 3$ 条件下 Y 的分布律为

k	1	2	3
$P\{Y = k \mid X = 3\}$	$\dfrac{1}{3}$	$\dfrac{1}{3}$	$\dfrac{1}{3}$

$X = 4$ 条件下 Y 的分布律为

k	1	2	3	4
$P\{Y = k \mid X = 4\}$	$\dfrac{1}{4}$	$\dfrac{1}{4}$	$\dfrac{1}{4}$	$\dfrac{1}{4}$

8. (1) $X = 1$ 的条件下, Y 的条件分布律为

k	0	1	2
$P\{Y = k \mid X = 1\}$	$\dfrac{6}{9}$	$\dfrac{2}{9}$	$\dfrac{1}{9}$

(2) $Y = 0$ 的条件下, X 的条件分布律为

k	0	1	2	3
$P\{X = k \mid Y = 0\}$	$\dfrac{84}{90}$	$\dfrac{3}{90}$	$\dfrac{2}{90}$	$\dfrac{1}{90}$

9. (1) $C = \dfrac{3}{\pi R^3}$; (2) $\dfrac{3a^2}{R^3}\left(R - \dfrac{2a}{3}\right)$.

10. (1) $k = 12$; (2) $P\{0 < X \leqslant 1, 0 < Y \leqslant 2\} = 0.9499$.

11. $f_X(x) = \begin{cases} 6(x - x^2), & 0 < x < 1; \\ 0, & \text{其他}. \end{cases}$ $f_Y(y) = \begin{cases} 6(\sqrt{y} - y), & 0 < y < 1; \\ 0, & \text{其他}. \end{cases}$

12. (1) $\lambda = \dfrac{1}{\pi r^2}$. (2) $f_X(x) = \begin{cases} \dfrac{2\sqrt{r^2 - x^2}}{\pi r^2}, & |x| < r; \\ 0, & \text{其他}. \end{cases}$ $f_Y(y) = \begin{cases} \dfrac{2\sqrt{r^2 - y^2}}{\pi r^2}, & |y| < r; \\ 0, & \text{其他}. \end{cases}$

13. (1) $f_X(x) = \begin{cases} 4x - 3x^2, & 0 < x < 1; \\ 0, & \text{其他}. \end{cases}$ $f_Y(y) = \begin{cases} 4y - 3y^2, & 0 < y < 1; \\ 0, & \text{其他}. \end{cases}$

(2) X 和 Y 不是相互独立的.

14. (1) $f(x, y) = \begin{cases} 5e^{-5y}, & 0 < x < 1, y > 0; \\ 0, & \text{其他}. \end{cases}$ (2) $\dfrac{4}{5} + \dfrac{1}{5}e^{-5}$.

15. (1) $c = 6$. (2) 略.

16. $f_Z(z) = \dfrac{1}{2a}\left[\Phi\left(\dfrac{z + a - \mu}{\sigma}\right) - \Phi\left(\dfrac{z - a - \mu}{\sigma}\right)\right]$.

17. 能.

18. $f_{\min}(z) = \begin{cases} (\alpha + \beta)e^{-(\alpha + \beta)z}, & z > 0; \\ 0, & \text{其他}. \end{cases}$ $f_{\max}(z) = \begin{cases} \alpha e^{-\alpha z} + \beta e^{-\beta z} - (\alpha + \beta)e^{-(\alpha + \beta)z}, & z > 0; \\ 0, & \text{其他}. \end{cases}$

习题四

1. $E(X) = \dfrac{16}{3}$. **2.** $E(Y) = \dfrac{55}{8}$. **3.** 15.7元. **4.** 3次. **5.** 30.8. **6.** $E(X) = 6$. **7.** $a = 1, b = \dfrac{1}{2}$.
8. (1) 2； (2) $\dfrac{1}{4}$. **9.** $E(X) = 0.7$. **10.** (1) $E(X) = \dfrac{1}{2}, E(Y) = -\dfrac{1}{3}$； (2) $E(2X+Y) = \dfrac{2}{3}$；
(3) $E(X-Y)^2 = \dfrac{5}{3}$. **11.** (1) $E(X) = \dfrac{1}{2}$； (2) $E(XY) = \dfrac{1}{4}$. **12.** $E(X) = 1$. **13.** $EX \approx 8.025$.
14. $D(X) = \dfrac{225}{448}$. **15.** $D(X) = 1.4, D(X-1) = 1.4$. **16.** $D(X) = \dfrac{13}{48}$. **17.** $E(X) = 0, D(X) = 2$. **18.** $a = 12, b = -12, c = 3$. **19.** $E(2X-1) = 2np - 1, D(2X-1) = 4np(1-p)$. **20.** $p = 0.3$, $n = 9$. **21.** $3X - 2Y \sim N(-19, 56)$. **22.** $D(Z) = \dfrac{11}{36}$. **23.** $E(X) = 15\lambda, D(X) = 55\lambda$. **24.** 若单独投资一种证券,则应选择证券 A；若两种证券同时投资,当 A 与 B 按 $9:8$ 的比例组合时,进行投资最佳.
25. 证略. **26.** $\operatorname{cov}(X, Y) = -\dfrac{9}{25}$.
27. (1) 二维随机变量 (X, Y) 的联合分布律为

X \ Y	0	1
0	$\dfrac{2}{15}$	$\dfrac{2}{15}$
1	$\dfrac{8}{45}$	$\dfrac{2}{5}$
2	$\dfrac{1}{45}$	$\dfrac{2}{15}$

(2) $\operatorname{cov}(X, Y) = \dfrac{2}{27}$.
28. (1) $\operatorname{cov}(X, Y) = -0.04$； (2) $\rho_{XY} = -\dfrac{\sqrt{5}}{20}$； (3) $\operatorname{cov}(X-Y, Y) = -0.84$； (4) X^2 与 Y^2 相互独立.
29. $E(Z) = -3, D(Z) = 193$.
30. $E(XY^2) = \mu(\sigma^2 + \mu^2)$.
31. (1) $P\{0.5 < X \leqslant 2\} = \dfrac{1}{2}$； (2) $D(X) = \dfrac{27}{16}$； (3) $\operatorname{cov}(X, X^2) = \dfrac{21}{16}$.
32. (1) $\rho_{XY} = -\dfrac{1}{11}$； (2) X 和 Y 不相互独立.
33. X, Y 不相互独立；X, Y 是不相关的.
34. $\mu_4 = \dfrac{b^4 + b^3 a + b^2 a^2 + ba^3 + a^4}{5}, m_3 = 0$.

习题五

1. (1) 0.709； (2) 0.875. **2.** 0.271. **3.** 0.000 2. **4.** 0.006 2. **5.** 0.211 9. **6.** 0.997 4. **7.** 0.181 4.
8. 0. **9.** (1) 0.896 8； (2) 0.749 8. **10.** 254. **11.** (1) 0.894 4； (2) 0.137 9.

习题六

1. (1),(3),(4),(5),(6),(7)是； (2),(8)不是. **2.** (1) 19.9, 1.29； (2) 67.25, 292.018.
3. (1) $\chi^2(1)$； (2) $F(n_2, n_1)$； (3) $N(\mu, \sigma^2/n), \chi^2(n-1), t(n-1)$； (4) 25, 50. **4.** C. **5.** 0.830 2.
6. (1) 0.262 8； (2) 0.292 3, 0.578 5. **7.** 0.674 4. **8.** 0.1. **9.** 1/3. **10.** $\sqrt{6}/2$. **11.** 略.

12. (1) $p^{\sum_{i=1}^{n}x_i}(1-p)^{n-\sum_{i=1}^{n}x_i}$；(2) $C_n^k p^k(1-p)^{n-k}$，$k=0,1,2,\cdots,n$；(3) p，$\dfrac{p(1-p)}{n}$，$p(1-p)$.

13. n，$\dfrac{n}{5}$，$2n$. 14. (1) $\dfrac{1}{(2\pi\sigma^2)^5}e^{-\sum_{i=1}^{10}(x_i-\mu)^2/(2\sigma^2)}$；(2) $f_X(x)=\dfrac{\sqrt{5}}{\sqrt{\pi}\sigma}e^{-5(x-\mu)^2/\sigma^2}$. 15. (1) 0.99；(2) $2\sigma^4/15$.

习题七

1. $\hat{\mu}=232.40$，$\hat{\sigma}^2=0.02235$. 2. $E(\hat{X})=0.80$，$D(\hat{X})=0.81$. 3. $\hat{\theta}=\dfrac{\overline{X}}{\overline{X}-c}$，$\hat{\theta}=\dfrac{x}{x-c}$.

4. (1) $\hat{\theta}=2\overline{X}$；(2) 是. 5. $\hat{p}=(\overline{X})^{-1}$. 6. $\hat{\mu}=997$，$\hat{\sigma}^2=15548.6$. 7. $\hat{\lambda}=\overline{X}$. 8. $\hat{\theta}=\overline{X}$.

9. $K=(2n-2)^{-1}$. 10. $\overline{X}^2-\dfrac{\overline{X}}{n}$ 或 A_2-S^2. 11. 证略. $\hat{\mu}_3$ 更有效. 12. (1) (24.802, 24.998)；
(2) (24.737, 25.063). 13. $n\geqslant 4\sigma^2 L^{-2}z_{\alpha/2}^2$. 14. (−6.79, 18.29). 15. (0.532, 21.726).
16. (1) (−7.164, 9.364)；(2) (0.444, 3.023). 17. 74.035.
18. (1) $\hat{\mu}>40394.05$；(2) $\hat{\sigma}<2344.18$.

习题八

1. 接受 H_0. 2. 接受 H_0. 3. 认为不合格. 4. 认为显著大于 10. 5. 接受 H_0，认为这批罐头是符合规定的. 6. 拒绝 H_0. 7. 拒绝 H_0. 8. 认为早上的身高比晚上高. 9. 拒绝 H_0，认为 A 比 B 耐穿.
10. 接受 H_0. 11. 拒绝 H_0，认为提纯后的群体比原群体整齐. 12. 拒绝 H_0，认为偏大. 13. 接受 H_0.
14. 接受 H_0. 15. 接受 H_0. 16. 接受 H_0. 17. (1) 接受 H_0，认为两者方差相等；(2) 接受 H_0'，认为所需天数相同. 18. (1) 接受 H_0；(2) 拒绝 H_0'，认为两者的可理解性有显著差异.
19. 接受 H_0. 20. $n\geqslant 7$. 21. (1) 接受 H_0；(2) $n\geqslant 7$. 22. $t=(x-2y)/\sqrt{\sigma_1^2/n_1+4\sigma_2^2/n_2}\geqslant z_\alpha$.
23. 认为服从泊松分布.
24. 接受 H_0. 25. 接受 H_0. 26. 接受 H_0. 27. 拒绝 H_0，认为有显著改变.
28. (1) $\hat{p}=0.6419$；(2) 接受 H_0.

习题九

1. 有显著影响. 2. 有影响. 3. 均有显著影响.
4. 提示：利用方差分析求解. (1) 不同行业的职工工资水平有显著差异；(2) 不同地区、不同行业的职工工资水平没有显著差异.
5. 回归模型为 $y=192.5663+1.7916x$，硬度为 65 时的抗张强度为 309.021，β_0 的置信区间为 [66.5661, 318.5666]，β_1 的置信区间为 [−0.0530, 3.6362].
6. (1) $y=7.262+0.596x$；(2) 显著.
7. $y=6.4385-0.7877x$. 其中，y 表示商品的需求量，单位为 kg；x 表示商品的价格，单位为元.
8. $y=260.7227-0.41909x$.
9. (1) $y=1.333333+2.030303x$；(2) 拒绝 H_0，认为回归效果显著；
    (3) 9.2545, (8.0230, 10.4862).
10. $y=7.16\times10^{-5}x^{2.8679}$.

附 录

附录一 常用概率统计表

附表 1 几种常用的概率分布

分布	符号	参数	分布律或概率密度	数学期望	方差
0-1 分布	$b(1, p)$	$0 < p < 1$	$P\{X=k\} = p^k(1-p)^{1-k}$ $k = 0, 1$	p	$p(1-p)$
二项分布	$B(n, p)$	$n \geq 1$ $0 < p < 1$	$P\{X=k\} = C_n^k p^k(1-p)^{n-k}$ $k = 0, 1, \cdots, n$	np	$np(1-p)$
负二项分布（帕斯卡分布）		$r \geq 1$ $0 < p < 1$	$P\{X=k\} = C_{k-1}^{r-1} p^r(1-p)^{k-r}$ $k = r, r+1, \cdots$	$\dfrac{r}{p}$	$\dfrac{r(1-p)}{p^2}$
几何分布		$0 < p < 1$	$P\{X=k\} = p(1-p)^{k-1}$ $k = 1, 2, \cdots$	$\dfrac{1}{p}$	$\dfrac{1-p}{p^2}$
超几何分布	$H(N, M, n)$	N, M, n $M \leq N$ $n \leq N$	$P\{X=k\} = \dfrac{C_M^k C_{N-M}^{n-k}}{C_N^n}$ $k = 0, 1, \cdots, n$	$\dfrac{nM}{N}$	$\dfrac{nM}{N}\left(1 - \dfrac{M}{N}\right)\left(\dfrac{N-n}{N-1}\right)$
泊松分布	$P(\lambda)$	$\lambda > 0$	$P\{X=k\} = \dfrac{\lambda^k e^{-\lambda}}{k!}$ $k = 0, 1, \cdots$	λ	λ
均匀分布	$U(a, b)$	$a < b$	$f(x) = \begin{cases} \dfrac{1}{b-a}, & a < x < b \\ 0, & \text{其他} \end{cases}$	$\dfrac{a+b}{2}$	$\dfrac{(b-a)^2}{12}$
正态分布	$N(\mu, \sigma^2)$	μ, σ^2 $\sigma > 0$	$f(x) = \dfrac{1}{\sqrt{2\pi}\sigma} e^{-\frac{(x-\mu)^2}{2\sigma^2}}$	μ	σ^2

(续表)

分布	符号	参数	分布律或概率密度	数学期望	方差
指数分布	$E(\lambda)$	$\lambda > 0$	$f(x)=\begin{cases}\lambda e^{-\lambda x}, & x>0 \\ 0, & \text{其他}\end{cases}$	$\dfrac{1}{\lambda}$	$\dfrac{1}{\lambda^2}$
χ^2 分布	$\chi^2(n)$	$n \geqslant 1$	$f(x)=\begin{cases}\dfrac{1}{2^{n/2}\Gamma(n/2)}x^{n/2-1}e^{-x/2}, & x>0 \\ 0, & \text{其他}\end{cases}$	n	$2n$
β 分布	$Be(\alpha,\beta)$	$\alpha>0$ $\beta>0$	$f(x)=\begin{cases}\dfrac{\Gamma(\alpha+\beta)}{\Gamma(\alpha)\Gamma(\beta)}x^{\alpha-1}(1-x)^{\beta-1}, & 0<x<1 \\ 0, & \text{其他}\end{cases}$	$\dfrac{\alpha}{\alpha+\beta}$	$\dfrac{\alpha\beta}{(\alpha+\beta)^2(\alpha+\beta+1)}$
Γ 分布	$Ga(\alpha,\beta)$	$\alpha>0$ $\beta>0$	$f(x)=\begin{cases}\dfrac{1}{\beta^\alpha\Gamma(\alpha)}x^{\alpha-1}e^{-x/\beta}, & x>0 \\ 0, & \text{其他}\end{cases}$	$\alpha\beta$	$\alpha\beta^2$
t 分布	$t(n)$	$n \geqslant 1$	$f(x)=\dfrac{\Gamma\left(\dfrac{n+1}{2}\right)}{\sqrt{n\pi}\,\Gamma(n/2)}\left(1+\dfrac{x^2}{n}\right)^{-(n+1)/2}$	$0,\ n>1$	$\dfrac{n}{n-2},\ n>2$
F 分布	$F(n_1,n_2)$	n_1,n_2	$f(x)=\begin{cases}\dfrac{\Gamma[(n_1+n_2)/2]}{\Gamma(n_1/2)\Gamma(n_2/2)}\left(\dfrac{n_1}{n_2}\right)\cdot\left(\dfrac{n_1}{n_2}x\right)^{n_1/2-1}\left(1+\dfrac{n_1}{n_2}x\right)^{-(n_1+n_2)/2}, & x>0 \\ 0, & \text{其他}\end{cases}$	$\dfrac{n_2}{n_2-2},$ $n_2>2$	$\dfrac{2n_2^2(n_1+n_2-2)}{n_1(n_2-2)^2(n_2-4)},$ $n_2>4$
柯西分布		a $\lambda>0$	$f(x)=\dfrac{1}{\pi}\dfrac{\lambda}{\lambda^2+(x-a)^2}$	不存在	不存在
对数正态分布		μ $\sigma>0$	$f(x)=\begin{cases}\dfrac{1}{\sqrt{2\pi}\sigma x}e^{-(\ln x-\mu)^2/(2\sigma^2)}, & x>0 \\ 0, & \text{其他}\end{cases}$	$e^{\mu+\frac{\sigma^2}{2}}$	$e^{2\mu+\sigma^2}(e^{\sigma^2}-1)$

附表2 标准正态分布

$$\Phi(x) = \frac{1}{\sqrt{2\pi}} \int_{-\infty}^{x} e^{-\frac{u^2}{2}} du$$

x	0.00	0.01	0.02	0.03	0.04	0.05	0.06	0.07	0.08	0.09
0.0	0.500 0	0.504 0	0.508 0	0.512 0	0.516 0	0.519 9	0.523 9	0.527 9	0.531 9	0.535 9
0.1	0.539 8	0.543 8	0.547 8	0.551 7	0.555 7	0.559 6	0.563 6	0.567 5	0.571 4	0.575 3
0.2	0.579 3	0.583 2	0.587 1	0.591 0	0.594 8	0.598 7	0.602 6	0.606 4	0.610 3	0.614 1
0.3	0.617 9	0.621 7	0.625 5	0.629 3	0.633 1	0.636 8	0.640 6	0.644 3	0.648 0	0.651 7
0.4	0.655 4	0.659 1	0.662 8	0.666 4	0.670 0	0.673 6	0.677 2	0.680 8	0.684 4	0.687 9
0.5	0.691 5	0.695 0	0.698 5	0.701 9	0.705 4	0.708 8	0.712 3	0.715 7	0.719 0	0.722 4
0.6	0.725 7	0.729 1	0.732 4	0.735 7	0.738 9	0.742 2	0.745 4	0.748 5	0.751 7	0.754 9
0.7	0.758 0	0.761 1	0.764 2	0.767 3	0.770 3	0.773 4	0.776 4	0.779 4	0.782 3	0.785 2
0.8	0.788 1	0.791 0	0.793 9	0.796 7	0.799 5	0.802 3	0.805 1	0.807 8	0.810 6	0.813 3
0.9	0.815 9	0.818 6	0.821 2	0.823 8	0.826 4	0.828 9	0.831 5	0.834 0	0.836 5	0.838 9
1.0	0.841 3	0.843 8	0.846 1	0.848 5	0.850 8	0.853 1	0.855 4	0.857 7	0.859 9	0.862 1
1.1	0.864 3	0.866 5	0.868 6	0.870 8	0.872 9	0.874 9	0.877 0	0.879 0	0.881 0	0.883 0
1.2	0.884 9	0.886 9	0.888 8	0.890 7	0.892 5	0.894 4	0.896 2	0.898 0	0.899 7	0.901 5
1.3	0.903 2	0.904 9	0.906 6	0.908 2	0.909 9	0.911 5	0.913 1	0.914 7	0.916 2	0.917 7
1.4	0.919 2	0.920 7	0.922 2	0.923 6	0.925 1	0.926 5	0.927 8	0.929 2	0.930 6	0.931 9
1.5	0.933 2	0.934 5	0.935 7	0.937 0	0.938 2	0.939 4	0.940 6	0.941 8	0.943 0	0.944 1
1.6	0.945 2	0.946 5	0.947 4	0.948 4	0.949 5	0.950 5	0.951 5	0.952 5	0.953 5	0.954 5
1.7	0.955 4	0.956 4	0.957 3	0.958 2	0.959 1	0.959 9	0.960 8	0.961 6	0.962 5	0.963 3
1.8	0.964 1	0.964 8	0.965 6	0.966 4	0.967 1	0.967 8	0.968 6	0.969 3	0.970 0	0.970 6
1.9	0.971 2	0.971 9	0.972 6	0.973 2	0.973 8	0.974 4	0.975 0	0.975 6	0.976 2	0.976 7
2.0	0.977 2	0.977 8	0.978 3	0.978 8	0.979 3	0.979 8	0.980 3	0.980 8	0.981 2	0.981 7
2.1	0.982 1	0.982 6	0.983 0	0.983 4	0.983 8	0.984 2	0.986 4	0.985 0	0.985 4	0.985 7
2.2	0.986 1	0.986 4	0.986 8	0.987 1	0.987 4	0.987 8	0.988 1	0.988 4	0.988 7	0.989 0
2.3	0.989 3	0.989 6	0.989 8	0.990 1	0.990 4	0.990 6	0.990 9	0.991 1	0.991 3	0.991 6
2.4	0.991 8	0.992 0	0.992 2	0.992 5	0.992 7	0.992 9	0.993 1	0.993 2	0.993 4	0.993 6
2.5	0.993 8	0.994 0	0.994 1	0.994 3	0.994 5	0.994 6	0.994 8	0.994 0	0.995 1	0.995 2
2.6	0.995 3	0.995 5	0.995 6	0.995 7	0.995 9	0.996 0	0.996 1	0.996 2	0.996 3	0.996 4
2.7	0.996 5	0.996 6	0.996 7	0.996 8	0.996 9	0.997 0	0.997 1	0.997 2	0.997 3	0.997 4

(续表)

x	0.00	0.01	0.02	0.03	0.04	0.05	0.06	0.07	0.08	0.09
2.8	0.9974	0.9975	0.9976	0.9977	0.9977	0.9978	0.9979	0.9979	0.9980	0.9981
2.9	0.9981	0.9982	0.9982	0.9983	0.9984	0.9984	0.9985	0.9985	0.9986	0.9986
3.0	0.9987	0.9987	0.9987	0.9988	0.9988	0.9989	0.9989	0.9989	0.9990	0.9990
3.1	0.9990	0.9991	0.9991	0.9991	0.9992	0.9992	0.9992	0.9992	0.9993	0.9993
3.2	0.9993	0.9993	0.9994	0.9994	0.9994	0.9994	0.9994	0.9995	0.9995	0.9995
3.3	0.9995	0.9995	0.9995	0.9996	0.9996	0.9996	0.9996	0.9996	0.9996	0.9997
3.4	0.9997	0.9997	0.9997	0.9997	0.9997	0.9997	0.9997	0.9997	0.9997	0.9998

附表3　泊松分布

$$P(X \leqslant x) = \sum_{k=0}^{x} \frac{\lambda^k}{k!} e^{-\lambda}$$

x \ λ	0.1	0.2	0.3	0.4	0.5	0.6	0.7	0.8	0.9
0	0.9048	0.8187	0.7408	0.6703	0.6065	0.5488	0.4966	0.4493	0.4066
1	0.9953	0.9825	0.9631	0.9384	0.9098	0.8781	0.8442	0.8088	0.7725
2	0.9998	0.9989	0.9964	0.9921	0.9856	0.9769	0.9659	0.9526	0.9371
3	1.0000	0.9999	0.9997	0.9992	0.9982	0.9966	0.9942	0.9909	0.9865
4		1.0000	1.0000	0.9999	0.9998	0.9996	0.9992	0.9986	0.9977
5				1.0000	1.0000	1.0000	0.9999	0.9998	0.9997
6							1.0000	1.0000	1.0000

x \ λ	1.0	1.5	2.0	2.5	3.0	3.5	4.0	4.5	5.0
0	0.3679	0.2231	0.1353	0.0821	0.0498	0.0302	0.0183	0.0111	0.0067
1	0.7358	0.5578	0.4060	0.2873	0.1991	0.1359	0.0916	0.0611	0.0404
2	0.9197	0.8088	0.6767	0.5438	0.4232	0.3208	0.2381	0.1736	0.1247
3	0.9810	0.9344	0.8571	0.7576	0.6472	0.5366	0.4335	0.3423	0.2650
4	0.9963	0.9814	0.9473	0.8912	0.8153	0.7254	0.6288	0.5321	0.4405
5	0.9994	0.9955	0.9834	0.9580	0.9161	0.8576	0.7851	0.7029	0.6160
6	0.9999	0.9991	0.9955	0.9858	0.9665	0.9347	0.8893	0.8311	0.7622
7	1.0000	0.9998	0.9989	0.9958	0.9881	0.9733	0.9489	0.9134	0.8666
8		1.0000	0.9998	0.9989	0.9962	0.9901	0.9786	0.9597	0.9319

(续表)

x \ λ	1.0	1.5	2.0	2.5	3.0	3.5	4.0	4.5	5.0
9			1.0000	0.9997	0.9989	0.9967	0.9919	0.9829	0.9682
10				0.9999	0.9997	0.9990	0.9972	0.9933	0.9863
11				1.0000	0.9999	0.9997	0.9991	0.9976	0.9945
12					1.0000	0.9999	0.9997	0.9992	0.9980

x \ λ	5.5	6.0	6.5	7.0	7.5	8.0	8.5	9.0	9.5
0	0.0041	0.0025	0.0015	0.0009	0.0006	0.0003	0.0002	0.0001	0.0001
1	0.0266	0.0174	0.0113	0.0073	0.0047	0.0030	0.0019	0.0012	0.0008
2	0.0884	0.0620	0.0430	0.0296	0.0203	0.0138	0.0093	0.0062	0.0042
3	0.2017	0.1512	0.1118	0.0818	0.0591	0.0424	0.0301	0.0212	0.0149
4	0.3575	0.2851	0.2237	0.1730	0.1321	0.0996	0.0744	0.0550	0.0403
5	0.5289	0.4457	0.3690	0.3007	0.2414	0.1912	0.1496	0.1157	0.0885
6	0.6860	0.6063	0.5265	0.4497	0.3782	0.3134	0.2562	0.2068	0.1649
7	0.8095	0.7440	0.6728	0.5987	0.5246	0.4530	0.3856	0.3239	0.2687
8	0.8944	0.8472	0.7916	0.7291	0.6620	0.5925	0.5231	0.4557	0.3918
9	0.9462	0.9161	0.8774	0.8305	0.7764	0.7166	0.6530	0.5874	0.5218
10	0.9747	0.9574	0.9332	0.9015	0.8622	0.8159	0.7634	0.7060	0.6453
11	0.9890	0.9799	0.9661	0.9467	0.9208	0.8881	0.8487	0.8030	0.7520
12	0.9955	0.9912	0.9840	0.9730	0.9573	0.9362	0.9091	0.8758	0.8364
13	0.9983	0.9964	0.9929	0.9872	0.9784	0.9658	0.9486	0.9261	0.8981
14	0.9994	0.9986	0.9970	0.9943	0.9897	0.9827	0.9726	0.9585	0.9400
15	0.9998	0.9995	0.9988	0.9976	0.9954	0.9918	0.9862	0.9780	0.9665
16	0.9999	0.9998	0.9996	0.9990	0.9980	0.9963	0.9934	0.9889	0.9823
17	1.0000	0.9999	0.9998	0.9996	0.9992	0.9984	0.9970	0.9947	0.9911
18		1.0000	0.9999	0.9999	0.9997	0.9993	0.9987	0.9976	0.9957
19			1.0000	1.0000	0.9999	0.9997	0.9995	0.9989	0.9980

（续表）

x \ λ	5.5	6.0	6.5	7.0	7.5	8.0	8.5	9.0	9.5
20					1.0000	0.9999	0.9998	0.9996	0.9991
21						1.0000	0.9999	0.9998	0.9996
22							1.0000	0.9999	0.9999
23								1.0000	0.9999

附表 4 t 分布

$$P\{t(n) > t_\alpha(n)\} = \alpha$$

n \ α	0.45	0.40	0.35	0.30	0.25	0.20	0.15	0.10	0.05	0.025	0.01	0.005
1	0.158	0.325	0.510	0.727	1.000	1.376	1.963	3.08	6.31	12.71	31.8	63.7
2	142	289	445	617	0.816	1.061	1.386	1.886	2.92	4.30	6.96	9.92
3	137	277	424	584	765	0.978	1.250	1.638	2.35	3.18	4.54	5.84
4	134	271	414	569	741	941	1.190	1.533	2.13	2.78	3.75	4.60
5	132	267	408	559	727	920	1.156	1.476	2.02	2.57	3.36	4.03
6	131	265	404	553	718	906	1.134	1.440	1.943	2.45	3.14	3.71
7	130	263	402	549	711	896	1.119	1.415	1.895	2.36	3.00	3.50
8	130	262	399	546	706	889	1.108	1.397	1.860	2.31	2.90	3.36
9	129	261	398	543	703	883	1.100	1.383	1.833	2.26	2.82	3.25
10	129	260	397	542	700	879	1.093	1.372	1.812	2.23	2.76	3.17
11	129	260	396	540	697	876	1.088	1.363	1.796	2.20	2.72	3.11
12	128	259	395	539	695	873	1.083	1.356	1.782	2.18	2.68	3.06
13	128	259	394	538	694	870	1.079	1.350	1.771	2.16	2.65	3.01
14	128	258	393	537	692	868	1.076	1.345	1.761	2.14	2.62	2.98
15	128	258	393	536	691	866	1.074	1.341	1.753	2.13	2.60	2.95
16	128	258	392	535	690	865	1.071	1.337	1.746	2.12	2.58	2.92
17	128	257	392	534	689	863	1.069	1.333	1.770	2.11	2.57	2.90

（续表）

α \ n	0.45	0.40	0.35	0.30	0.25	0.20	0.15	0.10	0.05	0.025	0.01	0.005
18	127	257	392	534	688	862	1.067	1.330	1.734	2.10	2.55	2.88
19	127	257	391	533	688	861	1.066	1.328	1.729	2.09	2.54	2.86
20	127	257	391	533	687	860	1.064	1.325	1.725	2.09	2.53	2.85
21	127	257	391	532	686	859	1.063	1.323	1.721	2.08	2.52	2.83
22	127	256	390	532	686	858	1.061	1.321	1.717	2.07	2.51	2.82
23	127	256	390	532	685	858	1.060	1.319	1.714	2.07	2.50	2.81
24	127	256	390	531	685	857	1.059	1.318	1.711	2.06	2.49	2.80
25	127	256	390	531	684	856	1.058	1.316	1.708	2.06	2.48	2.79
26	127	256	390	531	684	856	1.058	1.315	1.706	2.06	2.48	2.78
27	127	256	389	531	684	855	1.057	1.314	1.703	2.05	2.47	2.77
28	127	256	389	530	683	855	1.056	1.313	1.701	2.05	2.47	2.76
29	127	256	389	530	683	854	1.055	1.311	1.699	2.04	2.46	2.76
30	127	256	389	530	683	854	0.055	1.310	1.697	2.04	2.46	2.75
40	126	255	388	529	681	851	0.050	1.303	1.684	2.02	2.42	2.70
60	126	254	387	527	679	848	0.046	1.296	1.671	2.00	2.39	2.66
120	126	254	386	526	677	845	1.041	1.289	1.658	1.980	2.36	2.62
∞	0.126	0.253	0.385	0.524	0.674	0.842	1.036	1.282	1.645	1.960	2.33	2.58

附表 5 χ^2 分布

$$P\{\chi^2(n) > \chi^2_\alpha(n)\} = \alpha$$

α \ n	0.995	0.99	0.975	0.95	0.90	0.75	0.50	0.25	0.10	0.05	0.025	0.01	0.005
1	0.044	0.032	0.001	0.004	0.016	0.102	0.455	1.32	2.71	3.84	5.02	6.64	7.88
2	0.010	0.020	0.051	0.103	0.211	0.575	1.39	2.77	4.61	5.99	7.38	9.21	10.6
3	0.072	0.115	0.216	0.352	0.584	1.21	2.37	4.11	6.25	7.82	9.35	11.3	12.8
4	0.207	0.297	0.484	0.711	1.06	1.92	3.36	5.39	7.78	9.49	11.1	13.3	14.9
5	0.412	0.554	0.831	1.15	1.61	2.67	4.35	6.63	9.24	11.1	12.8	15.1	16.7
6	0.676	0.872	1.24	1.64	2.20	3.45	5.35	7.84	10.6	12.6	14.4	16.8	18.5
7	0.989	1.24	1.69	2.17	2.83	4.25	6.35	9.04	12.0	14.1	16.0	18.5	20.3
8	1.34	1.65	2.18	2.73	3.49	5.07	7.34	10.2	13.4	15.5	17.5	20.1	22.0

(续表)

n \ α	0.995	0.99	0.975	0.95	0.90	0.75	0.50	0.25	0.10	0.05	0.025	0.01	0.005
9	1.73	2.09	2.70	3.33	4.17	5.90	8.34	11.4	14.7	16.9	19.0	21.7	23.6
10	2.16	2.56	3.25	3.94	4.87	6.74	9.34	12.5	16.0	18.3	20.5	23.2	25.2
11	2.60	3.05	3.82	4.57	5.58	7.58	10.3	13.7	17.3	19.7	21.9	24.7	26.8
12	3.07	3.57	4.40	5.23	6.30	8.44	11.3	14.8	18.5	21.0	23.3	26.2	28.3
13	3.57	4.11	5.01	5.89	7.04	9.30	12.3	16.0	19.8	22.4	24.7	27.7	29.8
14	4.07	4.66	5.63	6.57	7.79	10.2	13.3	17.1	21.1	23.7	26.1	29.1	31.3
15	4.60	5.23	6.26	7.26	8.55	11.0	14.3	18.2	22.3	25.0	27.5	30.6	32.8
16	5.14	5.81	6.91	7.96	9.31	11.9	15.3	19.4	23.5	26.3	28.8	32.0	34.3
17	5.70	6.41	7.56	8.67	10.1	12.8	16.3	20.5	24.8	27.6	30.2	33.4	35.7
18	6.26	7.02	8.23	9.39	10.9	13.7	17.3	21.6	26.0	28.9	31.5	34.8	37.2
19	6.84	7.63	8.91	10.1	11.7	14.6	18.3	22.7	27.2	30.1	32.9	36.2	38.6
20	7.43	8.26	9.59	10.9	12.4	15.5	19.3	23.8	28.4	31.4	34.2	37.6	40.0
21	8.03	8.90	10.3	11.6	13.2	16.3	20.3	24.9	29.6	32.7	35.5	38.9	41.4
22	8.64	9.54	11.0	12.3	14.0	17.2	21.3	26.0	30.8	33.9	36.8	40.3	42.8
23	9.26	10.2	11.7	13.1	14.8	18.1	22.3	27.1	32.0	35.2	38.1	41.6	44.2
24	9.89	10.9	12.4	13.8	15.7	19.0	23.3	28.2	33.2	36.4	39.4	43.0	45.6
25	10.5	11.5	13.1	14.6	16.5	19.9	24.3	29.3	34.4	37.7	40.6	44.3	46.9
26	11.2	12.2	13.8	15.4	17.3	20.8	25.3	30.4	35.6	38.9	41.9	45.6	48.3
27	11.8	12.9	14.6	16.2	18.1	21.7	26.3	31.5	36.7	40.1	43.2	47.0	49.6
28	12.5	13.6	15.3	16.9	18.9	22.7	27.3	32.6	37.9	41.3	44.5	48.3	51.0
29	13.1	14.3	16.0	17.7	19.8	23.6	28.3	33.7	39.1	42.6	45.7	49.6	52.3
30	13.8	15.0	16.8	18.5	20.6	24.5	29.3	34.8	40.3	43.8	47.0	50.9	53.7
40	20.7	22.2	24.4	26.5	29.1	33.7	39.3	45.6	51.8	55.8	59.3	63.7	66.8
50	28.0	29.7	32.4	34.8	37.7	42.9	49.3	56.3	63.2	67.5	71.4	76.2	79.5
60	33.5	37.5	40.5	43.2	46.5	52.3	59.3	67.0	74.4	79.1	83.3	88.4	92.0

附表6 F分布

$$P\{F(n_1, n_2) > F_\alpha(n_1, n_2)\} = \alpha$$

$\alpha = 0.05$

n_2 \ n_1	1	2	3	4	5	6	7	8	9	10	12	15	20	24	30	40	60	120	∞
1	161.4	199.5	215.7	224.6	230.2	234.0	236.8	238.9	240.5	241.9	243.9	245.9	248.0	249.1	250.1	251.1	252.2	253.3	254.3
2	18.51	19.00	19.16	19.25	19.30	19.33	19.35	19.37	19.38	19.40	19.41	19.43	19.45	19.45	19.46	19.47	19.48	19.49	19.50
3	10.13	9.55	9.28	9.12	9.01	8.94	8.89	8.85	8.81	8.79	8.74	8.70	8.66	8.64	8.62	8.59	8.57	8.55	8.53
4	7.71	6.94	6.59	6.39	6.26	6.16	6.09	6.04	6.00	5.96	5.91	5.86	5.80	5.77	5.75	5.72	5.69	5.66	5.63
5	6.61	5.79	5.41	5.19	5.05	4.95	4.88	4.82	4.77	4.74	4.68	4.62	4.56	4.53	4.50	4.46	4.43	4.40	4.36
6	5.99	5.14	4.76	4.53	4.39	4.28	4.21	4.15	4.10	4.06	4.00	3.94	3.87	3.84	3.81	3.77	3.74	3.70	3.67
7	5.59	4.74	4.35	4.12	3.97	3.87	3.79	3.73	3.68	3.64	3.57	3.51	3.44	3.41	3.38	3.34	3.30	3.27	3.23
8	5.32	4.46	4.07	3.84	3.69	3.58	3.50	3.44	3.39	3.35	3.28	3.22	3.15	3.12	3.08	3.04	3.01	2.97	2.93
9	5.12	4.26	3.86	3.63	3.48	3.37	3.29	3.23	3.18	3.14	3.07	3.01	2.94	2.90	2.86	2.83	2.79	2.75	2.71
10	4.96	4.10	3.71	3.48	3.33	3.22	3.14	3.07	3.02	2.98	2.91	2.85	2.77	32.74	2.70	2.66	2.62	2.58	2.54
11	4.84	3.98	3.59	3.36	3.20	3.09	3.01	2.95	2.90	2.85	2.79	2.72	2.65	2.61	2.57	2.53	2.49	2.45	2.40
12	4.75	3.89	3.49	3.26	3.11	3.00	2.91	2.85	2.80	2.75	2.69	2.62	2.54	2.51	2.47	2.43	2.38	2.34	2.30
13	4.67	3.81	3.41	3.18	3.03	2.92	2.83	2.77	2.71	2.67	2.60	2.53	2.46	2.42	2.38	2.34	2.30	2.25	2.21
14	4.60	3.74	3.34	3.11	2.96	2.85	2.76	2.70	2.65	2.6	2.53	2.46	2.39	2.35	2.31	2.27	2.22	2.18	2.13
15	4.54	3.68	3.29	3.06	2.90	2.79	2.71	2.64	2.59	2.54	2.48	2.40	2.33	2.29	2.25	2.20	2.16	2.11	2.07
16	4.49	3.63	3.24	3.01	2.85	2.74	2.66	2.59	2.54	2.49	2.42	2.35	2.28	2.24	2.19	2.15	2.11	2.06	2.01

(续表)

n_2 \ n_1	1	2	3	4	5	6	7	8	9	10	12	15	20	24	30	40	60	120	∞
17	4.45	3.59	3.20	2.96	2.81	2.70	2.61	2.55	2.49	2.45	2.38	2.31	2.23	2.19	2.15	2.10	2.06	2.01	1.96
18	4.41	3.55	3.16	2.93	2.77	2.66	2.58	2.51	2.46	2.41	2.34	2.27	2.19	2.15	2.11	2.06	2.02	1.97	1.92
19	4.38	3.52	3.13	2.90	2.74	2.63	2.54	2.48	2.42	2.38	2.31	2.23	2.16	2.11	2.07	2.03	1.98	1.93	1.88
20	4.35	3.49	3.10	2.87	2.71	2.60	2.51	2.45	2.39	2.35	2.28	2.20	2.12	2.08	2.04	1.99	1.95	1.90	1.84
21	4.32	3.47	3.07	2.84	2.68	2.57	2.49	2.42	2.37	2.32	2.25	2.18	2.10	2.05	2.01	1.96	1.92	1.87	1.81
22	4.30	3.44	3.05	2.82	2.66	2.55	2.46	2.40	2.34	2.30	2.23	2.15	2.07	2.03	1.98	1.94	1.89	1.84	1.78
23	4.28	3.42	3.03	2.80	2.64	2.53	2.44	2.37	2.32	2.27	2.20	2.13	2.05	2.01	1.96	1.91	1.86	1.81	1.76
24	4.26	3.40	3.01	2.78	2.62	2.51	2.42	2.36	2.30	2.25	2.18	2.11	2.03	1.98	1.94	1.89	1.84	1.79	1.73
25	4.24	3.39	2.99	2.76	2.60	2.49	2.40	2.34	2.28	2.24	2.16	2.09	2.01	1.96	1.92	1.87	1.82	1.77	1.71
26	4.23	3.37	2.98	2.74	2.59	2.47	2.39	2.32	2.27	2.22	2.15	2.07	1.99	1.95	1.90	1.85	1.80	1.75	1.69
27	4.21	3.35	2.96	2.73	2.57	2.46	2.37	2.31	2.25	2.20	2.13	2.06	1.97	1.93	1.88	1.84	1.79	1.73	1.67
28	4.20	3.34	2.95	2.71	2.56	2.45	2.36	2.29	2.24	2.19	2.12	2.04	1.96	1.91	1.87	1.82	1.77	1.71	1.65
29	4.18	3.33	2.93	2.70	2.55	2.43	2.35	2.28	2.22	2.18	2.10	2.03	1.94	1.90	1.85	1.81	1.75	1.70	1.64
30	4.17	3.32	2.92	2.69	2.53	2.42	2.33	2.27	2.21	2.16	2.09	2.01	1.93	1.89	1.84	1.79	1.74	1.68	1.62
40	4.08	3.23	2.84	2.61	2.45	2.34	2.25	2.18	2.12	2.08	2.00	1.92	1.84	1.79	1.74	1.69	1.64	1.58	1.51
60	4.00	3.15	2.76	2.53	2.37	2.25	2.17	2.10	2.04	1.99	1.92	1.84	1.75	1.70	1.65	1.59	1.53	1.47	1.39
120	3.92	3.07	2.68	2.45	2.29	2.17	2.09	2.02	1.96	1.91	1.83	1.75	1.66	1.61	1.55	1.50	1.43	1.35	1.25
∞	3.84	3.00	2.60	2.37	2.21	2.10	2.01	1.94	1.88	1.83	1.75	1.67	1.57	1.52	1.46	1.39	1.32	1.22	1.00

$\alpha = 0.025$

n_2 \ n_1	1	2	3	4	5	6	7	8	9	10	12	15	20	24	30	40	60	120	∞
1	647.8	799.5	864.2	899.6	921.8	937.1	948.2	956.7	963.3	968.6	976.7	984.9	993.1	997.2	1 001	1 006	1 010	1 014	1 018
2	38.51	39.00	39.17	39.25	39.30	39.33	39.36	39.37	39.39	39.40	39.41	39.43	39.45	39.46	39.46	39.47	39.48	39.49	39.50
3	17.44	16.04	15.44	15.10	14.88	14.73	14.62	14.54	14.47	14.42	44.34	14.25	14.17	14.12	14.08	14.04	13.99	13.95	13.90
4	12.22	10.65	9.98	9.60	9.36	9.20	9.07	8.98	8.90	8.84	8.75	8.66	8.56	8.51	8.46	8.41	8.36	8.31	8.26
5	10.01	8.43	7.76	7.39	7.15	6.98	6.85	6.76	6.68	6.62	6.52	6.43	6.31	6.28	6.23	6.18	6.12	6.07	6.02
6	8.81	7.26	6.60	6.23	5.99	5.82	5.70	5.60	5.52	5.46	5.37	5.27	5.17	5.12	5.07	5.01	4.96	4.90	4.85
7	8.07	6.54	5.89	5.52	5.29	5.12	4.99	4.90	4.80	4.76	4.67	4.57	4.47	4.42	6.36	4.31	4.25	4.20	4.14
8	7.57	6.06	5.42	5.05	4.82	4.65	4.53	4.43	4.36	4.30	4.20	4.10	4.00	3.95	5.07	3.84	3.78	3.73	3.67
9	7.21	5.71	5.08	4.72	4.48	4.32	4.20	4.10	4.03	3.96	3.87	3.77	3.67	3.61	3.89	3.51	3.45	3.39	3.33
10	6.94	5.46	4.83	4.47	4.24	4.07	3.95	3.85	3.78	3.72	3.62	3.52	3.42	3.37	3.56	3.26	3.20	3.14	3.08
11	6.72	5.26	4.63	4.28	4.04	3.88	3.76	3.66	3.59	3.53	3.43	3.33	3.23	3.17	3.31	3.06	3.00	2.94	2.88
12	6.55	5.10	4.47	4.12	3.89	3.73	3.61	3.51	3.44	3.37	3.28	3.18	3.07	3.02	3.12	2.91	2.85	2.79	2.72
13	6.41	4.97	4.35	4.00	3.77	3.60	3.48	3.39	3.31	3.25	3.15	3.05	2.95	2.89	2.96	2.78	2.72	2.66	2.60
14	6.30	4.86	4.24	3.89	3.66	3.50	3.38	3.29	3.21	3.15	3.05	2.95	2.84	2.79	2.84	2.67	2.61	2.55	2.49
15	6.20	4.77	4.15	3.80	3.58	3.41	3.29	3.20	3.12	3.06	2.96	2.86	2.76	2.70	2.73	2.59	2.52	2.46	2.40
16	6.12	4.69	4.08	3.73	3.50	3.34	3.22	3.12	3.05	2.99	2.89	2.79	2.68	2.63	2.64	2.51	2.45	2.38	2.32
17	6.04	4.62	4.01	3.66	3.44	3.28	3.16	3.06	2.98	2.92	2.82	2.72	2.62	2.56	2.57	2.44	2.38	2.32	2.25
18	5.98	4.56	3.95	3.61	3.38	3.22	3.10	3.01	2.93	2.87	2.77	2.67	2.56	2.50	2.50	2.38	2.32	2.26	2.19
19	5.92	4.51	3.90	3.56	3.33	3.17	3.05	2.96	2.88	2.80	2.72	2.62	2.51	2.45	2.44	2.33	2.27	2.20	2.13
20	5.87	4.46	3.86	3.51	3.29	3.13	3.01	2.91	2.84	2.77	2.68	2.57	2.46	2.41	2.39	2.29	2.22	2.16	2.09

(续表)

n_1 \ n_2	1	2	3	4	5	6	7	8	9	10	12	15	20	24	30	40	60	120	∞
21	5.83	4.42	3.82	3.48	3.25	3.09	2.97	2.87	2.80	2.73	2.64	2.53	2.42	2.37	2.31	2.25	2.18	2.11	2.04
22	5.79	4.38	3.78	3.44	3.22	3.05	2.93	2.84	2.76	2.70	2.60	2.50	2.39	2.33	2.27	2.21	2.14	2.08	2.00
23	5.75	4.35	3.75	3.41	3.18	3.02	2.90	2.81	2.73	2.67	2.57	2.47	2.36	2.30	2.24	2.18	2.11	2.04	1.97
24	5.72	4.32	3.72	3.38	3.15	2.99	2.87	2.78	2.70	2.64	2.54	2.44	2.33	2.27	2.21	2.15	2.08	2.01	1.94
25	5.69	4.29	3.69	3.35	3.13	2.97	2.85	2.75	2.68	2.61	2.51	2.41	2.30	2.24	2.18	2.12	2.05	1.98	1.91
26	5.66	4.27	3.67	3.33	3.10	2.94	2.82	2.73	2.65	2.59	2.49	2.39	2.28	2.22	2.16	2.09	2.03	1.95	1.88
27	5.63	4.24	3.65	3.31	3.08	2.92	2.80	2.71	2.63	2.57	2.47	2.36	2.25	2.19	2.13	2.07	2.00	1.93	1.85
28	5.61	4.22	3.63	3.29	3.06	2.90	2.78	2.69	2.61	2.55	2.45	2.34	2.23	2.17	2.11	2.05	1.98	1.91	1.83
29	5.59	4.20	3.61	3.27	3.04	2.88	2.76	2.67	2.59	2.53	2.43	2.32	2.21	2.15	2.09	2.03	1.96	1.89	1.81
30	5.57	4.18	3.59	3.25	3.03	2.87	2.75	2.65	2.57	2.51	2.41	2.31	2.20	2.14	2.07	2.01	1.94	1.87	1.79
40	5.42	4.05	3.46	3.13	2.90	2.74	2.62	2.53	2.45	2.39	2.29	2.18	2.07	2.01	1.94	1.88	1.80	1.72	1.64
60	5.29	3.93	3.34	3.01	2.79	2.63	2.51	2.41	2.33	2.27	2.17	2.06	1.94	1.88	1.82	1.74	1.67	1.58	1.48
120	5.15	3.80	3.23	2.89	2.67	2.52	2.39	2.30	2.22	2.16	2.05	1.94	1.82	1.76	1.69	1.61	1.53	1.43	1.31
∞	5.02	3.69	3.12	2.79	2.57	2.41	2.29	2.19	2.11	2.05	1.94	1.83	1.71	1.64	1.57	1.48	1.39	1.27	1.00

$\alpha = 0.01$

n_1 \ n_2	1	2	3	4	5	6	7	8	9	10	12	15	20	24	30	40	60	120	∞
1	4 052	4 999.5	5 403	5 625	5 764	5 859	5 928	5 982	6 022	6 156	6 106	6 157	6 209	6 235	6 261	6 287	6 313	6 339	6 366
2	98.50	99.00	99.17	99.25	99.30	99.33	99.36	99.37	99.39	99.40	99.42	99.43	99.45	99.46	99.47	99.47	99.48	99.49	99.50

(续表)

n_1 \ n_2	1	2	3	4	5	6	7	8	9	10	12	15	20	24	30	40	60	120	∞
3	34.12	30.82	29.46	28.71	28.24	27.91	27.67	27.49	27.35	27.23	27.05	26.87	26.69	26.60	26.50	26.41	26.32	26.22	26.13
4	21.20	18.00	16.69	15.98	15.52	15.21	14.98	14.80	14.66	14.55	14.37	14.20	14.02	13.93	13.84	13.75	13.65	13.56	13.46
5	16.26	13.27	12.06	11.39	10.97	10.67	10.46	10.29	10.16	10.05	9.89	9.72	9.55	9.47	9.38	9.29	9.20	9.11	9.02
6	13.75	10.92	9.78	9.15	8.75	8.47	8.26	8.10	7.98	7.87	7.72	7.56	7.40	7.31	7.23	7.14	7.06	6.97	6.88
7	12.25	9.55	8.45	7.85	7.46	7.19	6.99	6.84	6.72	6.62	6.47	6.31	6.16	6.07	5.99	5.91	5.82	5.74	5.65
8	11.26	8.65	7.59	7.01	6.63	6.37	6.18	6.03	5.91	5.81	5.67	5.52	5.36	5.28	5.20	5.12	5.03	4.95	4.86
9	10.56	8.02	6.99	6.42	6.06	5.80	5.61	5.47	5.35	5.26	5.11	4.96	4.81	4.73	4.65	4.57	4.48	4.40	4.31
10	10.04	7.56	6.55	5.99	5.64	5.39	5.20	5.06	4.94	4.85	4.71	4.56	4.41	4.33	4.25	4.17	4.08	4.00	3.91
11	9.65	7.21	6.22	5.67	5.32	5.07	4.89	4.74	4.63	4.54	4.40	4.25	4.10	4.02	3.94	3.86	3.78	3.69	3.60
12	9.33	6.93	5.95	5.41	5.06	4.82	4.64	4.50	4.39	4.30	4.16	4.01	3.86	3.78	3.70	3.62	3.54	3.45	3.36
13	9.07	6.70	5.74	5.21	4.86	4.62	4.44	4.30	4.19	4.10	3.96	3.82	3.66	3.59	3.51	3.43	3.34	3.25	3.17
14	8.86	6.51	5.56	5.04	4.69	4.46	4.28	4.14	4.03	3.94	3.80	3.66	3.51	3.43	3.35	3.27	3.18	3.09	3.00
15	8.68	6.36	5.42	4.89	4.56	4.32	4.14	4.00	3.89	3.80	3.67	3.52	3.37	3.29	3.21	3.13	3.05	2.96	2.87
16	8.53	6.23	5.29	4.77	4.44	4.20	4.03	3.89	3.78	3.69	3.55	3.41	3.26	3.18	3.10	3.02	2.93	2.84	2.75
17	8.40	6.11	5.18	4.67	4.34	4.10	3.93	3.79	3.68	3.59	3.46	3.31	3.16	3.08	3.00	2.92	2.83	2.75	2.65
18	8.29	6.01	5.09	4.58	4.25	4.01	3.84	3.71	3.60	3.51	3.37	3.23	3.08	3.00	2.92	2.84	2.75	2.66	2.57
19	8.18	5.93	5.01	4.50	4.17	3.94	3.77	3.63	3.52	3.43	3.30	3.15	3.00	2.92	2.84	2.76	2.67	2.58	2.49
20	8.10	5.85	4.94	4.43	4.10	3.87	3.70	3.56	3.46	3.37	3.23	3.09	2.94	2.86	2.78	2.69	2.61	2.52	2.42
21	8.02	5.78	4.87	4.37	4.04	3.81	3.64	3.51	3.40	3.31	3.17	3.03	2.88	2.80	2.72	2.64	2.55	2.46	2.36
22	7.95	5.72	4.82	4.31	3.99	3.76	3.59	3.45	3.35	3.26	3.12	2.98	2.83	2.75	2.67	2.58	2.50	2.40	2.31

(续表)

n_1 \ n_2	1	2	3	4	5	6	7	8	9	10	12	15	20	24	30	40	60	120	∞
23	7.88	5.66	4.76	4.26	3.94	3.71	3.54	3.41	3.30	3.21	3.07	3.93	2.78	2.70	2.62	2.54	2.45	2.35	2.26
24	7.82	5.61	4.72	4.22	3.90	3.67	3.50	3.36	3.26	3.17	3.03	3.89	2.74	2.66	2.58	2.49	2.40	2.31	2.21
25	7.77	5.57	4.68	4.18	3.85	3.63	3.46	3.32	3.22	3.13	2.99	3.85	2.70	2.62	2.54	2.45	2.36	2.27	2.17
26	7.72	5.53	4.64	4.14	3.82	3.59	3.42	3.29	3.18	3.09	2.96	2.81	2.66	2.58	2.50	2.42	2.33	2.23	2.13
27	7.68	5.49	4.60	4.11	3.78	3.56	3.39	3.26	3.15	3.06	2.93	2.78	2.63	2.55	2.47	2.38	2.29	2.20	2.10
28	7.64	5.45	4.57	4.07	3.75	3.53	3.36	3.23	3.12	3.03	2.90	2.75	2.60	2.52	2.44	2.35	2.26	2.17	2.06
29	7.60	5.42	4.54	4.04	3.73	3.50	3.33	3.20	3.09	3.00	2.87	2.73	2.57	2.49	2.41	2.33	2.26	2.14	2.03
30	7.56	5.39	4.51	4.02	3.70	3.47	3.30	3.17	3.07	2.98	2.84	2.70	2.55	2.47	2.39	2.30	2.21	2.11	2.01
40	7.31	5.18	4.31	3.83	3.51	3.29	3.12	2.99	2.89	2.80	2.66	2.52	2.37	2.29	2.20	2.11	2.02	1.92	1.80
60	7.08	4.98	4.13	3.65	3.34	3.12	2.95	2.82	2.72	2.63	2.50	2.35	2.20	2.12	2.03	1.94	1.84	1.73	1.60
120	6.85	4.79	3.95	3.48	3.17	2.96	2.79	2.66	2.56	2.47	2.34	2.19	2.03	1.95	1.86	1.76	1.66	1.53	1.38
∞	6.63	4.61	3.78	3.32	3.02	2.80	2.64	2.51	2.41	2.32	2.18	2.04	1.88	1.79	1.70	1.59	1.47	1.32	1.00

$\alpha = 0.005$

n_1 \ n_2	1	2	3	4	5	6	7	8	9	10	12	15	20	24	30	40	60	120	∞
1	16 211	20 000	21 615	22 500	23 056	23 437	23 715	23 925	24 091	24 224	24 426	24 630	24 836	24 940	25 044	25 148	25 253	25 359	25 465
2	198.5	199	199.2	199.2	199.3	199.3	199.4	199.4	199.4	199.4	199.4	199.4	199.4	199.5	199.5	199.5	199.5	199.5	199.5
3	55.55	49.80	47.47	46.19	45.39	44.84	44.43	44.13	43.88	43.69	43.39	43.08	42.78	42.62	42.47	42.31	42.15	41.99	41.83
4	31.33	26.28	24.26	23.65	22.46	21.97	21.62	21.35	21.14	20.97	20.70	20.44	20.17	20.03	19.89	19.75	19.61	19.47	19.32

（续表）

n_2 \ n_1	1	2	3	4	5	6	7	8	9	10	12	15	20	24	30	40	60	120	∞
5	22.78	18.31	16.53	15.56	14.94	14.51	14.20	13.96	13.77	13.62	13.38	13.15	12.90	12.78	12.66	12.53	12.40	12.27	12.14
6	18.63	14.54	12.92	12.03	11.46	11.07	10.79	10.57	10.39	10.25	10.03	9.51	9.59	9.47	9.36	9.24	9.12	9.00	8.88
7	16.24	12.42	10.88	10.05	9.52	9.16	8.88	8.68	8.51	8.38	8.18	7.97	7.75	7.65	7.53	7.42	7.31	7.19	7.08
8	14.69	11.04	9.60	8.81	8.30	7.95	7.69	7.50	7.34	7.21	7.01	6.81	6.61	6.50	6.40	6.69	6.18	6.06	5.95
9	13.61	10.11	8.72	7.96	7.47	7.13	6.88	6.69	6.54	6.42	6.23	6.03	5.83	5.73	5.62	5.52	5.41	5.30	5.19
10	12.83	9.43	8.08	7.34	6.87	6.54	6.30	6.12	5.97	5.85	5.66	5.47	5.27	5.17	5.07	4.97	4.86	4.75	4.64
11	12.23	8.91	7.60	6.88	6.42	6.10	5.86	5.68	5.54	5.42	5.24	4.05	4.86	4.76	4.65	4.55	4.44	4.34	4.23
12	11.75	8.51	7.23	6.52	6.07	5.76	5.52	5.35	5.20	5.09	4.91	4.72	4.53	4.43	4.33	4.23	4.12	4.01	3.90
13	11.37	8.19	6.93	6.23	5.79	6.48	5.25	5.08	4.94	4.82	4.64	4.46	4.27	4.17	4.07	3.97	3.87	3.76	3.65
14	11.06	7.92	6.68	6.00	5.56	5.26	5.03	4.86	4.72	4.60	4.43	4.25	4.06	3.96	3.86	3.76	3.66	3.55	3.44
15	10.80	7.70	6.48	5.80	5.37	5.07	4.85	4.67	4.54	4.42	4.25	4.07	3.88	3.79	3.69	3.58	3.48	3.37	3.26
16	10.58	7.51	6.30	5.64	5.21	4.91	4.69	4.52	4.38	4.27	4.10	3.92	3.73	3.64	3.54	3.44	3.33	3.22	3.11
17	10.38	7.35	6.16	5.50	5.07	4.78	4.56	4.39	4.25	4.14	3.97	3.79	3.61	3.51	3.41	3.31	3.21	3.10	2.98
18	10.22	7.21	6.03	5.37	4.96	4.66	4.44	4.28	4.14	4.03	3.86	3.68	3.50	3.40	3.30	3.20	3.10	2.99	2.87
19	10.07	7.09	5.92	5.27	4.85	4.56	4.34	4.18	4.04	3.93	3.76	3.59	3.40	3.31	3.21	3.11	3.00	2.89	2.78
20	9.94	6.99	5.82	5.17	4.76	4.47	4.26	4.09	3.96	3.85	3.68	3.50	3.32	3.22	3.12	3.02	2.92	2.81	2.69
21	9.83	6.89	5.73	5.09	4.68	4.39	4.18	4.01	3.88	3.77	3.60	3.43	3.24	3.15	3.05	2.95	2.84	2.73	2.61
22	9.73	6.81	5.65	5.09	4.61	4.32	4.11	3.94	3.81	3.70	3.54	3.36	3.18	3.08	2.98	2.88	2.77	2.66	2.55
23	9.63	6.73	5.58	4.95	4.54	4.26	4.05	3.88	3.75	3.64	3.47	3.30	3.12	3.02	2.92	2.82	2.71	2.60	2.48
24	9.55	6.66	5.52	4.89	4.49	4.20	3.99	3.83	3.69	3.59	3.42	3.25	3.06	2.97	2.87	2.77	2.66	2.55	2.43

(续表)

n_1 \ n_2	1	2	3	4	5	6	7	8	9	10	12	15	20	24	30	40	60	120	∞
25	9.48	6.60	5.46	4.84	4.43	4.15	3.94	3.78	3.64	3.54	3.37	3.20	3.01	2.92	2.82	2.72	2.61	2.50	2.38
26	9.41	6.54	5.41	4.79	4.38	4.10	3.89	3.73	3.60	3.49	3.33	3.15	2.97	2.87	2.77	2.67	2.56	2.45	2.33
27	9.34	6.49	5.36	4.74	4.34	4.06	3.85	3.69	3.56	3.45	3.28	3.11	2.93	2.83	2.73	2.63	2.52	2.41	2.29
28	9.28	6.44	5.32	4.70	4.30	4.02	3.81	3.65	3.52	3.41	3.25	3.07	2.89	2.79	2.69	2.59	2.48	2.37	2.25
29	9.23	6.40	5.28	4.66	4.26	3.98	3.77	3.61	3.48	3.38	3.21	3.04	2.86	2.76	2.66	2.56	2.45	2.33	2.21
30	9.18	6.35	5.24	4.62	4.23	3.95	3.74	3.58	3.45	3.34	3.18	3.01	2.82	2.73	2.63	2.52	2.42	2.30	2.18
40	8.83	6.07	4.98	4.37	3.99	3.71	3.51	3.35	3.22	3.12	2.95	2.78	2.60	2.50	2.40	2.30	2.18	2.06	1.93
60	8.49	5.79	4.73	4.14	3.76	3.49	3.29	3.13	3.01	2.90	2.74	2.57	2.39	2.29	2.19	2.08	1.96	1.83	1.69
120	8.18	5.54	4.50	3.92	3.55	3.28	3.09	2.93	2.81	2.71	2.54	2.37	2.19	2.09	1.98	1.87	1.75	1.61	1.43
∞	7.88	5.30	4.28	3.72	3.35	3.09	2.90	2.74	2.62	2.52	2.36	2.19	2.00	1.90	1.79	1.67	1.53	1.36	1.00

附表 7 均值的 t 检验的样本容量

δ	α=0.005 (单) / α=0.01 (双)					α=0.01 (单) / α=0.02 (双)					α=0.025 (单) / α=0.05 (双)					α=0.05 (单) / α=0.1 (双)					δ
β →	0.01	0.05	0.1	0.2	0.5	0.01	0.05	0.1	0.2	0.5	0.01	0.05	0.1	0.2	0.5	0.01	0.05	0.1	0.2	0.5	
0.05																					0.05
0.10																			139		0.10
0.15																		139	101	122	0.15
0.20																	122	97	71	70	0.20
0.25				134	110				139				119	128	99		90	72	52	45	0.25
0.30		125		99	78		109	115	90		117	109	88	90	64	101	70	55	40	32	0.30
0.35	115	97		77	58		85	85	63		93	84	68	67	45	80	55	44	33	24	0.35
0.40	92	77		62	45	101	68	66	47		76	67	54	51	34	65	45	36	27	19	0.40
0.45	100	63	63	51	37	81	55	53	37		63	54	44	41	26	54	38	30	22	15	0.45
0.50	83	53	53	42	30	66	46	43	30		53	45	37	34	21	46	32	26	19	13	0.50
0.55	71	46	45	36	26	55	39	36	25		46	38	32	28	18	39	28	22	17	11	0.55
0.60	61	40	39	31	22	47	34	31	21		40	33	27	24	15	34	24	19	15	9	0.60
0.65	53	36	34	28	20	41	30	27	18		35	29	24	21	13	30	21	17	13	8	0.65
0.70	47	32	30	25	17	35	27	24	16		31	26	21	19	12	27	19	15	12	8	0.70
0.75	41	29	27	22	16	31	24	21	14		28	22	19	16	10	24	17	14	11	7	0.75
0.80	37	26	24	20	14	28	21	19	13		25	21	17	15	9	21	15	13	10	6	0.80
0.85	34	24	22	18	13	25	19	17	12		23	19	16	13	8	19	14	11	9	6	0.85
0.90	31	22	20	17	12	23	18	16	11		21	18	14	12	7	18	13	11	8	5	0.90
0.95	28	19	19	16	11	21	16	14	10		19	16	13	11	7	15	11	9	7	5	0.95
1.0	24	16	16	14	10	19	14	13	9		17	13	11	10	6	13	10	8	6	5	1.0
1.1	21	14	14	12	9	16	12	12	8		15	12	10	9	6	11	9	7	6		1.1
1.2	18	12	13	11	8	14	11	10	7		13	10	9	8	5	10	8	6	5		1.2
1.3	15	11	11	10	8	13	9	9	6		11	9	8	7	5	8	7	6	5		1.3

单边检验 / 双边检验 / β

$$\delta = \frac{|\mu_1 - \mu_0|}{\sigma}$$

（续表）

单边检验 β 双边检验	$\alpha=0.005$ $\alpha=0.01$					$\alpha=0.01$ $\alpha=0.02$					$\alpha=0.025$ $\alpha=0.05$					$\alpha=0.05$ $\alpha=0.1$				
	0.01	0.05	0.1	0.2	0.5	0.01	0.05	0.1	0.2	0.5	0.01	0.05	0.1	0.2	0.5	0.01	0.05	0.1	0.2	0.5
1.4	16	13	12	10	7	14	11	10	9	6	12	9	8	7		10	8	7	5	
1.5	15	12	11	9	7	13	10	9	8	6	11	8	7	6		9	7	6		
1.6	13	11	10	8	6	12	10	9	7	5	10	8	7	6		8	6	6		
1.7	12	10	9	8	6	11	9	8	7		9	7	7	6	5	8	6	5		
1.8	12	10	9	8	6	10	8	7	7		8	7	6	6		7	6	5		
1.9	11	9	8	7	5	10	8	7	6		8	6	6	5		7	5			
2.0	10	8	8	7		9	7	7	6		7	6	6			6				
2.1	10	8	7	7		8	7	6	6		7	6	6			6				
2.2	9	8	7	6		8	6	6	5		7	6	5			6				
2.3	9	7	7	6		8	6	6			6	5				5				
2.4	8	7	7	6		7	6	6			6									
2.5	8	7	6	6		7	6	5			6									
3.0	7	6	6	5		6	5				5									
3.5	6	5	5			5														
4.0	6																			

$$\delta = \frac{|\mu_1 - \mu_0|}{\sigma}$$

附表 8 均值差的 t 检验的样本容量

单边检验 双边检验 β	$\alpha=0.005$ $\alpha=0.01$					$\alpha=0.01$ $\alpha=0.02$					$\alpha=0.025$ $\alpha=0.05$					$\alpha=0.05$ $\alpha=0.1$					
	0.01	0.05	0.1	0.2	0.5	0.01	0.05	0.1	0.2	0.5	0.01	0.05	0.1	0.2	0.5	0.01	0.05	0.1	0.2	0.5	
0.05																					0.05
0.10																					0.10
0.15																					0.15
0.20																				137	0.20
0.25															124					88	0.25
0.30										123					87					61	0.30
0.35					110					90					64				102	45	0.35
0.40					85					70				100	50			108	78	35	0.40
0.45				118	68				101	55			105	79	39		108	86	62	28	0.45
0.50			101	96	55			106	82	45		106	86	64	32		88	70	51	23	0.50
0.55		101	85	79	46		106	88	68	38		87	71	53	27	112	73	58	42	19	0.55
0.60	100	87	73	67	39		90	74	58	32	104	74	60	45	23	89	61	49	36	16	0.60
0.65	88	75	63	57	34	104	77	64	49	27	88	63	51	39	20	76	52	42	30	14	0.65
0.70	77	66	55	50	29	90	66	55	43	24	76	55	44	34	17	66	45	36	26	12	0.70
0.75	69	58	49	44	26	79	58	48	38	21	67	48	39	29	15	57	40	32	23	11	0.75
0.80	62	51	43	39	23	70	51	43	33	19	59	42	34	26	14	50	35	28	21	10	0.80
0.85	55	46	39	35	21	62	46	38	30	17	52	37	31	23	12	45	31	25	18	9	0.85
0.90	50	42	35	31	19	55	41	34	27	15	47	34	27	21	11	40	28	22	16	8	0.90
0.95	42	38	32	28	17	50	37	31	24	14	42	30	25	19	10	36	25	20	15	7	0.95
1.0		32	27	26	15	45	33	28	22	13	38	27	23	17	9	33	23	18	14	7	1.0
1.1	42		23	22	13	38	28	23	19	11	32	23	19	14	8	27	19	15	12	6	1.1
1.2	36	27		18	11	32	24	20	16	9	27	20	16	12	7	23	16	13	10	5	1.2
1.3	31	23	20	16	10	28	21	17	14	8	23	17	14	11	6	20	14	11	9	5	1.3

显著性水平

$$\delta = \frac{\mu_1 - \mu_0}{\sigma}$$

（续表）

β 双边检验 / 单边检验	显著性水平																			
	$\alpha=0.005$ / $\alpha=0.01$					$\alpha=0.01$ / $\alpha=0.02$					$\alpha=0.025$ / $\alpha=0.05$					$\alpha=0.05$ / $\alpha=0.1$				
$\delta=\dfrac{\mu_1-\mu_0}{\sigma}$	0.01	0.05	0.1	0.2	0.5	0.01	0.05	0.1	0.2	0.5	0.01	0.05	0.1	0.2	0.5	0.01	0.05	0.1	0.2	0.5
1.4	27	20	17	14	9	24	18	15	12	8	20	15	12	10	6	17	12	10	8	4
1.5	24	18	15	13	8	21	16	14	11	7	18	13	11	9	5	15	11	9	7	4
1.6	21	16	14	11	7	19	14	12	10	6	16	12	10	8	5	14	10	8	6	4
1.7	19	15	13	10	7	17	13	11	9	6	14	11	9	7	4	12	9	7	6	3
1.8	17	13	11	10	6	15	12	10	8	5	13	10	8	7	4	11	8	7	5	
1.9	16	12	11	9	6	14	11	9	8	5	12	9	7	6	4	10	7	6	5	
2.0	14	11	10	8	6	13	10	9	7	5	11	8	7	6		9	7	6	4	
2.1	13	10	9	8	5	12	9	8	7	4	10	8	7	5		8	6	5	4	
2.2	12	10	8	7	5	11	8	7	6	4	9	7	6	5		8	6	5	4	
2.3	11	9	8	7	5	10	8	7	6	4	9	7	6	5		7	5	4	4	
2.4	11	9	8	6	4	10	8	7	6	4	8	6	5	4		7	5	4	3	
2.5	10	8	7	6	4	9	7	6	5	4	8	6	5	4		6	5	4		
3.0	8	6	6	5	3	7	6	5	4	3	6	5	4	3		5	4	3		
3.5	6	5	5	4		6	5	4			5	4	3			4	3			
4.0	6	5	4	4		5	4	4			4	3				4				

附录二 历年硕士研究生入学考试试题及参考答案

（概率统计部分）

Ⅰ 考试试题

（说明：题号后面的罗马数字Ⅰ、Ⅲ分别表示数学一、数学三，"农"表示农学类）

一、选择题

1. （2011，Ⅰ，Ⅲ）设 $F_1(x)$，$F_2(x)$ 为两个分布函数，其相应的概率密度 $f_1(x)$，$f_2(x)$ 是连续函数，则必是概率密度的是（　　）．
   A. $f_1(x)f_2(x)$
   B. $2f_2(x)F_1(x)$
   C. $f_1(x)F_2(x)$
   D. $f_1(x)F_2(x)+f_2(x)F_1(x)$

2. （2011，Ⅰ）设随机变量 X 与 Y 相互独立，且 EX 与 EY 存在，记 $U=\max\{X,Y\}$，$V=\min\{X,Y\}$，则 $E(UV)=$（　　）．
   A. $EUEV$　　B. $EXEY$　　C. $EUEY$　　D. $EXEV$

3. （2011，Ⅲ，农）设总体 X 服从参数 $\lambda(\lambda>0)$ 的泊松分布，$X_1,X_2,\cdots,X_n(n\geqslant2)$ 为来自总体的随机样本，则对应的统计量 $T_1=\dfrac{1}{n}\sum\limits_{i=1}^{n}X_i$，$T_2=\dfrac{1}{n-1}\sum\limits_{i=1}^{n-1}X_i+\dfrac{1}{n}X_n$ 满足（　　）．
   A. $ET_1>ET_2$，$DT_1>DT_2$
   B. $ET_1>ET_2$，$DT_1<DT_2$
   C. $ET_1<ET_2$，$DT_1>DT_2$
   D. $ET_1<ET_2$，$DT_1<DT_2$

4. （2011，农）设随机事件 A,B 满足 $A\subset B$，且 $0<P(A)<1$，则必有（　　）．
   A. $P(A)\geqslant P(A|A\cup B)$
   B. $P(A)\leqslant P(A|A\cup B)$
   C. $P(B)\geqslant P(B|A)$
   D. $P(B)\leqslant P(B|\bar{A})$

5. （2012，Ⅰ）设随机变量 X,Y 相互独立，且服从参数为 1 和 4 的指数分布，则 $P\{X<Y\}=$（　　）．
   A. $\dfrac{1}{5}$　　B. $\dfrac{1}{3}$　　C. $\dfrac{2}{5}$　　D. $\dfrac{4}{5}$

6. (2012,Ⅰ) 将长度为 1 m 的木棒随机地截成两段,则两段的长度的相关系数为( ).

   A. 1　　　　　B. $\frac{1}{2}$　　　　　C. $-\frac{1}{2}$　　　　　D. -1

7. (2012,Ⅲ,农) 设随机变量 X,Y 相互独立,且在 $(0,1)$ 上服从均匀分布,则 $P\{X^2+Y^2 \leqslant 1\} = ($ 　).

   A. $\frac{1}{4}$　　　　　B. $\frac{1}{2}$　　　　　C. $\frac{\pi}{8}$　　　　　D. $\frac{\pi}{4}$

8. (2012,Ⅲ) 设 X_1, X_2, X_3, X_4 为来自正态总体 $N(1, \sigma^2)(\sigma > 0)$ 的简单随机样本,则统计量 $T = \frac{X_1 - X_2}{|X_3 + X_4 - 2|}$ 的分布为( ).

   A. $N(0,1)$　　　B. $t(1)$　　　C. $\chi^2(1)$　　　D. $F(1,1)$

9. (2012,农) 设 X_1, X_2, X_3, X_4 为来自正态总体 $N(1, \sigma^2)(\sigma > 0)$ 的简单随机样本,则统计量 $T = \frac{X_1 - X_2}{\sqrt{X_3^2 + X_4^2}}$ 的分布为( ).

   A. $N(0,2)$　　　B. $t(2)$　　　C. $\chi^2(2)$　　　D. $F(2,2)$

10. (2013,Ⅰ,Ⅲ) 设 X_1, X_2, X_3 是随机变量,且 $X_1 \sim N(0,1)$, $X_2 \sim N(0, 2^2)$, $X_3 \sim N(5, 3^2)$, $p_i = P\{-2 \leqslant X_i \leqslant 2\}$ $(i=1,2,3)$,则( ).

    A. $p_1 > p_2 > p_3$　　B. $p_2 > p_1 > p_3$　　C. $p_3 > p_1 > p_2$　　D. $p_1 > p_3 > p_2$

11. (2013,Ⅰ) 设 $X \sim t(n), Y \sim F(1,n)$,给定 $\alpha(0 < \alpha < 0.5)$,常数 c 满足 $P\{X > c\} = \alpha$,则 $P\{Y > c^2\} = ($ 　).

    A. α　　　　B. $1-\alpha$　　　　C. 2α　　　　D. $1-2\alpha$

12. (2013,Ⅲ) 设随机变量 X 与 Y 相互独立,且 X 与 Y 的概率分布分别为

X	0	1	2	3
p	1/2	1/4	1/8	1/8

Y	-1	0	1
p	1/3	1/3	1/3

则 $P\{X+Y=2\} = ($ 　).

   A. $\frac{1}{12}$　　　　B. $\frac{1}{8}$　　　　C. $\frac{1}{6}$　　　　D. $\frac{1}{2}$

13. (2014,Ⅰ,Ⅲ) 设随机事件 A 与 B 相互独立,且 $P(B) = 0.5$, $P(A-B) = 0.3$,则 $P(B-A) = ($ 　).

    A. 0.1　　　　B. 0.2　　　　C. 0.3　　　　D. 0.4

14. (2014,Ⅲ) 设 X_1, X_2, X_3 为来自总体 $N(0, \sigma^2)$ 的简单随机样本,则统计量 $S = \frac{X_1 - X_2}{\sqrt{2}|X_3|}$ 服从的分布为( ).

    A. $F(1,1)$　　　B. $F(2,1)$　　　C. $t(1)$　　　D. $t(2)$

15. (2014,Ⅰ) 设连续随机变量 X_1 与 X_2 相互独立,且方差均存在,X_1 与 X_2 的概率密度分别为 $f_1(x)$ 与 $f_2(x)$,随机变量 Y_1 的概率密度为 $f_{Y_1}(y) = \frac{1}{2}[f_1(y) + f_2(y)]$,随机变量

$Y_2 = \dfrac{1}{2}(X_1 + X_2)$,则（　　）.

A. $EY_1 > EY_2, DY_1 > DY_2$ 　　B. $EY_1 = EY_2, DY_1 = DY_2$

C. $EY_1 = EY_2, DY_1 < DY_2$ 　　D. $EY_1 = EY_2, DY_1 > DY_2$

16. (2014,农) 设随机变量 X 的分布为

X	-2	-1	0	1	2
p	0.1	0.3	0.2	0.3	0.1

则 $D(X - 0.7) = ($　　$)$.

A. 0　　　　B. 0.7　　　　C. 1.4　　　　D. 2.1

17. (2014,农) 设总体 X 服从参数 $\lambda (\lambda > 0)$ 的泊松分布,$X_1, X_2, \cdots, X_n$ 为来自总体 X 的简单随机样本,记 $\overline{X} = \dfrac{1}{n}\sum_{i=1}^{n} X_i$, $T = \alpha \overline{X} + (\overline{X})^2$, 其中 α 为常数,若 $ET = \lambda^2$, 则 $\alpha = ($　　$)$.

A. $-\dfrac{1}{n}$　　　B. $\dfrac{1}{n}$　　　C. -1　　　D. 1

18. (2015,Ⅰ,Ⅲ) 若 A, B 为任意两个随机事件,则（　　）.

A. $P(AB) \leqslant P(A)P(B)$　　　B. $P(AB) \geqslant P(A)P(B)$

C. $P(AB) \leqslant \dfrac{P(A) + P(B)}{2}$　　　D. $P(AB) \geqslant \dfrac{P(A) + P(B)}{2}$

19. (2015,Ⅰ) 设随机变量 X, Y 不相关,$EX = 2, EY = 1, DX = 3$,则 $E[X(X+Y-2)] = ($　　$)$.

A. -3　　　B. 3　　　C. -5　　　D. 5

20. (2015,Ⅲ) 设总体 $X \sim B(m, \theta)$, $X_1, X_2, \cdots, X_n$ 为来自总体的简单随机样本, $\overline{X}$ 为样本均值,则 $E\left[\sum_{i=1}^{n}(X_i - \overline{X})^2\right] = ($　　$)$.

A. $(m-1)n\theta(1-\theta)$　　　B. $m(n-1)\theta(1-\theta)$

C. $(m-1)(n-1)\theta(1-\theta)$　　　D. $mn\theta(1-\theta)$

21. (2015,农) 设 A, B 为两个随机事件,且 $A \subset B, 0 < P(A) < 1$,则（　　）.

A. $P(\overline{A}B) = 1 - P(B)$　　　B. $P(\overline{A}\,\overline{B}) = 1 - P(B)$

C. $P(B|A) = P(B)$　　　D. $P(B|\overline{A}) = P(B)$

22. (2015,农) 设 $t_\alpha(n)$ 表示自由度为 n 的 t 分布的 α 分位数,则（　　）.

A. $t_\alpha(n) t_{1-\alpha}(n) = 1$　　　B. $t_\alpha(n) t_{1-\alpha}(n) = 2$

C. $t_\alpha(n) + t_{1-\alpha}(n) = 1$　　　D. $t_\alpha(n) + t_{1-\alpha}(n) = 0$

23. (2016,Ⅲ) 设 A, B 为任意两个随机事件,且 $0 < P(A) < 1, 0 < P(B) < 1$, 如果 $P(A|B) = 1$, 则（　　）.

A. $P(\overline{B}|\overline{A}) = 1$　　B. $P(A|\overline{B}) = 0$　　C. $P(A \cup B) = 1$　　D. $P(B|A) = 1$

24. (2016,Ⅲ) 设随机变量 X 与 Y 相互独立,且 $X \sim N(1, 2), Y \sim N(1, 4)$,则 $D(XY) = ($　　$)$.

A. 6 B. 8 C. 14 D. 15

25. (2016, Ⅰ) 设随机变量 $X \sim N(\mu, \sigma^2)$ $(\sigma>0)$, 记 $p=P(X \leqslant \mu+\sigma^2)$, 则(　　).
   A. p 随着 μ 增加而增加
   B. p 随着 σ 增加而增加
   C. p 随着 μ 增加而减少
   D. p 随着 σ 增加而减少

26. (2016, Ⅰ) 随机试验 E 有三种两两不相容的结果 A_1, A_2, A_3, 且三种结果发生的概率均为 $\dfrac{1}{3}$, 将试验 E 独立重复两次, X 表示2次试验中结果 A_1 发生的次数, Y 表示两次试验中 A_2 发生的次数, 则 X 与 Y 的相关系数为(　　).
   A. $-\dfrac{1}{2}$ B. $-\dfrac{1}{3}$ C. $\dfrac{1}{2}$ D. $\dfrac{1}{3}$

27. (2016, 农) 设二维随机变量 (X, Y) 的概率分布为

X \ Y	0	1	2
0	0.1	0.2	0.3
1	0.2	0.1	0.1

则 $P(XY=0)=$ (　　).
   A. 0.1   B. 0.18   C. 0.8   D. 0.9

28. (2016, 农) 设 $X_1, X_2, \cdots, X_n$ 为来自总体 $N(0,1)$ 的简单随机样本, 如果 $\dfrac{C(X_1+X_2)}{\sqrt{X_3^2+X_4^2+X_5^2+X_6^2}}$ 服从 t 分布, 则 $C=$ (　　).
   A. $\sqrt{2}$ B. 1   C. $\dfrac{\sqrt{2}}{2}$ D. $\dfrac{1}{2}$

29. (2017, Ⅲ) 设 A, B, C 为三个随机事件, 且 A 与 C 相互独立, B 与 C 相互独立, 则 $A \cup B$ 与 C 相互独立的充要条件是(　　).
   A. A 与 B 相互独立
   B. A 与 B 互不相容
   C. AB 与 C 相互独立
   D. AB 与 C 互不相容

30. (2017, Ⅰ) 设 A, B 为随机事件, 且 $0<P(A)<1$, $0<P(B)<1$, 则 $P(A|B)>P(A|\bar{B})$ 的充要条件是(　　).
   A. $P(B|A)>P(B|\bar{A})$
   B. $P(B|A)<P(B|\bar{A})$
   C. $P(\bar{B}|A)>P(B|\bar{A})$
   D. $P(\bar{B}|A)<P(B|\bar{A})$

31. (2017, Ⅰ, Ⅲ) 设 $X_1, X_2, \cdots, X_n$ $(n \geqslant 2)$ 为来自 $N(\mu, 1)$ 的简单随机样本, 记 $\bar{X}=\dfrac{1}{n}\sum_{i=1}^{n}X_i$, 则下列结论中不正确的是(　　).
   A. $\sum_{i=1}^{n}(X_i-\mu)^2$ 服从 χ^2 分布
   B. $2(X_n-X_1)^2$ 服从 χ^2 分布
   C. $\sum_{i=1}^{n}(X_i-\bar{X})^2$ 服从 χ^2 分布
   D. $n(\bar{X}-\mu)^2$ 服从 χ^2 分布

32. (2017,农) 设随机变量 X 的概率密度为 $f_X(x)$,$Y=-2X$,则 Y 的概率密度 $f_Y(y)=$ ( ).

   A. $f_X\left(-\dfrac{y}{2}\right)$ B. $f_X\left(\dfrac{y}{2}\right)$ C. $\dfrac{1}{2}f_X\left(-\dfrac{y}{2}\right)$ D. $\dfrac{1}{2}f_X\left(\dfrac{y}{2}\right)$

33. (2017,农) 设 $X_1,X_2,\cdots,X_n$ 为来自总体 $N(\mu,\sigma^2)$ 的简单随机样本,$\overline{X},S$ 分别为样本均值和样本方差,则( ).

   A. $\dfrac{\overline{X}-\mu}{\sigma}\sim N(0,1)$ B. $\dfrac{\sqrt{n}(\overline{X}-\mu)}{\sigma}\sim N(0,1)$

   C. $\dfrac{\overline{X}-\mu}{\sigma}\sim t(n)$ D. $\dfrac{\sqrt{n}(\overline{X}-\mu)}{\sigma}\sim t(n)$

34. (2018,Ⅰ,Ⅲ) 设 $f(x)$ 为某分布的概率密度函数,$f(1+x)=f(1-x)$,$\int_0^2 f(x)=0.6$,则 $P(X<0)=$( ).

   A. 0.2   B. 0.3   C. 0.4   D. 0.6

35. (2018,Ⅰ) 设总体 $X\sim N(\mu,\sigma^2)$,σ^2 已知,给定样本 $X_1,X_2,\cdots,X_n$,对总体均值 μ 进行检验,令 $H_0:\mu=\mu_0$,$H_1:\mu\neq\mu_1$,则( ).

   A. 如果在检验水平 $\alpha=0.05$ 下拒绝 H_0,那么在检验水平 $\alpha=0.01$ 下必拒绝 H_0

   B. 如果在检验水平 $\alpha=0.05$ 下拒绝 H_0,那么在检验水平 $\alpha=0.01$ 下必接受 H_0

   C. 如果在检验水平 $\alpha=0.05$ 下接受 H_0,那么在检验水平 $\alpha=0.01$ 下必拒绝 H_0

   D. 如果在检验水平 $\alpha=0.05$ 下接受 H_0,那么在检验水平 $\alpha=0.01$ 下必接受 H_0

36. (2018,Ⅲ) 已知 $X_1,X_2,\cdots,X_n$ 来自总体 $X\sim N(\mu,\sigma^2)$ 的简单随机样本,$\overline{X}=\dfrac{1}{n}\sum_{i=1}^n X_i$,$S=\sqrt{\dfrac{1}{n-1}\sum_{i=1}^n(X_i-\overline{X})^2}$,$S^*=\sqrt{\dfrac{1}{n-1}\sum_{i=1}^n(X_i-\mu)^2}$,则( ).

   A. $\dfrac{\sqrt{n}(\overline{X}-\mu)}{S}\sim t(n)$ B. $\dfrac{\sqrt{n}(\overline{X}-\mu)}{S}\sim t(n-1)$

   C. $\dfrac{\sqrt{n}(\overline{X}-\mu)}{S^*}\sim t(n)$ D. $\dfrac{\sqrt{n}(\overline{X}-\mu)}{S^*}\sim t(n-1)$

37. (2018,农) 设随机变量 X,Y 相互独立,且 X,Y 分别服从参数为 $1,2$ 的泊松分布,则 $P(2X+Y=2)=$( ).

   A. e^{-3} B. $2e^{-3}$ C. $3e^{-3}$ D. $4e^{-3}$

38. (2018,农) 设 $X_1,X_2,\cdots,X_{10}$ 为来自总体 $N(\mu,\sigma^2)$ ($\sigma>0$) 的简单随机样本,μ,σ 为未知参数,令 $Q=\dfrac{3(X_1-\mu)}{\sqrt{\sum_{i=2}^{10}(X_i-\mu)^2}}$,则( ).

   A. Q 是统计量,服从分布 $t(10)$ B. Q 是统计量,服从分布 $t(9)$

   C. Q 不是统计量,服从分布 $t(10)$ D. Q 不是统计量,服从分布 $t(9)$

二、填空题

1. （2011，Ⅰ，Ⅲ，农）设二维随机变量(X, Y)服从$N(\mu, \mu; \sigma^2, \sigma^2; 0)$，则$E(XY^2) = $ _____．

2. （2012，Ⅰ，Ⅲ）设A, B, C是随机事件，A, C互不相容，$P(AB) = \dfrac{1}{2}$，$P(C) = \dfrac{1}{3}$，则$P(AB \mid \overline{C}) = $ _____．

3. （2012，农）设A, B是两个互不相容的随机事件，$P(A) = \dfrac{1}{2}$，$P(B) = \dfrac{1}{3}$，则$P(A \mid \overline{B}) = $ _____．

4. （2013，Ⅰ）设随机变量Y服从参数为1的指数分布，a为常数且大于零，则$P\{Y \leqslant a+1 \mid Y > a\} = $ _____．

5. （2013，Ⅲ）设随机变量X服从标准正态分布$N(0, 1)$，则$E(Xe^{2X}) = $ _____．

6. （2014，Ⅰ，Ⅲ）设总体X的概率密度为$f(x; \theta) = \begin{cases} \dfrac{2x}{3\theta^2}, & \theta < x < 2\theta \\ 0, & \text{其他} \end{cases}$，其中$\theta$是未知参数，$X_1, X_2, \cdots, X_n$为来自正态总体$X$的简单随机样本．若$c\sum\limits_{i=1}^{n} X_i^2$是$\theta^2$的无偏估计，则$c = $ _____．

7. （2014，农）设随机变量X的概率密度为$f(x) = \begin{cases} 2x, & 0 < x < 1 \\ 0, & \text{其他} \end{cases}$，$Y$表示对$X$的3次独立重复观测中事件$\left\{x \leqslant \dfrac{1}{2}\right\}$发生的次数，则$P(Y \leqslant 2) = $ _____．

8. （2015，Ⅰ，Ⅲ）设二维随机变量(X, Y)服从$N(1, 0; 1, 1; 0)$，则$P\{XY - Y < 0\} = $ _____．

9. （2015，农）某运动员每次投篮投中的概率为$\dfrac{2}{3}$，他连续投篮直到投中两次为止，若各次投篮的结果相对独立，则他投篮次数为4的概率为 _____．

10. （2016，Ⅰ）设$X_1, X_2, \cdots, X_n$为来自总体$N(\mu, \sigma^2)$的简单随机样本，样本均值$\bar{x} = 9.5$，参数μ的置信度为0.95的双侧置信区间的置信上限为10.8，则μ的置信度为0.95的双侧置信区间为 _____．

11. （2016，Ⅲ）设袋中有红、白、黑球各1个，从中有放回地每次取1个球，直到三种颜色的球都取到时停止，则取球次数恰好为4的概率为 _____．

12. （2016，农）设随机变量$X \sim N(1, 4)$，$Y \sim N(1, 9)$，且X与Y相互独立，则$E(X+Y)^2 = $ _____．

13. （2017，Ⅰ）设随机变量X的分布函数$F(x) = 0.5\Phi(x) + 0.5\Phi\left(\dfrac{x-4}{2}\right)$，其中$\Phi(x)$是标准正态分布函数，则$EX = $ _____．

14. （2017，Ⅲ）设随机变量X的概率分布为$P(X=-2) = \dfrac{1}{2}$，$P(X=1) = a$，$P(X=3) = b$，

且 $EX=0$,则 $DX=$ _____.

15. (2017,农) 设随机事件 A, B 相互独立,且 $P(A)=0.6$, $P(B)=0.5$,则 $P(A|A\cup B)=$ _____.

16. (2018,Ⅲ) 设 A, B, C 相互独立,且 $P(A)=P(B)=P(C)=\dfrac{1}{2}$,则 $P(AC|A\cup B)=$ _____.

17. (2018,Ⅰ) 设 A,B 独立,A,C 独立,$BC=\varnothing$,$P(A)=P(B)=\dfrac{1}{2}$,$P(AC|AB\cup C)=\dfrac{1}{4}$,则 $P(C)=$ _____.

18. (2018,农) 设 A, B 为随机事件,若 $P(A)=0.7$,$P(B)=0.4$,$P(A\overline{B})=0.5$,则 $P(B|A\cup \overline{B})=$ _____.

三、解答题

1. (2011,Ⅰ,Ⅲ,农) 设随机变量 X 与 Y 的分布律为

X	0	1
p	1/3	2/3

Y	-1	0	1
p	1/3	1/3	1/3

   且 $P(X^2=Y^2)=1$. 求:
   (1) 二维随机变量 (X,Y) 的分布;(2) $Z=XY$ 的概率分布律;(3) X 与 Y 的相关系数 ρ_{XY}.

2. (2011,Ⅰ) 设 $X_1, X_2, \cdots, X_n$ 为来自正态总体 $N(\mu_0, \sigma^2)$ 的简单随机样本,其中 μ_0 已知,$\sigma^2>0$ 未知,$\overline{X}$ 和 S^2 分别为样本均值和样本方差.
   (1) 求参数 σ^2 的最大似然估计 $\hat{\sigma}^2$;(2) 计算 $E\hat{\sigma}^2$ 和 $D\hat{\sigma}^2$.

3. (2011,Ⅲ) 设二维随机变量 (X,Y) 服从区域 G 的均匀分布,其中 G 是由 $x-y=0$,$x+y=2$ 与 $y=0$ 围成的三角形区域. 求:
   (1) X 的边缘密度 $f_X(x)$;(2) $f_{X|Y}(x\mid y)$.

4. (2012,Ⅰ,Ⅲ) 设二维离散型随机变量 (X,Y) 的概率分布为

X \ Y	0	1	2
0	1/4	0	1/4
1	0	1/3	0
2	1/12	0	1/12

   求:(1) $P(X=2Y)$;(2) $\mathrm{cov}(X-Y, Y)$.

5. (2012,Ⅰ) 设随机变量 X 与 Y 相互独立,且分别服从于正态分布 $N(\mu, \sigma^2)$ 与 $N(\mu, 2\sigma^2)$,其中 σ 是未知参数,$\sigma>0$,设 $Z=X-Y$.
   (1) 求 Z 的概率密度 $f(z;\sigma^2)$;
   (2) 设 $Z_1, X_2, \cdots, Z_n$ 为来自总体 Z 的简单随机样本,求 σ^2 的最大似然估计量 $\hat{\sigma}^2$;
   (3) 证明 $\hat{\sigma}^2$ 为 σ^2 的无偏估计量.

6. (2012, Ⅲ) 设随机变量 X 与 Y 相互独立,且都服从参数为1的指数分布,记 $U=\max\{X,Y\}$,$V=\min\{X,Y\}$. 求:
   (1) V 的概率密度 $f_V(v)$;(2) $E(U+V)$.

7. (2013, Ⅰ) 设随机变量 X 的概率密度为 $f(x)=\begin{cases}\dfrac{1}{9}x^2, & 0<x<3 \\ 0, & 其他\end{cases}$,令随机变量

   $$Y=\begin{cases}2, & X\leqslant 1, \\ X, & 1<X<2, \\ 1, & X\geqslant 2.\end{cases}$$

   求:(1) Y 的分布函数;(2) 概率 $P(X\leqslant Y)$.

8. (2013, Ⅰ, Ⅲ) 设总体 X 的概率密度为 $f(x;\theta)=\begin{cases}\dfrac{\theta^2}{x^2}e^{-\frac{\theta}{x}}, & x>0 \\ 0, & 其他\end{cases}$,其中 θ 为未知参数且大于零,$X_1,X_2,\cdots,X_n$ 为来自总体 X 的简单随机样本. 求:
   (1) θ 的矩估计量;(2) θ 的最大似然估计量.

9. (2013, Ⅲ) 设 (X,Y) 是二维随机变量,X 的边缘概率密度为 $f_X(x)=\begin{cases}3x^2, & 0<x<1 \\ 0, & 其他\end{cases}$,在给定 $X=x$($0<x<1$)的条件下,Y 的条件概率密度为 $f_{Y|X}(y|x)=\begin{cases}\dfrac{3y^2}{x^3}, & 0<y<x \\ 0, & 其他\end{cases}$. 求:
   (1) (X,Y) 的概率密度 $f(x,y)$;(2) Y 的边缘概率密度 $f_Y(y)$;(3) $P(X\geqslant 2Y)$.

10. (2014, Ⅰ, Ⅲ) 设随机变量 X 的概率分布为 $P(X=1)=P(X=2)=\dfrac{1}{2}$,在给定 $X=i$ 的条件下,随机变量 Y 服从均匀分布 $U(0,i)$($i=1,2$). 求:
    (1) Y 的分布函数 $F_Y(y)$;(2) $E(Y)$.

11. (2014, Ⅰ) 设总体 X 的分布函数为 $F(x;\theta)=\begin{cases}1-e^{-\frac{x^2}{\theta}}, & x\geqslant 0 \\ 0, & x<0\end{cases}$,其中 θ 为未知参数且大于0,$X_1,X_2,\cdots,X_n$ 为来自总体 X 的简单随机样本.
    (1) 求 $E(X)$,$E(X^2)$;(2) 求 θ 的最大似然估计量 $\hat{\theta}_n$;
    (3) 是否存在实数 a,使得对任何 $\varepsilon>0$,都有 $\lim_{n\to\infty}P(|\hat{\theta}_n-a|\geqslant \varepsilon)=0$?

12. (2014, Ⅲ) 设随机变量 X,Y 的概率分布相同,X 的概率分布为 $P(X=0)=\dfrac{1}{3}$,$P(X=1)=\dfrac{2}{3}$,且 X,Y 的相关系数 $\rho_{XY}=\dfrac{1}{2}$. 求:
    (1) (X,Y) 的概率分布;(2) $P(X+Y\leqslant 1)$.

13. (2015, Ⅰ, Ⅲ) 设随机变量 X 的概率密度为 $f(x)=\begin{cases}2^{-x}\ln 2, & x>0 \\ 0, & x\leqslant 0\end{cases}$,对 X 进行独立重

复的观测,直到第二个大于 3 的观测值出现时停止,记 Y 为观测次数.求:
(1) Y 的概率分布;(2) $E(Y)$.

14. (2015,Ⅰ,Ⅲ) 设总体 X 的概率密度为 $f(x;\theta)=\begin{cases}\dfrac{1}{1-\theta}, & 0\leqslant x\leqslant 1 \\ 0, & \text{其他}\end{cases}$,其中 θ 为未知参数,$X_1,X_2,\cdots,X_n$ 为来自总体 X 的简单随机样本.求:
(1) θ 的矩估计量;(2) θ 的最大似然估计量.

15. (2016,Ⅰ,Ⅲ) 设二维随机变量 (X,Y) 在区域 $D=\{(x,y)|0<x<1,x^2<y<\sqrt{x}\}$ 上服从均匀分布,令 $U=\begin{cases}1, & X\leqslant Y \\ 0, & X>Y\end{cases}$,
(1) 写出 (X,Y) 的概率密度函数;
(2) 问 U 与 X 是否相对独立,并说明理由;
(3) 求 $Z=U+X$ 的分布函数 $F(z)$.

16. (2016,Ⅰ,Ⅲ) 设总体 X 的概率密度为 $f(x;\theta)=\begin{cases}\dfrac{3x^2}{\theta^3}, & 0<x<\theta \\ 0, & \text{其他}\end{cases}$,其中 $\theta\in(0,+\infty)$ 为未知参数,X_1,X_2,X_3 为来自总体 X 的简单随机样本,令 $T=\max\{X_1,X_2,X_3\}$.
(1) 求 T 的概率密度函数;(2) 确定 α,使得 αT 为 θ 的无偏估计.

17. (2017,Ⅰ,Ⅲ) 设随机变量 X 与 Y 相互独立,且 X 的分布律为 $P(X=0)=P(X=2)=\dfrac{1}{2}$,$Y$ 的概率密度函数为 $f(y)=\begin{cases}2y, & 0<y<1 \\ 0, & \text{其他}\end{cases}$.求:
(1) $P(Y\leqslant EY)$;(2) $Z=X+Y$ 的概率密度函数.

18. (2017,Ⅰ,Ⅲ) 某工程师为了解一台天平的精度,用该天平对一物体质量做 n 次测量,该物体的质量 μ 是已知的,设 n 次测量结果 $X_1,X_2,\cdots,X_n$ 相互独立,且服从正态分布 $N(\mu,\sigma^2)$,该工程师记录的 n 次测量的绝对误差 $Z_i=|X_i-\mu|$,$i=1,2,\cdots,n$,利用 $Z_1,Z_2,\cdots,Z_n$ 估计 σ.
(1) 求 Z_i 的概率密度;(2) 利用一阶矩求 σ 的矩估计量;(3) 求 σ 的极大似然估计量.

19. (2018,Ⅰ,Ⅲ) 设随机变量 X 与 Y 相互独立,且 X 的概率分布为

$$P(X=1)=P(X=-1)=\dfrac{1}{2}$$

Y 服从参数为 λ 的泊松分布,$Z=XY$.求:
(1) $\text{cov}(X,Z)$;(2) Z 的概率分布.

20. (2018,Ⅰ,Ⅲ) 已知总体 X 的密度函数为 $f(x;\sigma)=\dfrac{1}{2\sigma}e^{-\frac{|x|}{\sigma}}(-\infty<x<+\infty)$,其中 $\sigma\in(0,+\infty)$ 为未知参数,$X_1,X_2,\cdots,X_n$ 为来自总体 X 的简单随机样本.记 σ 的最大似然估计量为 $\hat{\sigma}$.求:
(1) $\hat{\sigma}$;(2) $E(\hat{\sigma})$,$D(\hat{\sigma})$.

Ⅱ 参考答案

一、选择题

1~10. DBDBADDBBA； 11~20. CCBCDCACDB； 21~30. BDACBACACA； 31~38. BCBADBCD

二、填空题

1. $\mu(\sigma^2+\mu^2)$. 2. $\dfrac{3}{4}$. 3. $\dfrac{3}{4}$. 4. $1-e^{-1}$. 5. $2e^2$. 6. $\dfrac{2}{5n}$. 7. $\dfrac{9}{64}$. 8. $\dfrac{1}{2}$. 9. $\dfrac{4}{27}$.

10. $(8.2, 10.8)$. 11. $\dfrac{2}{9}$. 12. 17. 13. 2. 14. $\dfrac{9}{2}$. 15. $\dfrac{3}{4}$. 16. $\dfrac{1}{3}$. 17. $\dfrac{1}{4}$. 18. $\dfrac{1}{4}$.

三、解答题

1. (1)

X \ Y	−1	0	1
0	0	1/3	0
1	1/3	0	1/3

(2)

Z	−1	0	1
p	1/3	1/3	1/3

(3) 0.

2. (1) $\dfrac{1}{n}\sum\limits_{i=1}^{n}(X_i-\mu_0)^2$； (2) σ^2, $\dfrac{2\sigma^4}{n}$.   **3.** (1) $f_X(x)=\begin{cases} 0, & x\leqslant 2 \text{ 或 } x>2; \\ x, & 0<x<1; \\ 2-x, & 1<x\leqslant 2. \end{cases}$

(2) $f_{X|Y}(x\mid y)=\begin{cases} \dfrac{1}{2-2y}, & (x,y)\in G; \\ 0, & (x,y)\notin G. \end{cases}$

4. (1) $\dfrac{1}{4}$； (2) $-\dfrac{2}{3}$.   **5.** (1) $f(z;\sigma^2)=\dfrac{1}{\sqrt{6\pi}\sigma}e^{-\frac{z^2}{6\sigma^2}}$； (2) $\dfrac{1}{3n}\sum\limits_{i=1}^{n}Z_i^2$； (3) 略.

6. (1) $f_V(v)=\begin{cases} 2e^{-2v}, & v>0; \\ 0, & v\leqslant 0. \end{cases}$ (2) 0.   **7.** (1) $\dfrac{y^3}{27}+\dfrac{18}{27}$； (2) $\dfrac{8}{27}$.   **8.** (1) $\dfrac{1}{n}\sum\limits_{i=1}^{n}X_i$；

(2) $2n\left(\sum\limits_{i=1}^{n}X_i\right)^{-1}$.

9. (1) $f(x,y)=\begin{cases} \dfrac{9y^2}{x}, & 0<y<x<1; \\ 0, & \text{其他}. \end{cases}$ (2) $f_Y(y)=\begin{cases} 9y^2\ln y, & 0<y<1; \\ 0, & \text{其他}. \end{cases}$ (3) $\dfrac{1}{8}$.

10. (1) $F_Y(y) = \begin{cases} 0, & y < 0; \\ \dfrac{3}{4}y, & 0 \leqslant y < 1; \\ \dfrac{y}{4} + \dfrac{1}{2}, & 1 \leqslant y < 2; \\ 1, & y \geqslant 2. \end{cases}$ (2) $\dfrac{3}{4}$. **11.** (1) $\dfrac{\sqrt{\pi\theta}}{2}$, θ; (2) $\dfrac{1}{n}\sum_{i=1}^{n} X_i^2$; (3) $\alpha = \theta$.

12. (1)

X \ Y	0	1
0	2/9	1/9
1	1/9	5/9

(2) $\dfrac{4}{9}$.

13. (1) $P(Y=n) = (n-1)\left(\dfrac{1}{8}\right)^2 \left(\dfrac{7}{8}\right)^{n-2}$, $n = 2, 3, \cdots$; (2) 16. **14.** (1) $2\bar{X} - 1$; (2) $\min\{X_1, X_2, \cdots, X_n\}$.

15. (1) $f(x,y) = \begin{cases} 3, & (x,y) \in D; \\ 0, & 其他. \end{cases}$ (2) 不独立. (3) $F_Z(z) = \begin{cases} 0, & z < 0; \\ \dfrac{3}{2}z^2 - z^3, & 0 \leqslant z < 1; \\ \dfrac{1}{2} + 2(z-1)^{\frac{3}{2}} - \dfrac{3}{2}(z-1)^2, & 1 \leqslant z < 2; \\ 1, & z \geqslant 2. \end{cases}$

16. (1) $f_T(t) = \begin{cases} \dfrac{9t^8}{\theta^9}, & 0 < t < \theta; \\ 0, & 其他. \end{cases}$ (2) $\dfrac{10}{9}$. **17.** (1) $\dfrac{4}{9}$. (2) $F_Z(z) = \begin{cases} z, & 0 \leqslant z \leqslant 1; \\ z-2, & 2 \leqslant z < 3; \\ 0, & 其他. \end{cases}$

18. (1) $f_Z(z) = \begin{cases} \dfrac{2}{\sqrt{2\pi}\sigma} e^{-\frac{z^2}{2\sigma^2}}, & z > 0; \\ 0, & z \leqslant 0. \end{cases}$ (2) $\dfrac{\sqrt{2\pi}}{2}\bar{Z}$. (3) $\left(\dfrac{1}{n}\sum_{i=1}^{n} Z_i^2\right)^{\frac{1}{2}}$.

19. (1) λ. (2) $P(Z=k) = \begin{cases} \dfrac{\lambda^{-k}}{2(-k)!} e^{-\lambda}, & k < 0; \\ e^{-\lambda}, & k = 0; \\ \dfrac{\lambda^{-k}}{2k!} e^{-\lambda}, & k > 0. \end{cases}$ **20.** (1) $\dfrac{1}{n}\sum_{i=1}^{n}|X_i|$; (2) σ, $\dfrac{\sigma^2}{n}$.

参考文献

[1] 盛骤,谢式千. 概率论与数理统计及其应用[M]. 北京:高等教育出版社,2010.
[2] 同济大学数学系. 概率统计简明教程[M]. 北京:高等教育出版社,2012.
[3] 吴传生. 经济数学——概率论与数理统计[M]. 北京:高等教育出版社,2009.
[4] 李长青,张野芳. 概率论与数理统计[M]. 上海:同济大学出版社,2015.
[5] 浙江大学数学系. 概率论与数理统计[M]. 北京:高等教育出版社,1979.
[6] 杨晓平. 概率论与数理统计[M]. 北京:北京理工大学出版社,2007.
[7] 何书元. 概率论与数理统计[M]. 北京:高等教育出版社,2008.
[8] 张建华. 概率论与数理统计[M]. 北京:高等教育出版社,2008.
[9] 周概荣. 概率论与数理统计[M]. 北京:高等教育出版社,2009.